GUIDELINES FOR
REVIEWING CREDITORS' RIGHTS
ENTERPRISE BANKRUPTCY

企业破产债权审查
操作指南

一线资深律师的淬炼、总结与分享

EXPERIENCE, SUMMARY, AND SHARING
FROM FRONTLINE SENIOR LAWYERS

张亮亮　王　帅　樊晓慧　等　著

社会科学文献出版社
SOCIAL SCIENCES ACADEMIC PRESS (CHINA)

序　言

当海航集团进入破产程序时，我相信，在中国，多数人对于"欠债是要还的"这句话已经产生了怀疑。那么，把钱存银行放心吗？包商银行破产提示我们，一旦银行破产，存款也是债务，即使是储户对银行的债权，也可能面临损失的风险。社会信用体系正在重塑，也许某天，一觉醒来，我们会突然发现自己多了一个"破产债权人"头衔。

债务伴随着经济活动，也可能产生对权利的侵犯。

当债权人面临债务人陷入困境甚至破产时，债权人的债权如何确定？如何保全？如何得到尽可能多的清偿？

本书的作者是五位年轻但富有破产法律服务经验的律师，从企业破产债权审查实务的专业角度，解读了破产债权权利确立的法律规范及其实践，当然，还有很多探索性的法律分析和意见。

阅读本书，诚实信用的商人可以知道如何在交易中防范交易对手破产带来的应收款项风险，金融从业者可以在提供资金时采取更多的措施维护资金安全。

阅读本书，破产企业的债权人可以充分了解如何申报及确认债权，在企业破产程序中争取最大的财产权利以获得最大的清偿。

阅读本书，从事破产法律业务或者破产财务审查业务的法官、律师或者审计师能够得到详尽准确的建设性操作指引，提高破产案件办理效率。

阅读本书，破产企业的投资人可以清晰地判断被投资对象的债务形式和优劣状态，在交易中制订更加灵活适用的资产或者债权投资方案。

我有幸曾带领本书的五位作者办理诸如山西联盛集团32家企业合并重整案等多项重大破产案件，在工作中感受到了他们善于钻研、依法求真的精神，他们能够一丝不苟坚守法律规则完成债权审查、关联企业混同法律审查、破产财产审查、重整计划拟定以及破产相关衍生诉讼等重大繁重的任务，综合保障了破产企业相关方的权利，他们的执业能力和操守得到了与破产案件相关政府、法院及当事人的嘉许。

企业破产司法审判对破产企业相关方的财产权利进行了强制性调整，破产法律实践对破产法学研究和破产法立法、修法和司法解释出台起到了很好的推动作用，五位律师作者将在破产法律服务实践和破产相关主体权利义务保护研究方面继续探索，相信他们的努力将化为经济建设和社会信用体系建设中的铺路石，或者，成为里程碑。

德恒律师事务所合伙人、企业拯救与破产专业委员会主任

范利亚

写于 2021 年国庆

C目录
ONTENTS

导　论

1986 年 8 月 3 日，沈阳市防爆器械厂宣布破产，这是新中国成立后第一家宣告倒闭的国营企业。同年 12 月 2 日，第六届全国人大常委会第十八次会议通过《中华人民共和国企业破产法（试行）》（以下简称旧《企业破产法》）。2007 年 6 月 1 日，《中华人民共和国企业破产法》（以下简称《企业破产法》）生效并实施。新中国成立后上升至法律层面的破产法律制度已经走过了 35 个年头，回首过往，有欣喜，有遗憾，更有感动。

欣喜的是，从 2011 年至今，最高人民法院陆续颁布多部企业破产法司法解释，我国已形成相对完善的破产法律体系，其他部门也在积极协作，突破樊笼，试图为破产业务的开展提供便利与支持，助力破产在优化营商环境中发挥更大的作用。破产势必将在供给侧结构性改革中扮演更重要的角色，成为社会资源优化配置的重要抓手。

遗憾的是，社会公众至今仍然"谈破色变"，往往将破产与失败、逃债、欺骗等词汇联系在一起。企业家们宁愿被债务拖垮陷入僵局而跑路、当老赖、鱼死网破、弹尽粮绝，也不愿意让企业进入破产程序，寻求司法救济；政府出于税收、职工安置、维护社会稳定等诸多方面的考虑，对推动企业破产一直"讳莫如深"，破产程序启动难、推动难的问题至今仍未有效解决。只有"破产即保护"的思想深入人心，危困企业第一时间进入破产程序，资源得到有效利用，企业才能获得重生，想实现这些，在我国还有很长的路要走。

感动的是，企业破产从业者们从未因此而丧失决心和斗志，反而愈加坚韧；克服重重困难，为自己创造有利条件，只为帮助债务人及企业家们早日脱困；公平清理债权债务，保护债权人、债务人及其他利害关系人的合法权益。他们以实际行动让这部饱受"奚落"的《企业破产法》焕发新的活力:深圳、北京、上海等地人民法院相继设立破产法庭,60 余家管理人协会先后成立,个人债务清理程序在温州、台州、吴江等地落地实施,我国首部个人破产法规《深圳经济特区个人破产条例》于 2021 年 3 月 1 日起在深圳地区实施,全国范围内有关破产的论坛和会议数不胜数,关于破产的专著及文章铺天盖地,各地办理破产案件的数量及质量也是稳步上升,这些成绩的背后都是破产从业者的默默耕耘。做好当下,破产事业必将迈入新的时代,他们在郑重地向社会宣告:破产法的春天已经来临!

破产从业者中,管理人居于破产案件能否被有效推动的核心地位,管理人行业越发自治与繁荣,越发需要规则的指引,就越需要管理人恪守规范,以防范风险。管理人办理破产案件的重要职责之一便是"核查债务人债务"。在企业破产程序中,管理人如能准确掌握债务人的负债状况,如负债金额、性质、种类等,并做到程序规范、实体公正,则管理人工作的开展将会有条不紊、事半功倍,极大地降低办案成本,规避法律风险。本书旨在为管理人如何审查认定企业破产债权提供指引性规范,亦为债权人、债务人、人民法院等其他利害关系人监督管理人债权审核工作和依法依规行使自己的权利提供参考。

本书作者由来自北京德恒律师事务所及太原、温州、济南等地办公室的律师组成。他们实务经验极其丰富,曾参与山西联盛能源有限公司等 32 家公司合并破产重整案、山东金顺达集团有限公司等 25 家公司合并破产重整案、山东昌华实业发展有限公司等 9 家公司合并破产重整案、山东大王金泰集团有限公司等 14 家公司合并破产重整案、楚雄兆顺房地产开发有限责任公司等 8 家公司合并破产清算案、东辰控股集团有限公司等 11 家公司合并破产重整案、齐鲁特钢有限公司等 4 家公司合并破产重整案等 30 余个破产项目,熟悉破产债权审查认定流程及实体审查标准,能够准确识别各类风险点,并提供相应的解决方案加以规避。希望本书成为破产实务工作者审查认定企业破产债权的绝佳蓝本。

本书共分为六章,按照企业破产债权审查的流程排列,其中第一章、第二章、第三章、第五章、第六章为程序篇,系笔者根据《企业破产法》

及其相关司法解释的规定，结合实务经验总结而来，书中有大量的示范文本供参考。第四章为实体篇，系笔者在承办不同破产项目时，就遇到同类型的债权应如何审查所总结的审查要点和标准，隐含了管理人在审查破产时的诸多考量，最大限度地平衡了债权人、债务人及其他利害关系人的利益，可以为管理人提供成功的项目经验以供参考。

本书按照债权审查时间顺序系统阐释了企业破产债权的定义、特征、类型及价值，已知破产债权人的通知，企业破产债权的申报与接收，企业破产债权的审查操作方法与特殊债权的认定，企业破产债权的核查程序，无争议债权表的制作、报送及救济，贯穿企业破产程序中破产企业债务处置及其他关联工作的始末，程序与实体内容并重，涵盖管理人工作的方方面面。债权人、债务人、人民法院等其他破产程序参与人亦能从中汲取到所需知识，从而扮演好自己在破产程序中的角色，进而提出合理化建议，行使好自己的权利，查缺补漏，与管理人形成良性互动，相互协同推进破产案件的办理。

第一章　企业破产债权的定义、特征、类型及价值

第一节　企业破产债权的定义与特征

一　企业破产债权的定义

《企业破产法》第一百零七条第二款规定："……人民法院受理破产申请时对债务人享有的债权称为破产债权。"企业破产债权是指在人民法院裁定受理破产申请前产生的，对债务人发生的，经依法申报、人民法院裁定确认的，并从债务人破产财产中获得公平清偿的财产请求权。准确把握企业破产债权的定义，有助于管理人在债权申报与接收、审核与认定阶段剔除不适格债权人，为管理人工作的有序开展奠定坚实的基础。

二　企业破产债权的特征

根据企业破产债权的定义，其至少具备如下特征。

1. 企业破产债权是在人民法院裁定受理破产申请前产生的债权

这里对"破产申请前"应从严把握，人民法院受理对债务人破产申请时，会作出相应的民事裁定书，如裁定书落款日期为"二〇二〇年三月二日"，则二〇二〇年三月二日前（含当日）他人对债务人享有的债权，均应被视为"破产申请前"产生的债权。《企业破产法》虽为特别法，但对此具体问题并未明确，应适用《中华人民共和国民事诉讼法》（以下简称《民事诉讼法》）的有关规定来解释。《最高人民法院关于适用〈中华人

民共和国民事诉讼法〉的解释》（以下简称《民事诉讼法司法解释》）第一百二十五条规定："依照民事诉讼法第八十二条第二款规定，民事诉讼中以时起算的期间从次时起算；以日、月、年计算的期间从次日起算。"故人民法院受理对债务人破产申请的民事裁定书生效日应为二〇二〇年三月三日，在该裁定生效前他人对债务人享有的债权均应为破产债权。

《企业破产法》第十八条规定："人民法院受理破产申请后，管理人对破产申请受理前成立而债务人和对方当事人均未履行完毕的合同有权决定解除或者继续履行，并通知对方当事人。管理人自破产申请受理之日起二个月内未通知对方当事人，或者自收到对方当事人催告之日起三十日内未答复的，视为解除合同。管理人决定继续履行合同的，对方当事人应当履行；但是，对方当事人有权要求管理人提供担保。管理人不提供担保的，视为解除合同。"《企业破产法》第五十三条规定："管理人或者债务人依照本法规定解除合同的，对方当事人以因合同解除所产生的损害赔偿请求权申报债权。"有学者据这两条规定认为解除未履行完毕的双务合同所产生的损害赔偿属于破产申请受理后产生的债权。笔者不赞同此观点，因为在司法实践中，未履行完毕合同的债权人在破产受理日之前已经产生对债务人的债权，债权的发生时间仍然在破产受理日之前，只是破产债权因管理人的决定权尚未行使而处于待定状态。管理人决定履行该合同则债务人按照共益债务履行，管理人决定解除该合同，破产债权固定下来，债权人就合同解除所产生的损害赔偿请求权申报债权，因此这里区分债权发生时间与债权确定时间至关重要。

2. 企业破产债权需是对债务人发生的债权

在司法实践中，部分债权人以对债务人的法定代表人、实际控制人、股东、职工、关联企业等享有的债权向管理人进行申报，并要求将该债权确认至债务人处，但根据相对性原则，此类债权并不属于对债务人的破产债权。管理人在破产债权接收阶段即应以债务人主体不适格为由拒绝接收，如在债权审核认定阶段发现此类问题，则应向债权人下达不予确认破产债权的通知。

3. 企业破产债权应为财产性请求权

首先，企业破产债权应表现为债权请求权，是基于债的关系而产生的请求债务人为特定行为的权利。其次，企业破产债权应为财产性权利，如是人身性权利则不在此列，如债权人名誉权遭到债务人侵害，要求赔礼道歉、恢复名誉等。最后，一般需表现为金钱债权，但债权无法折价或者管理人根据债务人的实际情况允许债权人进行实物申报的除外，如债务人破产财产为数十吨大米，管理人无法变现的，则债权人按大米种类、数量进行申报亦未尝不可。但笔者认为管理人不宜接收实物申报，应当要求债权人在申报债权的时候以裁定债务人破产申请时的市价折算为货币。因为如果按实物申报债权，会导致债权金额不确定，实物的价格有涨有跌，比如煤炭价格波动就很大。如在债权申报的时候煤炭的价格低，清偿的时候煤炭的价格大涨，如此对其他债权人及债务人明显不公平，将变相导致个别清偿的法律后果，管理人面临较大的执业风险。

4. 企业破产债权需经债权人依法申报登记，经管理人审查认定后，取得人民法院裁定确认

《企业破产法》第四十八条第一款规定："债权人应当在人民法院确定的债权申报期限内向管理人申报债权。"第五十八条第一款至第二款规定："依照本法第五十七条规定编制的债权表，应当提交第一次债权人会议核查。债务人、债权人对债权表记载的债权无异议的，由人民法院裁定确认。"因此，债权人对债务人享有的债权应当依法向管理人进行申报，并由管理人进行审查认定，最后交由人民法院裁定确认，否则债权人不能参与对债务人破产财产的分配。

第二节　企业破产债权的类型

在企业破产程序中，根据不同的分类标准，企业破产债权的类型可以有多种划分。例如，根据债权人属性的不同，可以划分为自然人债权与机构债权；根据债权种类的不同，可以划分为借贷类债权、工程类债权、购销类债权等；根据债权金额的大小，可以划分为大额债权与小额债权等。

《企业破产法》第六十四条第一款规定："债权人会议的决议，由出席会议的有表决权的债权人过半数通过，并且其所代表的债权额占无财产担保债权总额的二分之一以上，但是，本法另有规定的除外。"第八十二条第一款规定："下列各类债权的债权人参加讨论重整计划草案的债权人会议，依照下列债权分类，分组对重整计划草案进行表决：（一）对债务人的特定财产享有担保权的债权；（二）债务人所欠职工的工资和医疗、伤残补助、抚恤费用，所欠的应当划入职工个人账户的基本养老保险、基本医疗保险费用，以及法律、行政法规规定应当支付给职工的补偿金；（三）债务人所欠税款；（四）普通债权。"第一百一十三条规定："破产财产在优先清偿破产费用和共益债务后，依照下列顺序清偿：（一）破产人所欠职工的工资和医疗、伤残补助、抚恤费用，所欠的应当划入职工个人账户的基本养老保险、基本医疗保险费用，以及法律、行政法规规定应当支付给职工的补偿金；（二）破产人欠缴的除前项规定以外的社会保险费用和破产人所欠税款；（三）普通破产债权。破产财产不足以清偿同一顺序的清偿要求的，按照比例分配。"因此，在司法实践中，管理人根据破产债权的性质进行准确划分，并确定不同性质债权的具体金额及清偿顺位，直接关系到债权人会议各项决议的通过、重整计划表决的分组、破产财产的分配顺位、破产债权的清偿比例等具体事项。故根据破产债权的性质，破产债权一般可作如下分类。

一 有财产担保的债权

《企业破产法》第一百零九条规定："对破产人的特定财产享有担保权的权利人，对该特定财产享有优先受偿的权利。"有财产担保的债权是指在破产申请受理前债务人以其特定财产为债权人的债权设定物权担保，在企业破产程序中，债权人对债务人特定财产享有优先受偿权。在破产法理论上，有财产担保的债权又称为"别除权"。[①] 在有财产担保债权的认定过

---

① 王欣新：《破产别除权理论与实务研究》，《政法论坛（中国政法大学学报）》2007年第1期，第40页。

程中需注意如下问题。其一，有财产担保债权的成立应符合《中华人民共和国民法典》（以下简称《民法典》）的有关规定，比如，不动产抵押应办理抵押登记；动产质权的设立需转移占有；担保债权的范围应经当事人约定等。其二，应是以债务人的特定财产即破产财产提供担保。如是以第三人财产提供担保，则不属于有财产担保的债权，在企业破产程序中，只能被认定为普通债权。其三，《企业破产法》第一百一十条规定："享有本法第一百零九条规定权利的债权人行使优先受偿权利未能完全受偿的，其未受偿的债权作为普通债权；放弃优先受偿权利的，其债权作为普通债权。"债务人以其特定的财产为自身的债务提供担保时，如担保物的价款不足以清偿担保权人的全部债权额，未受偿之担保债权便转化为对债务人的普通债权，担保权人放弃优先受偿权利的，其债权均作为普通债权；但如债务人仅作为担保人为第三人的债务提供物权担保时，因债务人不是主债务人，在担保物的价款不足以清偿担保债权额时，债权人未受清偿的债权额部分只能向主债务人求偿。其四，有财产担保债权具有物上代位性，如担保物因第三人导致灭失，第三人向债务人给付的可以与债务人财产相区分的赔偿金、补偿金等，债权人仍然享有优先受偿权。

在司法实践中，对债务人收取的定金是否属于"特殊类型"的有财产担保的债权，争议很大。笔者认为不能一概而论。《民法典》第五百八十七条规定："债务人履行债务的，定金应当抵作价款或者收回。给付定金的一方不履行债务或者履行债务不符合约定，致使不能实现合同目的的，无权请求返还定金；收受定金的一方不履行债务或者履行债务不符合约定，致使不能实现合同目的的，应当双倍返还定金。"在司法实践中，定金可以分为抵作价款定金与收回定金，如果双方当事人明确约定该定金用于抵作合同价款，则该定金具有支付首批货款的性质，用于换取另一方的其他物质形态，那就具有了债权属性，管理人只能按照普通债权认定；如果双方约定该定金最终"收回"，则该定金形态并未发生变化，属于物权担保金，债权人可以向债务人主张全额"取回"，管理人按照有财产担保的债权对待。如债务人在破产受理日前即存在违约行为，债权人主张应当双倍返还定金，那"另一半定金"应如何认定呢？显然定金的一倍赔偿属于民事惩罚性赔偿，《全国法院破产审判工作会议纪要》第二十八条确定了补偿性债权优先于惩罚性债权的原则，债务人破产财产依照《企业破产法》第一百一十三条规定的顺序清偿后仍有剩余的，可依次用于清偿破产受理前产生的民事惩罚性赔偿金、行政罚款、刑事罚金等惩罚性债权。因此，定金的一倍赔偿仍属于破产债权，但在清偿顺位上，应排在普通破产债权之后，行政罚款、刑事罚金等惩罚性债权之前。

二　职工债权

职工债权是指企业职工在人民法院裁定受理对债务人的破产申请前产生的，由管理人主动调查后审核认定的，优先全额受偿的债权。如所欠职工的工资和医疗、伤残补助、抚恤费用，所欠的应当划入职工个人账户的基本养老保险、基本医疗保险费用，以及法律、行政法规规定应当支付给职工的补偿金。

另外，在《企业破产法》的司法实践中起到重要指导作用的《全国法院破产审判工作会议纪要》第二十七条规定："由第三方垫付的职工债权，原则上按照垫付的职工债权性质进行清偿；由欠薪保障基金垫付的，应按照《企业破产法》第一百一十三条第一款第二项的顺序清偿。债务人欠缴的住房公积金，按照债务人拖欠的职工工资性质清偿。"这里的第三方垫付、欠薪保障基金垫付的职工债权，欠缴的住房公积金等均不属于职工债权，只是第三方主体参照职工债权性质对该部分债权享有优先受偿权。

三　社保债权

由债务人缴纳的应当划入社保统筹账户内的社会保险，不得减免，属于需全额清偿的债权，在清偿顺位上仅次于职工债权。《国税地税征管体制改革方案》明确从2019年1月1日起，将基本养老保险费、基本医疗保险费、失业保险费、工伤保险费、生育保险费等各项社会保险费交由税务部门统一征收。因此，从2019年1月1日起，由债务人企业对应的税务部门向管理人申报破产债权。

四 税款债权

《企业破产法》中的税款债权是指在破产申请受理前，国家税务机关依据税法的有关规定对债务人享有的符合税收征管要件且实际发生的、以破产财产作为清偿范围的债权请求权。根据现有法律规定，税款债权是不能减免的，只能由债务人破产财产进行全额清偿，且在清偿顺位上优先于普通债权，因此在企业破产程序中，税款债权金额的大小关乎普通债权人、债务人、战略投资人的切身利益，实践中应从严把握。

首先，应明确时间节点，税款债权应是在破产申请受理前已经实际发生的税款，这里既包含已经纳税申报确定的欠税金额，也包括应申报而未申报的税款。破产申请受理后产生的税款应属于《企业破产法》第四十二条第（四）项之规定，为债务人继续营业而产生的"其他债务"，按共益债务处理，由债务人破产财产随时进行清偿。其次，税务机关征缴的各类费用、税款附加等，如煤炭可持续发展基金、教育费附加，不应认定为税款债权。最后，根据《最高人民法院关于税务机关就破产企业欠缴税款产生的滞纳金提起的债权确认之诉应否受理问题的批复》规定，破产企业在破产案件受理前因欠缴税款产生的滞纳金属于普通破产债权，而破产案件受理后因欠缴税款产生的滞纳金则不属于破产债权。

五 其他优先债权

民事法律关系中的债权优先权顺位安排和效力及于企业破产程序中，在目前的司法实践中，其他优先权债权主要有购房人购房款优先权、建设工程价款优先权、船舶优先权和民用航空器优先权，该种债权优先权性质与有财产担保的破产债权性质相似，以优先权所指向的标的物价值为参照确定债权金额。

六 普通债权

普通破产债权是指在人民法院裁定受理破产申请前产生的，根据债务人的资产负债比按比例受偿的债权。包括：人民法院受理破产申请前成立的无财产担保的债权；虽有财产担保但放弃优先受偿权的债权；虽有财产担保，但担保物的价款低于债权额，其未能受偿的债权；等等。

七　劣后债权

《最高人民法院〈关于审理企业破产案件若干问题的规定〉》（以下简称《破产案件若干问题规定》）第六十一条第一款规定，"下列债权不属于破产债权：（一）行政、司法机关对破产企业的罚款、罚金以及其他有关费用"，将罚款、罚金等排除在破产债权之外。但自 2018 年 3 月 4 日起生效的《全国法院破产审判工作会议纪要》第二十八条规定："破产债权的清偿原则和顺序。对于法律没有明确规定清偿顺序的债权，人民法院可以按照人身损害赔偿债权优先于财产性债权、私法债权优先于公法债权、补偿性债权优先于惩罚性债权的原则合理确定清偿顺序。因债务人侵权行为造成的人身损害赔偿，可以参照《企业破产法》第一百一十三条第一款第（一）项规定的顺序清偿，但其中涉及的惩罚性赔偿除外。破产财产依照《企业破产法》第一百一十三条规定的顺序清偿后仍有剩余的，可依次用于清偿破产受理前产生的民事惩罚性赔偿金、行政罚款、刑事罚金等惩罚性债权。"因此破产申请受理前产生的民事惩罚性赔偿金、行政罚款、刑事罚金等惩罚性债权均应被认定为破产债权，只是在清偿顺位上要劣后于普通债权，此举目的在于避免出现债务人破产清算后仍有剩余财产，只能分配给股东，却存在对本有义务清偿的债务不予偿还的不合理现象。

第三节　企业破产债权的价值

企业破产债权与债权人、债务人、战略投资人等各方主体的利益息息相关，是管理人的核心工作之一，是人民法院裁定认可无争议债权表、财产分配方案的基础，因此破产债权审查的重要性不言而喻。

一　企业破产债权是债权人行使权利的唯一依据

具备破产债权人身份，方能行使破产债权人权利。如前文所述，部分债权人虽然对债务人享有债权，但并不是破产债权，不具有债权人身份，如破产费用、共益债务等，其行使权利的方式与破产债权人截然不同。破产债权人享有破产债权的性质及金额不同，其在企业破产程序中行使权利的方式也不一致。例如，有财产担保的债权人如未放弃优先受偿权，则对和解协议、破产财产的分配方案等不具有表决权；职工债权无须申报，由管理人主动调查后得出，职工只需行使债权异议权即可；在设置小额债权人的破产程序中，即便是普通债权，也可以全额受偿；等等。因此，债权人只有确定了对债务人享有破产债权的性质及金额，才能根据不同的情形准确行使权利。

二 企业破产债权是决定债务人破产程序能否终结的关键因素

企业破产程序是对债务人的债务清理程序，只有债权人享有的破产债权按照破产财产分配方案、和解协议、重整计划草案获得清偿后，方才具备破产程序终结的条件。同时债务人负债规模的大小、需全额清偿的破产债权占债务人整体负债的比例等都会影响破产方式的选择，如债务人负债规模小、需全额偿付的债权比例低，债务人完全可以通过与债权人达成和解协议或者破产重整的方式实现再生。因此，在企业破产程序中，债务人能否将与破产债权人的债权债务关系处理妥当，将会对破产案件的走向起到关键性的作用。

三 企业破产债权关系到战略投资人的引进

在企业破产程序中，尤其是重整程序中，战略投资人如果是通过"股权并购"的方式进入的，如企业破产债权金额大或者需全额支付的破产债权比例高，战略投资人则将花费更高的成本、周期来处理债务人的债务，这将会影响战略投资人的决策与部署。

四 企业破产债权是人民法院开展各项工作的基础

人民法院对管理人执行职务的行为进行监督。管理人在企业破产债权的审核认定过程中，遇到重大、疑难、复杂的破产债权难以下结论的，应及时向人民法院请示。人民法院组织召开债权人会议需以管理人报送的企业破产债权数量、类型为选定会场、安排会议主题、判断债权人会议决议是否有效等的依据；人民法院对管理人报送的债权表需作出民事裁定书予以确认；人民法院对经债权人会议表决通过的财产分配方案需作出民事裁定书予以认可；等等。以上各项工作的开展均需以企业破产债权为基础。

第二章　已知破产债权人的通知

通知已知债权人、债权申报、债权人会议的召开等在企业破产程序中均有严格的期限要求，且存在层层递进关系。因此，人民法院及管理人在裁定债务人破产后的首要任务便是及时通知已知债权人申报债权。这里需要人民法院和管理人短时间内做大量的事务性工作，其挑战性不言而喻，但如果各项工作都能严格做到位，考虑周密，则会起到"事半功倍"的效果。

第一节　通知已知债权人申报债权的意义

债权人的查找与通知其申报破产债权对于管理人各项工作的开展起着基础性的作用，也关系债权人、债务人、战略投资人等利害关系群体的切身利益。

一　维护债权人的利益

债权人享有的破产债权属于财产性权利，债权人行使与破产债权相关的权利才能为其获得更高的清偿率提供可能性。债权人如果不知晓债务人破产或者未及时行使与破产债权有关的权利而丧失获得公平清偿的机会，将遭受经济损失，《企业破产法》公平清偿债权债务的立法目的也就无法实现。在企业破产程序中，债权人及时申报破产债权并行使相关权利，是其争取权益最大化的唯一途径。

二　事关债务人破产程序的选择

企业破产程序有严格的时间限制，债权人及时申报破产债权，并行使相关权利，债务人才能及时、准确掌握企业的负债状况及债权人的各项诉求，结合资产、战略投资人意愿、职工安置等情况选择更优的破产方式，如重整或者和解。如果各个债权人申报破产债权并表达诉求的时间无限延迟，负债数据就会始终处于不能确定的状态，这必定会影响债务人的决策。例如，在债务人基本能与各个债权人达成和解协议的情况下，假如个别债权人又申报大额债权并经管理人审查认定，此时，如果债务人拿不出更多的资金来偿债，和解协议则无法通过，这势必导致前期的工作成果付诸东流。

三　减轻管理人工作难度

管理人如果能在进场初期即做好查找债权人并通知其申报破产债权的工作，就可以集中精力和时间去审查债权，同步批量完成债权人异议、债务人异议的工作，可以做到流程化作业，工作效率也会大大提高。如债权人断断续续向管理人申报破产债权，则无疑会使管理人的工作周期延长，管理人要做到程序规范的难度将加大。如债权人在债权人会议结束后又申报破产债权，则召集债权人会议核查该笔债权的程序就很难再启动；如债权人在财产分配方案已经人民法院认可后又申报破产债权，管理人就不得不重新按照流程走完异议程序，并重新制订财产分配方案，二次报送人民法院裁定认可，增加的工作负担可想而知。

四　保持战略投资人的可期待利益

实践中，在战略投资人看中债务人资产并欲以股权并购的方式介入的情况下，债权人的债权性质、债权金额越早确定，管理人越能较早地扫除破产财产上的权利负担，战略投资人越能较早地厘清其中的法律关系，并预估破产债权清偿的难度、周期、成本等，测算股权变更时间、接管债务人资产的时间，从而评估投资回报，早下决断。如果债务人负债始终处于变动状态，战略投资人则不得不作保守的决定，犹豫延迟之间可能就会错过介入债务人破产程序的"最佳窗口期"，这不仅会加大战略投资人的投资成本，而且会影响债权人、债务人的切身利益，增加管理人的资产处置难度。

五 规避管理人履职风险

《企业破产法》第二十七条规定："管理人应当勤勉尽责，忠实执行职务。"管理人应当知道在企业破产程序中，如债权人不知道债务人进入破产程序而未申报债权，所带来的后果是债权人将无法行使权利从而受领财产分配，债权人的合法权益将受到侵害。管理人应当穷尽手段，保障债权人的知情权以及行使权利的途径，应当清楚知道并通知到已知债权人。如管理人应当发现而未发现，或者可以通知而未通知，导致债权人未申报债权或者迟延申报债权并造成损害的，管理人应当承担赔偿责任。

在原告戴某某与被告某会计师事务所有限公司合并纠纷、申请破产清算一案[①]中，浙江省绍兴市越城区人民法院认为，原告对债务人浙江某包装材料有限公司享有债权1416万元（系经刑事判决书认定形成），但原告对债务人破产的情况并不知晓，人民法院及管理人从未就破产一事通知原告，原告也从未收到过债权申报的通知，而该刑事判决书人民法院及管理人是知晓的，原告因此错过了第一次财产分配，造成了26.904万元（仅就其中已知的1416万元按分配比例1.9%计算）的损失。浙江省绍兴市越城区人民法院认为："本案的争议焦点为管理人在履职过程中是否存在过错。第一，根据《企业破产法》第四十四条'人民法院受理破产申请时对债务人享有债权的债权人，依照本法规定的程序行使权利'及第四十八条'债权人应当在人民法院确定的债权申报期限内向管理人申报债权'的规定，《企业破产法》属于程序法，参与破产程序一般需以债权申报为前提。同时，债权人对于债务人的资产状况负

---

① 浙江省绍兴市越城区人民法院民事判决书，（2014）绍越商初字第2382号。

有注意义务，其应在人民法院确定的债权申报期限内申报债权，否则可能导致无法参与分配。第二，被告庭审中陈述其在未通过法院、公安机关获取原告联系方式的情形下，又通过相关人与原告取得联系，当时原告口头表示不申报债权，根据被告的上述陈述，其当时已对原告的债权人身份进行了确认，并曾联系过原告，但其仅凭债权人的口头弃权即确定原告不具有债权人的地位过于轻率，且对于其所陈述的原告存在口头弃权的行为，被告亦未能提供证据。第三，根据被告的上述陈述，被告在制作分配方案并提请债权人会议表决时应当明知无证据表明原告已明确放弃权利，其在制作债权分配方案时应当考虑到该事项，对于原告已被刑事判决书认定的损失，应按分配比例予以预留并提交债权人会议就预留金额、时间等事项进行表决。由于被告未考虑上述情形，导致原告丧失了按照第一次分配方案确定的数额进行分配的可能，被告对此未尽到勤勉尽责的义务，对原告的损失存在一定过错。现原告认为被告对其无法参与第一次分配存在过错并要求其承担赔偿责任，本院认为，原告未及时申报债权对于其损失具有主要过错，被告未尽到勤勉尽责的义务对原告的损失具有次要过错，根据过错相抵规则，本院确定被告赔偿的比例为40%，即107616元（269040元×40%）。据此对原告合理部分的诉讼请求，本院予以支持。超出部分不予支持……"在本案中，管理人在明知戴某某为债权人的情况下，未尽通知义务，致使其未能参与财产分配，造成损失，人民法院判定管理人承担相应的损害赔偿责任，理由充分。

第二节　通知已知债权人前的准备工作

一　人民法院制作申报债权的公告并送达管理人

人民法院在裁定受理破产申请并指定管理人后，需同步发布破产债权申报公告。该公告的内容往往有诸多细节，需要人民法院与管理人反复协商后确定，否则会造成管理人工作的混乱，增加破产案件审理难度，使破产债权人行使权利障碍重重。

（一）债权申报期限应明确、具体

《企业破产法》第四十五条规定："人民法院受理破产申请后，应当确定债权人申报债权的期限。债权申报期限自人民法院发布受理破产申请公告之日起计算，最短不得少于三十日，最长不得超过三个月。"因此人民法院需根据债务人的负债规模、债权人数量、地域远近等综合因素确定债权申报期限。在司法实践中，对案情简单、债权人数量有限、债权债务关系清晰的破产清算类案件，出于效率原则考虑，人民法院指定的债权申报期限一般均为三十日；在法律关系复杂、债权人数量众多，特别是在破产重整案件中，人民法院指定的债权申报期限均为三个月，几乎没有人民法院会在三十日到三个月之间折中取数。

人民法院确定的债权申报期限要明确、准确、易于辨识。目前司法实践中有两种最常见的表述：其一，债权人应自公告发布之日起三十日内向管理人申报债权；其二，债权人应于××××年×月×日前向管理人申报债权。笔者认为采用第二种表述更为妥当，第一种表述极易引起歧义，人民法院及管理人不得不反复向债权人解释、说明，也容易给债权人造成不严谨的印象。比如，破产公告发布当日是否计入起算日；这里的三十日是指自然日还是工作日；如最后一日恰好是节假日，是否顺延至工作日；等等。

（二）列明债权申报联系方式

债权申报公告送达债权人后，债权人一般会与管理人电话联系或者到场咨询。因此，为避免债权人找不到具体承办人，管理人应当安排专人负责债权申报的解答、咨询，并将债权申报联系方式及负责人姓名在人民法院作出裁定前即报送至承办法官。债权申报地址应具体到街道、门牌号；联系电话如是座机需写明区号并与负责人手机号码进行绑定（开通呼叫转移功能），防止电话无法接通；负责人这里不宜用简称"张律师""张先生"等，而应直接写明姓名，因为管理人团队内部有很多重姓者，这便于债权人打电话或到场咨询时第一时间与负责人取得联系。

（三）说明逾期申报债权的法律后果

《企业破产法》第五十六条规定："在人民法院确定的债权申报期限内，债权人未申报债权的，可以在破产财产最后分配前补充申报；但是，此前已进行的分配，不再对其补充分配。为审查和确认补充申报债权的费用，由补充申报人承担。债权人未依照本法规定申报债权的，不得依照本法规定的程序行使权利。"在司法实践中，债权人逾期申报债权的情况比比皆是，债权人在破产财产最终分配前申报债权，其债权获得清偿的目的即能够实现，但这么做却给管理人的工作增加了难度。如管理人已将无争议债权表报送人民法院裁定后，债权人又申报债权，管理人不得不二次向人民法院报送裁定，之前的债权人异议、债务人异议、债权人会议核查程序一道都不能少，管理人的工作量成几何倍数增加。因此，在公告中向债权人明确逾期申报债权的法律后果，是非常有必要的，可以督促债权人及时行使权利。

在管理人的工作中，关于管理人如何收取"审查和确认补充申报债权的费用"，是一件非常难以把握的事情，笔者所承办的破产案件均没有对债权人进行收费。原因是关于如何收费无相应的法律、法规予以明确，无统一的收费标准。《深圳市中级人民法院关于印发〈破产案件债权审核认定指引〉的通知》第八十四条规定："为审核认定补充申报债权产生的核查债权额外支出的费用，包括重新召开债权人会议费用和差旅费用等，由补充申报人承担。"这里"额外支出的费用"并不容易界定，在司法实践中，一般的破产项目都会持续很长时间，管理人基本常驻现场，各项工作交叉进行，根本无法在日常开销中区分出来哪些是为审查和确认补充申报债权而额外支出的差旅费。债权人会议的召开也是因为有其他重要事项披露或进行表决，实践中鲜有为核查补充申报债权这唯一一项议题而召开的债权人会议。在管理人同时有其他工作内容的前提下，要求债权人负担这些费用，管理人根本无法就费用支出的额外性、必要性、关联性作出合理解释。因此笔者办理的破产项目均未要求债权人负担此类费用，同时也期望立法机关能够出台相应的司法解释统一收费标准或者有更加详细的规定作为收费依据。

（四）其他事项

在债权申报公告中还应明确破产申请人、被申请人的名称或者姓名，人民法院受理破产申请的时间，管理人的名称或者姓名，注意事项等。值得注意的是，《企业破产法》第十四条规定人民法院在公告内应明确第一次债权人会议召开的时间和地点，而该法第六十二条规定自债权申报期限届满之日起十五日内召开第一次债权人会议。但在一些大型关联企业合并破产重整案件中，要求人民法院在受理破产申请时即确定第一次债权人会议的召开时间，则是很难做到的。因此，可以直接在公告中注明"第一次债权人会议召开时间，另行通知"。

附示范文本：

×××人民法院

公告

（××××）××破×号

根据×××申请，本院于××××年×月×日裁定受理×××公司破产清算一案，并于××××年×月×日指定×××律师事务所为×××公司管理人。你（你单位）应在××××年×月×日前，向×××公司管理人申报债权，书面说明债权数额、有无财产担保及是否属于连带债权，并提供相关证据材料。如未能在上述期限内申报债权，可以在破产财产最后分配之前补充申报，但此前已进行的分配，不再对你（你单位）补充分配，为审查和确认补充申报债权所产生的费用，由你（你单位）承担。未申报债权的，不得依照《中华人民共和国企业破产法》规定的程序行使权利。

本院定于××××年×月×日上午×点整在×××人民法院×楼第×审判庭召开第一次债权人会议。依法申报债权的债权人有权参加债权人会议。参加会议的债权人为自然人的，应提供身份证复印件（复印件经本人签字确认），债权人系法人或者其他组织的，需提交营业执照复印件（加盖公章）、法定代表人身份证明书（原件）、法定代表人身份证复印件（复印件经本人签字确认）；委托代理人申报的，还应提交授权委托书（原件）及代理人身份证复印件（复印件经本人签字确认），委托代理人是律师的还应提交律师事务所的指派函及律师执业证复印件。

债权申报地址：××省××市××区××路×号×楼×层×房间

邮政编码：×××××

联系人及联系电话：王五 ×××××××××××

李四 ×××××××××××

特此通知。

×××人民法院

××××年×月×日

（五）向管理人送达

人民法院同时应制作适量、大纸张的公告给管理人，便于管理人在债务人办公场所、厂区、员工宿舍等债权人容易聚集的地方进行张贴，直接、快速地向债权人传递债权申报信息。同时根据管理人初步统计的债权人人数制作 A4 纸大小的公告若干，由管理人向各债权人送达。

二 管理人组建债权审查团队并制作债权申报文书

（一）组建债权审查团队

在拿到人民法院申报破产债权的公告后，管理人应首先组建专门的债权审查团队，并进行职责分工，责任到人，债权审查团队内部至少应作如下分工。

1. 债权人通信小组

债权人通信小组负责查找已知债权人以及已知债权人的通信地址、联系方式等信息；制作债权申报文书；向已知债权人送达与债权申报有关的文件。

2. 债权资料接收小组

债权资料接收小组负责现场接收债权人的债权申报资料，进行形式审查，要求债权人补正材料；出具债权申报登记回执；对债权申报档案进行编号，分类存档备查；制作债权申报登记册；解答债权人的各类咨询；等等。

3. 债权审查小组

债权审查小组负责审查债权；向债权人发送通知，接收债权人异议书；向债务人提交债权表，接收债务人异议书；组织债权人会议核查债权；代表管理人参加债权确认纠纷诉讼案件；制作无争议的债权表，并向人民法院报送；等等。

4. 外联小组

外联小组负责与管理人内部其他团队（如资产组、职工组等）、人民法院、主管部门等进行对接。如配合资产组接管债务人企业，对合同进行清理尤其是未履行完毕的双务合同；对取回权进行审查与执行；界定是否属于偏颇性清偿等撤销权范围；向人民法院提交债权审查标准，就重大疑难复杂问题的处理方式与人民法院进行沟通；向主管部门进行汇报，提供数据支持；等等。

（二）制作债权申报文书

债权申报文书是管理人与债权人沟通的第一道文书，应力求严谨、细致。债权申报文书应"提取公因式"，通用于每一笔破产债权，确保其能够完整地反映不同性质、不同种类破产债权的全貌，便于各类债权人填写，利于管理人快速提取有用信息，制作债权申报登记册。因此，管理人在制作债权申报文书初期，即应结合债务人的实际情况设置合理的格式。

1. 债权申报通知书

根据《企业破产法》第十四条第一款之规定，通知已知债权人申报破产债权系人民法院的法定义务，但在司法实践中，人民法院囿于审判力量不足、对债务人情况不熟悉等，常常将通知已知债权人申报破产债权的任务交由管理人来做。另外，企业破产程序进入中后期，管理人如果每发现新的债权人，均依次报送给人民法院，由人民法院向债权人发送债权申报文件，则无疑会增加双方的工作量，管理人直接向已知债权人发送债权申报通知文件可以节省诸多环节。因此，管理人提前制作好债权申报通知书是非常有必要的。管理人制作的债权申报通知书内容可以与人民法院的公告内容保持基本一致，同时应当结合债权申报登记表、债务人状况等进行一些调整或者变通。

附示范文本：

债权申报通知书

（××××）破管字×号

×××（编号：×××××）：

××××年×月×日，×××人民法院裁定受理×××有限公司破产清算一案，并指定×××律师事务所担任管理人。你（你单位）应于接到本通知之日起十日内，向×××公司管理人（通信地址：××省××市××区××街×号××集团综合办公楼×层×室；邮政编码：××××××；联系人：张三；联系电话：××××-×××××××）按照债权申报指引（见附件）申报债权。

如你（你单位）未申报债权，不得依照《中华人民共和国企业破产法》规定的程序行使权利。

特此通知。

×××公司管理人

××××年×月×日

2. 债权申报登记表

管理人应当结合债务人负债状况、破产债权审查的要点、人民法院及债务人主管部门的数据需求等来制作债权申报登记表，债权申报登记表的内容应当全面、简明、易于理解。债权申报登记表至少应具备以下内容。

（1）债权人名称

债权人名称后面的单元格应当足够长，必要时可设置两行，因为除自然人债权人外，还有机构债权人，特别是金融机构债权人，名称可能在 10 个字符以上，这样便于债权人填写。

（2）债权人身份证号/统一社会信用代码

管理人应要求债权人完整填写，便于管理人后期核对、录入债权申报登记册。

（3）法定代表人（负责人）名称

如是自然人债权人，则不必填写该行。

（4）联系电话

如债权人是机构债权人，则应当要求其除办公电话外，额外填写一个手机号码，避免后期拨打办公电话无人接听。如债权人填写了两个以上权属不同的手机号码，则应当要求其标注哪个手机号码为主叫号码，管理人在无法取得联系后再拨打备用号码。因为在实践中，管理人经常遇到这样一种情况：债权人委托了两位代理人，两位代理人都在与管理人联系，管理人跟其中一位代理人沟通之后，另一位代理人就同样的问题会要求管理人进行重复解答。管理人需就某一具体事务进行沟通并与其中一位代理人取得联系后，该代理人却表示"此事不归我管，你与另外一位代理人联系"。这都会造成管理人工作效率的低下，因此作相应的标记是非常有必要的。

（5）通信地址

通信地址需具有唯一性、明确性，这里应当要求债权人填写至具体门牌号，如"××省××市××区××街×号×楼×层×室"，方便后期接收与本案相关的文书。

（6）委托代理人姓名及其联系电话

在破产案件中，债权人委托他人代为申报债权的现象比较常见。在实践中，经常是管理人就债权申报、审查、通知等事宜电话询问债权人时，债权人自己对债权申报资料并不熟悉，要求管理人与代理人取得联系。因此债权申报登记表中应提前留存代理人的姓名及联系电话，否则只能要求债权人重新告知联系电话，误记、遗失电话号码等情况也常常发生，管理人重新核实信息又会招致债权人反感，这将严重降低管理人的工作效率。

（7）开户银行（行号）、开户名称、银行账号

在企业破产程序后期尤其是破产财产分配阶段，管理人工作将进入攻坚期，此时再要求债权人提供银行账户信息会涉及通知、接收、核实等多个环节，如债权人数量多，工作周期势必加长。因此，要求债权人在债权申报登记表中填写开户银行（行号）、开户名称、银行账号，并告知债权人如涉及银行账户信息变更，应另行向管理人提交书面的变更通知书等，做到"未雨绸缪"，可以大大缩小后期工作量。

（8）申报本金、申报利息、申报诉讼费、申报其他、债权总额

债权人申报的破产债权原则上应当为金钱债权，如管理人根据债务人情况允许进行实物申报，应当作出特别说明。如债权人申报的债权为实物，也应当要求债权人进行货币量化。货币计量单位应当为人民币，不能是外币。

债权人申报的债权金额应当明确，不能出现"大约5万元""本金由管理人依法核定""利息计算至破产受理日止"等，出现此种情况的，应当及时要求债权人进行补正。

债权人填写的债权金额应当准确，在实践中，经常出现债权人书写不规范，填写的债权金额出现数字遗漏、增加、小数位标写错位等管理人无法辨识的情形，如将"5，000元"写成"50，000元"。如申报的债权金额变大，管理人还可以经核减后确认；如果申报的债权金额变小，则还需债权人重新填写债权申报登记表或者进行补正。因此，为尽可能地降低错误概率，这里应当要求债权人将每个数字同时用小写和大写书写，便于管理人结合日常经验进行辨识。

债权人申报的债权总额应当计算正确，至于申报的金额类型，管理人可以根据债务人的整体负债情况予以设定，如申报诉讼费、申报违约金、申报损失等。

（9）债权形成过程简述

债权人应同时填写该笔债权的详细形成过程，并与债权申报金额相呼

应，这样可以大大节约管理人审查债权的时间。以买卖合同类债权为例，在实践中经常遇到债权人提交大量的买卖合同、收货单、增值税发票及付款凭证等，但管理人经过反反复复核算，也得不出债权人申报的债权金额，还要与债权人再次核实债权金额的来源。因此，管理人要求债权人详细说明该笔债权的形成过程还是很有必要的。

以买卖合同类债权为例，应要求债权人作如此表述："××××年×月×日，债权人与债务人签订《××买卖合同》一份（合同编号：××××），××××年×月×日，债权人向债务人运送价值××元共计××件××货物一批，债务人在收货单上加盖公章，××××年×月×日，债权人向债务人开具增值税发票一张，××××年×月×日，债务人向债权人仅支付××元，剩余尾款××元至今未向债权人支付，债权人特向管理人申报货款××元，利息××元（自×××年×月×日起按全国银行间同业拆借中心公布的贷款市场报价利率计算至债务人破产受理日止）。"

（10）担保/优先权情况

破产债权的担保方式有很多，这里应着重登记保证人、担保财产的信息，并要求说明担保方式（保证、抵押、质押、留置）、保证人情况（是否正常经营、是否有偿还能力）、担保财产的现状（如不动产抵押是否办理登记、抵押物是否灭失、是否由第三人占有等）、债权人要实现的担保债权金额等。

如债权人主张其享有的破产债权属于优先权债权，以建设工程价款优先权为例，需列明优先权债权金额、提出建设工程价款优先权的时间、建筑物范围等。

（11）涉诉情况

此处要求债权人列明涉诉情况，主要考虑到管理人工作的复杂程度，负责债务人诉讼案件的团队成员不一定能第一时间全面掌握债务人涉及的诉讼，管理人延误庭审的后果将不堪设想。破产债权申报是管理人与各债权人最早的沟通渠道，管理人能够尽早地发现涉诉未决的案件且提前介入，并与审理该案的人民法院进行联系，提交委托代理手续，继续进行审理。如本案属于涉诉已决的案件，则管理人应当要求债权人提供判决书、裁定书、裁决书、文书生效证明等法律文书，涉及实体权利义务的证据则将不再是管理人审查的重点。

（12）最后一次催款日

超过诉讼时效的债权不属于破产债权的范围，因此在此处应当要求债权人明确其向债务人最后主张债权的时间，并提供相应的证据证明，以便于管理人审核该笔债权时判断诉讼时效期间是否已经超过。

（13）债权人（代理人）签字或盖章落款、债权申报日期

债权申报登记表系债权人向管理人申报破产债权的核心依据，任何人无权擅自更改，落款处由债权人（代理人）签字或者盖章，并注明日期，在出现错写、漏写等严重影响债权人权益的情形时，可以防止部分债权人主张是管理人提取信息有误，将责任推给管理人。

（14）接收债权申报人、接收债权申报时间

在破产债权接收阶段，注明接收债权申报人很重要，这样可以责任到人，方便管理人内部管理。另需注明接收债权申报时间，一方面，可以区分债权人是否在债权申报期限内申报债权，管理人可以此为依据向债权人主张为审查和确认补充申报债权所产生的费用；另一方面，管理人制作债权申报登记册时需列明日期，供利害关系人查阅。

（15）债权编号

债权编号应提前告知债权人由管理人来填写，管理人应当为每笔破产债权设置一个编号，用于登记、保管，便于日后查找，另外，此处的债权编号将是管理人制作无争议债权表的重要编排依据。

（16）债权申报文件清单

债权人应当详细列明其向管理人提交的主体资格证明文书、证据名称、是否为原件、页码等信息，由管理人逐一核对，避免日后就文件的缺失、遗漏等问题来回推诿。

（17）免责声明

提交人应声明本次提交的所有申报债权文件与原件一致，不存在变造、伪造等情形，否则愿意承担由此产生的法律责任。签收人应当声明本次申报债权文件的签收并不代表签收人对其申报债权以及提交文件资料真

实性、合法性及关联性的确认。

附示范文本：

××××公司破产清算案
债权申报登记表

编号： 单位：元

债权人信息	债权人名称		债权人身份证号码（统一社会信用代码）	
	法定代表人（负责人）名称		联系电话	
	通信地址			
	委托代理人名称		联系电话	
	开户银行/行号			
	开户名称		银行账号	
债权信息	申报本金		申报利息	
	申报诉讼费		申报其他	
	债权总额			
债权优先权	□税款	基本情况：		
	□建设工程价款			
	□购房人购房款			
担保信息	担保债权金额（大写）		担保方式	□保证	
				□抵押	
				□质押	
				□留置	
涉诉（仲裁）情况		□未起诉　□已起诉（□已决　□未决）		
备注：				

债权人（代理人）签字或盖章： 接收人签名：

申报时间： 接收时间：

附件 1：

单位：元

债权基本情况			
债权总额		大写	
本金		大写	
利息		大写	
诉讼费		大写	
其他		大写	
最后一次催款日			
债权形成过程简述			

债权人（代理人）签字或盖章：   接收人签名：

申报时间：   接收时间：

附件 2:

债权申报文件清单

债权申报人:

序号	申报债权文件名称	份数（份）	页数（页）	复印件或原件
1				
2				
3				
4				
5				
6				
7				
8				
9				
10				
11				
12				

提交人声明:本次提交的所有申报债权文件与原件一致,不存在变造、伪造等情形,否则愿意承担由此产生的法律责任。

签收人声明:本次申报债权文件的签收并不代表签收人对其申报债权以及提交文件资料真实性、合法性及关联性的确认。

提交人（签字）:　　　　　　　　　　　　接收人（签字）:

提交时间:　　　　　　　　　　　　　　　接收时间:

3. 授权委托书

在实践中,部分债权人尤其是自然人债权人并不熟悉企业破产程序,如其委托代理人代为申报破产债权,其并不知如何向他人出具授权委托书,即便是专业的律师,如果其没有参与过担任管理人的破产项目,也不懂委托权限的内容。为防止日后债权人向管理人咨询、索取,管理人在邮寄债权申报文书时应当同时邮寄一份授权委托书,由债权人及其代理人直接填写。

授权委托书至少应明确以下内容。

（1）委托人信息

这里应将自然人债权人与机构债权人相区别，制作两种格式的授权委托书。

（2）受托人信息

应要求债权人提供受托人姓名、联系方式及身份证号码等基本信息。

（3）案件名称

如果是一家企业破产不必再说明具体的案件名称，但在关联企业合并破产程序中，债权人对多家债务人均享有破产债权，代理人有权向哪家债务人申报破产债权应当区分清楚（实践中常有一名债权人委托多名代理人向不同的债务人申报破产债权）。

（4）代理期限

正如民事诉讼程序中的授权行为一样，这里的代理人亦应当具有代理期限。如是机构债权人（特别是金融机构债权人），通常在对外出具授权委托书时有最长的时间限制，在代理期限届满后，要求其更换新的授权相对较容易。如是个人债权人则沟通起来难度很大，不宜设置明确的代理期限截止日期。因此在代理期限的设置上应当有所区别，对个人债权人宜表述为"代理期间：自××××年×月×日起至本案破产程序终结之日止"，对机构债权人应表述为"代理期间：自××××年×月×日起至××××年×月×日止"。

（5）代理权限

代理人的代理权限应包括但不限于如下内容：①向本案管理人申报破产债权并提交相关证明文件及资料；②对本案管理人审查认定的破产债权提出异议、复议；③签署、递交、接收和转送与本案破产债权有关的各类法律文件及其他文件；④参加本案的债权人会议，并代表委托人核查债权、发表意见和行使表决权；⑤处理与本案相关的其他法律事务。

这里需要强调的是，代理人也可以代表债权人就他人对债务人享有的破产债权提出异议。其中第④项在此处很有必要明确，召开债权人会议需要耗费巨大的人力、物力、财力，尤其是在需要债权人行使表决权的会议中，债权人投出的每一票都很关键。在实践中，经常有债权人代理人在参加债权人会议时携带的授权委托书内容不完整、不规范（如代理权限中无行使表决权的内容），而无法领取到表决票，无法行使表决权。如管理人不严加核查，又将面临表决程序违法和债权人会议决议被撤销的法律风险，这无疑是管理人和债权人都不愿意看到的。在此处即明确代理人有权核查债权、发表意见和行使表决权，在债权人代理人行使表决权时，管理人将该授权委托书从债权申报档案中取出并复制，作为证明债权人代理人有权行使表决权的证明材料，既能保障债权人的权益，又能保证债权人会议表决程序合法，规避管理人面临的法律风险。

（6）委托人与受托人落款处

此处如是自然人债权人应当签字按手印，如是机构债权人应当盖章并由法定代表人或者授权代表人签字，同时注明日期。

附示范文本：

授 权 委 托 书（机构）

委 托 人：　　　　　统一社会信用代码：

住 所 地：　　　　　联系方式：

受 托 人：　　　　　身份证号码：

住 所 地：　　　　　联系方式：

受 托 人：　　　　　身份证号码：

住 所 地：　　　　　联系方式：

委托人就×××公司破产清算一案（以下简称"本案"），特委托上述受托人作为委托人的代理人，参加本案。代理期间：自＿＿＿年＿＿＿月＿＿＿日起至＿＿＿年＿＿＿月＿＿＿日止。

受托人的代理权限包括但不限于：

（1）向本案管理人申报破产债权并提交相关证明文件及资料；

（2）对本案管理人审查认定的破产债权提出异议、复议；

（3）签署、递交、接收和转送与本案破产债权有关的各类法律文件及其他文件；

（4）参加本案的债权人会议，并代表委托人核查债权、发表意见和行使表决权；

(5) 处理与本案相关的其他法律事务。

委托人（盖章）：　　　　　　　　受托人（签字并按捺手印）：

法定代表人或负责人（签字）：

　　　　　　　　　　　　　　　　　　　年　　月　　日

授权委托书（自然人）

委 托 人：　　　　　　　身份证号码：

住 所 地：　　　　　　　联系方式：

受 托 人：　　　　　　　身份证号码：

住 所 地：　　　　　　　联系方式：

受 托 人：　　　　　　　身份证号码：

住 所 地：　　　　　　　联系方式：

委托人就×××公司破产清算一案（以下简称"本案"），特委托上述受托人作为委托人的代理人，参加本案。代理期间：自＿＿＿年＿＿＿月＿＿＿日起至本案破产程序终结之日止。

受托人的代理权限包括但不限于：

(1) 向本案管理人申报破产债权并提交相关证明文件及资料；

(2) 对本案管理人审查认定的破产债权提出异议、复议；

(3) 签署、递交、接收和转送与本案破产债权有关的各类法律文件及其他文件；

(4) 参加本案的债权人会议，并代表委托人核查债权、发表意见和行使表决权；

(5) 处理与本案相关的其他法律事务。

委托人（签字并按捺手印）：　　　受托人（签字并按捺手印）：

　　　　　　　　　　　　　　　　　　　年　　月　　日

4. 法定代表人/负责人身份证明书

法定代表人或者负责人身份证明书应当明确姓名、职务、"系我单位的法定代表人或者负责人"的字样，落款处加盖公章并注明日期。在实践中，出于方便考虑，通常要求将法定代表人或者负责人的身份证复印件粘贴在该证明书的下方。

附示范文本：

法定代表人（负责人）身份证明书

_____（身份证号码：_____）在我单位任_____职务，系我单位的法定代表人（负责人）。

特此证明。

下附：法定代表人（负责人）身份证复印件。

正面粘贴处	反面粘贴处

证明单位（盖章）：×××公司

××××年×月×日

5. 债权申报指引

债权申报指引须由管理人结合本案破产债权的基本情况予以确定，债权人申报指引应通俗易懂，尽量使用口语化的表达，便于债权人理解，债权申报指引的主要内容为指导债权人填写债权申报文书、准备证明资料等。

附示范文本：

债权申报指引

为保障债权人权益，特将债权人在债权申报阶段之权利、义务，告知如下：

一、债权人应当在×××人民法院指定的债权申报期限内（即××××年×月×日前），携带纸质债权申报材料向管理人完成债权申报。

二、债权人在申报债权时应当注意以下几点：

1. 未到期的债权，在破产申请受理时视为到期。

2. 附利息的债权，自破产申请受理时起停止计息。

3. 附条件、附期限的债权和诉讼、仲裁未决的债权，债权人可以申报。

4. 债权人申报债权时，应当书面说明债权的数额和有无财产担保情况，并提交有关证据。申报的债权是连带债权的，应当说明。连带债权人可以由其中一人代表全体连带债权人申报债权，也可以共同申报债权。

5. 债务人的保证人或者其他连带债务人已经代替债务人清偿债务的，以其对债务人的求偿权申报债权。债务人的保证人或者其他连带债务人尚未代替债务人清偿债务的，以其对债务人的将来求偿权申报债权，但债权人已经向管理人申报全部债权的除外。

6. 管理人或者债务人依照《企业破产法》规定解除合同的，对方当事人以因合同解除所产生的损害赔偿请求权申报债权。

7. 法律规定其他可以申报的债权，债权人应当予以申报。

三、债权申报人应当如实、详细填写×××有限公司破产清算案债权申报表以及附件，提供完整、真实有效的申报材料，申报债权应提供如下材料：

1. ×××有限公司破产清算案债权申报登记表及其附件（一式两份）。

2. 债权人为自然人的，应提供身份证复印件（复印件经本人签字确认）；债权人系法人或者其他组织的，需提交营业执照复印件（加盖公章）、法定代表人身份证明书（原件）、法定代表人身份证复印件（复印件经本人签字确认）；委托代理人申报的，还应提交授权委托书（原件）及代理人身份证复印件（复印件经本人签字确认），委托代理人是律师的还应提交律师事务所的指派函及律师执业证复印件。

3. 证明债权事实的相关证据材料。债权申报人应携带证明债权关系的原件及复印件，包括但不限于：（1）合同文本；（2）付款凭证；（3）合同履行证明，如结算书、发货单、收货单等；（4）其他双方签署的协议、往来函件等法律文件，其他证明合同履行的相关文件、债权催收文件、他项权证、相关诉讼（仲裁）文书、执行文书等。

注：申报人应当以与证据原件核对无误的复印件申报，债权人提交生效的法律文书申报债权，应当提交法律文书已经生效的证明材料，包括法律文书生效证明、送达回证等，是人民法院调解书的，还应当提交有关事实证明材料。

四、填写债权申报登记表需注意的问题：

1. 同一家债权人只能申报一个债权总额，无须分多笔申报。

2. 申报债权的金额必须确定。

3. 计算利息至××××年×月×日止，并提交详细的利息计算清单。

4. 简要陈述该债权的形成经过，包括但不限于债权形成时间、金额、已付款情况、已履行合同情况等，如涉及诉讼、仲裁的，还应当说明案件的审理情况以及执行情况。

以买卖合同类债权为例，债权人应如此表述："××××年×月×日，债权人与债务人签订××买卖合同一份，××××年×月×日，债权人向债务人运送价值××元共计××件××货物一批，债务人在收货单上加盖公章，××××年×月×日，债权人向债务人开具增值税发票一张，××××年×月×日，债务人向债权人仅支付××元，剩余尾款××元至今未向债权人支付，债权人特向管理人申报货款××元，利息××元（自××××年×月×日起按全国银行间同业拆借中心公布的贷款市场报价利率计算至债务人破产受理日止）。"

5. 债权申报登记表上的编号暂不填写，"编号"及"接收人"由管理人填写。

6. 债权人应注明最后一次催款时间，并提交相应的证明材料。

如债权人未按照债权申报指引的各项要求填写、提交债权申报文件，导致债权人申报的债权无法经×××有限公司管理人审核确认，由此产生的法律后果由债权人自行承担。

×××公司管理人

××××年×月×日

6. 联系地址及联系方式确认书

管理人通知已知债权人申报破产债权时，如果所掌握的联系方式并未经债权人确认，就会为后期文书的传递带来极大的不便，影响债权人行使债权异议权、参加债权人会议等权利。程序不公正将会给债权人的切身利益造成严重损害，也将给管理人带来极大的执业风险。

因此，管理人要求债权人书面确认联系地址及联系方式非常有必要，在通常情况下，债权申报人的联系地址及联系方式应包括如下内容：①债权人名称；②债权人通信地址；③联系电话；④联系人；⑤是否同意电子送达的选项及电子送达的方式；⑥填写错误的法律后果；⑦变更联系地址及联系方式的方式；⑧签名或盖章落款处。

附示范文书：

<h3 style="text-align: center">债权申报人联系地址及联系方式确认书</h3>

债权申报人	
债权人联系地址及联系方式	联系地址： 邮编： 联系人： 电话（移动电话）： 其他联系方式：
是否同意电子送达	否□　是□ 邮箱： 微信号/QQ 号： 短信接收手机号：

续表

债权申报人	
债权人对联系地址及联系方式的确认	本人（单位）保证提供的上述联系地址及联系方式真实有效，若有误则愿意承担因材料无法送达等产生的一切法律后果。如有变动，本人将另行向管理人送达书面确认书。 债权人（签名或盖章）：＿＿＿＿＿＿＿ 　　　　　　　　　　　　年　　月　　日
备注	

7. 债权人承诺书

最高人民法院、最高人民检察院于 2015 年 10 月 30 日联合发布《关于执行〈中华人民共和国刑法〉确定罪名的补充规定（六）》，对适用《中华人民共和国刑法》（以下简称《刑法》）的部分罪名进行了补充或修改，其中增加虚假诉讼罪在内的新罪名共 20 个。《刑法》第三百零七条之一规定："以捏造的事实提起民事诉讼，妨害司法秩序或者严重侵害他人合法权益的，处三年以下有期徒刑、拘役或者管制，并处或者单处罚金；情节严重的，处三年以上七年以下有期徒刑，并处罚金。单位犯前款罪的，对单位判处罚金，并对其直接负责的主管人员和其他直接责任人员，依照前款的规定处罚。有第一款行为，非法占有他人财产或者逃避合法债务，又构成其他犯罪的，依照处罚较重的规定定罪从重处罚。司法工作人员利用职权，与他人共同实施前三款行为的，从重处罚；同时构成其他犯罪的，依照处罚较重的规定定罪从重处罚。"

2018 年 9 月 26 日，最高人民法院、最高人民检察院公布的《关于办理虚假诉讼刑事案件适用法律若干问题的解释》第一条规定："采取伪造证据、虚假陈述等手段，实施下列行为之一，捏造民事法律关系，虚构民事纠纷，向人民法院提起民事诉讼的，应当认定为刑法第三百零七条之一第一款规定的'以捏造的事实提起民事诉讼'：（一）与夫妻一方恶意串通，捏造夫妻共同债务的；（二）与他人恶意串通，捏造债权债务关系和以物抵债协议的；（三）与公司、企业的法定代表人、董事、监事、经理或者其他管理人员恶意串通，捏造公司、企业债务或者担保义务的；（四）捏造知识产权侵权关系或者不正当竞争关系的；（五）在破产案件审理过程中申报捏造的债权的；（六）与被执行人恶意串通，捏造债权或者对查封、扣押、冻结财产的优先权、担保物权的；（七）单方或者与他人恶意串通，捏造身份、合同、侵权、继承等民事法律关系的其他行为。隐瞒债务已经全部清偿的事实，向人民法院提起民事诉讼，要求他人履行债务的，以'以捏造的事实提起民事诉讼'论。向人民法院申请执行基于捏造的事实作出的仲裁裁决、公证债权文书，或者在民事执行过程中以捏造的事实对执行标的提出异议、申请参与执行财产分配的，属于刑法第三百零七条之一第一款规定的'以捏造的事实提起民事诉讼'。"该条确定了申报捏造的债权属于刑事犯罪。

近年来，破产业务"全国火"，部分债务人、债权人及其利害关系人也滋生了利用破产程序"逃废债"、变相侵占债务人财产、损害他人合法权益的念头，破产案件中的违法犯罪现象也在逐年增多。

2021 年 3 月 4 日，最高人民法院、最高人民检察院、公安部、司法部印发的《关于进一步加强虚假诉讼犯罪惩治工作的意见》（法发〔2021〕10 号）第五条规定："对于下列虚假诉讼犯罪易发的民事案件类型，人民法院、人民检察院在履行职责过程中应当予以重点关注：……（六）公司分立、合并和企业破产纠纷案件……"可见，管理人在破产程序中，发现、制止、移送违法犯罪线索已刻不容缓，为最大限度地免除管理人责任，明确申报捏造债权属于刑事犯罪的法律后果，应同时制作债权人承诺书由债权人来填写。

附示范文本：

×××× 有限公司破产清算案

债权人承诺书

×××× 有限公司管理人：

本单位/本人承诺向管理人提交的所有债权申报材料，无论盖章、签名与否，均真实、准确、完整、有效，不存在伪造、变造等虚假情形；所有复印件均与原件核对无异。自愿承担由此产生的一切法律后果。

特此承诺

债权人（机构盖章/自然人签字）：

法定代表人/负责人（签字）：

年 月 日

注：根据最高人民法院、最高人民检察院、公安部、司法部《关于进一步加强虚假诉讼犯罪惩治工作的意见》（法发〔2021〕10号）以及最高人民法院、最高人民检察院《关于办理虚假诉讼刑事案件适用法律若干问题的解释》的相关规定，在破产案件审理过程中申报债权存在虚假的情形构成虚假诉讼犯罪。管理人在债权审查过程中如发现债权人申报债权存在虚假情形，将依法向公安机关移送涉嫌虚假诉讼犯罪的相关材料。

三 查找已知债权人及其联系方式

在通知债权人申报破产债权阶段，尽可能地通知到每一位债权人并告知其在破产程序中享有的权利，是管理人勤勉尽责、忠实执行职务的最佳体现，这样可以避免债权人因不知道债务人破产而丧失行使权利的可能性，也可以减少债权人延迟知晓债务人破产，陆陆续续行使权利给管理人增加的工作负担。管理人可以通过以下几种途径来查找债权人及其联系方式。

（一）查阅财务会计账簿

管理人接受人民法院指定后，基础性的工作之一便是接管并且熟悉财务会计账簿。从财务记载的负债类科目中，如流动负债（包括短期借款、应付票据、应付账款、应付利息、预收账款、应付职工薪酬、应缴税费、应付股利、其他应付款等）、长期负债（包括长期借款、应付债券、长期应付款等）等科目，即可以查找出债务人对哪些债权人负有债务，进而翻阅财务记账凭证尤其是原始凭证。如双方订立的合同、增值税发票、发货单、往来询证函、授权委托书等一般都会记载债权人的联系地址及联系方式，管理人可以迅速获取债权人的各项信息。

（二）向业务经办人了解

债务人的业务经办部门，如采购部、市场部等，长期与债权人有经济往来，此类部门职工都了解债务人对哪些债权人负有债务以及负债金额、负债形成过程等，并保存各个债权人的联系地址及联系方式。向此类部门职工了解债权人的具体情况往往能起到立竿见影的效果。必要时管理人可采取向债务人发送通知、制作询问笔录等方式要求债务人提供已知债权人的名称、债权金额、联系方式、联系地址、债权性质等。

（三）联系相关债权人

与债务人有经济往来的债权人从事的行业基本相同或者多有交集，通过其中一个或者多个债权人往往可以了解到其他债权人的信息。比如在笔者曾经办理的一起"执转破"案件中，债务人位于山西省内，有部分民间借贷债权人均为浙江台州户籍，且多外出打工，管理人始终无法与这些债权人取得联系。后来在与其中一位浙江台州户籍债权人的交谈过程中，发现其曾尝试联合其他债权人向债务人发起诉讼，管理人敏锐地捕捉到这一点，当即请求其提供其他债权人的联系方式。管理人按图索骥最终与这些债权人依次取得联系，迅速有效地完成了债权人联系方式的查找工作。

（四）调阅法院卷宗

在民事诉讼或者仲裁阶段，管理人在接管债务人的破产财产后，有关债务人的诉讼或者仲裁继续进行，在此过程中，管理人便能掌握涉诉、涉仲裁案件的债权人信息，可以提示债权人同时向管理人申报破产债权；在民事案件执行阶段，管理人可以根据债务人涉及的执行案件（一般通过中国执行信息公开网、国家企业信用信息公示系统、企查查、天眼查等网站可检索得到），查询到执行管辖法院、执行申请人、执行金额等基本信息，进而管理人可以代表债务人向执行法院调阅相关卷宗，查找到债权人及其联系地址、联系方式等。

（五）请求人民法院协查

如管理人根据现有身份证明文书始终无法从其他人民法院、人民银行、市场管理局等部门（在实践中，笔者经常遇到此类部门不认可管理人的身份，拒不向管理人出具有关文书）查找信息，则管理人可以向受理破产申请的人民法院申请调取有关债权人的各项信息。

（六）通过网络查找

管理人可通过裁判文书网、执行信息公开网、企信宝、企查查等网站渠道，检索债务人的涉诉信息，从而进一步查找债权人的联系地址、联系方式等。

第三节　向已知债权人送达债权申报文书

《企业破产法》第十四条第一款规定："人民法院应当自裁定受理破产申请之日起二十五日内通知已知债权人，并予以公告。"该条法律规定通知已知债权人的义务主体系人民法院，而非管理人，因此人民法院应当向已知债权人送达债权申报文件。有一种观点认为，此处的"已知债权人"应当限定于债务人申请破产的，债务人依据《企业破产法》第八条第三款规定提交人民法院的"债务清册"中记载的债权人，有一定的合理性，因为人民法院掌握的已知债权人信息有限，人民法院获取已知债权人的信息一般来源于"债务清册"。如果人民法院未收到"债务清册"（如债权人申请破产），或者收到的"债务清册"不完整，致使人民法院未向部分债权人送达债权申报文件，则人民法院不应当承担责任。在破产程序推进过程中发现新的债权人，人民法院不再有通知义务。

因此，在实践中，通常有以下两种做法：其一，人民法院根据"债务清册"中记载的已知债权人送达债权申报文书，其他债权人的通知均交由管理人执行；其二，人民法院全权委托管理人向已知债权人送达债权申报文书。第二种做法也是有据可循的。《北京市高级人民法院企业破产案件审理规程》第四十二条规定："（通知已知债权人并予以公告）人民法院受理破产申请后，应当自受理裁定或者上级人民法院指令受理裁定作出之日起二十五日内，自行或委托管理人向已知债权人发出书面受理通知，法院并应在人民法院报上予以公告。涉及境外已知债权人的，可通过邮寄、传真、电子邮件等能够确认收悉的适当方式通知。"这里明确人民法院可以委托管理人向已知债权人发出书面受理通知。笔者所办理的破产项目采用由管理人全权负责送达公告及其债权申报文书的方式。

管理人查找到已知债权人后，即应当分批向债权人送达债权申报文件，管理人务必要穷尽各种措施通知到位。通知的过程一定要留痕迹，形成工作日志，防范未申报债权的已知债权人以管理人未尽通知义务为由追究管理人的责任。

一　针对性送达

如果管理人已获知债权人的通信地址及联系方式，管理人（如前文所述，虽然通知已知债权人系人民法院的法定义务，但人民法院一般都会委托管理人来做此项工作）应当选用 EMS（也可征得人民法院同意而使用法院专递）向每一位债权人邮寄相关债权申报文书，但应注意如下问题。

其一，文件袋中应装入申报破产债权的公告（债权申报通知书）、债权申报登记表及其附件（一式两份）、授权委托书、法定代表人（负责人）身份证明书、债权申报指引、联系地址联系方式确认书等文书；其二，寄件人处应当同时写明受理破产申请的人民法院名称与管理人名称；其三，应在邮寄单物品内容一栏上勾选文件，并注明"债权申报文件"；其四，应保管好邮寄单，同时将快递单查询结果截图一并打印出来，与每一份邮寄单粘贴在一起，方便之后查找、核对；其五，在快递邮寄之后，应当进行回访，向每一位债权人核实是否收到快递，如未收到则应当及时联系快递公司查证具体原因，或者选取其他方式继续送达。

在邮寄不能向部分债权人送达债权申报文件的情况下（如债权人不在

国内），应当采用其他方式送达，如要求债权人前往管理人办公室自取，通过发邮件、微信、彩信等方式向债权人以电子方式送达。

二 公告送达

（一）全国企业破产重整案件信息网公告

《最高人民法院关于企业破产案件信息公开的规定（试行）》第一条规定："最高人民法院设立全国企业破产重整案件信息网（以下简称破产重整案件信息网），破产案件（包括破产重整、破产清算、破产和解案件）审判流程信息以及公告、法律文书、债务人信息等与破产程序有关的信息统一在破产重整案件信息网公布。人民法院以及人民法院指定的破产管理人应当使用破产重整案件信息网及时披露破产程序有关信息。"最高人民法院发布的《关于进一步做好全国企业破产重整案件信息网推广应用工作的办法》第一条规定："人民法院对破产案件信息应以公开为原则，不公开为例外。办理破产案件的法院要严格按照《最高人民法院关于企业破产案件信息公开的规定（试行）》的要求，及时、准确、完整公开案件流程节点、各类公告、法律文书等相关信息。尤其对于法律文书、管理人招募公告、投资人招募公告、资产拍卖公告等公告信息，必须在作出同时通过破产重整案件信息网发布。"因此，在管理人接受指定后，应当首先与人民法院联系，登录该网站注册管理人账号，并将与本案有关的债权申报文书在该网站上发布。

（二）《人民法院报》及其官网公告

根据《最高人民法院办公厅关于改进人民法院公告发布工作的通知》的有关规定，《人民法院报》为最高人民法院指定的发布人民法院公告唯一、合法、有效的报纸；各级法院公告只能向《人民法院报》报送，由《人民法院报》按统一格式刊发；各级人民法院不得将公告送交《人民法院报》以外的报纸发布。因此管理人应当及时在《人民法院报》办理债权申报公告，将人民法院制作的关于债权申报的公告刊登出来。

（三）其他媒体平台公告

为了使更多的债权人了解到债务人破产信息并及时进行破产债权申报，管理人应同时在当地报纸、行业报纸、期刊、知名自媒体、电视、广播等平台发布债务人破产、债权申报的信息。必要时，管理人可创建微信公众号，通过微信公众号发布有关债权申报的信息。

（四）张贴纸质公告

另外，在债务人所在办公区域、厂区、职工生活集中区域等地张贴纸质公告，也可以起到不错的传播效果，达到通知债权人申报债权的目的。

第三章　企业破产债权的申报与接收

债权人按照债权申报指引填写好与债权申报有关的文件后，即会联系管理人进行申报破产债权。管理人应当本着便利当事人的原则，畅通接收债权申报的渠道，不拘泥于传统的材料收递方式，充分发挥互联网通信技术的便捷优势，从而提高管理人工作效率。

第一节　接收债权申报

一　现场接收债权申报

现场接收是管理人必须设置的债权申报接收方式。现场申报、接收债权的优势在于债权人可以通过面对面沟通的方式了解债务人状况、该企业破产程序的进度、债权申报资料是否齐备等，管理人也可以借此机会了解债权人的诉求，提供必要的解答与咨询，消除债权人的顾虑。管理人现场接收债权申报时应注意以下几个问题。

（一）时间设置应便利当事人

在实践中，债权人特别是自然人债权人受上班、照顾家庭、出差等时间限制，向管理人申报破产债权的时间就显得不是很灵活。如果管理人设定的接收债权申报的时间不是很合理（如管理人限定在工作日接收债权申报，部分"上班族"则无法抽出时间申报债权），就会给债权人申报债权带来不便。因此，在债权申报期限内，管理人应当一周七天均接收债权申报，方便债权人任意选择债权申报的时间。每天接收债权申报的时间宜确定为：上午 8：30 至 12：00，下午 2：30 至 6：00。在债权申报期限届满后，考虑到债权申报的数量会锐减，管理人可以限定债权申报时间（如每周一、周二上午）。如按照债权人要求在其他时间接收债权，管理人安排工作人员所额外支出的差旅费、食宿费应当由债权人承担。

（二）划定专门的债权申报处

管理人的工作时常存在交叉，因此工作人员办公室不会相隔太远，甚至经常安排在一个办公室。债权接收工作中，管理人需要与债权人反复沟通、解释，双方甚至会发生争吵，债权人随意在办公区域走动会严重干扰其他同事的工作，也面临档案资料丢失的风险，因此不宜与其他工作在同一区域进行。管理人应划定专门的债权申报接收处，最好是安排在不同的楼层，与管理人办公区域明显分离。

（三）安排专人负责债权申报接收工作

债权申报接收工作具有很强的连续性、一致性。在实践中，经常遇到管理人安排不同的人员负责债权接收，囿于对企业破产程序的认知不同，经常出现不同的工作人员对同一问题解答不一致的情形。债权人跟 A 工作人员约好时间提交资料，但到了现场发现更换成了 B 工作人员，债权人再次解释提交资料的原因，B 工作人员再与 A 工作人员进行核实，均会花去大量的时间，同时也会给债权人造成管理人工作混乱的印象。因此，负责接收债权申报的人员应当固定，无重大事由不应更换，管理人应至少安排两名工作人员接收债权申报。

二　接收以邮寄方式申报的债权

对现场申报债权确有困难的债权人（如患病行动不便等），应当允许其通过邮寄的方式向管理人申报债权。管理人只是因无法核对原件在部分债权存在真伪不明的情况下增加了审核难度，但从便利债权人的角度，所获得的社会效果是无可比拟的。但需管理人注意的是，应当提前与债权人确定邮寄地址、联系方式等，并获取快递单号，予以分类登记，实时更新数据；管理人在迟迟无法收到快递的情况下，应当及时跟快递员、债权人取得联系，或者要求债权人重新邮寄或改用其他方式进行债权申报，确保无遗漏的债权人。

三　接收以电子方式申报的债权

随着互联网即时通信技术的成熟，管理人亦应当与时俱进，采用多元化的方式接收债权申报。管理人可事先在不同的通信软件上注册账号，统一指定用来接收债权申报，债权人可通过发邮件、彩信、微信、QQ等方式向管理人申报债权，管理人应当要求债权人将全部债权资料整理、填写完毕并扫描成一个PDF版本后，再发送给管理人。管理人也可以直接通过该种方式与债权人就债权申报、接收等相关事宜进行沟通。管理人应当及时将电子版债权申报资料、聊天记录、发送记录等从电子设备中下载、截图并打印出来，编号存档备查。

第二节　债权申报资料的审查

管理人在接收债权申报的过程中，首先要根据债权人的陈述、债权申报资料等进行形式审查，在符合基本形式要件的情况下，才能进行登记，并向债权人出具债权申报登记回执。如在此过程中把关不严、任意接收，不予确认或者需要补正材料才能确认的债权数量将会增加，这样会严重影响后期债权审核效率。

一　资料审查的主要内容

（一）主体适格

首先，管理人应当确认债权人名称是否准确，在实践中，经常有些债权人申报债权时写错、简写自己的名称，管理人应当与债权人的身份证、营业执照原件等仔细比对，确定其名称是否填写正确。其次，应当确定债权人主体是否适格，如夫妻二人对债务人享有债权，则债权申报主体应当为夫妻二人，如其中一方过来申报债权，则需另一方出具内容明确的授权委托书。再如，在民间借贷法律关系中，借据中载明的名义出借人与实际出借人不一致，如实际出借人向管理人申报债权，则需由其出具债权受让协议，并由名义出借人将债权转让事宜通知给管理人。最后，应当确定债务人主体是否适格，如在司法实践中，法定代表人以个人名义向债权人借款，款项虽然用于公司经营，但根据合同的相对性原则，债务人仍然是法定代表人个人，债权人不能就该笔债权向公司债务人申报债权，而应另行向法定代表人主张该笔债权。

（二）债权金额准确、性质明确

管理人应重点审查债权金额是否准确、大小写是否一致等，确保填写的数字是债权人真实的意思表示。债权性质关系到债权人的重大权益，应引导债权人规范填写，如债权人系建设工程施工方，则其有权利主张建设工程价款优先权，其应当注明申报的债权为优先权债权，并说明受偿范围、主张权利的时间、对应的标的物等。否则，管理人将推定债权人放弃其对该债权享有的优先权，因此，管理人的释明工作还是很重要的。

（三）债权申报文件填写规范、完整

如前文所述，破产债权人应当按照债权申报指引中的规范性要求，规范、完整填写债权申报登记表、授权委托书、送达地址及联系方式确认书等，不能有空缺的地方，与该笔破产债权无关的内容可以填"无"。

（四）证据材料准备齐全

管理人应当根据债权人、破产债权情况判断债权申报证据材料是否准备齐全。如，民间借贷类债权人，管理人应当要求其提交提供借款的凭证；又如，购销类债权人，出卖人（债权人）应当向管理人提交货物已交付买受人（债务人）的证据等，如无法提交，应简要说明理由。管理人所接收的证据材料应加盖"复印件与原件核对一致"的印章，提高债权人对申报材料真实性的重视程度。

二 出具债权申报登记回执

如债权人准备的债权申报资料符合各项形式要件，则管理人应向债权人出具债权申报登记回执；如债权人欠缺个别文件，则管理人应当要求债权人在合理的期间内（一般为七天）一次性补正，如其未能补正，则应向其出具不予受理债权申报的回执；如债权人不对债务人享有破产债权（如前文所述主体不适格），则管理人可直接向其出具不予受理债权申报的回执。

另外，笔者在办理破产案件时通常要求债权人填写两份债权申报登记表，一份由管理人存档，一份由管理人在"接收人"处签字并在左上角编号后交给债权人。这样做目的在于防止部分债权人遗忘填报信息，降低后期在债权审核过程中的沟通难度，管理人可与债权人对照债权申报登记表有针对性地核实问题。

附示范文本：

债权申报登记回执（受理）

×××债权人：

您（您单位）于＿＿＿年＿＿月＿＿日向××××××有限公司管理人提交的《××××公司破产清算案债权申报登记表》及附件1《证据清单》所列示的证据材料已收悉，经管理人形式审查合格，予以受理并登记，登记编号为：××××××有限公司××××号。

××××××有限公司管理人
年　　月　　日

债权申报登记回执（不受理）

×××债权人：

您（您单位）于＿＿＿年＿＿月＿＿日向××××××有限公司管理人提交的《××××公司破产清算案债权申报登记表》及附件1《证据清单》

所列示的证据材料已收悉，经管理人形式审查，因您提交的资料＿＿＿＿

＿＿＿＿＿＿＿＿＿＿＿＿＿＿＿＿＿＿＿＿＿＿＿，故不予以受理并登记。

××××××有限公司管理人

年　　月　　日

三　债权申报资料编号存档

管理人应为每一笔债权申报资料编号，命名规则为"债务人名称+债权编号"，将每一笔债权申报资料装入档案袋/盒/箱中，并在档案袋/盒/箱上面标注债权人名称、编号、债务人名称、债权申报时间等主要信息，按照顺序依次归档，便于日后管理人及其他利害关系人查阅。

第三节　债权申报登记册的制作

一　制作债权申报登记册是管理人的法定职责

《企业破产法》第五十七条规定："管理人收到债权申报材料后，应当登记造册，对申报的债权进行审查，并编制债权表。债权表和债权申报材料由管理人保存，供利害关系人查阅。"《最高人民法院关于适用〈中华人民共和国企业破产法〉若干问题的规定（三）》（以下简称《企业破产法司法解释（三）》）第六条第一款规定："管理人应当依照企业破产法第五十七条的规定对所申报的债权进行登记造册，详尽记载申报人的姓名、单位、代理人、申报债权额、担保情况、证据、联系方式等事项，形成债权申报登记册。"可见，制作债权申报登记册是管理人的法定职责，也是管理人审查认定债权、编制债权表、制作财产分配方案等的根据。因此，在该阶段设计好债权申报登记册的格式并精准摘录相关有用信息显得极其重要。

二　使用办公软件 Excel 制作债权申报登记册

制作债权申报登记册应选用办公软件 Excel，因为在破产程序推进的过程中，管理人作报告、人民法院组织召开债权人会议、战略投资人测算成本、政府部门做维稳工作等均需要各种数据作支撑。如债权人人数、债权总额、需优先受偿债权金额等，选用办公软件 Excel 制作的表格，可以轻松实现求和、筛选、匹配、填充等功能需求，提取数据简单快捷，可以极大提高管理人的工作效率。

三　债权申报登记册应记载的主要内容

债权申报登记册记载的内容应当结合债务人负债的特殊性以及管理人、人民法院、政府部门等各方主体的数据需求来确定。笔者以关联企业合并破产重整程序为例，对债权申报登记册所应记载的内容逐一进行说明。

（一）序号

将 Excel 表格第一列设置为序号列，可以直观统计出破产债权的笔数。

（二）债务人名称

在关联企业合并破产重整程序中，各债务人视同一个主体，破产债权清偿统一按照重整计划执行，为便于管理人工作，全部破产债权应登记在一起，因此这里债务人名称是不同的。

（三）档案编号

这里的档案编号即管理人根据接收的债权申报登记按时间先后顺序编排的序号，为统一格式、便于查找，编号字样可设置为"00001"。

（四）债权人编号

债权人编号是管理人向已知债权人发送债权申报通知书时便于统计形成的序号，该编号用处也很大。管理人在编制债权表时可以该列为主排序依据之一，这样债权人可以根据自己的编号从债权笔数众多的债权表中很快查找到自己的债权进行核对。另外，管理人在召开债权人会议编制座位示意图时，考虑到债权人名称长短不一，很难规范分布，可以债权人编号替代，既能满足编制需求，又直接美观。

（五）债权人名称

如前文所述，债权人名称应填写规范、准确，需要注意的是不能有空格，因为后期大量的数据统计工作均需以债权人名称为依据。在 Excel 表格中进行筛选、删除重复项、分类汇总等统计工作时，要求单元格中的字符必须填写一致，才能实现操作目的，因此在录入债权人名称时必须谨慎细致。

（六）主债权人名称

如管理人登记的主债权人名称与债权人名称不一致，则应为尚未代替债务人清偿债务的保证人或者其他连带债务人以其对债务人的将来求偿权申报债权，将其在债权申报登记册中予以登记，以便于管理人对申报的破产债权的不同情形进行分别处理。为避免重复清偿，如主债权人已申报破产债权，并经管理人认定，则该笔债权不予确认；如主债权人未申报，则管理人对该笔债权予以认定。

（七）主债务人名称

如管理人登记的主债务人名称与债务人名称不一致，则债务人为连带保证人的情形，如主债权期限已经届满，主债务人未能偿还债务，则管理人对债权人申报的该笔债权应当予以确认，只是在债务人清偿完毕该笔债权后，就已清偿的部分可以向主债务人追偿；如主债权期限未届满，则管理人只能暂缓确认该笔债权，待保证人（债务人）应承担的保证责任确定后，管理人再认定该笔债权。

（八）有无取回权、是否申请取回

在动产买卖合同中经常约定所有权保留条款，如债权人在符合法律规定的前提下，向管理人申报债权的同时提出取回标的物，则管理人需要对是否同意取回标的物作出处理，对相应的债权金额也要进行调整，特殊情形下还要认定为共益债务。

（九）债权种类

债权种类主要根据破产债权的基础法律关系来确定，如买卖、借贷、建设工程、融资租赁、侵权等。

（十）涉诉涉裁情况

这里又可以区分为涉诉涉裁已决和涉诉涉裁未决：如是涉诉涉裁已决的情形，则管理人可以根据生效的法律文书对该笔债权予以认定；如是涉诉涉裁未决的情况，则管理人只能暂缓认定该笔债权，同时及时联系有关法院或仲裁委，恢复审理本案，待取得生效法律文书后，对该笔债权再予以处理。

（十一）是否涉及虚假申报

在实践中，笔者曾遇到部分债权人假借其他债权人名义向管理人申报债权，与法定代表人、实际控制人或者业务经办人恶意串通虚构债权债务，债权已实现清偿但刻意隐瞒仍然全额申报债权等情形。因此在接收债权申报时即应留意此类问题，如有涉及虚假申报或者疑似虚假申报的情况，管理人应预先做好登记，在债权审查过程中重点关注。

那么管理人对虚假破产债权的识别路径有哪些呢？应从以下几个方面入手。其一，看申报的证据材料形成过程是否合理。如债务人在破产受理日前已经停产多年，此时债务人却又向债权人借款，明显不合理，这就需要债权人进一步说明债务人借款的原因、资金的流向等，防止债权人与债务人的法定代表人等恶意串通，将个人债务转嫁至债务人的情况。其二，看债务人的实际控制人道德水平是否低下。在笔者办理的多个破产项目中，如债权人对债务人的实际控制人的道德评价不高，则出现虚假债权的可能性就非常高，在债权接收阶段即应审慎和认真，加强对虚假债权的审核力度。其三，谨慎对待其他债权人及债务人工作人员提出的意见。笔者识别出的多数虚假债权均来自其他债权人或者债务人的举报和投诉。因此，在债权接收阶段，管理人应当注意收集来自各方的意见，并仔细研判。如果能够直接判定某笔债权属于虚假债权，则管理人可以要求债权人撤回债权申报，或者径行作出不予受理债权申报的回执。

至于管理人如何鉴别虚假债权，应当参照最高人民法院、最高人民检察院《关于办理虚假诉讼刑事案件适用法律若干问题的解释》第一条之规定。

（十二）申报债权性质

管理人登记的破产债权性质应当准确分类，主要类型有：有财产担保的债权、职工债权、社保债权、税款债权、购房人购房款优先权、建设工程价款优先权、船舶优先权和民用航空器优先权、普通债权、劣后债权。

（十三）申报本金、申报利息、申报诉讼费等其他、申报债权总额

为防止录入数据错误，提高数据录入的准确性，可以将 Excel 单元格设置为数值格式，并使用千位分隔符，管理人可以将申报本金、申报利息、申报诉讼费等其他相加，与申报债权总额进行比对，如发现不一致，及时查找原因。

（十四）财务账面记载情况

在债权审核过程中，管理人一般会与债务人的财务部门进行对接，核实与债权人业务往来情况，因此在制作债权申报登记册时应预先设置该列，由财务部门提供数据，这样可以便于破产管理人在审查债权时作为参考。

（十五）审计意见

在企业破产程序中，管理人会聘请审计机构出具清产核资报告，审计机构在梳理债务人账册时如发现记账错误就需要进行调账，管理人在制作债权申报登记册时应预先设置该列，并发给审计机构填写，其填写的意见

可作为管理人审查债权的重要依据。

（十六）审核结果

审核结果可分为确认、部分确认、不确认、暂缓确认四种情形，预先设置该列方便后期作为数据筛查的依据。

（十七）初审律师、复审律师、终审律师

债权审查结果关乎每一位债权人的切身利益，笔者所承办的破产项目中，管理人为确保审查结果的准确性，会安排三名律师至少三轮核查债权，同时在管理人内部也会明确责任，如出现问题也能责任到人。

（十八）确认债权性质、确认本金、确认利息、确认诉讼费等其他、确认债权总额、申报与确认差额

为保证此处数据的准确性，管理人应分多次、反复验算，同时与债权审查意见进行比对，避免数据录入错误。

（十九）担保形式、担保情况备注

担保形式主要统计担保物权，分为抵押、质押、留置，在担保情况备注栏中应明确担保物权是否成立、担保物权范围、标的物现状及其评估价值等。

（二十）债权人欠票金额

如债权人未向债务人开具增值税发票，则管理人应提前做好登记工作，在债权审查过程中、债务人清偿债务前，管理人可要求债权人向债务人开具发票，否则，双方均有可能涉嫌偷逃税款。

（二十一）审查意见、审查意见备注

债权审查意见、审查意见备注栏，应当详细说明该笔债权的形成过程，债权审查结果的本金、利息等是如何计算得出的，便于各方利害主体

查阅。如以民间借贷形成的债权为例，记载的内容如下："债权人提供债务人于 2014 年 4 月 10 日出具的借条一张，内容为'今借到刘××30 万元，月利率为 1%，按月付利息，其中包括 2014 年 3 月 8 日借款 15 万元整'，并附两张汇款凭证，其中 2014 年 3 月 8 日转账 15 万元，2014 年 4 月 10 日转账 14.7 万元，共计 29.7 万元。关于借款本金 30 万元，债权人扣除利息后，实际转账金额为 29.7 万元，按实际转账金额予以认定；关于申报利息 27.6 万元，按申报本金 29.7 万元，自 2014 年 4 月 10 日起计算至 2018 年 6 月 19 日为 1531 天，计算方式为：29.7（万元）×1531（天）×1%/30（天）= 15.16 万元，故利息确认为 15.16 万元。故债权总额为 29.7（万元）+15.16（万元）= 44.86 万元。"这样详细阐述以后，如各方利害关系人有异议，管理人可以迅速给予解释说明，无须再查找、翻阅档案。

（二十二）统一社会信用代码/身份证号码

债权人的统一社会信用代码或者身份证号码长度都是 18 位。在进行数据录入时需要注意的是 Excel 中每个单元格所能显示的数字为 11 位，输入超过 11 位的数值，系统自动将其转换为科学记数格式，如果输入超过 15 位的数值，系统自动将 15 位以后的数值转换为 "0"。因此，需要提前将该列单元格设置为文本格式，再输入数字方能保证输入的准确性。

（二十三）法定代表人/负责人姓名

这里需注意工商登记信息是否与实际情况一致，如不一致以实际情况为准。

（二十四）情绪状态

接收债权申报是管理人与债权人进行的第一次接触，如遇到一些情绪较为激动的债权人，应及时予以记录，并提示管理人项目组其他成员。在债权审查、文件转递过程中，管理人应当注意沟通方式、方法，尽量克制情绪，避免矛盾激化。

（二十五）代理人、代理人身份证号码、代理权限、代理期限

如前文所述，部分债权人可能并不熟悉该笔破产债权，在债权申报登记册中登记代理人信息，可以方便管理人直接与代理人进行沟通。但要记录好代理权限以及代理期限。如果管理人沟通的事项超出了代理人的代理权限或者代理期限已经届满，则需要代理人重新出具授权委托书或者由管理人直接与债权人进行沟通。

（二十六）联系人、联系电话、联系地址

这里主要记载债权人的联系地址及联系电话，日后管理人可直接从债权申报登记册中提取该信息，向债权人送达相关文书，完全不需要再翻阅债权申报资料，但应保证录入信息的完整性和准确性。

（二十七）债权申报时间

在债权申报登记册中记载债权申报时间，可以帮助管理人识别哪些债权是在申报期限内申报，哪些债权是在债权申报期外申报，便于管理人主张为审查和确认补充申报债权所产生的费用。

（二十八）是否需要补充申报材料

在债权申报登记册中设置该列很有必要，如果管理人需要部分债权人补充材料，则管理人应当实时筛查和更新该列数据，对于未提供补充材料的当事人要定期催要，必要时下达书面补充材料通知书。

（二十九）是否完成债权审核

如该列数据标注为"已完成"，则管理人无须再跟进该笔债权的审核，只需关注后续通知等事宜。

（三十）是否发通知、是否异议、是否诉讼

在企业破产程序中，每笔破产债权的审查工作一般不会同步，这就需

要管理人做好数据录入。每一笔债权是否已向债权人发出债权审查结果通知书、债权人及债务人是否提出异议、是否向人民法院提起债权确认之诉等，均与债权人权利的行使息息相关，也关乎管理人是否做到了程序公正，切不可有所遗漏。

（三十一）开户名称、开户银行、银行账号信息

债权申报登记册中直接将债权人的开户银行（行号）、开户名称、银行账号等信息录入，可以避免重复劳动，在财产分配阶段的工作量将会大大减少。

（三十二）诉讼时效经过与否

在笔者承办的多起破产案件中，债务人经营时间都很长，如果管理人对诉讼时效经过的债权都不予确认，则有可能将近2/3以上的债权都得不到认定，这完全不能反映债务人的负债状况。因此提前在债权申报登记册中记载该列，便于管理人提取相关数据，向人民法院汇报，双方根据现实情况，来决定是否通过"严卡"诉讼时效来"削减"债务。

附示范文本：

×××有限公司等×家公司合并重整案债权申报登记册

单位：元

序号	债务人名称	档案编号	债权人编号	债权人名称	主债权人名称	主债务人名称	取回权与否	是否申请取回
0001	×××煤业有限公司	00001	0058	×××集团有限公司	×××集团有限公司	×××煤业有限公司	否	否
0002	×××煤业有限公司	00002	0060	×××机械有限公司	×××机械有限公司	×××煤业有限公司	否	否
0003	×××煤业有限公司	00003	0041	×××机电设备有限公司	×××机电设备有限公司	×××煤业有限公司	否	否

债权种类	涉诉涉裁情况	是否涉及虚假申报	申报债权性质	申报本金	申报利息	申报诉讼费等其他	申报债权总额	财务账面记载情况
其他	无	否	普通债权	×××	×××	×××	×××	×××
购销	无	否	普通债权	×××	×××	×××	×××	×××
借贷	涉诉已决	否	普通债权	×××	×××	×××	×××	×××

审计意见	审核结果	初审律师	复审律师	终审律师	确认债权性质	确认本金	确认利息	确认诉讼费等其他
×××	确认	王××	李×	高××	普通债权	×××	×××	××××
×××	确认	李××	徐××	李×	普通债权	×××	×××	××××
×××	确认	刘××	李×	张××	普通债权	×××	×××	××××

确认债权总额	申报与确认差额	担保形式	担保情况备注	债权人欠票金额	审查意见	审查意见备注
×××	×××	无		×××	×××××××××××	
×××	×××	无		×××	×××××××××	
×××	×××	无		×××	×××××××××	

统一社会信用代码/身份证号码	法定代表人/负责人	情绪状态	代理人	代理人身份证号码	代理权限、期限	联系人
×××××××××××	×××	稳定	司××	××××××××××××××××	2015.4.9-2015.6.26 债权申报及相关事宜	×××
×××××××××××	×××	稳定	卢×	××××××××××××××××	期限不明,债权申报以及诉讼事项	×××
×××××××××××	×××	稳定	张××	××××××××××××××××	期限不明,债权申报	×××

联系电话	联系地址	债权申报时间	是否需要补充申报材料
××××××××××	××省××市××镇××路××号××号楼×单元×××室	××××/××/××	是,所有提交资料包括授权委托书全部为复印件;授权期限已过期;提供履行类证据以及付款凭证、催收证明等催收类证据
××××××××××	××省××市××镇××路××号××号楼×单元×××室	××××/××/××	否
××××××××××	××省××市××镇××路××号××号楼×单元×××室	××××/××/××	调解书生效的法律文书

是否完成债权审核	是否发通知	是否异议	是否诉讼	开户名称	开户银行	账号信息	诉讼时效经过与否
是	是	否	否	×××集团有限公司	工商银行×××支行	××××	是
是	是	否	否	×××机械有限公司	中国建设银行××××营业部	××××	否
是	是	否	否	×××机电设备有限公司	中国银行×××支行	××××	否

需要说明的是,这里的债权申报登记册也包括管理人对破产债权的审查和认定情况,涵盖债权表的内容。《企业破产法司法解释(三)》第六条第三款之规定:"债权表、债权申报登记册及债权申报材料在破产期间由管理人保管,债权人、债务人、债务人职工及其他利害关系人有权查阅。"如前文所述,债权申报资料管理人已单独编号存档。为节约成本、便于管理人进行数据统计及筛查、有助于各方利害关系人查阅、形成一一对应的关系,债权的审查认定情况与债权申报登记册不应该割裂开来,分别编制,而应当统一格式打印出来装订成册。

第四节 债权的补充申报

根据《企业破产法》第五十六条和第九十二条第二款"债权人未依照本法规定申报债权的，在重整计划执行期间不得行使权利；在重整计划执行完毕后，可以按照重整计划规定的同类债权的清偿条件行使权利"的规定，补充债权申报是债权人的法定权利，管理人不应剥夺或限制其行使权利。

在实践中，关于补充申报需要关注的问题主要有以下几条。一是因补充申报而产生的费用问题，前文已经进行了分析，这里不再赘述。二是对于债权人的补充申报的期限。《企业破产法》第五十六条规定的时间界限较为明确，在清算程序中，如果有剩余财产未分配，则债权人有权就剩余财产根据其享有的债权性质、清偿比例等进行清偿，如果财产已经分配完毕，则债权人不得再申报债权。《企业破产法》第九十二条规定："经人民法院裁定批准的重整计划，对债务人和全体债权人均有约束力。债权人未依照本法规定申报债权的，在重整计划执行期间不得行使权利；在重整计划执行完毕后，可以按照重整计划规定的同类债权的清偿条件行使权利……"在重整程序期间进行债权申报，仍然享有债权人的权利，包括在债权人会议上表决的权利，当法院终结重整程序，批准执行重整计划后，则不再享有债权人的权利。对于重整计划执行期间申报债权的债权人来说，管理人应当作出释明，由于是补充申报，无法行使包括财产分配在内的相关债权人权利，管理人应以谈话笔录的形式确定下来，以免后续出现纠纷。当重整计划执行完毕时，有新债权人（含在重整计划执行期间申报债权的债权人）来主张债权，当旧债务人已无其他资产可供清偿，对于该部分债务是由法院裁定豁免，还是由重整成功后的债务人进行承担？笔者认为，在管理人不可预计的债权人补充申报债权时，管理人首先应当审查债权真伪，在债权成立的情况下，再审查债权性质，通过查阅重整计划确定是否对同类债权预留足够的清偿额，若有预留的清偿额则进行清偿。

重整成功的企业若无预留的债权额，由于法律尚未作出规定，各地法院有不同的做法。笔者倾向于由债务人或者债务承接主体继续履行偿债义务，原因有二：其一，上述法律规定补充申报债权人的债权可以按照重整计划规定的同类债权的清偿条件行使权利，管理人从公平偿债的角度来说，并不能拒绝偿债，让债权人的利益受到损失；其二，即便未预留债权额，但重整企业均要恢复营业，具有一定的盈利能力，从债务人营业收入中提留一部分资金用于偿债是可以解决资金来源问题的。但是这一安排需要管理人在制订重整计划草案时即予以考虑，向债务人、战略投资人均明示并写入重整计划草案，这样就取得了对债务人、战略投资人的约束力，避免因无约定或者约定不明造成偿债资金无从落实。笔者所办理的某重整案件即遇到了此类问题，补充申报债权的债权人向债务人主张清偿，但债务人以重整计划未约定、管理人未审查确认该笔债权、偿债资金无从落实等原因，至今未对其进行清偿，严重折损了管理人的信誉度，重整计划草案编制的漏洞被放大。

第四章　企业破产债权审查的操作方法与特殊债权的认定

　　管理人在接收债权申报后，为控制时间成本，当下即应当同步展开债权审查工作。在审查债权的过程中，管理人应当制定通用的债权审查规范及指引，统一债权审查的标准和尺度，这样才能保证审查债权的准确性，不会造成"同类事实，不同结果"的情形，避免造成新的不公平现象产生，也可以避免管理人的执业风险，减少寻租空间。

第一节　管理人的角色与定位

　　管理人在债权审查过程中应当清晰自己的角色，准确审查、认定债权性质及其债权金额，核清债务人负债，为破产程序的推进打下坚实的基础。

一　管理人制度的概述

　　管理人是贯穿破产案件受理至破产案件终结、参与整个破产程序的法律拟制的角色。管理人制度则是为规范管理人在参与破产程序中行为的一系列规定而形成的法律结构。它包括管理人的地位、资格、选任、职责、权利、义务、责任和监督等一系列法律规定。管理人制度不是在中国法律文化土壤中演化出来的，而是在清朝末期救亡图存的历史背景下，借鉴西方法律制度的一个舶来品。

　　中国最早规定管理人制度的破产法律是清朝末期1906年颁布的《大清破产律》，当时该法并未正式使用管理人这个名称，而是称为"董事"。

1915 年起草的《中华民国破产法草案》中把管理人称为"破产管财人"，直至 1935 年施行的《中华民国破产法》才正式采用"管理人"这个概念。新中国成立后至改革开放前，由于我国贯彻执行的是计划经济体制，也就不存在企业破产的空间，在这个阶段我国没有制定一部有关破产的法律。1986 年旧《企业破产法》并没有采取世界其他国家通行的立法例，而是采用不同破产财产管理模式，以清算组的方式管理破产财产。此种模式存在诸多弊端，最大的问题是政府行政力量介入企业破产事务太深，并未贯彻市场化破产的理念，存在计划经济惯性下政府主导的思维。随着我国市场经济改革的不断深入，社会主义市场经济体制的不断完善，旧《企业破产法》已经无法适应改革进入深水区的要求，市场主体有序退出是市场经济优胜劣汰的必然选择，也是要素市场化再配置的必然要求。在此背景下，2006 年 8 月 27 日全国人大常委会通过了《企业破产法》。《企业破产法》的一个最大亮点是以管理人制度取代旧法的清算组制度，但《企业破产法》依然保留了清算组作为管理人的组织形式之一，与社会中介机构和个人一并成为管理人的三种组织形式。实务界一直有一种声音，要求完全取消清算组担任管理人，近年来不绝于耳。从长远来看，《企业破产法》应当取消清算组担任管理人的做法，但在暂时未取消的现实情境下，实务界存在一些有益的尝试。在确定清算组成员的时候，把社会中介机构吸收为清算组成员，以便社会中介机构发挥自己专业的优势，提高清算组在破产程序中履职的公平性、专业性和效率性。

因此，一部完善的破产法同时也是一部管理人法。一套好的管理人制度能够激发破产的功效，实现破产法的立法宗旨，进而保障破产程序中相关主体的利益，实现利益再平衡。利益再平衡能否实现关键还是要倚仗管理人。围绕管理人这个关键点，《企业破产法》规定了有关管理人的一套制度，从管理人的地位、资格、选任、职责、权利、义务、责任和监督等方面予以规定。最高人民法院又相继出台有关管理人制度的配套司法解释《最高人民法院关于审理企业破产案件指定管理人的规定》和《最高人民法院关于审理企业破产案件确定管理人报酬的规定》。各省高级人民法院、中级人民法院和律师协会在《企业破产法》实施过程中，也出台了一些具体实操方面的司法文件和指引。由此，有关管理人制度方面的规定渐进形成了一套行之有效的规范体系，推动了僵尸企业通过破产程序及时出清，解决存量资产沉淀、效益低下的问题，适应了供给侧结构性改革的新时代任务。

二 管理人的概念

管理人是指破产受理后依法成立的，在法院的指导和监督之下全面接管债务人企业并负责债务人财产的保管、清理、估价、处理和分配以及重整等事务的专门机构。根据韩长印教授的说法，管理人分为广义的管理人和狭义的管理人。狭义的管理人是专指在破产宣告以后成立的全面接管破产企业、负责破产财产清算分配的机构，因其职责是专门负责破产清算，所以也被称为管理人。广义的管理人除了负责破产清算事务之外，还在企业的重整、和解程序中履行相应的职能。旧《企业破产法》清算组只适用于破产清算，因此清算组属于狭义上的管理人。《企业破产法》将管理人适用范围从旧法的破产清算扩大到破产和解和破产重整。

域外对破产中的不同程序在管理人的称呼上有不同规定。在清算程序中通常称为临时管理人或管理人，在和解程序中称为监督人或监察人，在重整程序中称为重整人、重整执行人或重整监督人。称呼不同，它反映的不仅是管理人在不同程序中的名称不同，深层上它反映了管理人在不同程序中所承担的职责不同。因此，管理人在不同程序中所扮演的角色随职责不同而有所不同，但在《企业破产法》中不管是清算程序、和解程序，还是重整程序，均统一称为管理人。《企业破产法》未区分管理人在破产不同程序中的职责，一定原因是管理人在称谓上统一导致立法上对管理人的职责难以作出不同的规定。管理人职责的不同，也会影响到管理人的法律地位。

三 管理人的法律地位

管理人的法律地位在我国《企业破产法》施行后，一直没有达成共识，对此问题也未形成通说。《企业破产法》对管理人的法律地位没有明文确定，导致学术界从不同的视角对管理人的法律地位进行分析阐释时，也就出现了不同的理论观点。比较主流的观点有代理说、职务说、破产财团代表说和信托制度说。

（一）代理说

代理说是关于管理人法律地位最早的一种学说。代理说认为管理人是代理人，以他人名义行使破产程序中的职务权限。代理说又分为债务人代理说、债权人代理说、共同代理说和破产财团代理说。代理说是把民事代理制度引入破产程序中，以此来解释在作为集中清偿的破产程序中，管理人的行为后果归属于破产当事人一方，也就是管理人的行为与该行为发生后果相分离的法律现象。

虽然代理说能解释部分破产法律现象，但是其不足也是显而易见的。第一，代理说与民事代理制度的基本理论相悖。在《企业破产法》中有些规定就体现了代理说不能解释的破产法律现象。代理人必须在代理权限范围内以被代理人的名义实施法律行为。但《企业破产法》规定的破产撤销权，管理人是以自己的名义向法院起诉撤销符合《企业破产法》第三十一条和第三十二条规定的情形。又比如代理人不能实施双边代理行为，管理人不能既是债权人的代理人又是债务人的代理人。共同代理说显然与民事代理制度不相符。第二，代理说与《企业破产法》的立法宗旨不符。《企业破产法》第一条规定，"为规范企业破产程序，公平清理债权债务，保护债权人和债务人的合法权益，维护社会主义市场经济秩序，制定本法"。管理人在破产程序中要维护至少三方利益主体的合法权益，包括债权人、债务人和公共利益。而代理说中的债权人代理说和债务人代理说只能维护一方的合法权益，并不能兼顾三方的合法权益，这就与《企业破产法》规定的保护三方权益存在矛盾。第三，代理人代理的行为属于民事法律行为，事实行为并不是代理人的代理范围。而在破产程序中，管理人不仅代理民事法律行为，同时实施了一些事实行为。比如，调查债务人的财产状况以及监管债务人自行管理财产和营业事务下的经营与管理行为。第四，被代理人对自己财产享有处分权利，但是债务人在自行管理财产和营业事务的情况下，债务人的管理和经营行为均受到管理人的监管。此时，代理说不能解释实体法上的相关规定。第五，破产财团代理说的主要不足是没有现行法的依据。我国法律未规定破产财团具有法人资格，如此破产财团不属于法律主体。破产财团代理说不存在代理的前提，因此代理一说也就无从谈起。

（二）职务说

职务说起源于德国，后经日本的发展，又细分为公法上的职务说和私法上的职务说。公法上的职务说认为，破产程序是维护全体债权人利益的概括性强制执行程序。私法上的职务说认为，管理人是由国家委任的，以私人的名义实施各种行为。私法上的职务说与《企业破产法》上的一些规定存在一定的相似性。比如，《企业破产法》规定管理人是由人民法院指定的，管理人可以债务人的名义实施部分的民事法律行为。显然，私法上的职务说不能准确和全面地解释管理人的法律地位。

公法上的职务说与私法上的职务说一样难以自圆其说。第一，管理人是一个临时性的专门机构，不具有像国家执行机关那样长期存在的法律依据。根据《企业破产法》第一百二十一条和第一百二十二条的规定，管理人在债务人办理注销登记的次日终止执行职务。第二，管理人的身份是社会中介机构，不具有国家公职人员的身份。即使是清算组成员包括政府有关部门，但成员范围并不仅限于政府部门，社会中介机构亦可成为清算组成员。因此，清算组也不属于公权力部门。第三，管理人在履行职务时因过失造成第三人损失，依职务说承担责任的应当是国家执行机关，但《企业破产法》第一百三十条规定由管理人承担赔偿责任。第四，管理人不具有公权力的强制执行权。管理人与第三人发生纠纷后，仍需借助法院解决纠纷。在管理人获得胜诉判决时，对方当事人拒不执行法院生效判决，管理人须向法院申请强制执行。此与公法上的执行机关截然不同。第五，管理人依据《企业破产法》第三十一条和第三十二条提起撤销之诉，管理人以自己名义作为一方主体参与诉讼进程。

（三）破产财团代表说

当债务人的破产申请被法院受理后，其对自身的财产享有的物权受到了法律的限制，破产财产已经失去其作为债务人财产的独立性。破产财产经拟制人格化后，管理人为破产财团的法定代表人。与前两种学说相比，此学说受到不少学者的肯定。该学说能较好地解释破产程序内部的法律关系，但该学说依然存在以下不足。第一，破产财团代表说在理论上能够很好地解释一些破产法律现象，但是这样一个学说并未得到法律确认，我国法律也未给予破产财团法律主体地位。毕竟把破产财团由债权人行使权利的客体转化为法律上的主体，属于理论上的重大创新，尚未得到各国立法机构的支持。第二，如果管理人以破产财团代表的身份参加诉讼，则案件管辖法院、司法人员回避范围、破产财团作为证人的资格确定等程序性权利是根据破产财团的实际情况予以确定的；而我国《企业破产法》规定，与破产有关的诉讼问题由债务人的具体情况来确定，两者存在截然相反的情况。第三，根据破产财团代表说的内容，管理人始终要以破产财团的名义处理破产程序中的各项事务，但《企业破产法》赋予管理人可以自己名义履行管理人职责，并不总是都以破产财团名义处理破产事务。第四，破产财团代表说可行的前提是，在对破产财团进行拟制的基础上，使其具有人格化，并具有法律主体资格，但域外立法例并没有对破产财团进行重新拟制的先例，我国《企业破产法》亦没有对破产财团予以拟制的规定。

（四）信托制度说

前述三种学说是大陆法系在争论管理人法律地位的过程中形成的主流学说，但至今争议不断，没有形成通说。英美法系并不像大陆法系那样对管理人的法律地位存在如此多的理论争执。《美国破产法》第三百二十三条明确规定，"管理人是破产财产的代表。管理人作为破产财产的代表对破产财产承担被信任者义务，须本着破产财产最大化的原则，迅速采取有关措施，保护利害关系方的利益"。《英国破产法》第十四条第（五）项规定，"接管人行使其职权时，视其为公司的代理人"。英美两国在其破产法中明确规定管理人的法律地位，使得管理人的法律地位这一问题在英美法系中不存在争论的空间。

信托制度是一种财产转移与财产管理的法律制度，该制度最早起源于罗马法的信托遗赠制度，现代信托制度则起源于英国。13世纪，英国的教会为了规避英王亨利三世颁布的《没收条例》，参照罗马法的信托遗赠制度，设计了现代信托制度。《没收条例》规定，但凡未经国王许可而将土地赠与或出让给教会的，要没收该土地。教会中的教徒有些具有法官身份，法官出于对教会的支持，设计了现代信托制度的雏形。由于《没收条例》的限制，教徒不能直接将土地赠与教会，所以此时必须引入第三方予以过渡。教徒为了教会利益将土地赠与第三人，第三人承诺将从土地上取得的收益转移给教会。这种交易架构也称尤斯制度。此后，为规避英国国王亨利八世于1535年颁布的《尤斯条例》演化出新的交易架构，叫作二重尤斯制度。二重尤斯制度是在原来尤斯制度的基础上为真正的受益人教会增设了一个虚拟的受益人，以此规避《尤斯条例》中把土地受益人教会也视作土地所有人，进而承担纳税或被没收土地的法律后果。

信托制度是一种三方参与的交易架构，将该交易架构适用于管理人、债权人和债务人三方参与的破产程序，有一定的类比性。债务人是信托人，债权人是受益人，而管理人是受托人，破产财产则为信托财产。当然，把管理人、债务人和债权人之间的三方关系设定为信托关系，前提必须有明确的法律规定，否则此学说仍是法理上一种可行的解释方式。

该学说同样存在无法解释法律现象的情况。第一，信托财产须由信托人转移至受托人名下，信托财产独立于信托人，受托人以自己的名义管理和处分受托财产。而破产财产则无须由债务人向管理人转移，且并不独立于债务人。此时这里的财产还需作进一步的区分，财产是动产和不动产无须转移。如果财产是货币，则须依法转移至以管理人名义开设的银行账户。第二，债务人存在《企业破产法》第三十一条和第三十二条规定的情形，管理人可向法院起诉撤销债务人的前述行为。受托人可就信托人向受益人处分信托财产提起撤销之诉，在法理上也无法解释受托人对受益人主张权利的矛盾。第三，信托制度下的信托财产的所有权与收益权分离，二者存在分离且并存的特征。但在破产程序中，破产财产的所有权和收益权均归债务人，与信托财产的所有权和收益权分离并存截然不同。

（五）小结

综上所述，不管是大陆法系的三种主流学说还是英美法系的信托制度说都有其合理的一面，但四种学说亦有其不足的地方。管理人的法律地位不存在由一种学说对其予以准确、完整和全面的概括。因此，不能偏执地要求以某种特定的学说去解释管理人的法律地位。既然如此，不如尝试从不同的视角去分析解读管理人的法律地位，将不同学说中符合现行《企业破产法》体系的要素予以抽取概括，这样更贴近管理人在现行破产制度下所体现法律地位的特征。

四 以利益关系为切入点，定位管理人的法律地位

法律的本质其实就是对法律主体利益的调整和再平衡，因此管理人的法律地位也应从利益相关方角度进行分析。笔者对管理人的法律地位进行分析，并不是一定要确定前述四种学说哪一种更符合现行破产制度下管理人的法律地位。因为哪种学说能更好地解释管理人的法律地位，对管理人来说并没有太大的实际意义。分析管理人的法律地位是为了帮助管理人在履职过程中规避一些不必要的风险，避免因履职不当而承担法律责任。

俗话说：天下熙熙，皆为利来；天下攘攘，皆为利往。俗语又言，无利不起早。债务人破产最大的利益相关方就属债权人，债权人对自己的清偿率最为关注。破产财产总量毕竟是一定的，利益相关方参与破产程序为了争取更多利益，各方之间进行的是零和博弈。而管理人在这场博弈中处于风暴的中心，任何一方都时刻关注着管理人的一举一动，管理人是处在放大镜下被仔细观察的对象。涉及这场利益博弈的相关方至少包括债权人、债务人、职工、出资人、实际控制人、法院、管理人自己、公共利益、政府、财产权利人、重整投资人。由此可见，管理人处在各利益相关方的包围之中，不能在利益和利益主体之间迷失自己的方向，这样才能避免承担不必要的风险。

（一）债权人利益

1. 债权人外部的利益冲突

（1）债权人与债务人的利益冲突

《企业破产法》第一条明确规定应当依法保护债权人的利益，债权人利益的保护是破产法关注的重要方面。债务人进入破产程序，将给债权人带来巨大利益损失。债务人以庭前重组的方式进行债务重组，法律并未深度介入双方之间的债权债务纠纷，平等主体之间就债务削减进行协商对话，更多的是从双方的经济利益的角度进行博弈。但是，债务人进入破产程序后，司法将介入债权人和债务人之间的债务清偿问题。相对来说，债权人与债务人之间的力量平衡受到外力影响，由之前力量天平倾斜于债权人到进入破产程序后向债务人倾斜。债权人和债务人之间的博弈基本上属于零和博弈，双方利益难以调和，笔者并不想以"冲突"来形容双方之间的关系，那样的关系太过激烈，缺乏合作的空间。在某些特定条件下，双方也是存在合作的可能的。因此，用"竞争"来形容两者关系较为妥当，但为了表述的习惯和认知的连贯性，暂表述为"利益冲突"。

债权人和债务人在破产程序中的关系还是竞争占主导，两者合作存在比较大的困难，但不排除双方存在双赢的合作机会。不管在清算程序中还是在重整程序与和解程序中，债权人的目标指向性非常明确，通过破产程序债务人能还多少钱，什么时候还，以什么方式还。只要债务人与债权人就前述三个方面达成妥协，那么双方就存在合作的基础。在表决重整计划草案时，债权人就会支持债务人的重整方案。

（2）债权人与实际控制人的利益冲突

债权人和债务人从本质上来说处于竞争地位，此种竞争关系深究下去其实牵涉了实际控制人的个人利益。因此，债权人与实际控制人的利益冲突相比于债权人与债务人之间的利益冲突更难调和。在破产程序中，实际控制人诚信的缺失、债权人与债务人事前沟通的不畅以及股东对债务人信息披露的不全面和不准确，导致债务人一旦申请破产，债权人极易联想到债务人申请破产是为了逃废债，而不是真正为了解决企业经营上的困难。

实践中确实有企业通过破产程序逃废债，由此加深了债权人对债务人申请破产的负面认知，这种负面认知从债务人进入破产程序开始就已存在，这成为双方达成合作的阻力之一。

（3）债权人与重整投资人的利益冲突

破产重整和破产和解相较破产清算牵扯的利益关系更为复杂，较多地涉及外部重整投资人。如果实际控制人无力自行重整，则债务人只能将希望寄托于重整投资人，那么债权人将是决定重整投资人能否取得对债务人控制权的重要因素。第二次债权人会议一般都有一项重要的议程，即表决重整计划草案，而在有重整投资人的情况下，管理人先与重整投资人协商谈判确定各项投资条件，以此为基础制订重整计划草案并提交债权人会议表决。当然，重整投资人投资意愿比较强烈的话，也有可能在实际清偿之外额外对债权人进行补偿。重整投资人接盘债务人资产和负债是债务人重生的关键，债权人与重整投资人之间更多的是合作关系，双方更有动力达成双赢的局面。

（4）债权人与财产权利人的利益冲突

财产权利人一般是指依《企业破产法》规定享有取回权的权利人，包括财产所有权人，对财产享有占有返还请求权、担保物权和用益物权的权利人。财产权利人行使取回权的类型有一般取回权、出卖人取回权、代偿物取回权、融资租赁取回权、所有权保留取回权和让与担保取回权等。财产权利人能否依取回权取得标的物，该申请由管理人进行审查。取回权制度是财产权利人与债务人和债权人之间的利益平衡制度，在这一利益冲突中，取回权制度更有利于保护财产权利人的利益。

管理人在面对取回权人申请取回标的物时，并不是只有一种选择，即在取回权人符合取回的条件时，管理人仍可根据债务人的实际情况，比较取回权人取回标的物和债务人继续履行合同之间，究竟何种利益更有利于债务人的再生。管理人对取回权的审查是法律判断，而对是否继续履行合同则是价值判断或商业判断。在取回权人行使取回权的法律场景下，管理人是为取回权人的利益考虑多一点还是为债务人的利益考虑多一点，又或者是否管理人在其中也同步考虑自己的利益。在合法合规的情况下，各方都有权利实现自身利益动态下的最大化。

2. 债权人内部的利益冲突

债权人不但与外部利益相关方存在利益冲突,而且其内部不同类型债权的债权人亦存在利益冲突。破产债权分为普通债权、税款债权、职工债权、担保债权、建设工程优先权、劣后债权等。在破产案件实务中,一般来说普通债权和担保债权在破产债权中占有份额是最大的,这两类债权的债权人在破产程序中拥有较大的话语权。普通债权的一个特点是债权人人数较多,而担保债权主要为金融债权,它的一个特点是单笔债权金额较大,或单户债权金额较大。因此,它们凭各自债权的特点享有在破产程序中的话语权。担保债权人就担保物享有优先受偿权,如果担保物的价值不能全额清偿担保债权人的债权,那么未偿还部分成为普通债权,参与原普通债权人对破产财产的分配。因此,担保物的价值判断是普通债权人关注的重要方面,担保物价值的高低直接影响普通债权人的清偿利益。

不但普通债权人与以担保债权人为代表的优先债权人存在利益冲突,优先债权人之间亦存在利益冲突。何为优先债权?我们把先于普通债权进行清偿的债权统称为优先债权。优先债权之间也存在不同的清偿顺序,并不是说同属于优先债权,其清偿顺序就是并列的。《企业破产法》及司法解释对不同类型债权的清偿顺序仅作了原则性规定,并未明确给不同类型优先债权规定清晰明了的清偿顺序。在优先债权两两比较时,没有明确的规则依据下,管理人如何确定清偿顺序具有讨论的空间。

(二) 债务人利益

《企业破产法》下的债务人是指破产企业,《企业破产法》拯救的是企业,而非出资人或实际控制人。债务人最终的目标当然是希望获得重生,能够恢复继续经营的能力。但是债务人的利益并不能完全脱离出资人或实际控制人的利益。《中华人民共和国公司法》(以下简称《公司法》)的两个基础原则是股东有限责任和法人独立人格,但在金融借款中,普遍存在股东为公司提供连带担保,把自己个人的全部财产押注到公司前途命运上的情况。银行为了自己的利益,人为地让股东对公司的债务承担了连带责任，变相刺穿了公司的面纱，架空了股东有限责任的原则。另外，控股股东在经营管理企业的过程中，不遵守公司章程和制度及公司法对公司治理合规性的要求，也可能导致公司丧失法人意志独立性和财产独立性。控股股东既存在侵害公司利益的行为又想通过破产程序继续维持对公司的控制地位，即使在股权上不能占据控制地位，至少在未来公司经营管理层面上能够占据一席之地。

（三）职工利益

债务人进入破产程序前，一般都会存在拖欠职工工资等其他费用的情况。进入破产程序后，职工们认为政府的介入能够帮助他们的企业恢复经营，自己工资支付的诉求能够得到满足。因此，职工的首要诉求是获得拖欠的工资。其次是能够在企业里继续工作。在有些破产案件中，职工要求管理人将其对公司的普通债权认定为职工债权。比如，有些债务人在自己资金链困难的时候，曾向自己的企业员工进行融资，而且融资金额比较大，融资对象涉及的人数多。如果把职工借贷认定为普通债权，清偿率当然很低，但是认定为职工债权就可能会得到全额清偿。

将职工的前述三个诉求根据难度进行排列的话，获得拖欠工资等费用是最有可能获得满足的，最难的是把职工借贷认定为职工债权。实务中对职工借贷性质的认定存在两种结果，既有认定为普通债权的，也有认定为职工债权的。这个问题在个案中不仅仅涉及法律问题，它有可能还涉及政府的维稳问题或政治问题，也可能涉及经济问题，影响战略投资人的引入。

（四）管理人自身利益

管理人在破产程序中主要存在两种利益：其一，积极利益，获得报酬及其他合规的经济利益；其二，消极利益，管理人在破产程序中要履行好忠实义务和勤勉义务。管理人的消极利益就是履行好义务，避免承担法律责任。如管理人未履行好忠实义务和勤勉义务而承担了法律责任，对社会中介机构的声誉就会造成重大影响。管理人的积极利益与消极利益休戚与共，管理人过度追求经济利益容易让自身陷入违规的境地，因为在管理人专业水平提升的同时，债权人、债务人、出资人和重整投资人的权利意识也在增强，管理人的违规行为很容易招致诉讼事件。因此，管理人违规追求经济利益不能抱有侥幸心理，管理人报酬与破产财产的价值直接相关，管理人只有通过盘活破产财产以及追回破产财产，从存量资产和增量资产两方面着手，才能提高自己的报酬，取得良好的社会效果。

（五）重整投资人利益

重整投资人按照重整计划履行其出资义务，并接管债务人企业，迅速恢复企业生产经营。这个过程投资人是不希望出现意外的，不能迅速恢复生产并让企业走上正常经营的轨道，则是违背投资人当初投资的意愿。但是，投资人在进驻企业后，仍然会有许多问题出现而影响企业的可持续经营。投资人与原实际控制人的交接、留用的高管与新团队的磨合、基层员工的留用、投资人在执行重整计划时对约定模糊的内容如何执行、未申报债权的出现、取回权人行使取回权以及政府优惠政策的出台等问题不时出现。管理人在监督重整计划执行的同时，还要协助投资人解决阻碍企业正常经营的相关问题，从另一个侧面来说也有提高营商环境的要求。

五　管理人角色的特征

管理人法律地位的各种学说，并不能单独完整地诠释管理人在破产程序中的地位。从法律调整利益的本质出发定位管理人的角色，能更直观地展现出管理人的角色特征。管理人在破产程序中处在各利益相关方诉求指向的核心位置，他们的利益诉求无法绕开管理人而实现，因此管理人必然涉及不同的利益链条。如何才能让管理人在复杂的利益关系中不迷失自我，掌握主动权而不过度卷入各利益主体的争利之中，笔者认为，管理人在履职过程中应当具备中立性、独立性和专业性。

（一）中立性

世界破产法的立法变迁经历了利益保护主体从以债权人保护为中心到以债务人保护为中心再到多元利益主体兼顾保护的过程。破产法的本质是利益再平衡，而不像之前围绕特定利益主体进行保护。我国《企业破产法》体现了多元利益主体兼顾保护的特征。《企业破产法》第一条立法宗旨明确规定，《企业破产法》保护的是债权人和债务人的合法权益及社会主义市场经济秩序。正是因为保护的利益主体多元化，管理人保持中立性是由保护单一利益主体到保护多元利益主体转变的要求。因此，管理人不是为了某个特定主体的利益来履行破产职责的，其职权的获得来源于法律规定，不是某个特定利益主体的授权。

管理人中立性主要体现在三个方面。其一，管理人与各利益主体不存在利益冲突。律师事务所在担任管理人之前需要进行利益检索，排除与可能的利益相关方之间的利益冲突。不仅要检索与债务人之间的利益冲突，也要检索与债务人关联公司之间的利益冲突。其二，管理人在作出任何决策或实施的任何行为涉及任何一方利益时必须有事实基础和法律依据。没有依据的决策一方面会是管理人日后承担法律责任的事实依据，另一方面说明管理人没有尽到勤勉尽责的义务，由此给利益相关方造成的损失，管理人须承担损害赔偿责任。其三，管理人依法保护好各利益相关方的权益，不能侵害利益相关方的合法权益。比如，《最高人民法院关于适用〈中华人民共和国企业破产法〉若干问题的规定（二）》（以下简称《企业破产法司法解释（二）》）规定管理人不能主动行使破产抵销权，否则就损害到了其他债权人的清偿利益。《民法典》合同编赋予了债务人和债权人抵销权，两者存在适用上的区别。管理人必须严格按照法律规定规范自己的履职行为。

（二）独立性

管理人具有独立性是指管理人必须具有独立的意志，有自己独立的财产，对外独立承担责任。管理人独立性体现的特征有三。第一，管理人的资格、选任和指定都是法定的。《企业破产法》第二十四条从反面规定了管理人的任职资格，法律没有规定担任管理人必须具备哪些条件，但法律规定了担任管理人的禁止性条件。法律明确规定符合三项条件之一不能担任管理人，其一是因故意犯罪受过刑事处罚，其二是曾被吊销相关专业执业证书，其三是与本案有利害关系。第二，社会中介机构通过法定方式担任管理人。《最高人民法院关于审理企业破产案件指定管理人的规定》第二十条和第二十一条第二款规定了指定管理人的方式。指定管理人的方式分为两类，第一类是随机方式产生管理人，第二类是通过竞争方式产生管理人。根据随机方式的不同细分为轮候、抽签和摇号方式产生管理人。管理人产生不是基于某个特定利益主体的意志，而是根据法定程序选出社会中介机构担任管理人。第三，管理人的职责范围是根据法律规定的，其职权不是来自利益相关方的授权，因此，管理人保护的不是单一利益主体，而是根据法律规定的利益主体保护范围进行依法保护。

（三）专业性

破产案件的复杂性必然要求担任管理人的社会中介具备专业性。破产案件的复杂性主要体现在四个方面。第一，破产程序具有复杂性。《企业破产法》规定了三种不同的破产程序，包括破产清算、破产重整和破产和解。每种程序涉及内容和流程不尽相同，对管理人的要求亦不一样。每种程序之间存在依法切换的路径，导致管理人必须对三种破产程序有着全面认识和掌握。第二，涉及实体法广泛而全面。《企业破产法》主要是程序性法律，程序性法律必须与实体性法律相配套。实体法涉及多个部门法，不单单涉及民事法律，有些破产案件还涉及刑事法律和行政法律，有的还涉及刑民交叉和行民交叉法律问题。第三，破产案件涉及多学科知识。《企业破产法》中把接管债务人的社会机构称为管理人，现对管理人的定位又出现了新的趋势，有人将管理人定位为首席重整官。从这个称呼上可以看出管理人所从事工作的内容不单单涉及法律问题，它还涵盖了财务、评估、管理、心理、投资、销售、传播等方面的知识。因此，光有法律知识并不能完全胜任管理人的工作，这些多学科知识亦属于管理人的专业范围。管理人在专业的广度上必须保持拓展的主动性和积极性，以便更好地适应在复杂情况下处理破产事务的要求。第四，破产案件审判越来越专业化，必然要求管理人的专业水平匹配破产审判的专业化。有条件的直辖市、省会城市和地级市相继成立专门审理破产案件的破产法庭。法官的专业化建设已经走在了社会中介机构的前面，一些省市为了加强管理人队伍建设成立了管理人协会，以此推进管理人的专业化建设，管理人在专业化建设方面取得了长足进步。

第二节　破产债权审查的操作方法

破产债权审查是指管理人对债权人所申报债权的真实性、合法性、时效性以及债权性质、债权金额等债权要素进行调查、分析、认定的程序。破产债权的审查不仅直接影响债权人的经济利益，也对整个破产程序的推进至关重要。

在债权审查认定过程中，管理人通常会遇到法律未规定、法律规定不明确或存在法律漏洞导致债权难以认定的争议问题。笔者现结合从事破产项目的实践经验，对破产债权审查的操作方法作一些梳理和总结。

（1）在进行债权审查之前，管理人首先应当制定《破产债权审查规范及指引》，将现有的法律、法规、司法解释及前沿实务操作经验等形成汇编，统一债权审查标准，并向人民法院上报备案。

管理人在审查债权时，一般会成立专门的债权审查小组，因具体负责人职责与分工不同、价值判断存在差异、实务经验各有侧重，同类型的债权审查极有可能形成不同的认定结论，这样会给债权被"削减"的债权人利益造成侵害，同时也会造成对"扩张"债权的债权人实施个别清偿的后果，损害债务人的利益。笔者在办理破产项目过程中，无论债务人负债情况复杂与否，均会根据债务人破产债权的特殊性提前编制《破产债权审查规范及指引》，在管理人内部形成统一的债权审查标准，债权组负责人会及时召开专题会议，对小组成员进行培训，逐条说明注意事项。在各成员审查债权过程中，也会就遇到的问题进行反馈，必要时还会及时修订《破产债权审查规范及指引》。管理人要将《破产债权审查规范及指引》进行公示，在办公室的显著位置进行张贴，以便解答债权人的各种质询，同时，向管辖人民法院提交一份，以便人民法院指导管理人工作，行使监督职能。

（2）债权人向管理人申报债权应当采取书面形式，管理人对债权人以口头、电话或者其他电子信息等非书面形式申报的债权，应当要求其提供书面文件。

（3）债权人对其主张负有举证责任，并对证据的真实性负责。管理人应结合债权人的债权申报资料、债务人的财务账册、财务意见、业务意见等，综合认定债权，债权人申报时提交证据不足，在债权申报期内仍未补充完善的，管理人可直接不予确认债权。

（4）应将债权人提交的债权申报材料与原件进行核对。

在实践中，管理人为提高效率，也为减少债权人申报债权的成本，多允许债权人通过网络或者以邮寄方式送达债权申报资料，这使得管理人核对原件变得十分困难。在债权审核阶段，管理人应分类进行处理，如财务账面有记载该笔业务或者业务部门经办人对债权人提交的证明债权成立的证据材料无异议，则可以不要求与债权人核对原件。如债务人明确表示对债权人提交的证据材料不知情，真实性无法判断时，管理人应当要求债权人出示原件，并可要求该部分债权人在第一次债权人会议召开前十五日，集中向管理人出示原件，这样不仅可以提高管理工作效率，而且管理人可以就该证据的形成过程与债权人当面进行沟通，并形成谈话笔录，在短期内作出认定或者不予认定债权的决定，从而不会影响管理人编制向第一次债权人会议提交的债权表。

（5）证据材料保存在政府有关部门的，管理人可以向有关政府部门调查核实，必要时，管理人可以申请管辖人民法院调查取证或者由律师前往调取相关证据材料。

（6）根据实际需要，管理人可以向有关部门和单位发出《征询函》。

比如，笔者在办理某煤炭企业破产案件中，某县税务局向管理人申报债权，其中一项费用为煤炭可持续发展基金，但该省财政厅和省地税局早已联合发文停止征收该费用。笔者为此专门制作《征询函》提交给某县税务局，就煤炭可持续发展基金的征收依据、征收起止时间、滞纳金的计算方式等共计十三个问题，要求某县税务局限期予以回函答复。

（7）管理人认定债权应当在债权人申报的范围之内，不得超出债权人申报的数额和范围。

在司法实践中，有债权人申报的债权金额小于其提交证据予以证明的债权金额，管理人并不能"一刀切"直接按照申报金额来认定，因为可能存在填写错误的情况，如将"100，000 元"错写成"10，000 元"，此时管理人应当先与债权人进行核实，如果属于填写错误，应当允许债权人更正，按照其实际主张来认定债权数额和范围。

（8）管理人审查债权应遵循上位法优于下位法、特别法优于一般法的原则，优先适用《企业破产法》。

例如，债务人在债务履行期限届满后，根据自身经营需求以及偿债能力，依照《民法典》第五百零九条之规定向债权人清偿了某笔债权。但如果该清偿行为恰好发生在人民法院受理破产申请前六个月内，则根据《企业破产法》第三十二条之规定，"人民法院受理破产申请前六个月内，债务人有本法第二条第一款规定的情形，仍对个别债权人进行清偿的，管理人有权请求人民法院予以撤销"，该清偿行为属于个别清偿，管理人有权予以撤销。根据特别法优于一般法的原则，债权人并不能以该债权清偿公平合理符合《民法典》第四百六十五条第一款之规定[①]来进行抗辩。

（9）已经生效法律文书确定的债权，管理人应当予以确认，但应主要审查判决书、裁决书是否发生法律效力，判决书、裁决书是否已经送达给债务人，债务人是否提出上诉或者申诉，债权人是否申请了强制执行等，必要时可以向人民法院和仲裁机构核实。

《企业破产法司法解释（三）》第七条规定："已经生效法律文书确定的债权，管理人应当予以确认。管理人认为债权人据以申报债权的生效法律文书确定的债权错误，或者有证据证明债权人与债务人恶意通过诉讼、仲裁或者公证机关赋予强制执行力公证文书的形式虚构债权债务的，应当依法通过审判监督程序向作出该判决、裁定、调解书的人民法院或者上一级人民法院申请撤销生效法律文书，或者向受理破产申请的人民法院申请撤销或者不予执行仲裁裁决、不予执行公证债权文书后，重新确定债

---

① 《民法典》第四百六十五条第一款规定："依法成立的合同，受法律保护。"

权。"生效的法律文书具有既判力，除依法定程序撤销外，管理人无权直接予以否认，该司法解释出台后，将使得管理人工作变得简单，直接按照生效法律文书来确定债权。如管理人或者其他利害关系人认为生效法律文书系虚假诉讼形成的或者侵犯了债权人、债务人及其他利害关系人的合法权益，只能适用《民事诉讼法》的有关规定通过审判监督程序申请撤销生效法律文书。

（10）涉诉、涉裁债权，管理人应当暂缓认定，但管理人可以与债权人协商撤回诉讼或者仲裁。

在司法实践中，债权人申报的有些破产债权仍处在民事、行政诉讼或者仲裁中，但债权人同时也会向管理人申报债权，管理人为推进破产债权审查进度，有两种选择路径：其一，如该债权经管理人审查可以认定，则可以与债权人沟通撤回起诉或者仲裁，管理人拿到人民法院出具的民事裁定书或者仲裁委出具的裁决书后，直接予以确认债权；其二，如经管理人与债权人沟通，债权人拒不撤诉或者撤回仲裁，或者其申报的债权难以认定，则只能等待生效法律文书。如债权人申报的债权涉及刑事犯罪，已经进入侦查、起诉或者审判程序，且该刑事案件与债权的认定基于同一法律关系、其结果对债权认定有影响的，在人民法院作出生效的刑事判决或者裁定前，管理人应暂缓认定。

（11）未到期的债权在破产案件受理时视为到期。

（12）附条件的债权，管理人应当审查所附条件是否成就，条件尚未成就的，暂缓认定。

（13）连带债权人可以由其中一人代表全体连带债权人申报债权，也可以共同申报债权。其中一人代表其他债权人申报债权的，管理人应要求其他债权人出具授权委托书。连带债权人由其中一人代表全体连带债权人申报债权或者共同申报债权的，管理人应当认定为一笔债权。

（14）债权人未向管理人申报全部债权时，债务人的保证人或者其他连带债务人尚未代替债务人清偿债务，但以其对债务人的将来求偿权申报债权的，管理人应当暂缓认定。

如债权人最终向管理人申报全部债权，则保证人或者其他连带债务人的债权不予认定；如债权人未申报全部债权，则管理人可将未申报部分债权认定在保证人或者其他连带债务人名下。

（15）管理人依照《企业破产法》第十八条规定解除合同的，债权人以解除合同产生的损害赔偿申报债权的，管理人按照解除合同产生的实际损失认定债权。

（16）债权人申报的债权是受让而来的，应当向管理人提交债权转让协议及已经通知到债务人的证据。债权转让未履行通知义务的，债权转让对债务人不发生效力，管理人不予认定该笔债权，并要求其以原债权人名义申报债权。

（17）债权人在破产申请受理前对债务人负有债务的，可以向管理人主张抵销，管理人不应主动通知债权人进行抵销，但抵销使债务人财产受益或者享有抵销权的债权人亦已被人民法院受理破产的除外。

（18）债权人申报的债权已经获得部分清偿但清偿本息约定不明的，视为按照下列顺序受偿：实现债权的费用；债权的利息；债权的本金。

（19）外币债权审核认定后，按照人民法院受理破产申请之日中国外汇交易中心或者中国人民银行授权机构公布的人民币与该种外币汇率中间价折算为人民币；没有中间价的，按照现汇买入价折算；没有现汇买入价的，按照现钞买入价折算。

（20）债权人在申报债权时未同时主张建设工程价款优先受偿权、船舶优先权和航空器优先权、有财产担保优先受偿权的，管理人只能认定为普通债权，管理人不应主动释明债权人享有优先权债权。

（21）对于超过诉讼时效的债权，管理人不应当确认，除非债权人有证据证明存在中断或中止事由。

（22）对于超过强制执行期间的债权，管理人应当不予确认。

笔者认为，强制执行期间的规定与诉讼时效的规定在立法目的上是相同的，即法律不保护躺在权利上睡觉的人。管理人制度产生的根源，实则是法院选择具备专业能力的且与债务人、债权人均没有利害关系的中介机构代法院履行部分职责，管理人在破产案件中审查债权也是按照法院审判员审查案件的标准进行的，因此管理人在破产案件中的地位在一定程度上等同于法院。所以，根据《民事诉讼法》及其司法解释对强制执行时效的规定，超过强制执行时效失去向法院寻求公权力保护的权利，即意味着在破产案件中也失去了向管理人寻求确认债权并获得债权人相关权利的机会。因此笔者认为，超过强制执行期间的债权不能被确认为破产债权。

（23）管理人应就申报的破产债权逐笔制作债权审查意见表，并要求债务人（财务人员及业务经办人）出具书面意见。

附示范文本：

×××有限公司债权审查意见表

债权编号： 单位：元

债权申报基本情况					
债权人					
身份证号码/统一社会信用代码		联系电话			
委托代理人					
身份证号码		联系电话			
通信方式	地址				
	联系人		联系电话		
债权申报时间					
申报债权数额	总额	元			
	本金	元	利息		元
	诉讼费	元	其他		元
债权基本情况					
合同签订情况					
合同履行情况					

续表

催收及时效情况	
财务意见	
业务经办人意见	
审计意见	
证据清单及审查意见	

债权审核情况

综合审查意见	担保方式	抵押	无
		质押	无
		留置	无
	诉讼仲裁情况	否 □　诉讼未判决 □　诉讼已判决 □ 诉讼仲裁详情：	
	连带债务情况	有连带债务人□　无连带债务人□ 连带债务人：	
	是否有关联关系	有关联关系□　　无关联关系□	
	审查意见：		

续表

债权数额	总额	元		
	本金	元	利息	元
	诉讼费	元	其他	元
初审	签字： 年 月 日		复核	签字： 年 月 日
终审	签字： 年 月 日			
管理人 负责人意见	签字： 年 月 日			

（24）管理人应聘请审计机构就申报债权相关的财务资料进行审计和调查；聘请造价机构、评估机构等对债权涉及的不动产和动产等进行造价、评估。

（25）管理人可以将债权申报统计表和债权人的申报材料送交会计师事务所，由会计师事务所结合债务人的财务资料进行调查或审计，债务人应当在管理人要求的期限内反馈意见。管理人可以根据审查需要，通知会计师事务所的工作人员到场配合并说明情况。

（26）如管理人在审查担保债权及其他优先权债权过程中需对如商标、应收账款、建筑物等破产财产进行估值，管理人还需聘请评估机构出具评估报告。

（27）管理人可以要求债权人提供补充资料及书面说明，向债权人进行调查和询问，并制作调查和询问笔录，必要时可以要求债权人与债务人进行对账等。

附示范文本：

谈话笔录

谈话人：张×× （×××有限公司管理人）

被谈话人：李××

谈话时间：××××年×月×日

谈话地点：××集团×××办公楼×××室

问：我代表×××有限公司管理人向你询问几个问题，望你能如实回答。

答：好的，我一定如实陈述事实。

问：你一共向×××公司转让多少钱？

答：我通过农行卡、工行卡等向胡××、×××、×××公司直接转账×××万元，有银行转账凭证（向管理人提交），请核对。

问：为何借据金额为×××万元？

答：有部分金额×××万元为利转本。

问：是不是预先扣除利息，造成借条金额与转账金额的差异？

答：不是，他到期以后应该给我利息，但是他给不了，他就将利息作为本金，向我出具了借条。

问：说一下×××万元的还款吧？

答：××××年×月×日，丁××向我支付×××万元的利息，核减之后，截至××××年×月×日，公司还欠我×××万元。

问：丁××是什么人？

答：他那会儿是公司总经理。

问：他的还款是代公司偿还利息吧？

答：是的。

问：你们按照多少利率计算利息？

答：×%月利率。

问：王××陈述这×××万元，是购买×××公司××%的股权，你解释一下。

答：王××找不下担保物，担保这笔债务。因此，双方协商以股权质押，但是工商局不能办理个人股权质押，建议将股权转让给我，并在工商局办理变更登记，还清借款之后，再变更回去。

问：你成为股东后，是否行使股东权利？

答：没有行使过任何权利。

问：那你为什么持有公司印章？

答：我们签订过股权转让协议，上面约定我持有公司公章、财务章、公司所有证件，之后我就一直拿着。

问：你持有公章期间，是否对外盖章？

答：盖过，公司正常运营我就盖，非正常运营，我没有盖过。

问：为什么有公章归你持有这种约定？

答：我持有公章是个保障，防止公司对外形成债务，侵害我的权益，我要将公司财产控制起来。

问：你是否认可你的股东身份？

答：不认可，我只是为了保障我的债权。

问：你是否也做过业务？

答：没有，我就是最后把关，都是他们在做业务。

问：公章在哪儿保管？

答：前期在公司，我派两个女孩子在那里工作，负责这个事情，之后，我就拿回公章，保存在保险柜里。

问：怎么理解还款协议上第二条的规定？

答：他还完钱，我就把股权给他，我持有的只是一种担保。

问：你持有的股权价值多少钱？

答：不清楚。

问：你持有的股权是否缴足注册资本？

答：没有，我没交过任何钱，就是写了个协议，去工商局办理的登记。

问：你是否有补充？

答：没有了。

谈话人： 被谈话人：

年 月 日

（28）利息、滞纳金、罚息等计算至破产受理日，天数通常按 365 天计算，若有约定的从约定，如金融债权是按 360 天计算，同时管理人应要求债权人提交利息计算依据和利息计算方式。

（29）连带债务人多人被裁定适用《企业破产法》规定的程序的，其债权人有权就全部债权分别在各破产案件中申报债权。

（30）人民法院裁定受理破产申请的，此前债务人尚未支付的公司强制清算费用，未终结的执行程序中产生的评估费、公告费、保管费等执行费用，可以参照《企业破产法》关于破产费用的规定，由债务人财产随时清偿。此前债务人尚未支付的案件受理费、执行申请费，可以作为破产债权清偿。

（31）管理人认定个别清偿行为为可撤销行为、无效行为等，并行使撤销权，财产返还清求权等的，所取回的财产应归入破产财产，债权人的原债权按照普通债权予以认定。

（32）债务人、保证人均被裁定进入破产程序的，债权人有权向债务人、保证人分别申报债权。债权人向债务人、保证人均申报全部债权的，从一方破产程序中获得清偿后，其对另一方的债权额不作调整，但债权人的受偿额不得超出其债权总额。保证人履行保证责任后不再享有求偿权。

（33）破产申请受理前，债务人未履行生效法律文书而应当加倍支付的迟延利息应属于劣后债权，清偿顺位在普通破产债权之后。

根据《企业破产法司法解释（三）》第三条之规定，破产申请受理后，债务人未执行生效法律文书应当加倍支付的迟延利息不属于破产债权，这在司法实践中已不存在争议。但因为破产申请受理前的延迟利息属于民事惩罚性赔偿金，根据《全国法院破产审判工作会议纪要》第二十八条之规定，补偿性债权优先于惩罚性债权，破产受理前产生的民事惩罚性赔偿金劣后于普通债权，因此其是否属于破产债权又引发新的争议。

在再审申请人曹某与被申请人某文化传播有限公司破产债权确认纠纷一案[①]中，最高人民法院认为："破产案件中，债务人欠付的滞纳金不属破产债权范围，包括破产申请受理前，债务人因未履行生效法律文书而应加倍支付的迟延利息，亦不属于破产债权范围。首先，破产程序旨在保护全体债权人公平受偿；原则上，同一性质债权应平等受偿。债务人未履行生效法律文书应当加倍支付的迟延利息具有一定的惩罚性，目的在于敦促债务人及时履行生效法律文书确定的金钱给付义务。如将该部分利息作为破产债权予以确认，实际上将导致惩罚措施转嫁于其他债权人，有违破产程序公平受偿原则。其次，直接承袭前述司法解释文意，无法得出'应加倍支付的迟延利息'的结论仅指受理破产申请后产生的利息。最后，《全国法院破产审判工作会议纪要》指出，破产财产依照《企业破产法》第一百一十三条规定的顺序清偿后仍有剩余的，可依次用于清偿破产受理前产生的民事惩罚性赔偿金、行政罚款、刑事罚金等惩罚性债权。显然，民事惩罚性赔偿金并非破产债权范围，而属劣后于普通破产债权进行清偿的其他债权。因此，曹某关于未履行生效法律文书应当加倍支付的迟延利息属破产债权的主张，于法无据，本院不予支持。"该判决说理部分值得肯定，但与结论自相矛盾，因为劣后债权同样属于破产债权，只是清偿顺位在普通债权之后。

（34）管理人应当保存债权表和债权申报材料，供利害关系人查阅，但应对债权人个人信息采取合理的保密措施。

（35）债务人的股权、股票持有人在股权、股票上的权利不能被认定为破产债权。

（36）债务人开办单位对债务人未收取的管理费、承包费不属于破产债权。

（37）政府无偿拨付给债务人的资金不属于破产债权，但财政扶贫、科技管理等行政部门通过签订合同，按有偿使用、定期归还原则发放的款项除外。

---

① 最高人民法院民事裁定书，（2019）最高法民申 4786 号。

（38）行政罚款、刑事罚金等惩罚性债权属于劣后债权。

（39）对于法律没有明确规定清偿顺序的债权，管理人可以按照人身损害赔偿债权优先于财产性债权、私法债权优先于公法债权、补偿性债权优先于惩罚性债权的原则合理确定清偿顺序。

（40）未开具增值税发票的破产债权，管理人应在剔除税款部分后认定债权。

破产企业作为需方，一般来说会有大量的交易合同需要供方开具发票，合同总价款含增值税。但在债权申报的时候，债权人往往按照未支付价款（含增值税）申报债权，而实际上有部分债权人并未开具增值税专用发票，也不会主动剔除税费，且大多数合同还是17%的增值税率。所以管理人在审查债权的时候，应注意该笔债权是否已经开具对应的增值税发票，如未开具则应剔除相应的金额。以17%的增值税率为例，假设债权人申报债权为 1000000 元（含增值税费，但未开具发票），则应剔除的税额为 1000000 元/1.17×17% = 145299.15 元，故管理人确认的债权金额应为 854700.85 元。

（41）管理人在接收债权申报后，一般可以就每户债权审查均安排三个阶段，债权初步审查阶段、债权审查复核阶段、债权审查确认阶段。

笔者在办理破产项目时，为保证每笔债权审查结果的准确性，会安排初级律师作数据录入及初步债权审查，中级律师一般作为债权小组组长对每笔破产债权的证据、法律关系、审核意见等进行复核，基本形成确定的债权审查结论。小组组长在每周例会上向债权组组长就本小组的债权审查情况、疑难问题、审查标准等进行汇报，并就个别典型债权展开讨论，确定统一标准，债权组组长对个别债权进行抽查。在能够确保债权审查质量的前提下，管理人债权审查工作告一段落，提交债权人、债务人、债权人会议等核查。

第三节　特殊破产债权的审查认定

债权人申报的破产债权类型不同，审查认定的标准也不同，审查标准需根据《民法典》及其司法解释，其他法律、法规综合制定。虽然客观情形复杂、多样，个案之间存在较大差异，但笔者结合实务研究成果及最新前沿观点，总结出部分特殊类型债权的认定标准，以期对破产债权的审查认定提供指引。

一　建设工程施工合同债权

在破产案件司法实践中，建设工程施工合同债权是比较常见又相对复杂的债权类型。此类债权不仅涉及建设工程施工合同各方当事人的合法权益，还会关系破产案件所有债权人的利益分配。因此，管理人在审查此类债权时权衡各方利弊，制定出合理的审查标准尤为重要。

笔者根据我国《民法典》、《中华人民共和国建筑法》、《中华人民共和国招标投标法》（以下简称《招标投标法》）和《最高人民法院关于审理建设工程施工合同纠纷案件适用法律问题的解释（一）》（以下简称《建设工程司法解释（一）》）等相关法律法规、司法解释、部门规章，结合破产案件本身及相关法律的特殊性，总结归纳了一部分在实践中遇到的，关于审查建设工程施工合同债权的疑难问题。在这里，笔者着重阐述承包人和发包人破产案件的债权审查问题。

（一）关于无效建设工程施工合同的相关问题

1. 施工合同无效的情形

根据我国现行法律规定，建设工程领域中导致施工合同无效的情形主要包括以下五种。[1]

---

[1]　最高人民法院民事审判第一庭编著《最高人民法院新建设工程施工合同司法解释（一）理解与适用》，人民法院出版社，2021，第20~26页。

第一，因违反招标投标领域法律、行政法规导致施工合同无效的情形。参见《建设工程司法解释（一）》第一条第一款第（三）项①（未进行招标或中标无效）、《招标投标法》第四十一条第（二）项②（低于成本价中标）。

第二，因违反建设领域资质管理规定而无效的情形。参见《建设工程司法解释（一）》第一条第（一）项（承包人未取得建筑施工企业资质或超越资质等级）、第（二）项（没有资质的实际施工人借用有资质的建筑施工企业名义）。

第三，因非法转包、违法分包而无效的情形。参见《建设工程司法解释（一）》第一条第二款③（转包、违法分包）。

第四，因违反工程建设审批手续而无效的情形。参见《建设工程司法解释（一）》第三条④（未取得建设工程规划审批手续）。

第五，违反工程质量标准和压缩合理工期的情形。参见最高人民法院《第八次全国法院民事商事审判工作会议（民事部分）纪要》第三十条⑤（当事人违反工程建设强制性标准，任意压缩合理工期、降低工程

---

① 《建设工程司法解释（一）》第一条第一款规定："建设工程施工合同具有下列情形之一的，应当依据民法典第一百五十三条第一款的规定，认定无效：
（一）承包人未取得建筑业企业资质或者超越资质等级的；
（二）没有资质的实际施工人借用有资质的建筑施工企业名义的；
（三）建设工程必须进行招标而未招标或者中标无效的。"

② 《招标投标法》第四十一条第（二）项规定："中标人的投标应当符合下列条件之一：（二）能够满足招标文件的实质性要求，并且经评审的投标价格最低；但是投标价格低于成本的除外。"

③ 《建设工程司法解释（一）》第一条第二款规定："承包人因转包、违法分包建设工程与他人签订的建设工程施工合同，应当依据民法典第一百五十三条第一款及第七百九十一条第二款、第三款的规定，认定无效。"

④ 《建设工程司法解释（一）》第三条规定："当事人以发包人未取得建设工程规划许可证等规划审批手续为由，请求确认建设工程施工合同无效的，人民法院应予支持，但发包人在起诉前取得建设工程规划许可证等规划审批手续的除外。
发包人能够办理审批手续而未办理，并以未办理审批手续为由请求确认建设工程施工合同无效的，人民法院不予支持。"

⑤ 《第八次全国法院民事商事审判工作会议（民事部分）纪要》第三十条规定："要依法维护通过招投标所签订的中标合同的法律效力。当事人违反工程建设强制性标准，任意压缩合理工期、降低工程质量标准的约定，应认定无效。对于约定无效后的工程价款结算，应依据建设工程施工合同司法解释的相关规定处理。"

质量标准）。

2. 债权申报方式

对于无效建筑工程施工合同债权的申报，债权人的救济依据有两种，《建设工程司法解释（一）》第二十四条第一款①对无效建设工程施工合同折价补偿的标准作出了规定，《建设工程司法解释（一）》第六条②则对因合同无效产生的赔偿损失、法律责任作出了规定。在举证责任方面，无论在债权审查阶段，还是代表债务人参与债权确认之诉，管理人的立场应当始终保持中立。因此，债权人需要为其申报的债权提供证据材料，管理人要根据债权人的申报材料向企业核实情况并收集资料，以双方证据材料呈现出来的真实情况还原事实，进而决定是否应当确认债权。

（1）在发包人破产案件中，承包人作为债权人既可以以施工合同折价补偿的标准申报债权，也可以以实际施工损失或者停工、窝工损失赔偿的标准申报债权，二者也可以同时申报。

根据《建设工程司法解释（一）》，因发包人的过错导致建设工程施工合同被确认无效的，承包人申报的因办理招标投标手续支出的费用、除工程价款之外的因履行合同支出的费用等实际损失和费用，管理人审查无误的应予以确认。

依据《民法典》第八百零三条、第八百零四条③以及《第八次全国法

---

① 《建设工程司法解释（一）》第二十四条第一款规定："当事人就同一建设工程订立的数份建设工程施工合同均无效，但建设工程质量合格，一方当事人请求参照实际履行的合同关于工程价款的约定折价补偿承包人的，人民法院应予支持。"

② 《建设工程司法解释（一）》第六条规定："建设工程施工合同无效，一方当事人请求对方赔偿损失的，应当就对方过错、损失大小、过错与损失之间的因果关系承担举证责任。损失大小无法确定，一方当事人请求参照合同约定的质量标准、建设工期、工程价款支付时间等内容确定损失大小的，人民法院可以结合双方过错程度、过错与损失之间的因果关系等因素作出裁判。"

③ 《民法典》第八百零三条规定："发包人未按照约定的时间和要求提供原材料、设备、场地、资金、技术资料的，承包人可以顺延工程日期，并有权请求赔偿停工、窝工等损失。"第八百零四条规定："因发包人的原因致使工程中途停建、缓建的，发包人应当采取措施弥补或者减少损失，赔偿承包人因此造成的停工、窝工、倒运、机械设备调迁、材料和构件积压等损失和实际费用。"

院民事商事审判工作会议（民事部分）纪要》第三十二条、第三十三条①的规定，因发包人原因造成承包人停工、窝工损失的，承包人申报的停（窝）工人员人工费、机械设备窝工费和因窝工造成的设备租赁费用等停（窝）工损失、倒运、机械设备调迁、材料和构件积压等损失和产生的实际费用，管理人经审查申报材料后证据充分的应予以确认。但是根据《民法典》第五百九十一条②的规定，承包人有义务采取适当措施，防止窝工损失扩大。譬如，可以采取适当措施自行做好人员、机械的撤离工作，以减少自身损失。因此，管理人应当注意，承包人如果申报了不合理的损失费用，应进行相应的核减。

（2）在承包人破产案件中，发包人作为债权人主要向承包人主张损失赔偿，其形式并非仅限于申报债权。在实践中，发包方是付款方，欠付工程款或者质保金的情况居多，除申报债权以外，还可以主动采取抵销工程欠款的方式主张债权，但该类债权的审查标准是一致的。

因承包人过错导致建设工程施工合同无效，发包人以办理招标投标手续支出的费用、合同备案支出的费用、订立合同支出的费用、准备或者实际履行合同支出的费用等实际损失申报债权，管理人审查无误应予以确认。

根据《民法典》第八百零一条③的规定，在合同无效的情形下，发包

---

① 《第八次全国法院民事商事审判工作会议（民事部分）纪要》第三十二条规定："因发包人未按照约定提供原材料、设备、场地、资金、技术资料的，隐蔽工程在隐蔽之前，承包人已通知发包人检查，发包人未及时检查等原因致使工程中途停、缓建，发包人应当赔偿因此给承包人造成的停（窝）工损失，包括停（窝）工人员人工费、机械设备窝工费和因窝工造成设备租赁费用等停（窝）工损失。"第三十三条规定："发包人不履行告知变更后的施工方案、施工技术交底、完善施工条件等协作义务，致使承包人停（窝）工，以至难以完成工程项目建设的，承包人催告在合理期限内履行，发包人逾期仍不履行的，人民法院视违约情节，可以依据《合同法》第二百五十九条、第二百八十三条规定裁判顺延工期，并有权要求赔偿停（窝）工损失。"

② 《民法典》第五百九十一条规定："当事人一方违约后，对方应当采取适当措施防止损失的扩大；没有采取适当措施致使损失扩大的，不得就扩大的损失请求赔偿。当事人因防止损失扩大而支出的合理费用，由违约方负担。"

③ 《民法典》第八百零一条规定："因施工人的原因致使建设工程质量不符合约定的，发包人有权请求施工人在合理期限内无偿修理或者返工、改建。经过修理或者返工、改建后，造成逾期交付的，施工人应当承担违约责任。"

人（债权人）可以以工程质量损失申报债权，在这里，工程质量损失的表现形式可以是修理、返工或者改建产生的实际费用。管理人在审查过程中，还要注意导致工程质量不合格的原因，发包人是否也承担一定的责任。例如：发包人提供的技术文件存在承包人不能发现的缺陷；"甲供材"存在承包人检验亦不可能发现的缺陷；发包人肢解发包；发包人指定分包，且承包人已履行了总包职责；发包人擅自变更设计方案；等等。若存在发包人也承担一定责任的情况，管理人应根据双方过错程度，对申报的债权进行相应核减。

根据《民法典》第八百零二条①的规定，发包人以因承包人原因致使建筑工程质量发生缺陷，造成发包人人身和财产损害为由申报债权，管理人经审查证据充分的，应予以确认。

3. 无效施工合同的三类债权主体

建筑工程施工合同债权的申报主体包括发包方、承包方和特殊的主体实际施工人。

发包方和承包方均由合同明确约定权利义务，绝大多数情况下是适格的申报主体。然而涉及实际施工人的法律关系就比较复杂，实际施工人这一概念首次出现在 2004 年《最高人民法院关于审理建设工程施工合同纠纷案件适用法律问题的解释》（该司法解释现已失效），后该司法解释被 2021 年 1 月 1 日起施行的《建设工程司法解释（一）》取代。《建设工程司法解释（一）》第一条首先规定了建设施工合同的无效条款，其中第二款严格规定了实际施工人所涉合同无效的情形，即"没有资质的实际施工人借用有资质的建筑施工企业名义的"应当依据《民法典》第一百五十三条第一款的规定，认定无效。这一规定就为实际施工人这一概念提供了两个理解路径，一个是存在合同无效事由的实际施工人；另一个是不存在借用资质的违法情形的实际施工人。《北京市高级人民法院关于审理建设工程施工合同纠纷案件若干疑难问题的解答》第十八

---

① 《民法典》第八百零二条规定："因承包人的原因致使建设工程在合理使用期限内造成人身损害和财产损失的，承包人应当承担赔偿责任。"

条对实际施工人的概念及范围作出缩小解释："《解释》中的'实际施工人'是指无效建设工程施工合同的承包人，即违法的专业工程分包和劳务作业分包合同的承包人、转承包人、借用资质的施工人（挂靠施工人）；建设工程经数次转包的，实际施工人应当是最终实际投入资金、材料和劳力进行工程施工的法人、非法人企业、个人合伙、包工头等民事主体。"

关于实际施工人在工程质量发生争议的当事人地位，《建设工程司法解释（一）》第十五条规定，"因建设工程质量发生争议的，发包人可以以总承包人、分包人和实际施工人为共同被告提起诉讼"，故实际施工人在存有质量异议的情况下是适格被告，发包人作为债权人，可以向实际施工人直接主张债权。

反之，实际施工人是否可以作为债权人要求发包人、转包人、违法转包人承担责任呢？答案是：可以，但是有严格条件。根据《建设工程司法解释（一）》第四十三条规定①，实际施工人以转包人、违法分包人为被告起诉的，人民法院应当依法受理。但是，实际施工人直接起诉发包人主张权利的，人民法院应当追加转包人或者违法分包人为本案第三人，在查明发包人欠付转包人或者违法分包人建设工程价款的数额后，判决发包人在欠付建设工程价款范围内对实际施工人承担责任。

实际施工人的诉权也包含代位权诉讼。《建设工程司法解释（一）》第四十四条规定："实际施工人依据民法典第五百三十五条规定，以转包人或者违法分包人怠于向发包人行使到期债权或者与该债权有关的从权利，影响其到期债权实现，提起代位权诉讼的，人民法院应予支持。"因此，实际施工人甚至可以在债权未到期的情况下，"越过"转包人或者违法分包人，直接向发包人主张债权。

以上规定可以看出实际施工人的法律地位有以下几点。首先，实际施

---

① 《建设工程司法解释（一）》第四十三条规定："实际施工人以转包人、违法分包人为被告起诉的，人民法院应当依法受理。实际施工人以发包人为被告主张权利的，人民法院应当追加转包人或者违法分包人为本案第三人，在查明发包人欠付转包人或者违法分包人建设工程价款的数额后，判决发包人在欠付建设工程价款范围内对实际施工人承担责任。"

工人和发包人、承包人等存在法律关系的前提是，实际施工人所涉及施工合同不存在无效事由，即不存在"没有资质的实际施工人借用有资质的建筑施工企业名义"的情形；其次，实际施工人可以作为适格债务人承担责任；最后，实际施工人可以直接向转包人、违法分包人主张债权，可以代位向发包人主张债权。

实际施工人是履行施工行为的主体，区别于提供劳务的个人，实际施工人与发包人和分包人之间形成的是建设工程施工合同法律关系，提供劳务的个人与发包人和分包人不存在建设工程施工合同法律关系，提供劳务的个人也不能成为实际施工人。其中有两类特殊主体值得注意。

其一，农民工。农民工是否可以作为实际施工人直接向发包人主张债权呢？从广义的角度上讲，实际施工人应当包括施工工程建设的每一个参与者，即参与到实际施工工作中的单位、个人等各种主体都可以成为广泛意义上的实际施工人；但是从合同相对性上讲农民工和发包人之间既无合同关系也没有债权债务关系；最高人民法院于 2004 年 10 月 25 日颁布《关于审理建设工程施工合同纠纷案件适用法律问题的解释》（已失效）答记者问第十一条的回答表明了，最高人民法院的立法本意是保护农民工的利益，但仅为间接保护。[①]《建设工程司法解释（一）》第四十四条表明，农民工维护权利不应直接突破合同相对性，但可通过提起代位权诉讼维护自身权益。

其二，建筑施工企业项目经理。项目经理负责制是建设工程施工时经常采用的方式之一，所谓项目经理是指拥有一定资质，在某一建筑施工企业从事项目管理的工作人员。区别于挂靠和借用资质的主体，项目经理的行为所产生的权利、义务和责任均应当归属于建筑施工企业。

（1）在发包人破产案件中，承包方作为合同相对方可以向发包人申报债权。

那么，实际施工人能否直接向发包人申报债权呢？

---

① 参见最高人民法院民一庭审判长冯晓光《最高院关于建设工程合同纠纷案件适用法律若干问题解释的理解和运用》，北京法院出版社，2008。

在发包人作为债务人的破产案件中，债权人应依法向受理破产案件的法院指定的管理人申报债权，由管理人对债权进行审查确认，虽然《建设工程司法解释（一）》第四十三条对实际施工人权利的保护作了规定，但管理人并不具备追加第三人的职权。因此，对于实际施工人能否直接向发包人申报债权，在破产债权审查实践中，存在以下三种观点。

观点一：实际施工人不可以直接向发包方申报债权。《最高人民法院关于当前民事审判工作中的若干具体问题》第六条关于建设工程合同纠纷案件的审理问题第四项明确表示："对于《建设工程司法解释》第二十六条①规定，目前实践中执行得比较混乱，我特别强调一下，要根据该条第一款规定严守合同相对性原则，不能随意扩大该条第二款规定的适用范围，只有在欠付劳务分包工程款导致无法支付劳务分包关系中的农民工工资时，才可以要求发包人在欠付工程价款范围内对实际施工人承担责任，不能随意扩大发包人责任范围。"直接申报突破了合同相对性原则，申报债权属于单项申报，通常转包人或者违法分包人的配合程度能够左右债权确认的结果，容易引发虚假申报、恶意申报。因此，不支持实际施工人直接向发包方申报债权。

观点二：实际施工人可以直接向发包方申报债权。破产法的立法目的是公平清理债权债务，保护债权人和债务人的合法权益，维护社会主义市场经济秩序，而上述两条建设工程司法解释的立法目的和宗旨是保护劳务分包关系中的农民工主体利益，保障农民工工资，确保劳动者的生存权。实际施工人不仅仅包括转包人和违法分包人，还包括大量的劳务工人，劳务工人讨薪难的主要原因还是承包人、转包人或违法分包人不能按时、如数获得工程款，劳务工人处于弱势一方，不能仅因合同的相对性就降低对劳务工人权益的保护力度。因此，只要在发包方欠付建筑工程价款范围内，应当支持实际施工人直接向发包方申报债权。

观点三：对于实际施工人直接申报的债权，审查方式不宜一概而论，应根据收集证据材料的情况，分门别类，采取灵活多样的方式进行处理，

---

① 该条款已被 2021 年 1 月 1 日施行的《建设工程司法解释（一）》第四十三条所取代。

对于能够查明事实、符合确认条件的，应当支持并予以确认，对于证据不足无法确认的，可以建议实际施工人与承包人、转包人或违法分包人协商补充证据或者另行申报。

笔者同意第三种观点。在日常的债权审查过程中，债权人提供的债权申报资料并没有统一的标准尺度，尤其是建设工程施工合同类债权，资料繁杂，种类繁多，实际施工人在申报债权时提供的资料有很大可能与发包方（债务人）所有的资料匹配不上，甚至完全无法一一对应，这就给债权审查工作带来一定困难。

首先，对收到的债权申报资料先进行判断，若债权人在该建筑工程中的角色为借用资质的实际施工人，即挂靠施工人，根据《建设工程司法解释（一）》第一条第一款第（二）项的规定，应当认定为无效合同，则根据《民法典》第一百五十三条第一款的规定，可以对其申报的债权不予确认处理，因为该规定只规定了转包、违法分包情形下实际施工人可以向发包人提起诉讼，并未规定借用有资质的建筑施工企业名义与他人签订建设工程施工合同（挂靠）的实际施工人。[①]

对于同一建筑工程，承包人未进行债权申报，而实际施工人进行申报的，建议根据《最高人民法院关于民事诉讼证据的若干规定》，在实际施工人提供较为完备的债权形成依据的同时，可以建议实际施工人与其合同相对方乃至层层追溯到建筑工程施工合同的承包人协商，分别出具证据材料，以查明欠付实际施工人建设工程价款的数额，再结合发包人是否存在抗辩理由及根据证据材料确定的损失在发包人欠付工程款范围内予以确认，超过欠付工程款范围的部分不予确认。

对于同一建筑工程，承包人已进行债权申报，实际施工人又进行申报的，则需要向实际施工人释明，重复申报的债权不予重复确认，在此情况下，建议与承包人协商择一主体申报。

特别是对于实际施工人申报工程价款优先受偿权的一类债权，要根据

---

① 最高人民法院民事审判第一庭编著《最高人民法院新建设工程施工合同司法解释（一）理解与适用》，人民法院出版社，2021，第450页。

《建设工程司法解释（一）》第三十七条规定处理："装饰装修工程具备折价或者拍卖条件，装饰装修工程的承包人请求工程价款就该装饰装修工程折价或者拍卖的价款优先受偿的，人民法院应予支持。"

依法享有工程价款优先受偿权的人必须与发包人存在直接的施工合同关系，建设工程的勘察人、设计人、分包人、实际施工人、监理人以及与发包人无合同关系的装饰装修工程的施工人均不应享有此权利。[1] 鉴于此，应当告知债权人其并非工程价款优先受偿权的权利主体，建议其综合考虑，选择对其有利的途径进行申报。

在上诉人某化工试剂股份有限公司与被上诉人袁某某破产债权确认纠纷一案[2]中，湖南省高级人民法院认为，承包人已书面承诺，涉案债权归实际施工人所有，承包人不再向管理人重复申报，也不再向发包人主张该笔债权。如有重复申报，管理人有权从承包人债权中扣除，且《建设工程司法解释（一）》第四十三条第一款规定"实际施工人以转包人、违法分包人为被告起诉的，人民法院应当依法受理"，故袁某某向管理人申报债权并无不当。

以上案例中，法院在查明欠付实际施工人工程款数额的基础上，肯定了实际施工人直接向发包人申报债权的行为。

（2）在承包人破产案件中，挂靠人、非法转包人的受让人或者违法分包人的分包人只能根据合同相对性向债务人申报债权；发包人可以就债务人造成的损失申报债权。审查标准已在无效建筑工程施工合同债权的申报部分阐述，不再赘述。

4. 关于确定建设工程结算价款的相关问题

建设工程的结算依据涉及多个相关法条，笔者结合破产案件的实践经验，对不同情况进行归纳，总结出以下类别。

（1）破产申请受理日前已完工并经过验收合格的建设工程债权

①固定总价合同的，按照合同约定的总价确定结算价款。

---

[1] 最高人民法院民事审判第一庭编著《最高人民法院新建设工程施工合同司法解释（一）理解与适用》，人民法院出版社，2021，第357~365页。

[2] 湖南省高级人民法院民事判决书，（2019）湘民终769号。

②对于双方已办理完毕结算手续的，笔者认为，导致企业进入破产程序的原因是多方面的，其自身的管理出现问题也是其中之一。濒临进入破产程序的企业，通常在进入破产程序前半年至一年内，内部已经开始有所体现，尤其表现为付款不及时的情况，这时候，企业极易发生个别清偿或者违规结算、支付的行为。为审慎起见，笔者建议先审查结算手续办理的流程及结算完毕时间，首先判断结算流程是否符合法律规定或者合同约定，是否存在损害企业权益的漏洞；对于在结算流程出现问题的情况，建议重新结算，必要时聘请专门的造价机构对工程价款进行鉴定；在结算流程正常的情况下，再审查竣工时间及结算完毕的时间，对破产受理日前一年或半年内的结算行为尤其关注，必要时聘请专门的造价机构对工程价款进行鉴定。

③对于双方未办理完毕结算手续的，笔者建议要求债权人及破产企业相关人员提供工程量结算材料，双方核对无误后进行工程价款确认，必要时聘请专门的造价机构对工程价款进行鉴定。

（2）截至破产申请受理之日尚未完工的建设工程债权

①需要继续履行合同的，根据我国《企业破产法》第十八条的规定，管理人自破产申请受理之日起两个月内需书面通知承包方继续施工，破产申请受理日之前欠付的工程款及破产申请受理后产生的工程款均属于共益债务随时支付。

②没有继续履行合同必要的，根据《民法典》第八百零六条的规定①，笔者建议要求破产企业相关人员协助，对已经完成的建设工程进行验收，质量合格的，对已完成部分的工程价款审查无误进行确认，必要时可以聘请专门的造价机构对工程价款进行鉴定。

---

① 《民法典》第八百零六条规定："承包人将建设工程转包、违法分包的，发包人可以解除合同。发包人提供的主要建筑材料、建筑构配件和设备不符合强制性标准或者不履行协助义务，致使承包人无法施工，经催告后在合理期限内仍未履行相应义务的，承包人可以解除合同。合同解除后，已经完成的建设工程质量合格的，发包人应当按照约定支付相应的工程价款；已经完成的建设工程质量不合格的，参照本法第七百九十三条的规定处理。"

（3）经验收不合格的建设工程债权

根据《民法典》第七百九十三条①的规定，对于能够修复的建设工程，有两种途径：可以要求债权人对建设工程进行修复，修复后验收合格的，经审查无误确认债权；也可以不要求债权人修复建设工程，而将修复费用扣减后确认债权，必要时需聘请专门的造价机构进行鉴定。管理人可根据破产案件的实际情况选择合适的方式进行处理。

（二）逾期付款利息的审查及利息起算时间的认定

在破产案件中，债权人申报的逾期付款利息，一般按照《建设工程司法解释（一）》第二十六条②的规定处理，对欠付工程价款计付标准没有约定的，按照中国人民银行发布的同期同类贷款利率计息；对于有约定的，笔者认为应对约定标准的合理性进行审查，约定的利息计算标准过高的，可以按照我国《民法典》第五百八十五条③的规定进行审查确认。

关于逾期付款利息的起算时间，按照《建设工程司法解释（一）》第二十七条④的规定，结合破产程序的特殊性，建设工程施工合同中对付款时间已有明确约定的，则按照应付工程价款之日计算逾期付款利息；建设

---

① 《民法典》第七百九十三条规定："建设工程施工合同无效，但是建设工程经验收合格的，可以参照合同关于工程价款的约定折价补偿承包人。建设工程施工合同无效，且建设工程经验收不合格的，按照以下情形处理：（一）修复后的建设工程经验收合格的，发包人可以请求承包人承担修复费用；（二）修复后的建设工程经验收不合格的，承包人无权请求参照合同关于工程价款的约定折价补偿。发包人对因建设工程不合格造成的损失有过错的，应当承担相应的责任。"

② 《建设工程司法解释（一）》第二十六条规定："当事人对欠付工程价款利息计付标准有约定的，按照约定处理。没有约定的，按照同期同类贷款利率或者同期贷款市场报价利率计息。"

③ 《民法典》第五百八十五条规定："当事人可以约定一方违约时应当根据违约情况向对方支付一定数额的违约金，也可以约定因违约产生的损失赔偿额的计算方法。约定的违约金低于造成的损失的，人民法院或者仲裁机构可以根据当事人的请求予以增加；约定的违约金过分高于造成的损失的，人民法院或者仲裁机构可以根据当事人的请求予以适当减少。当事人就迟延履行约定违约金的，违约方支付违约金后，还应当履行债务。"

④ 《建设工程司法解释（一）》第二十七条规定："利息从应付工程价款之日计付。当事人对付款时间没有约定或者约定不明的，下列时间视为应付款时间：（一）建设工程已实际交付的，为交付之日；（二）建设工程没有交付的，为提交竣工结算文件之日；（三）建设工程未交付，工程价款也未结算的，为当事人起诉之日。"

工程施工合同中对付款时间没有约定或者约定不明的，分为以下几种情况。

（1）建设工程已实际交付的，以双方确定的交付之日作为逾期付款利息的起算日；

（2）建设工程没有交付的，以提交竣工结算文件之日作为逾期付款利息的起算日；

（3）建设工程未交付，工程价款也未结算的，应以债权人申报债权之日作为逾期付款利息的起算日，但是，我国《企业破产法》第四十六条第二款明确规定了附利息的债权自破产申请受理时起停止计息。因此，笔者认为，在此情况下，债权人申报的利息应作不予确认处理。

（三）关于工程价款优先受偿权的相关问题

根据《民法典》第八百零七条①的规定，承包人享有工程价款优先受偿权。在发包人破产案件中，承包人作为债权人可以向债务人申报工程价款优先受偿权，笔者认为，可以围绕以下几个方面着重审查。

1. 建设工程价款优先受偿权的申报主体

关于享有建设工程价款优先受偿权的主体，自 2021 年 1 月 1 日起开始施行的《建设工程司法解释（一）》第三十五条②、第三十七条作出了更加明确的规定。在此，笔者归纳了以下五种情况。

（1）建设工程价款优先受偿权制度不适用于建设工程的勘察、设计、监理合同关系。③勘察人与设计人申报的债权不是工程价款，而是勘察费与设计费，其工作成果既不能折价亦不能拍卖，因此，勘察人与设计人不

---

① 《民法典》第八百零七条规定："发包人未按照约定支付价款的，承包人可以催告发包人在合理期限内支付价款。发包人逾期不支付的，除根据建设工程的性质不宜折价、拍卖外，承包人可以与发包人协议将该工程折价，也可以请求人民法院将该工程依法拍卖。建设工程的价款就该工程折价或者拍卖的价款优先受偿。"

② 《建设工程司法解释（一）》第三十五条规定："与发包人订立建设工程施工合同的承包人，依据民法典第八百零七条的规定请求其承建工程的价款就工程折价或者拍卖的价款优先受偿的，人民法院应予支持。"

③ 最高人民法院民事审判第一庭编著《最高人民法院新建设工程施工合同司法解释（一）理解与适用》，人民法院出版社，2021，第 364 页。

享有建设工程价款优先受偿权；根据《民法典》第七百九十六条①的规定，监理人申报的债权属于委托合同关系产生的债权，因而不适用于工程价款优先受偿权的相关规定。

（2）建设工程价款优先受偿权制度适用于装饰装修工程债权时必须满足以下条件：①装饰装修工程的发包人（债务人）为装饰装修工程所依附的建筑物的所有权人或者仅对建筑物享有使用权的人；② ②装饰装修工程的承包人（债权人），只能是取得相应资质的施工企业，不包括自然人；③ ③承包人（债权人）装饰装修工程价款的优先受偿款仅限于因装饰装修而使该建筑物增加的价值范围④。

（3）实际施工人不享有建设工程价款优先受偿权。根据《北京市高级人民法院关于审理建设工程施工合同纠纷案件若干疑难问题的解答》第十八条的规定，实际施工人是不享有建设工程价款优先受偿权的，因为依据《建设工程司法解释（一）》第三十五条的规定，依法享有工程价款优先受偿权的人，必须与发包人存在直接的施工合同关系，即只有与发包人签订施工合同的承包人才有权享有工程价款优先受偿权。⑤

（4）建设工程价款债权转让后受让人是否享有优先受偿权？承包人（债权人）向发包人（债务人）申报建设工程价款的债权转让后，受让人是否应享有优先受偿权尚无定论，目前在司法实践中存在两种观点。

观点一：建设工程承包人转让其在施工中形成的债权，受让人基于债权转让而取得工程款债权，因而其应当享有该工程款的优先受偿权。

观点二：制定工程价款优先受偿权制度的目的是保护施工人的劳动报

---

① 最高人民法院民事审判第一庭编著《最高人民法院新建设工程施工合同司法解释（一）理解与适用》，人民法院出版社，2021，第357页。

② 最高人民法院民事审判第一庭编著《最高人民法院新建设工程施工合同司法解释（一）理解与适用》，人民法院出版社，2021，第384页。

③ 最高人民法院民事审判第一庭编著《最高人民法院新建设工程施工合同司法解释（一）理解与适用》，人民法院出版社，2021，第385页。

④ 最高人民法院民事审判第一庭编著《最高人民法院新建设工程施工合同司法解释（一）理解与适用》，人民法院出版社，2021，第363~365页。

⑤ 最高人民法院民事审判第一庭编著《最高人民法院新建设工程施工合同司法解释（一）理解与适用》，人民法院出版社，2021，第363~365页。

酬，如果承包人通过转让工程价款的债权获得相应对价，则承包人的权利得以实现。

笔者同意第一种观点。根据《民法典》第五百四十五条的规定，债权人可以将合同的权利全部或者部分转让给第三人，但根据合同性质不得转让的、按照当事人约定不得转让的和依照法律规定不得转让的除外。法律、法规并不禁止建设工程施工合同项下的债权转让，只是建设工程施工合同的当事人没有约定合同项下的债权不得转让，债权人向第三人转让债权并通知债务人的，债权转让行为即合法有效。《民法典》第五百四十七条规定："债权人转让债权的，受让人取得与债权有关的从权利，但是该从权利专属于债权人自身的除外。"建设工程款具有优先受偿性质，工程价款优先受偿权并非专属于特定承包人自身的权利，因此，债权受让人基于受让债权应取得此项权利。[1]

（5）建设工程转让或者依法另行拍卖后，承包人作为债权人是否依然享有建设工程优先受偿权？

案例：A 贸易公司与 B 建筑公司于 2014 年 6 月签订建设工程施工合同，约定由 B 公司在 A 公司名下的土地上建设一栋办公楼，工期为 2 年。2015 年 8 月，A 公司与 C 银行签订《金融借款合同》及《抵押合同》，以 A 公司名下的土地抵押贷款 5000 万元，并办理了抵押登记手续，贷款期限为 1 年。2016 年 2 月，受全球性金融危机影响，A 公司对外贸易经营业绩严重下滑，开始资不抵债，此时，B 公司承建的办公楼尚未完工，A 公司无力再向 B 公司支付建设工程价款，被迫停工。2016 年 4 月，因 A 公司逾期未归还贷款利息，C 银行诉至法院，经甲法院审理，判决 A 公司偿还 C 银行本金及利息、罚息共计 5300 万元；C 银行有权对《抵押合同》项下 A 公司名下土地折价或变卖、拍卖该抵押物的价款优先受偿。2016 年 6 月，C 银行申请强制执行生效判决书确定的义务，甲法院依法对《抵押合同》项下 A 公司名下的土地及地上建筑物进行拍卖，取得拍卖款 6100 万元，

---

[1] 观点参考最高人民法院公报案例：上诉人某有限公司与被上诉人某工程有限公司、某建设工程有限责任公司建设工程施工合同纠纷一案，最高人民法院民事判决书，（2007）民一终字第 10 号。

偿还了 C 银行 5300 万元欠款，剩余 800 万元返还给 A 公司。2017 年 1 月，甲法院裁定 A 公司进入破产重整程序，B 公司依照法定程序，向管理人申报建设工程价款债权，并要求行使优先受偿权，管理人经审查，确认其建设工程价款债权为 2000 万元。

本案争议焦点之一为企业进入破产程序前，银行依法将企业抵押的包含在建工程在内的土地拍卖用以偿还债务的情况下，企业进入破产程序后，建设工程债权人是否可以适用《民法典》所规定的工程价款优先权制度行使建设工程价款优先受偿权？如适用又该如何适用？目前司法实践中有两种观点。

观点一：承包人应享有建设工程价款优先受偿权，因为该权利制定的目的是保护施工人的劳动报酬，若因此剥夺了承包人的权利，既违背了立法本意，又会引起不良的社会导向，用转移建设工程所有权的行为以达到规避建设工程价款优先受偿的目的。

观点二：案涉建筑物所有权已转移，按照《民法典》第八百零七条的规定，无论是折价还是拍卖，应系发包人（债务人）名下的工程，此时，建设工程价款优先受偿权已属实现不能。因此，不能认定承包人享有建设工程价款优先受偿权。

笔者认为，在确定承包人建设工程价款优先受偿权有效存在的情况下，应分类判断该权利的行使对象。建设工程价款优先受偿权为法定优先权，性质上可参照担保物权，具有一定的追及效力，其功能是担保工程款优先支付，该权利依附于所担保的工程而存在，即使被担保的工程所有权发生转移，也不影响承包人优先受偿权的行使，至少承包人应从发包人所得款项中优先受偿。[①]

结合案例，笔者认为，在确定承包人建设工程价款优先受偿权有效存在的情况下，B 公司申报的 2000 万元建设工程价款债权是否能够行使优先受偿权应分情况判断确认。鉴于涉案土地及地上建筑物拍卖款剩余的 800

[①]　最高人民法院民事审判第一庭编著《最高人民法院新建设工程施工合同司法解释（一）理解与适用》，人民法院出版社，2021，第 366 页。

万元属于拍卖所得的破产财产，建议先予明确涉案工程所在建筑物在破产案件中的实际评估价值，承包人在该建筑物的实际评估价值的范围内，自发包人所得款项中行使优先受偿权。

第一种情况，建筑物的实际评估价值在 800 万元以内，则 A 公司的管理人确认的 B 公司申报的 2000 万元债权中，应确认债权人在建筑物实际评估价值范围内享有建设工程价款优先受偿权，超出建筑物实际评估价值的部分确认为普通债权。

第二种情况，建筑物的实际评估价值在 800 万元以上，为便于举例说明，在此假设实际评估价值为 1200 万元，笔者认为 B 公司 2000 万元债权应分为三部分分别确认：第一部分，在实际评估价 800 万元范围内确认 B 公司享有建设工程价款优先受偿权；第二部分，C 银行对涉案土地及地上建筑物拍卖受偿其 5000 万元债权时，侵犯了地上建筑物的承包人应享有的建设工程价款优先受偿权，根据《建设工程司法解释（一）》第三十六条①的规定，建筑工程的承包人的优先受偿权优于抵押权和其他债权，B 公司余下的 400 万元建设工程价款优先受偿权应当由其向 C 银行行使权利，C 银行在向 B 公司支付 400 万元工程款后，需自行向管理人申报债权；第三部分，确认的 B 公司 2000 万元债权中最后剩余的 600 万元，应确认为普通债权。

2. 建设工程价款优先受偿权的行使期限及起算时间

建设工程价款优先受偿权的成立是行使优先权利的前提，也是管理人在债权确认时处理权利冲突的重要依据。对于建设工程价款优先受偿权的行使期限及起算时间，《建设工程司法解释（一）》第四十一条②规定了承包人应当在合理期限内行使建设工程价款优先受偿权，但最长不得超过十八个月，自发包人应当给付建设工程价款之日起算。

结合《企业破产法》第十八条，关于优先受偿权行使期限的起算时间

---

① 《建设工程司法解释（一）》第三十六条规定："承包人根据民法典第八百零七条规定享有的建设工程价款优先受偿权优于抵押权和其他债权。"

② 《建设工程司法解释（一）》第四十一条规定："承包人应当在合理期限内行使建设工程价款优先受偿权，但最长不得超过十八个月，自发包人应当给付建设工程价款之日起算。"

点有以下三种计算方式。

（1）根据《全国民事审判工作会议纪要》第二十六条规定，自建设工程竣工之日或者建设工程合同约定的竣工之日起计算。关于工程竣工之日的确定，《建设工程司法解释（一）》第九条规定："当事人对建设工程实际竣工日期有争议的，人民法院应当分别按照以下情形予以认定：（一）建设工程经竣工验收合格的，以竣工验收合格之日为竣工日期；（二）承包人已经提交竣工验收报告，发包人拖延验收的，以承包人提交验收报告之日为竣工日期；（三）建设工程未经竣工验收，发包人擅自使用的，以转移占有建设工程之日为竣工日期。"笔者认为，该种方式适用于竣工验收资料齐备，或者建设工程合同对竣工之日约定明确的情况。

（2）《建设工程司法解释（一）》第四十一条规定的，自发包人应当给付建设工程价款之日起算。对于"应当给付建设工程价款之日"的确定，笔者认为，发包人与承包人有约定的，以约定为准；发包人与承包人对付款时间没有约定的，可以借鉴《建设工程司法解释（一）》第二十七条。

关于欠付工程价款利息起算时间的规定：在合同中对付款时间没有约定或者约定不明的，建设工程实际交付的，以建设工程交付之日为应付款时间；建设工程没有交付，仍由承包人掌管，但承包人已在建设工程验收合格后按照合同约定的时间提交了竣工结算文件，发包人如在合同约定的期限内不予答复的，以此时为应付款时间；建设工程价款未结算，建设工程也未交付，大多数为工程未完工或者完工后未经验收的情形，结合《企业破产法》第十八条之规定，笔者认为，因破产程序的特殊性，若以起诉之日作为应付款时间缺乏合理性，也会增加债权人不必要的讼累。在破产程序下，债权人要在规定时间内向破产企业的管理人申报债权，债权人申报优先受偿债权时即为对工程价款优先受偿权的主张，由于债权人申报债权时存在诸多不规范的情况，甚至有些债权人因为各种原因在申报债权时并未主张优先受偿权，提交申报材料一段时间后又进行主张。即使债权人在人民法院确定的申报时间届满后申报债权，管理人对其债权仍有依法接收及审查的义务，若单纯以申报债权的时间为起算时间，亦欠缺公平性及普适性，极易产生债权确认纠纷。因此，笔者认为，在破产案件中，不宜将起诉之日或者申报债权之日作为优先受偿权行使期限的起算时间。

（3）为了最大限度地保障承包人在破产案件中的合法权益，《全国民事审判工作会议纪要》第二十六条在关于优先受偿权的行使期限问题上作出了一个兜底条款，进一步明确了优先受偿权的确认依据。建设工程合同未约定竣工日期，或者由于发包人的原因，合同解除或终止履行时已经超出合同约定的竣工日期的，根据《企业破产法》第十八条的规定，承包人行使优先受偿权的期限自合同解除或终止履行之日起计算，最迟自债务人破产申请受理日起两个月期限届满日（视为合同解除日）开始计算。

3. 建设工程价款优先受偿权的范围

建设工程价款优先受偿权属于法定优先权，其效力不同于抵押权等担保物权，该优先权的受偿范围应依法确定，而非由当事人约定。根据《建设工程司法解释（一）》第四十条第一款①的规定，建设工程价款优先受偿权的范围依照国务院有关行政主管部门关于建设工程价款范围的规定确定。关于建设工程价款优先受偿权的范围，《建筑安装工程费用项目组成》（建标〔2013〕44号）第一条第一款规定："建筑安装工程费用项目按费用构成要素组成划分为人工费、材料费、施工机具使用费、企业管理费、利润、规费和税金。"《建设工程施工发包与承包价格管理暂行规定》（建标〔1999〕1号）第五条规定："工程价格由成本（直接成本、间接成本）、利润（酬金）和税金构成。"因此，在确定建设工程价款优先受偿的范围时，应当依照上述规定确定。

发包人逾期支付建设工程价款的，应当向承包人支付利息，在发包人违约的情况下，应依据建设工程施工合同的约定支付违约金。根据《建设

---

① 《建设工程司法解释（一）》第四十条第一款规定："承包人建设工程价款优先受偿的范围依照国务院有关行政主管部门关于建设工程价款范围的规定确定。"

工程司法解释（一）》第四十条第二款的规定"承包人就逾期支付建设工程价款的利息、违约金、损害赔偿金等主张优先受偿的，人民法院不予支持"，承包人只享有申报逾期支付工程价款的利息、违约金、损害赔偿金的权利，不享有要求逾期支付工程价款的利息、违约金和损害赔偿金就建设工程折价和拍卖的价款优先受偿的权利。因此，在债权审查中，承包人申报的逾期支付工程价款的利息、违约金和损害赔偿金，应确认为普通债权。

在司法实践中，关于建设工程价款优先受偿权债权的确认极易引发破产债权确认纠纷。笔者认为，企业进入破产程序，根据企业破产财产价值的多少，债权本身的清偿率一般较低，分配给债权人的偿债金额有限。为更好地保障施工人的合法权益，维护社会稳定，受理破产案件的法院、当地政府及管理人可以结合当地情况在制定建设工程价款优先受偿权债权审查标准时采取一定程度的宽限政策，确认优先受偿权时宜松不宜紧，以达到良好的社会效果。

笔者认为，在山东上诉人某建设有限公司与被上诉人某温泉度假有限公司破产债权确认纠纷一案[①]中，山东省高级人民法院的判决书，涉及建筑工程施工合同效力、无效合同中欠付工程款数额的认定标准、欠付工程款利息计算标准、工程价款优先受偿权的范围及行使优先受偿权的起算时间 5 个焦点问题，二审法院对适用法律条款及案情深入剖析，切中要害，具有很高的参考价值。

4. 工程价款优先受偿权与抵押担保债权的清偿顺位

对于建设工程价款优先权与约定抵押权之间的顺位问题，《建设工程司法解释（一）》第三十六条已明确指出，《民法典》第八百零七条所规定的建设工程承包人的优先受偿权优于抵押权和其他债权。优先权说认为法定权利优先于约定权利，建设工程价款优先受偿权作为一种法定优先权优先于约定的担保物权。法定抵押权说认为建设工程价款优先受偿权作为法定抵押权，在法定抵押权与约定抵押权并存时，无论约定抵押权发生在

[①] 山东省高级人民法院民事判决书，（2018）鲁民终 89 号。

前或在后，法定抵押权均应优先于约定抵押权的行使。无论理论界从建设工程价款优先受偿权的权属性出发，通过留置权说、优先权说、法定抵押权说怎样分析表述其定性，国家立法要着重保护建设工程价款优先受偿的目的是十分明确的，审理房地产纠纷案件和办理执行案件时要保护建设工程价款优先受偿权，同理在破产程序中也应当明确并保障建设工程价款债权优先于抵押权和其他债权受偿。因而，在破产程序中建设工程价款债权同样优先于抵押担保债权。[①]

5. 工程价款优先受偿权与破产债权的清偿顺位

根据《企业破产法》第一百零九条、第一百一十三条、第一百三十二条[②]之规定，除《企业破产法》公布之日前所欠部分职工劳动债权外，破产财产清偿债务的顺位为有抵押担保的债权一般优先于职工债权，职工债权优先于税款债权，税款债权优先于普通破产债权。《民法典》第八百零七条及《建设工程司法解释（一）》第三十六条已明确界定建设工程价款债权优先于抵押权和其他债权。笔者认为，在破产程序中，建设工程价款债权应优先于抵押担保债权、职工劳动债权、税收债权和普通破产债权。[③]

6. 工程价款优先受偿权与破产费用、共益债务的清偿顺位

《企业破产法》第一百零九条规定的权利在破产法理论上属于别除权。对债务人的特定财产享有的担保权包括约定担保权和法定担保权，建设工程价款优先受偿权属于特别优先权，特别优先权又属于法定担保权。别除权的优先受偿权是对特定担保财产行使的，不受破产清算、重整与和解程序的限制，是可优于其他债权人单独、及时受偿之权。破产费用、共益债务系从债务人无担保财产中优先随时清偿，只有在担保财产清偿担保债权后尚有余

---

① 姚建、邹忠正：《浅析建设工程款债权在破产程序中的优先受偿权及其顺位》，载王欣新、尹正友主编《破产法论坛》（第 6 辑），法律出版社，2011。

② 《企业破产法》第一百三十二条规定："本法施行后，破产人在本法公布之日前所欠职工的工资和医疗、伤残补助、抚恤费用，所欠的应当划入职工个人账户的基本养老保险、基本医疗保险费用，以及法律、行政法规规定应当支付给职工的补偿金，依照本法第一百一十三条的规定清偿后不足以清偿的部分，以本法第一百零九条规定的特定财产优先于对该特定财产享有担保权的权利人受偿。"

③ 姚建、命忠平：《浅析建设工程款债权在破产程序中的优先受偿权及其顺位》，载王欣新、尹正友主编《破产法论坛》（第 6 辑），法律出版社，2011，第 339 页。

额的情况下，才可用于对破产费用、共益债务和普通破产债权的清偿。

笔者认同建筑工程价款优先受偿权对特定担保财产单独、优先行使，不受破产清算、重整与和解程序限制之观点，但在破产实务中，企业进入破产程序后，土地、建筑物等无形资产和不动产等财产往往需移交至管理人管理。在我国目前尚未完全建立起健全的担保物变价执行制度的情况下，承包人要求依法行使其优先受偿权时，应由管理人依法处置担保物，管理人在管理、处置担保物时必定会发生对担保物的保管、维护、评估、变现、交付等费用。所以，在担保物变价之后，建设工程价款债权人应当根据《最高人民法院关于审理企业破产案件确定管理人报酬的规定》第十三条之规定，就管理人对担保物权进行保管、维护、评估、变现、交付等管理工作向管理人支付适当的报酬。[①]

二　租赁合同债权

在破产案件中，对于租赁合同债权的审查，相关法律依据较为明确，笔者将参照我国《民法典》、《企业破产法》和《最高人民法院关于审理城镇房屋租赁合同纠纷案件具体应用法律若干问题的解释（2020 修正）》［以下简称《解释（2020 修正）》］等相关法律法规、司法解释、部门规章，结合破产案件自身特点以及破产相关法律的特殊性，阐述该类债权在审查过程中的观点。

（一）租赁合同债权的界定

关于租赁，根据《民法典》第七百零三条至七百零六条的规定[②]，租

---

① 姚建、邹忠平：《浅析建设工程款债权在破产程序中的优先受偿权及顺位》，载王欣新、尹正友主编《破产法论坛》（第 6 辑），法律出版社，2011。

② 《民法典》第七百零三条规定："租赁合同是出租人将租赁物交付承租人使用、收益，承租人支付租金的合同。"第七百零四条规定："租赁合同的内容一般包括租赁物的名称、数量、用途、租赁期限、租金及其支付期限和方式、租赁物维修等条款。"第七百零五条规定："租赁期限不得超过二十年。超过二十年的，超过部分无效。租赁期限届满，当事人可以续订租赁合同；但是，约定的租赁期限自续订之日起不得超过二十年。"第七百零六条规定："当事人未依照法律、行政法规规定办理租赁合同登记备案手续的，不影响合同的效力。"

赁合同是出租人将租赁物交付承租人使用、收益,承租人支付租金的合同。租赁合同的内容一般包括租赁物的名称、数量、用途、租赁期限、租金及其支付期限和方式、租赁物维修等条款。其中租赁期限不得超过二十年。超过二十年的,超过部分无效。租赁合同法律关系的基本主体通常包括租赁合同中的出租人与承租人。

企业在进入破产程序前,往往受业务需要或经营策略等影响,与相对方签订相关租赁合同,这些租赁合同常常导致破产企业"带租"进入破产程序,其中包括破产企业作为出租人和破产企业作为承租人两种情形。但是,对于涉及破产企业的租赁合同关系应当如何处理,我国《企业破产法》并未作出明确规定。因此,利用好《企业破产法》第十八条赋予管理人的权利,成为现有的能解决此问题的关键。

(二)租赁权的法律特征和在破产程序中行使的特殊性

由于租赁权具有物权的某些特征,因此,法律赋予租赁权一般债权所没有的权利,体现了租赁权的三个特征。

一是租赁权在租赁物所有权变动时有不受影响的对抗权。除非租赁合同另有约定或者法律另有规定,否则原租赁合同对新的所有权人仍然有效,租赁合同应当继续履行。此为"买卖不破租赁"。

二是同等条件下对租赁物的优先购买权。这里有两个问题。第一,优先购买权的标的问题。依据《民法典》合同编的规定,优先购买权的标的限于房屋,不涉及破产企业的其他租赁财产。但这里所指的房屋应当不包括办公用房和厂房、仓库,因为办公用房和厂房、仓库如同机器设备一样,属于生产资料。承租人租赁厂房设备的目的不同于租赁住房。租赁住房是为了获取对他人住房的使用权,从而满足基本的生活需要。如果不保护住房承租人的优先购买权,则可能影响他最起码的生活需要。但厂房设备承租人的目的是获取对他人生产资料的使用收益权,是商业上的利益,不保护承租人的优先购买权并不影响承租人的基本生活。基于这一理由,商业用房以及作为生产附属设施的公用生活用房似也不应成为优先购买权的标的。此外,根据《破产案件若干问题规定》第八十二条,破产企业的幼儿园、学校、医院等公益福利设施，按国家有关规定处理，不作为破产财产分配。因此，福利设施也不能成为优先购买权的标的。第二，何谓"同等条件"问题。在计划经济年代，福利分房时，职务、工龄、家庭人口、有无住房，都是"同等条件"要考虑的范围。但在住房出售时，除了价格是同等条件以外，承租人的上述人身因素，是否还构成"同等条件"，对此不无疑问。

三是合同解除前合理通知期限的对抗权。《民法典》第七百二十六条第一款①规定，出租人出卖租赁房屋的，应当在出卖之前的合理期限内通知承租人。出租人出卖出租房屋，根据承租情况应提前三个月通知承租人。这样规定，目的是要给承租人重新寻找房屋或考虑是否购买所租赁的房屋以必要的时间，有其合理性。

但租赁权的行使在企业破产程序中，有其不同于正常交易的特殊性。一是租赁主体的特殊性。企业被宣告破产后，出租方企业作为合同的一方即宣告消亡。管理人在接管破产企业后虽然成为破产财产的管理人，但不是破产财产的所有权人，其权利义务由法律直接规定而不是由合同约定，具有特定性，已不能按照正常交易中的合同主体对待。二是租赁合同履行期限的特殊性。《企业破产法》第四十六条规定②，破产申请受理时未到期的债权，视为已到期债权。企业被宣告破产后，企业所签订的所有合同由于合同主体的消亡，自然应当终结履行。《企业破产法》第十八条规定，对破产企业未履行的合同，管理人可以决定解除或者继续履行。笔者赞同由管理人决定解除或继续履行合同应以维护破产债权人权益和破产财产利益为标准。除此之外，管理人还应当依据合同履行时间的长短、继续履行是否会影响清算的进行等因素，作为判断合同是否继续履行的参考标准。依据企业破产程序的性质，即使租赁合同可以继续履行，也只能以破产清算结束、破产财产拍卖时为限，否则将使破

---

① 《民法典》第七百二十六条第一款规定："出租人出卖租赁房屋的，应当在出卖之前的合理期限内通知承租人，承租人享有以同等条件优先购买的权利；但是，房屋按份共有人行使优先购买权或者出租人将房屋出卖给近亲属的除外。"

② 《企业破产法》第四十六条规定："未到期的债权，在破产申请受理时视为到期。附利息的债权自破产申请受理时起停止计息。"

产程序无法进行。由于破产宣告有使租赁合同终结履行的效力，而"买卖不破租赁"是以租赁合同继续存在和可以继续履行为条件的，因此，在企业破产程序中，租赁权是否还可以对抗财产所有权主体的转变就成了疑问。三是租赁财产买卖形式的特殊性。《破产案件若干问题规定》第八十五条第一款规定，"破产财产的变现应当以拍卖的方式进行"，拍卖的特点是按照一定的规则和程序，由竞买人公开叫价，以报价最高者为买受人。这时，承租人同等条件下的优先购买权又如何实现？四是破产程序对合同解除通知期限的特殊性。破产案件的审理是以法院受理申请人的破产申请开始的。当法院受理破产案件，发出破产公告，通知债权人申报债权和债务人履行债务时，对包括租赁合同在内的所有合同当事人，实际上已经发出解除合同、终结合同履行的信息了，而且《企业破产法》规定的公告期限最少为三个月。这时，是否还需要单独给房屋承租人提前三个月发解除合同的通知？如果管理人只发公告，对房屋承租人未单独发通知或者漏发通知，在这种情况下启动拍卖程序，承租人是否可以依据法律赋予的权利，请求人民法院宣告该房屋拍卖无效？这些问题，都是破产程序中特有的，其中有的已构成对租赁权行使的限制，因此需要予以研究解决。

（三）"带租"破产企业的情形及处理

无论何种类型租赁合同产生的债权，在针对破产企业所签租赁合同是否继续履行时，管理人应当具体把握两种情况。

破产企业作为承租人的情况。企业破产后一般情况下应当停止生产经营，破产企业为经营所签订的租赁合同，严格讲也应当解除，如果破产企业继续生产经营，且租赁合同的继续履行符合破产企业的整体利益，那么可以由管理人继续履行合同，并变更合同的主体为管理人。管理人在履行合同过程中给合同另一方当事人造成损失的，作为共益债务处理，而不能简单让对方当事人申报债权。

破产企业作为出租人的情况。根据《企业破产法》第十八条的规定，出租人的管理人可以解除合同。但是，如果认可行使解除权的话，承租人将因出租人的破产这一与自己无关系的事由而失去承租权这种财产权。由于承租权是独立的财产价值，所以，从保护承租人的理念出发，应当对管理人解除合同的权利进行限定。否则，按照《企业破产法》第五十三条规定，承租人仅仅可以就其损失申报债权，而目前我国破产案件的清偿率很低，几乎为零，承租人申报债权几乎是形同虚设，没有任何价值。现实中承租人对此反映强烈，意见很大，拒不履行解除合同的情形时有发生，严重影响破产案件的进程和社会的和谐稳定。

此外，在管理人不行使解除权时，租赁合同由管理人继续履行，租金则属于破产债权，那么因管理人继续履行合同给承租人造成损失的，应当作为共益债务处理。

综上所述，针对破产企业所签署租赁合同，在承租方作为破产企业的案件中，破产申请受理日之前欠付的租赁费用及破产申请受理后产生的租赁费用均属于共益债务随时支付；在出租方作为破产企业的案件中，承租方需按租赁合同约定正常支付租赁费用。经管理人决定没有继续履行合同必要的，租赁合同解除后，承租方作为破产案件债务人，应根据是否欠付租赁费用的情况，依法通知出租方向管理人申报债权；出租方作为破产案件债务人，应告知承租方租赁合同解除并限期返还租赁物，承租方要求出租方承担违约责任或者主张解除合同造成其损失的，管理人应依法通知承租方申报债权。

（四）破产企业租赁合同的履行

除了需要考虑上述破产企业的"带租"情形，管理人还应当考虑企业进入破产程序前与相对方签订的租赁合同的履行情况或履行进度。

根据破产企业实际情况，需要继续履行合同的，根据我国《企业破产法》第十八条的规定，管理人自破产申请受理之日起两个月内需书面通知合同相对方继续履行合同。

而未履行合同是指完全未履行或者已部分履行的合同，管理人可针对以下几种情况分别加以处理。

1. 债务人已全部履行，而对方当事人尚未履行

对此种情况，管理人应决定继续履行合同。如果不履行势必给债务人造成经济上的损失。继续履行合同时，由管理人接受对方当事人的履行。

2. 债务人尚未履行而对方当事人已全部履行或部分履行

对此种情况，管理人应当选择解除合同，否则构成对个别债权人的清偿。对方当事人的债权可作为破产债权从破产财产中得到清偿。

3. 债务人和对方当事人双方均未履行

人民法院受理破产申请后，管理人对破产申请受理前成立而债务人和对方当事人均未履行完毕的合同有权决定解除或者继续履行，并通知对方当事人。在不利于破产财产清偿时，管理人应决定解除合同，如对破产财产清偿有利，应决定继续履行合同。管理人自破产申请受理之日起两个月内未通知对方当事人，或者自收到对方当事人催告之日起三十日内未答复的，视为解除合同。管理人决定继续履行合同的，对方当事人应当履行；但是，对方当事人有权要求管理人提供担保。管理人不提供担保的，视为解除合同。

综上所述，许多法院及管理人均认为《企业破产法》第十八条的核心内容是给予了管理人单方解除租赁合同的权利，即债务人进入破产程序后，基本上不具备继续履行租赁合同的能力时，为避免待履行合同的长期拖延履行危害到债权人相关利益，管理人应当以保障债权人利益最大化为基本原则，果断地行使单方解除权。有些管理人甚至不权衡利弊或者不考虑待履行合同相对方的合法权益，对待履行合同作出了"一刀切"式的解除，既损害了合同相对方的权益，又不利于维护市场交易的安全与稳定。笔者认为，《企业破产法》第十八条规定的核心不是在于赋予管理人单方解除权，而是给予管理人对于待履行合同解除或履行的选择权。对于待履行合同的处理，管理人应当从行使选择权要实现的破产目标、合同相对方利益及维护市场稳定性等多方面考量和论证。除非管理人要实现之破产目标较之其他社会价值或他方利益更为重要，否则管理人不得滥用解除权。尤其在对待破产程序中未到期租赁合同时，管

理人更应当慎之又慎。

（五）破产程序中租赁合同类债权审查（以不动产租赁为例）

1. 对出租主体的审查

对出租主体的审查，除审核出租人的主体资格外，还应审查出租人是否有权出租标的物。例如，不动产租赁，可以查验对方房地产权利证书或者其他有效证明文件（房地产证、房屋所有权证、国有土地使用权证等能够证明权利合法来源的其他有效证明文件）。审查合同时要注意查看合同所附资料中是否有出租人的权属证书，主要是看权属证书记载的所有权人与出租人是否一致、是否有共有权人及共有权人是否同意、是否设立抵押权、是否已经进行其他处分或受到其他权利限制。如果出租人非产权人，而是承租后再转租，还应审核产权人书面同意出租人转租的文件（如属多次转租，应逐次审核前手出租人同意转租的文件直至产权人），相关文件应作为合同附件。

2. 审查租赁合同是否有违反强制性规定的内容

管理人在审查因租赁合同申报的债权时，应审查确认租赁合同具体内容是否违反《民法典》《解释（2020 修正）》等法律法规关于合同无效条款的规定。例如，根据《解释（2020 修正）》第二条规定，出租的地上建筑物未取得建设工程规划许可证或者未按照建设工程规划许可证的规定建设，租赁合同无效。因而也就不存在租赁合同法律关系，关于租赁合同的债权申报是否成立，就需要出租人在合理期限内向管理人补交建设工程规划许可证，管理人再次进行审查确认。

3. 租赁合同关于标的物约定用途与规定用途、实际使用的一致性

在审查租赁合同类债权时，管理人应首先核实租赁合同就标的物的约定用途是否与租赁房屋房产证上所记载的用途相冲突。如果房产证上记载的用途为住宅，则不能出租为经营用房。同时应审查是否在合同条款中明确约定租赁物的用途，如约定用于营业、办公或仓储等。

此外，管理人应当实地考察租赁物的实际使用情况，是否与租赁合同约定用途一致。如果存在不一致的情形，管理人应综合考虑继续履行合同

是否会对合同标的物造成不良后果；审查租赁合同的标的物是否在承租人的使用过程中造成了超过合理预估范围的损害等。基于以上内容，进而为下一步破产程序确定方向。

4. 租赁期限的审查

管理人在审查租赁合同时，应注意租赁期限及具体的起止日期。按照《民法典》第七百零五条规定，租赁期限不得超过二十年，超过二十年的，超过部分无效。租赁期限届满，当事人可以续订租赁合同，但约定的租赁期限自续订日起不得超过二十年。因此在审查租赁合同时，对于租赁期限超过二十年的约定（如"永久"或者"三十年"），管理人应与出租方、承租方协商确定具体的租赁期限，并作出相应的租赁期限的修改或终止，从而便于下一步对债权数额、违约金等的认定。

5. 租金条款的规范性和履行情况审查

管理人应当审查有关租金的约定是否完整，具体包含以下几个方面。①租金标准及租金总额以及资金支付期限、支付比例、支付条件等是否明确。②租金包含的范围（如门头门楣的使用费、停车位使用费）及租期内的物业管理、水、电、供暖等费用承担及支付约定是否明确。③是否有类似约定："对于除合同所列明的租金、杂物以及本协议明确规定需由承租方承担和（或）支付的费用外，出租方保证不再要求承租方为承租租赁物因任何原因承担和（或）支付任何其他费用。"如果存在不完善的情形，管理人应当与出租方、承租方商讨进行完善。

再者，管理人应审核出租方和承租方提供的租金收据明细或银行流水，确认租赁合同的租金实际交付情况，即合同当事人是否完全按照租赁合同的约定履行，因为租金的数额多少和实际交付情况，对于下一步破产程序有着重要的意义。

6. 关于租赁登记备案的审查

根据《中华人民共和国城市房地产管理法》第五十四条的规定，房屋租赁，出租人和承租人应当签订书面租赁合同，约定租赁期限、租赁用途、租赁价格、修缮责任等条款，以及双方的其他权利和义务，并向房产管理部门登记备案。因此，在房屋租赁合同中应约定由出租人向房产管理部门登记备案并承担相关费用。管理人应就租赁的登记备案情况进行审查。

7. 关于维修、修缮的约定审查

管理人应当审查租赁合同是否有关于房屋维修、修缮、更换和改良的约定。例如，房屋租赁合同中约定："当租赁物影响承租方正常使用时，出租方应负责对租赁物及时进行维护、维修，费用由出租方承担（但承租方使用不当造成的维修费用由其自行承担）。"如果破产企业作为出租人，而承租人就维护、维修问题影响其正常使用标的物提出债权申请，就需要审查关于此项是否存在事前约定；如果破产企业作为承租人，存在因房屋的维修、修缮问题影响自己的经营活动等正常使用，关于此项的出租人违约，管理人有义务向出租人提出债权申请，从而维护破产企业的权益。

同时，审查租赁合同中是否约定维修期间影响承租方正常营业及办公，且维修时间如果超过一定期限仍未能达到正常使用标准，承租方有权解除合同或者减少相应数额的租金，从而确定相应的补偿金额。

8. 审查租赁合同关于违约责任的事前履行约定

违约责任方面，在审查时应注意约定出租人延迟交付租赁标的物、交付的租赁物有瑕疵（包括权利瑕疵和质量瑕疵等方面）的违约责任及提前终止合同的违约责任等。如果出租人和承租人双方并未就违约责任进行约定，管理人应当和相对方商定具有可操作性的违约责任，此外确定因破产无法继续履行租赁合同造成违约的损失范围，包括实际损失、可期待利益的损失两方面内容，还是仅赔偿实际损失单方面的内容。双方还需要商定违约金的具体金额或比例，因破产无法继续履行租赁合同，关于违约金是否属于债权申报的范围，关于因破产引起的违约金的性质是属于补偿性还是惩罚性，都是值得商榷的。

9. 关于出租方承诺保证条款的约定和履行的审查

租赁合同中一般应有出租人有权出租租赁标的物的保证条款，出租方应保证租赁标的物在交付时没有产权纠纷或其他纠纷，且应保证没有第三方就此主张权利。大多数租赁合同中还会有关于租赁保证金（也称履约保证金）的约定，往往约定了租赁保证金的支付、返还以及抵扣的条款，但是租赁合同中很少有将租赁保证金的性质明确为定金或者其他性质（如让与担保等）的约定。

这种因保证条款引起的违约金和前述的因违约责任造成的违约金有本质的区别。通常法律意义上讲，租赁保证金（履约保证金）是指租赁合同的承租方向出租方支付的用于担保租赁合同正常履行的款项，类似于债权意义上的让与担保，同时一定程度上类似于《民法典》物权编中第四分编担保物权所规定的定金性质。

交付后如发生产权等纠纷或有第三方主张权利，进而影响到租赁合同的顺利履行和租赁物的正常使用，承租人可以向出租人主张权利，如果其中一方破产，那么相对方基于保证条款也可以主张对自己的保护。因而在破产程序中，管理人需要就保证条款或租赁保证金进行事先审查，确定具体的数额、履行的约定条件、实际履行情况等内容。

（六）破产程序中租赁合同涉及相关问题的观点

1. 无效的不动产租赁合同产生的占有使用费债权认定标准

《解释（2020 修正）》第四条第一款规定："房屋租赁合同无效，当事人请求参照合同约定的租金标准支付房屋占有使用费的，人民法院一般应予支持。"因此，在承租方破产案件中，出租方作为债权人按照租赁合同约定的租金申报房屋占有使用费债权的，管理人在核查无误后，可按照实际使用期限，依据租赁合同的租金标准计算确认债权金额。但是破产程序中房屋租赁合同被认定无效后，房屋占有使用费的认定标准又应当分以下情况讨论：房屋占有使用费的一般认定规则、特殊情形下房屋占有使用费的标准认定、转租情形下房屋占有使用费的标准认定、免租期内房屋占有使用费的标准认定。

第一，房屋占有使用费的一般认定规则。

租赁合同无效情形下房屋占有使用费的认定并无绝对标准，但当事人请求参照租赁合同约定的租金标准支付房屋占有使用费的，法院一般应予支持。在破产程序中，管理人应避免简单、机械地以租赁合同中的租金标准确定占有使用费，要充分考虑承租人经营或添附等行为与房屋增值或贬值之间的关联性，避免利益失衡，从而保证破产企业的资产不受损害。

第二，特殊情形下房屋占有使用费的标准认定。

在标的物违法、房屋具有重大瑕疵不能正常使用时，或因租赁合同期限较长，租赁市场价格发生大幅波动导致合同约定的租金标准明显背离市场价格，如完全参照合同约定的租金标准确定占有使用费则有失公平。此时，管理人应促成双方当事人就房屋占有使用费标准达成一致；无法达成一致的，可审查承租人对房屋的实际使用状况、房屋适租性、承租人是否对房屋质量问题提出异议、要求修复以及合同目的是否实现等多项因素，并参考同类地段同类房屋的租金情况，合理认定占有使用费的计算标准及调整比例。

第三，转租情形下房屋占有使用费的标准认定。

因房屋被次承租人继续占有使用而不能返还，出租人请求参照租赁合同或转租合同的租金标准，向承租人或次承租人主张逾期返还房屋占有使用费的，法院一般应予支持。基于对租金标准的合理性、市场行情以及促使次承租人尽快搬离等因素的考虑，管理人一般应参照转租合同的租金标准认定出租人向次承租人收取房屋占有使用费，具体标准还需根据实际案情具体判断。

第四，免租期内房屋占有使用费的标准认定。

无效房屋租赁合同案件中约定的免租期条款应同时无效。承租人应返还免租期内占有房屋所获取的利益，即出租人有权基于不当得利向承租人主张该期间的房屋占有使用费。一般情况下，出租人在免租期内的收益实质体现在租赁期内所收取的租金总额中，如在租期履行完毕的情形下，可理解为出租人实际已实现免租期的收益，故其无权再行主张。因此，基于公平原则，管理人应在参照合同约定租金标准情况下，结合承租人实际占有房屋的时间与合同约定租期的比例，以及房屋能否正常使用等履行状况，公平、合理地确定免租期内的房屋占有使用费。

综上所述，在破产程序中，管理人对因房屋租赁合同申报的债权应当基于利益公平均衡原则，依照租赁合同的实际情况处理。

2. 解除租赁合同产生的装饰、装修、扩建损失债权

根据《解释（2020 修正）》，装饰装修物的处理涉及物权和债权两大领域，关涉添附制度、不当得利等民法理论。《解释（2020 修正）》针对合同无效、合同解除、合同履行期间届满三种情形，吸收装饰装修物形成附合、未形成附合情形下所有权归属理论及补偿理论，用五个条款对装饰装修物的处理进行了详细规定。[①] 而对于承租人未经出租人同意装饰装修构成侵权，承担侵权责任。下文对《解释（2020 修正）》有关附合装饰装修物补偿规定的介绍，均是建立在承租人经同意装饰装修的前提下。

首先，合同履行期间届满时附合装饰装修费用的债权申报。附合发生债权法上的效果是丧失动产所有权的人有权基于不当得利而请求返还添附物的价值。不动产所有权人获取利益与动产所有权人遭受损失是构成不当得利的两个要件。但在房屋租赁合同中，出租人收回房屋时取得装饰装修物的所有权，却不必然获得利益，承租人亦不会必然遭受损失，不能适用不当得利理论。这由以下三方面因素决定。

[①] 《解释（2020 修正）》第七条规定："承租人经出租人同意装饰装修，租赁合同无效时，未形成附合的装饰装修物，出租人同意利用的，可折价归出租人所有；不同意利用的，可由承租人拆除。因拆除造成房屋毁损的，承租人应当恢复原状。已形成附合的装饰装修物，出租人同意利用的，可折价归出租人所有；不同意利用的，由双方各自按照导致合同无效的过错分担现值损失。"第八条规定："承租人经出租人同意装饰装修，租赁期间届满或者合同解除时，除当事人另有约定外，未形成附合的装饰装修物，可由承租人拆除。因拆除造成房屋毁损的，承租人应当恢复原状。"第九条规定："承租人经出租人同意装饰装修，合同解除时，双方对已形成附合的装饰装修物的处理没有约定的，人民法院按照下列情形分别处理：（一）因出租人违约导致合同解除，承租人请求出租人赔偿剩余租赁期内装饰装修残值损失的，应予支持；（二）因承租人违约导致合同解除，承租人请求出租人赔偿剩余租赁期内装饰装修残值损失的，不予支持。但出租人同意利用的，应在利用价值范围内予以适当补偿；（三）因双方违约导致合同解除，剩余租赁期内的装饰装修残值损失，由双方根据各自的过错承担相应的责任；（四）因不可归责于双方的事由导致合同解除的，剩余租赁期内的装饰装修残值损失，由双方按照公平原则分担。法律另有规定的，适用其规定。"第十条规定："承租人经出租人同意装饰装修，租赁期间届满时，承租人请求出租人补偿附合装饰装修费用的，不予支持。但当事人另有约定的除外。"第十一条规定："承租人未经出租人同意装饰装修或者扩建发生的费用，由承租人负担。出租人请求承租人恢复原状或者赔偿损失的，人民法院应予支持。"

第一，承租人对租赁房屋装饰装修，是为满足己方的使用需要，根据其审美情趣和使用目的进行。当承租人审美情趣和确定的房屋用途与出租人不一致时，出租人往往要重新进行装修，不会因接受承租人的装饰装修获取利益。

第二，承租人如经出租人同意装饰装修，应当本着诚实信用原则确定与其租赁期限相适应的装饰装修费用，该费用作为其租赁房屋的投资成本，应当在租赁期间内摊销完毕。《民法典》第七百三十三条规定"租赁期限届满，承租人应当返还租赁物"。依照该条法律规定，承租人返还的房屋应当符合经装饰装修使用后的状态，出租人不能要求承租人恢复房屋原状，亦无须对装饰装修予以补偿。因而当出租人破产时，管理人亦无须对承租人因装饰、装修、扩建申报的债权予以确认和补偿；当承租人破产时，管理人无须在破产企业现有资产内划拨资金作为清理费用，用于将租赁房屋恢复原状。

第三，装饰装修主要发生在经营用房租赁中，缔约双方普遍约定合同履行期间届满，出租人无偿取得装饰装修，上述约定已经成为行业惯例。

当破产程序开始时间与合同履行期间重合时，管理人应当综合考虑上述因素，出租方作为破产企业时，承租人因装饰、装修、扩建申报债权应当既要考虑上述法律规定，又要考虑先前出租人和承租人是否存在其他约定。

其次，合同解除时附合装饰装修费用的债权申报。《解释（2020 修正）》第九条涵盖了如下方面的内容。第一，明确了装饰装修损失的负担原则。合同解除，承租人装饰装修费用尚未摊销完毕。承租人不能利用剩余租赁期内的装饰装修价值，是由合同解除导致的，该价值作为合同解除的损失，由导致合同解除的违约方负担，即何方为破产企业，何方就承担违约责任。双方违约的，根据各自过错分担。因不可归责于当事人双方的原因导致合同解除的，按照公平原则分担。《解释（2020 修正）》第九条第（四）项因此作出"法律另有规定的，适用其规定"的表述，作为适用解释规定的负担原则之外的兜底条款。第二，确定了装饰装修损失的范围。根据《解释（2020 修正）》规定，合同解除时装饰装修的损失为残值损失，这一损失范围的确定，需要考虑出租人是否同意利用装饰装修的因素。如果出租人作为破产企业同意利用装饰装修，表明装饰装修对出租人具有利用价值，该价值由破产企业实际取得，其应当依照不当得利的民法理论，对承租人予以补偿，补偿的款项应当在承租人装饰装修损失中扣除。考虑到上述装饰装修损失范围的认定原则已被审判实践普遍采用，因此，仅在《解释（2020 修正）》第九条第（二）项进行了规定，在第（三）项、第（四）项中未作表述，但该原则在第（三）项、第（四）项规定情形中同样适用。第三，合同无效时附合装饰装修物的债权申报。根据《解释（2020 修正）》第七条第二款的规定，合同无效时，已形成附合的装饰装修物，出租人同意利用的，可折价归出租人所有；不同意利用的，由双方各自按照导致合同无效的过错分担现值损失。例如，当破产企业与相对方签订房屋租赁合同时，存在《解释（2020 修正）》第二条规定的情形，出租人就未取得建设工程规划许可证或者未按照建设工程规划许可证的规定建设的房屋，与承租人订立的租赁合同无效。管理人应当依照上述第七条第二款规定解决因合同无效时附合装饰装修物的债权申报问题。

最后，现值损失和残值损失的计算方法。《解释（2020 修正）》根据有效合同和无效合同的不同法律后果，对装饰装修损失采用了现值损失和残值损失两种不同的认定标准。现值损失是指合同被认定无效时，装饰装修的现存价值。该价值一般采用审计鉴定的方法确定。残值损失是指在合同解除时，装饰装修的"剩余价值"，该价值通过装饰装修的工程造价扣减合同履行期间消耗的装饰装修价值来确定。通常情况下，残值损失与装饰装修的现值相符，但因为《解释（2020 修正）》确定装饰装修费用在租赁期间内摊销完毕，故合同履行期间已经摊销（消耗）的装饰装修费用，不应纳入合同解除后的损失范围。残值损失应考虑因合同解除未摊销的费用，该费用可能高于或者低于装饰装修的现值，此时管理人确定装饰装修残值损失应当采用"就低"原则：如果未摊销费用高于现值，残值损失按照装饰装修的现值确定。因装饰装修损失作为合同解除的损失，应当以实际损失为基础确定；如果未摊销费用低于现值，残值损失按照未摊销的费用确定。因装饰装修费用在租赁期间摊销完毕是基本原则，如果每年摊销（消耗）的费用高于按照审计确定的折旧费用，双方必须按照已摊销的费用确定租赁期间消耗的费用，按照未摊销的费用确定残值损失，否则，装饰装修费用在租赁期内摊销完毕的原则无法体现。

3. 租赁合同解除后产生的装饰、装修、扩建损失，保证金、押金，以及预付租金的债权性质

在出租方作为破产企业的案件中，对于租赁合同解除后产生的装饰、装修、扩建损失，保证金、押金，以及预付租金债权性质的认定，目前有两种观点。

观点一：出租方（债务人）因承租方（债权人）装饰、装修、扩建投入，保证金、押金，以及预付租金，随着租赁合同的解除，出租人与承租人之间的合同关系已经终止，对于承租人预付的租金，出租人丧失了占有依据且因此无端获益，而承租人却为此遭受相应的损失。根据《民法典》第一百二十二条之规定，"因他人没有法律根据，取得不当利益，受损失的人有权请求其返还不当利益，"承租人预付的未履行完毕的由承租人继续占有的租金符合不当得利的法律特征，属于不当得利。虽然《企业破产法》第五十三条对此进行了规定，但该条针对的是普通债权和普通债权人，未履行完毕预付租金的返还发生在人民法院受理破产申请后，属于另一法律关系即共益债务的清偿。而该不当得利之债权发生在法院受理破产申请后。因此，根据《企业破产法》第四十二条第（三）项规定，"因债务人不当得利所产生的债务"，租赁合同解除后产生的装饰、装修、扩建损失，保证金、押金，以及预付租金债权性质应确认为共益债务。

观点二：在租赁合同解除后，因合同解除产生的装饰、装修、扩建损失，保证金、押金，以及预付租金均为对承租方（债权人）造成的财产损害，根据《企业破产法》第五十三条之规定，租赁合同解除后产生的装饰、装修、扩建损失，保证金、押金，以及预付租金债权性质应确认为普通债权。

对于解除租赁合同前承租方的预付租金债权，湖南省高级人民法院在

多个类似案例①中参照了最高人民法院（2016）最高法民他93号答复函意见："租赁合同如判解除，则预付租金构成不当得利应依法返还，根据《企业破产法》第四十二条第三项的规定，该不当得利返还债务应作为共益债务，由破产企业财产中随时返还。"判决确认预付租金的债权性质为共益债务。但是根据《最高人民法院关于司法解释工作的规定》第六条的规定，司法解释的形式分为解释、规定、规则、批复和决定五种，由此可见，最高人民法院的答复不属于正式的司法解释形式，而是对具体个案请示的答复，其法律拘束力仅限于个案本身，不具有普遍的法律效力。例如，在原告某物流有限公司与被告某重工机械有限公司普通破产债权确认纠纷一案②中，上海市松江区人民法院认为，预付租金的债权性质为普通债权。因此，笔者认为，预付租金债权性质的认定，原则上可以参照最高人民法院的答复意见，但也需要管理人综合考量具体债权的证据材料、政策背景、社会稳定以及各方利益平衡等情况，作出合理的确认标准。

对于租赁合同解除后产生的装饰、装修、扩建损失，保证金、押金，笔者认为，对此是否应作不当得利对待，现行法律并无明确规定，而最高人民法院（2016）最高法民他93号答复函意见也仅限预付租金，装饰、装修、扩建损失，保证金、押金在这里不应作扩大解释，还是应按照《企业破产法》第五十三条损害赔偿请求权的标准，确认为普通债权。并且破产程序系集体清偿程序，管理人在履职过程中应谨防出现个别性、偏颇性清偿，从而减损破产财产，侵害到其他债权人的合法权益。在司法实践中，承租人在与出租人签订租赁合同前后，通过现金、转账等方式向出租人全额预付合同约定的金额，在出租人进入破产程序后，出租人就未履行完毕的租金按照共益债务向承租人全额返还，即承租人预付租金需是"实付租金"应无争议。

但同时也存在以其他方式"付清租金"的情形，例如，债权人向债务

---

① 上诉人某新合纤有限公司、郑某某房屋租赁合同纠纷一案，湖南省高级人民法院民事判决书，（2019）湘民终278号；被申请人某置业有限公司与再审申请人文某某房屋租赁合同纠纷一案，湖南省高级人民法院民事判决书，（2017）湘民再461号。

② 上海市松江区人民法院民事判决书，（2019）沪0117民初12748号。

人进行投资，债务人盈利能力不足，将租赁物交由债权人占有，同时签订租赁合同，向债权人出具租金已结清的收据。又如，债务人向债权人借款而无力偿还，债权人与债务人签订以租金充抵债务的合同，债权人占有租赁物直至债务人还清借款。再如，债务人欠付债权人货款，与债权人签订形式上的租赁合同，并出具租金已结清的收据，作为抵押担保，如债务人无法支付货款，债权人有权占有租赁物，并不支付租金，直至债务人还清货款之日止等。在此种情形下，债权人与债务人之间真实的法律关系或为投资，或为借贷，或为抵押担保，如管理人不加以判断，均按"未履行完毕的预付租金"处理，全额按共益债务退还租金，显然对其他投资、借贷、供货类的债权人不公平，造成同性质债权不同清偿比例的法律后果，构成了个别清偿，管理人履职失当。因此，管理人应对租赁合同的签订及履行过程进行核查，按基础法律关系审核认定破产债权或者共益债务，维护全体利害关系人的合法权益。

综上所述，在出租人破产程序中，为切实保护租赁合同中承租人的合法权益，有利于管理人顺利取回租赁物，高效进行资产处置，将承租人预付的未履行完毕的租金按照共益债务处理，全额返还承租人，体现了《企业破产法》公平、效率的价值观。

4. 继续履行合同后又解除租赁合同的，保证金、押金、违约金的债权性质

在出租方作为破产企业的案件中，管理人根据《企业破产法》第十八条的规定决定继续履行租赁合同的，承租方按租赁合同约定支付租赁费用，租赁合同继续履行后破产程序终止前，因租赁期限届满或者解除合同，承租方要求返还已交纳的保证金、押金，或者守约方要求违约方承担违约责任，保证金、押金、违约金的破产债权性质属于普通债权还是共益债务呢？

首先，对破产债权争议诉讼的性质有两种观点：其一认为是给付之诉；其二认为是确认之诉。认为诉讼属于给付之诉的主要理由是：债权人提起诉讼不仅仅为了确认债权，而且是为了在破产程序中获得给付清偿，所以从诉讼最终目的的角度看应当属于给付之诉，而且当事人也确实是通

过这个诉讼才在破产程序中得到清偿的。笔者认为，这种观点是不能成立的，破产债权争议诉讼的性质是确认之诉。在破产程序外，债权以个别清偿的方式实现，债权人当然可以提出个别给付诉讼请求。这时的债权争议诉讼，确认债权是作出给付判决的前提，即债权的清偿给付以其得到确认为前提，而获得给付为该诉讼中债权确认的直接目的。所以，债权争议的诉讼既具有确认之诉的性质，也具有给付之诉的性质。在债权人的诉讼请求是给付，而债权的确认又与给付无法分离时，债权的确认之诉就被给付之诉所吸收，确认之诉不必再单独进行，否则就会造成诉讼的浪费，债权争议诉讼的性质自然属于给付之诉。

其次，在法律对保证金缺乏明确规范的背景下，需探讨保证金的类型，对备用金类型的保证金、预付款类型的保证金、租赁保证金、装修保证金、定金类型的保证金、保有返还请求权的保证金、无双倍返还效力的保证金分别界定，确定各自的法律效力。

根据上述规定及分析，管理人决定继续履行租赁合同后，该合同的终止或解除应按照合同约定以及《民法典》合同编的规定处理，所产生的债权不属于破产债权。根据《企业破产法》第四十二条第（一）项的规定，履行双方均未履行完毕的合同产生的债务为共益债务，即合同期限届满终止，根据合同约定需退还保证金、押金，以及解除合同需根据双方过错各自承担的违约责任所产生的债权，均应按照共益债务处理。

5. 破产案件中买卖不破租赁是否适用

在管理人处理破产企业财产过程中，一般应限制适用"买卖不破租赁"原则。其理由在于：首先，若适用该原则，那么租赁合同继续有效，将导致租赁债权的实现或清偿不仅优先于第一顺序的破产企业结欠职工工资和劳动保险费用及第二顺序的破产企业结欠税款，而且优先于同为第三顺序的其他破产债权，甚至这一租赁债权将会得到完全实现或全额清偿，这有悖于《企业破产法》的基本制度和分配原则，亦违反了公平公正的民法基本原则；其次，在许多破产案件中，特别是国有或集体企业破产案件中，将房屋建筑物结合破产企业的土地使用权作为整体转让进行变现的情形较多，若适用该原则，那么租赁合同继续有效，购买人可能会考虑自己购买的土地因附着有租赁关系，不利于自己的开发利用，由此影响破产财产的变现。

三　金融债权

（一）概述

金融债权是商业银行、信托机构等金融机构按照合同约定贷给借款人货币而形成的权利。金融债权的主体为金融机构，因此，金融债权一般具有金额大、种类多和性质复杂的特点。金融债权的比重在大型破产案件中占比均非常大，金融债权的审查不仅影响金融机构的利益，也影响破产案件的顺利推进。金融机构由于往往是国家或者地方政府所有，其在破产案件中拥有较大的话语权，债务人能否被成功拯救，金融机构是必须要着重协调和沟通的一方债权人。对金融债权的审查，管理人必须秉持更专业、更认真和更严谨的态度。

金融机构与债务人签订的不管是借款合同、抵押合同、保证合同还是股权质押合同，主要条款均是大同小异。管理人不仅仅要查明金融债权数额，同时也要查明债务人是否还要依法承担担保责任的事实。在通知金融债权人申报债权的时候，有经验的管理人会要求金融机构提供一份债务人的贷款账户明细表，类似于存款账户的银行流水，但并不是所有银行都会有专门记载债务人贷款本金和利息信息的明细表。这可以从借款借据上找出原因来，借款借据上有记载债务人贷款账号的，一般会有贷款户明细表。没有贷款账号的，一般不会有贷款户明细表。但这并不妨碍我们要求银行提供类似的信息，管理人可以要求银行提供债务人已还款情况和详细的利息计算表，每一期的利息、复利和罚息计算过程都要列明。利息、复利和罚息的计算过程越详细，管理人越能有针对性地审查数额。

审查金融债权最需要关注放贷主体、本金、利息、复利和罚息五个方面，其次需要注意清偿顺序和担保方面问题。

（二） 放贷主体的审查

金融债权的放贷主体一定具有指向性，能作为金融债权的放贷主体，必须符合一定的条件。显著的识别标志就是放贷主体是否持有中国银行保险监督管理委员会颁发的金融许可证，而金融许可证的适用范围是银保监会制定的《银行保险机构许可证管理办法》规定的金融机构种类。那么不持有《银行保险机构许可证管理办法》的机构是否就不是金融机构了？也非如此。人民银行对金融机构的分类规定在《金融机构编码规范》里，银保监会的分类范围明显小于人民银行的分类范围。有部分属于人民银行分类范围的金融机构不持有金融许可证，但其对外放贷适用有关金融机构的相关规定。

被人民银行划入金融机构范围的金融机构，并不包括由地方金融监管部门监管的类金融机构。在《最高人民法院关于新民间借贷司法解释适用范围问题的批复》（法释〔2020〕27 号，以下简称《民间借贷批复》）公布之前，地方金融监管部门监管的七类地方金融组织被称作类金融机构，其实质上并不属于金融机构，因此中国人民银行和银保监会出台的规范金融机构的法律法规并不适用于类金融机构。在七类地方金融组织与债务人发生借贷纠纷时则是统一适用有关民间借贷的利率规定。直至《民间借贷批复》公布，最高人民法院才将地方金融监管部门监管的小额贷款公司、融资担保公司、区域性股权市场、典当行、融资租赁公司、商业保理公司、地方资产管理公司七类地方金融组织纳入金融机构的监管范围，并将其排除在《最高人民法院关于审理民间借贷案件适用法律若干问题的规定》（2020 年第二次修正，以下简称《新民间借贷司法解释》）适用之外。因此，管理人在审查金融债权时，首先得审查放贷主体是否具有适用金融机构法律规范的资格。管理人在审查放贷主体时既要着重审查债权人是否持有银保监会颁发的金融许可证，同时要兼顾人民银行对金融机构的分类，最后还要兼顾七类地方金融组织。符合上述分类范围之一的放贷主体，均适用有关金融借贷的法律规范，不能适用民间借贷的法律规范及《民间借贷批复》。

2020 年 9 月 11 日，中国人民银行发布了《金融控股公司监督管理试行办法》，该试行办法亦对金融机构的类型进行了规定。第二条规定商业银行（不含村镇银行）、金融租赁公司、信托公司、金融资产管理公司、证券公司、公募基金管理公司、期货公司、人身保险公司、财产保险公司、再保险公司、保险资产管理公司等金融机构属于该试行办法规定的金融机构类型。不过该试行办法规定的金融机构的范围小于银保监会发布的《银行保险机构许可证管理办法》第三条的金融机构范围，包括政策性银行、商业银行、农村合作银行、城市信用社、农村信用社、村镇银行、贷款公司、农村资金互助社、金融资产管理公司、信托公司、企业集团财务公司、金融租赁公司、汽车金融公司、货币经纪公司等，因此关注后者的范围即可。

在中国人民银行编制的《金融机构编码规范》中，中国人民银行将我国的金融机构分为"ABCDEFGHZ"九大类，大写拉丁字母为金融机构一级分类码。该分类把 A 货币当局、B 监管当局和 G 交易及结算类金融机构纳入金融机构范畴。一般来说，这三类金融机构不会因从事相关金融业务引起纠纷而以债权人身份出现在破产程序中，反而管理人在破产程序中经常会直面另六类金融机构 C 银行业存款类金融机构、D 银行业非存款类金融机构、E 证券业金融机构、F 保险业金融机构、H 金融控股公司和 Z 其他。下面对《金融机构编码规范》与《银行保险机构许可证管理办法》分类的范围进行对比，如表 4-1 所示。

表 4-1　《金融机构编码规范》与《银行保险机构许可证管理办法》分类范围对比

序号	《金融机构编码规范》	《银行保险机构许可证管理办法》
1	A-货币当局	
1-1	1-中国人民银行	
1-2	2-国家外汇管理局	
2	B-监管当局	
2-1	1-中国银行业监督管理委员会	
2-2	2-中国证券监督管理委员会	
2-3	3-中国保险业监督管理委员会	
3	C-银行业存款类金融机构	银行业金融机构（不含财务公司）

序号	《金融机构编码规范》	《银行保险机构许可证管理办法》
3-1		政策性银行（中国农业发展银行、中国进出口银行2家）
3-2		开发性金融机构（国家开发银行1家）
3-3		国有大型商业银行（中国工商银行、中国农业银行、中国银行、中国建设银行、中国交通银行、中国邮政储蓄银行6家）
3-4	1-银行	股份制商业银行（中信百信银行、渤海银行、浙商银行、中国光大银行、兴业银行、广发银行、平安银行、恒丰银行、中信银行、招商银行、中国民生银行、上海浦东发展银行、华夏银行13家）
3-5		城市商业银行（130家）
3-6		农村商业银行（1587家）
3-7		农村合作银行（23家）
3-8		村镇银行（1644家）
3-9		民营银行（18家）
3-10		外资银行（41家）
3-11		住房储蓄银行（中德住房储蓄银行1家）
3-12	2-城市信用合作社（含联社）	城市信用社（已成历史）
3-13		省级联合社（25家）
3-14	3-农村信用合作社（含联社）	地级联合社、联社（13家）
3-15		县级联合社、联社（550家）
3-16	4-农村资金互助社	农村资金互助社（41家）
3-17	5-财务公司	财务公司（257家）
4	D-银行业非存款类金融机构	非银行业金融机构（含财务公司）
4-1	1-信托公司	信托公司（71家）
4-2	2-金融资产管理公司	金融资产管理公司（5家）
4-3	3-金融租赁公司	金融租赁公司（71家）
4-4	4-汽车金融公司	汽车金融公司（25家）
4-5	5-贷款公司	贷款公司（13家）
4-6	6-货币经纪公司	货币经纪公司（6家）

续表

序号	《金融机构编码规范》	《银行保险机构许可证管理办法》
5	E-证券业金融机构	
5-1	1-证券公司	证券公司（140家）
5-2	2-证券投资基金管理公司	证券投资基金管理公司（137家）
5-3	3-期货公司	期货公司（150家）
5-4	4-投资咨询公司	投资咨询公司（83家）
6	F-保险业金融机构	
6-1	1-财产保险公司	财产保险公司（87家）
6-2	2-人身保险公司	人身保险公司（92家）
6-3	3-再保险公司	再保险公司（14家）
6-4	4-保险资产管理公司	保险资产管理公司（33家）
6-5	5-保险经纪公司	保险经纪公司（496家）
6-6	6-保险代理公司	保险代理公司（1758家）
6-7	7-保险公估公司	
6-8	8-企业年金	
7	G-交易及结算类金融机构	
7-1	1-交易所	
7-2	2-登记结算类机构	
8	H-金融控股公司	
8-1	1-中央金融控股公司	
8-2	2-其他金融控股公司	
9	Z-其他	其他金融机构［34家，包括21家理财公司、5家金融资产投资公司（AIC）和其他8家金融机构。其他8家金融机构包括山东省城市商业银行合作联盟有限公司、中国信托登记有限责任公司、中国信托业保障基金有限责任公司、建信养老金管理有限责任公司、汇达资产托管有限责任公司、中央国债登记结算有限责任公司、上海黄金交易所、中国外汇交易中心］
9-1	小额贷款公司	

注：表中数据截至2021年10月。

《金融机构编码规范》由中国人民银行于2009年11月30日发布实施，2018年3月13日第十三届全国人民代表大会通过了《国务院机构改革方案》，中国银行业监督管理委员会和中国保险业监督管理委员会合并为中国银行保险监督管理委员会，作为国务院直属事业单位。

资料来源：中国银行保险监督管理委员会官方网站。

另外，根据《金融机构编码规范》分类标准，依据《消费金融公司试点管理办法》设立的消费金融公司属于金融机构分类码中 X 类，截至 2021 年 10 月，一共有 30 家消费金融公司。

管理人在审查金融债权时经常面对 C 类和 D 类的金融机构，也就是持有金融许可证的金融机构。《民间借贷批复》确定的七类金融机构仅为地方金融组织之部分，并非其全部。因此，另有部分地方金融组织因从事相关金融业务引发的纠纷要适用《新民间借贷司法解释》。在《民间借贷批复》出来前，这七类地方金融组织引发的金融业务纠纷均要受《最高人民法院关于审理民间借贷案件适用法律若干问题的规定》（2015 年 8 月 6 日最高人民法院发布，以下简称《旧民间借贷司法解释》）规制。

因此，管理人审查债权人放贷主体是否属于金融机构时可以参考《金融机构编码规范》、《银行保险机构许可证管理办法》和《民间借贷批复》确定的金融机构。另外，管理人在审查放贷主体是否属于金融机构后，还要进一步审查引发纠纷的金融业务是否属于行政许可范围内的经营业务。《民间借贷批复》没有涉及因行政许可范围外的金融业务引发纠纷的法律适用问题。管理人审查此类债权如何适用法律，在实操中存在探讨的空间，没有唯一的审查标准。

（三）本金的审查

金融机构向债务人发放贷款本金一般比较规范，管理人对本金数额的审查基本上也是循例审查借款合同和借款借据的相关记载是否一致。如果不一致，针对不一致的地方，管理人会以借款借据上记载的信息为准。通常情况下，借款借据（有些银行称借款凭证或贷款凭证）会记载如下信息：借款借据编号、借款人名称、存款账号、借款本金、放款时间、借款期限、借款利率、借款用途、贷款账号、借款合同、担保方式、借款种类等。管理人把前述信息与借款合同上的同类信息进行逐一核对，确定该笔借款的各项要素是否齐备。因为有些银行的借款借据上没有对应借款合同编号，尤其是债务人在同一家银行有多笔贷款的情况下，一定要确定好借款借据对应的是哪一份借款合同，否则会导致债权本金确定不准确。

债务人在融资过程中形成的合同文本，实践中往往债务人手中没有相关的合同。管理人在审查金融债权的时候，必须要等待金融机构前来申报债权，否则管理人无法获取借款合同、保证合同、授信资料等文件。没有必备材料，管理人无法确认一笔贷款存在几个担保主体，担保人是否代偿了部分借款，而金融机构普遍会在债权申报截止日前几天才向管理人申报债权。在此之前，管理人需要不时地催促金融机构，以提高其准备申报材料的效率。否则银行申报债权拖沓，会极大影响管理人债权审查的进度，进而影响破产案件第一次债权人会议债权表的核查工作。

管理人除了审查债权人提交的债权申报材料以确定本金之外，还需要审计机构和债务人融资部门两方协助管理人确定本金数额。管理人在审查债权的同时，会把债权申报材料同步传给审计机构，审计机构会根据财务账面数据审计每笔贷款的本金情况，向管理人出具审计机构对债权数额的认定意见。债务人的融资部门，在管理人和审计机构就本金数额取得一致后，由债务人负责向银行融资的经办人核实借款事实和借款本金余额情况。银行融资是债务人的一项非常重要的工作，债务人一般都会指定专人负责与银行对接。笔者在参与破产项目时，发现债务人及其关联公司的所有银行融资均是由指定的人负责，并且担任负责人的一般是债务人财务部经理或副总经理级别的人。因此，该负责人对所有银行融资信息是最了解的。笔者发现债务人的实际控制人对银行融资情况都不一定特别清楚，有时会直接指示管理人去询问融资负责人。如果破产时融资负责人已经离职，新任负责人也不清楚，管理人就有必要主动联系前任负责人，邀请其进行面谈并制作谈话笔录确定详细的事实情况，否则很难核查清楚相关贷款事实。

管理人核查担保人的代偿情况，并与审计机构和债务人核对意见后，才可以确认金融债权本金的数额。

（四）利息的审查

利息属于法定孳息的一种。利息乃比例原本数额，及其存续期间，而依一定比率，以金钱或其代替物为给付之一种法定孳息。① 利息从性质而言，可分为利息收益和利息损失。金融债权中的利息本质上属于利息收益，因此债务人在收到本金的情况下，均应按约履行支付利息的义务。这里所指的利息属于借款期限内按约定利率以本金为基数计算的利息，也称期内利息，与复利和罚息以示区别。

如前文所述，借款借据记载了与利息有关的相关贷款要素，但借款借据上并未将与利息计算有关的全部贷款要素予以完整记载。因此，管理人须审查借款合同上记载的与利息计算有关的其他贷款要素。哪些与利息计算有关的贷款要素是在借款合同上约定但借款借据上没有记载的，比如该笔借款的利率确定方式是固定利率还是浮动利率、利率调整周期、利率加成基点、计息方式、结息方式等，这些均会影响利息计算结果，管理人需要根据每份借款合同的具体约定对每笔债权予以谨慎审查。

利息、复利和罚息的计算对管理人来说是极其耗费时间和精力的一项工作，金融机构债权人如能协助配合管理人审查债权，对管理人审查债权来说将是事半功倍。不同银行配合管理人的程度亦有所不同，即使是同一家银行，在不同的破产项目上配合程度也有重大区别。此时管理人是为债权人提供债权审查的服务者，如果以专业、尽责、审慎的态度获得金融机构债权人认可，不管是哪家银行还是同一家银行的不同分支机构，均会很乐意协助管理人完成债权审查工作。

笔者曾在山东省的一个破产项目中审查某银行申报的 64 笔债权，银行的债权申报工作人员亲自来管理人的办公场所，与笔者一起逐笔核对本金、利息、复利和罚息的计算过程。该银行的电脑系统有一个利息计算弊端，系统只能计算到一个完整的利息计算周期，如果计算的不是一个完整计息周期，超出的天数部分只能手算利息。因此，银行为了避免麻烦，把利息计算到债务人进入程序后的结息日。很明显银行利息多算了，管理人必须扣减多计部分。手算的话耗时耗力，尤其贷款利率多次调整的，计算结果还不一定准确。笔者和银行工作人员利用办公软件 Excel 设计了利息

---

① 林诚二：《民法债篇总论——体系化解说》，中国人民大学出版社，2003，第 241 页。

计算公式，把相关贷款要素转换成数值代入公式里面，便会很快得出利息数额。管理人既要勤勉尽责又要提高审查债权的效率，两者都很重要，如何平衡两者将考验管理人的智慧。

1. 利息的确定

（1）人民币利率的确定

相对于民间借贷利息计算，金融债权中的利息计算更为复杂。确定利息，首先是要确定利率。金融借款的利率分固定利率和浮动利率。固定利率是指在借款期限内，合同双方约定一个固定利率，该利率不随中国人民银行贷款基准利率调整而调整。浮动利率是指在中国人民银行调整贷款基准利率时，债务人在下一个利息支付周期予以计息调整。银行会在借款合同中约定浮动利率调整的周期，按月、季、半年或年进行调整。或者不在固定时间来调整利率，而是按中国人民银行贷款基准利率的调整来确定新利率，并在下一个月首日按新利率起算利息。有些银行会把利率调整称为重新定价，重新定价日为下一个浮动周期的首日，通常来说按新利率起算利息，起算日可以在重新定价当月确定对应日，当月没有对应日的则以当月最后一日作为起算日。

2019 年 11 月 8 日，最高人民法院《关于印发〈全国法院民商事审判工作会议纪要〉的通知》明确规定："自 2019 年 8 月 20 日起，中国人民银行已经授权全国银行间同业拆借中心于每月 20 日（遇节假日顺延）9 时30 分公布贷款市场报价利率（LPR），中国人民银行贷款基准利率这一标准已经取消。因此，自此之后人民法院裁判贷款利息的基本标准应改为全国银行间同业拆借中心公布的贷款市场报价利率。应予注意的是，贷款利率标准尽管发生了变化，但存款基准利率并未发生相应变化，相关标准仍可适用。"

计算浮动利率的贷款利率由之前贷款基准利率变更为贷款市场报价利率，由之前中国人民银行调整贷款基准利率转变为中国人民银行授权全国银行间同业拆借中心每月公布贷款市场报价利率。根据中国人民银行 2019年 8 月 16 日发布的《改革完善贷款市场报价利率（LPR）形成机制》（以下简称"2019 年第 15 号公告"），目前贷款市场报价利率分为一年期和五年期以上两个期限品种，2014年11月22日之前贷款基准利率分为六个月以内（含六个月）、六个月至一年（含一年）、一至三年（含三年）、三至五年（含五年）和五年以上五个档次，此后至2019年8月20日前贷款基准利率期限档次简并为一年以内（含一年）、一至五年（含五年）和五年以上三个档次。银行在新发放的贷款中主要参考贷款市场报价利率定价，在浮动利率贷款合同中采用贷款市场报价利率作为定价基准。换言之，贷款市场报价利率仅是作为确定借款利率的基准，银行一般会在借款合同中以贷款市场报价利率其中一个期限品种为基准加成一定的基点（一个基点0.01%）确定借款利率。

2013年7月19日至2019年8月20日，我国利率定价事实上形成贷款基准利率和市场利率双轨制局面。2013年7月19日，中国人民银行发布《中国人民银行关于进一步推进利率市场化改革的通知》（银发〔2013〕180号）指出："自2013年7月20日起全面放开金融机构贷款利率管制。"对管理人而言，在此之前的贷款利率是受中国人民银行制定的利率浮动范围限制，管理人应当审查贷款利率是否在浮动范围内。在此之后签订的借款合同对贷款利率的约定均属于市场化行为，管理人尊重借贷双方真实意思表示即可。

笔者在审查一家银行申报的债权材料时，发现银行于2016年4月21日签订的借款合同中约定："首期（自其实际提款日起至本浮动周期届满之日）利率为实际提款日前一个工作日本行公布的1年期贷款基础利率加5个基点。"管理人通过银行官方网站查询1年期贷款基础利率，可以准确确定借款利率。亦有银行在借款合同中约定借款利率以基准利率加浮动幅度确定，基准利率为借款借期内相对应档次的中国人民银行基准贷款利率。还有一种利率确定约定方式为"每笔借款利率以基准利率加浮动幅度确定，其中基准利率为每笔借款发放日前一工作日全国银行间同业拆借中心公布的贷款基础利率"。2019年8月20日之前各银行签订的借款合同有此三种不同的利率确定方式。中国人民银行于2019年8月16日发布了"2019年第15号公告"，规定自2019年8月20日起，各银行应在新发放的贷款中主要参考贷款市场报价利率定价，并在浮动利率贷款合同中采用贷款市场报价利率作为定价基准。该公告发布后，银行在签订借款合同约定的利率将在贷款市场报价利率基础上加减基点确定。因此，前两种利率确定方式将会被银行放弃，第三种利率确定方式将成为借款合同中利率确定的唯一方式。管理人可在中国人民银行和全国银行间同业拆借中心官方网站查询每月 20 日早上 9 时 30 分公布的贷款市场报价利率（LPR）。

（2）外币利率的确定

金融债权中以人民币作为借款币种的情形居多，但也存在借款币种为外币的情况。债权人在借款合同中确定外币利率主要有三种方式，分别是按伦敦银行间同业拆借利率（London Interbank Offered Rate，简称 Libor）、上海银行间同业拆放利率（Shanghai Interbank Offered Rate，简称 Shibor）和香港银行间同业拆借利率（HongKong Interbank Offered Rate，简称 Hibor）。

笔者审查确定外币借款的债权利率，主要还是以伦敦银行间同业拆借利率为计收利息的标准。外币贷款银行也主要是以伦敦银行间同业拆借利率为借款合同约定利率。伦敦银行间同业拆借利率的币种主要有美元、英镑、欧元、日元、澳元和瑞士法郎等，实务中贷款币种以美元为主。伦敦银行间同业拆借利率的期限品种主要为隔夜、1 周、1 个月、2 个月、3 个月、6 个月和 12 个月。银行在借款合同中并不直接地以某个期限伦敦银行间同业拆借利率作为贷款利率，因为均有一定的上浮比例，所以以伦敦银行间同业拆借利率加成一定上浮比例基数作为借款利率。对于如何获取伦敦银行间同业拆借利率，借款合同中亦有约定。外币贷款银行一般会选浮动利率，不会选固定利率。有银行约定首期（自其实际提款日起至本浮动周期届满之日）利率为实际提款日前一个工作日（北京时间）9：00前从路透社获取的最新的 12 个月的伦敦银行间同业拆借利率加 530 基点。管理人通过路透社网站可以查询伦敦银行间同业拆借利率各期限利率的每日报价，在英国银行家协会网站可查询历史利率，在中国人民银行下属国家外汇管理局网站也可查询历史利率。

因此，在确定外币利率时，管理人应当着重关注四个方面：一是明确伦敦银行间同业拆借利率的日期；二是伦敦银行间同业拆借利率的期限品种；三是伦敦银行间同业拆借利率浮动的数值；四是利率浮动的频率。关注一，外币借贷不同于人民币借贷，人民币借贷利率一般会按提款日的利率计算利息，而外币利率则可能不是提款日伦敦银行间同业拆借利率，银行会选择指定一个日期的伦敦银行间同业拆借利率，比如有银行会约定"第一、二个结息日按首次放款日前 2 个工作日的 6 个月伦敦银行同业拆借利率加 400BP"计算利息。关注二，人民币借贷的利率会根据借款期限的长短来确定利率的期限品种，外币借贷则与此不同，比如，借款期限 1年以上，银行采用 6 个月伦敦银行间同业拆借利率期限品种作为贷款利率较为常见，可能不会采用 12 个月伦敦银行间同业拆借利率期限品种。关注三，伦敦银行间同业拆借利率浮动的数值，每家银行浮动的幅度不一样，具体浮动基点合同约定得都比较清晰明确，不会有争议。关注四，外币借贷银行约定浮动利率较为常见，采用固定利率极少。常见情况是，银行会在合同约定每 3 个月或 6 个月对利率调整一次，这跟伦敦银行间同业拆借利率的形成机制和外币市场供需变化有关。

（3）外币兑换汇率的确定

一般来说，银行借外币给债务人，相应地债务人在还贷款时也要还指定的外币。在破产清偿中，有可能存在债务人借外币而还人民币的情况，由此涉及外币折算成人民币的汇率问题。如何公平、合理确定兑换汇率，将影响金融债权人切身利益。

外币金融债权的申报会出现两种申报方式：一种是债权人以外币作为债权申报币种，另一种是债权人在申报债权时把外币换算成人民币进行债权申报。如果债权人以外币向管理人申报债权，管理人最终仍需把外币换算成人民币后予以确认。《中华人民共和国中国人民银行法》第十六条规定："中华人民共和国的法定货币是人民币。以人民币支付中华人民共和国境内的一切公共的和私人的债务，任何单位和个人不得拒收。"管理人据此可以依法把债权人申报的外币债权折算成人民币。此时，债权人不管以外币申报债权还是把外币换算成人民币后申报债权，均涉及外币折算成人民币的汇率折算依据问题。

　　中国人民银行于 2006 年 1 月 3 日发布的《关于进一步完善银行间即期外汇市场的公告》规定，2006 年 1 月 4 日之前人民币兑主要外币的汇率按中国人民银行公布的确定，2006 年 1 月 4 日之后人民币兑主要外币的汇率按中国人民银行授权外汇交易中心公布的确定。而且这个换算汇率是中国外汇交易中心以所有银行间外汇市场报价为基础，结合其他指标综合确定的中间价，而不是以外币的买入价或卖出价作为汇率换算依据。买入价或卖出价波动幅度较大，中间价相较而言在同一天内数值确定不变，具有固定性。《最高人民法院关于执行程序中计算迟延履行期间的债务利息适用法律若干问题的解释》第五条第三款①对此亦有类似规定。综合考虑来看，中间价作为汇率换算依据更具科学性和合理性。

　　一般来说，主要货币均是有中间价的，但也不排除存在以小币种申报债权的情况。第一种方式是以美元作为中间货币进行套算，由申报外币折算成美元，再由美元折算成人民币。《最高人民法院关于在涉外民商事案件审理中如何确定人民币兑主要外币汇率的请示的复函》（〔2006〕民四他字第 30 号）持第一种方式。第二种方式，如果申报外币没有中间价，则不以美元进行套算，直接按现汇买入价折算，没有现汇买入价，按现钞买入价折算。两种方式在实际债权审查中均被采用过。

　　（4）外币折算成人民币的时间问题

　　如果债务人是借外币还外币，就不存在折算的时间问题。现在把这个作为一个问题提出来，那就说明在实务中存在债务人借外币还人民币的可能。如何确定折算时间也事关债权人的利益。如果债权人以外币申报债权，管理人应当在何时将外币折算成人民币以此确定债权金额。实务中，管理人倾向于以债务人进入破产程序的受理日作为折算时间，确定以人民币计价的债权数额。按折算后的人民币申报债权，有利于破产案件债权人

---

　　① 《最高人民法院关于执行程序中计算迟延履行期间的债务利息适用法律若干问题的解释》第五条第三款规定："外币折算或者套算为人民币的，按照加倍部分债务利息起算之日的中国外汇交易中心或者中国人民银行授权机构公布的人民币对该外币的中间价折合成人民币计算；中国外汇交易中心或者中国人民银行授权机构未公布汇率中间价的外币，按照该日境内银行人民币对该外币的中间价折算成人民币，或者该外币在境内银行、国际外汇市场对美元汇率，与人民币对美元汇率中间价进行套算。"

表决时确定债权额，同时对债权人会议表决事项的通过产生可预估性。帮助管理人把握议案表决通过的比例，提前做好与关键债权人的沟通工作，提高议案通过的盖然性。

如果实际清偿日的外币汇率升值而人民币贬值，对按受理日折算为人民币的债权进行清偿，会造成债权人汇率兑换上的本息损失。如果实际清偿日的外币汇率高于人民币汇率，则不会对该债权人造成外汇兑换上的损失。显然这个矛盾具有不可调和性，管理人需平衡各方利益，实现整体债权人的利益。

2. 计息和结息

计息是借款人自实际提款日按实际用款天数来计算该笔借款的利息。因此，借款合同通常会约定利息按日计算。但借款合同中约定的利率往往是年利率，此时就涉及利率的换算问题。由年利率换算成日利率，日利率计算基数按一年360天计算，如果是由月利率换算成日利率，计算基数按一月30天计算，换算公式为日利率＝月利率/30＝年利率/360。

银行一般不会在整个借款期限内跟借款人只结算一次利息，尤其是担保贷款一般不会约定借款人在借款期限内的全部利息在还款的时候一次性利随本清，通常会按固定的时间频率结算利息。《人民币利率管理规定》规定了两种结息方式：按月结息的，每个月20日为结息日；按季结息的，每个季度末月20日为结息日。付息日为结息日的次日，但也有可能付息日和结息日是同一日。如果借款本金的最后一期清偿日不在付息日，则本金的最后一期清偿日为付息日。

（五）复利的审查

复利是指借贷双方约定，借款人不按时足额支付利息，贷款人便有权将利息放入本金计算利息。复利的俗称是"利息的利息"，也叫"利滚利"或"息加息"。在没有特别说明的情况下，笔者所指的复利均指借款期限内的复利，如指逾期后的复利会予以特别说明。

1. 计收复利的依据

银行收取复利的依据是《人民币利率管理规定》第二十条及《中国人

民银行关于人民币贷款利率有关问题的通知》第三条。① 中国人民银行规定可以收取复利，但借贷双方在借款合同中没有约定复利，或在借款合同中约定了复利但复利计收无明确法律依据的，债权人申报复利的，管理人应当不予认定复利数额。中国人民银行的规定是银行收取复利的前提，银行真正能收取复利还需要在借款合同中约定复利计收条款，因此，债权人只有法定权利没有合同约定，或只有合同约定没有法律规定都不能收取复利，两个条件必须全部满足，债权人才能向借款人收取复利。

复利计收主体必须是法定的，非法定主体不能计收复利。管理人判断复利计收主体的依据是债权人是否持有中国人民银行颁发的金融许可证。如果金融机构有上述许可证，债权人就是合法的复利计收主体，管理人可以确认复利数额。如果是非金融机构受让银行不良贷款债权，该债权申报主体亦不能收取复利，不仅债权受让后的复利不能计收，转让前的复利也不能计收。这里应参照《民法典》第五百四十七条的规定，视为专属于债权人自身的从权利，债权受让人不能取得。在再审申请人某投资有限公司与被申请人某海洋渔业总公司企业借贷纠纷、金融借款合同纠纷一案②中，最高人民法院支持了原审判决，认为非金融机构债权主张利息的计算基数仍应以原借款合同尚欠本金为准，不能包括借款期限内未按期支付的利息和逾期利息，即不能计收复利。

2. 复利的计算方法

根据《人民币利率管理规定》第二十条第二款规定，复利计算的基数

---

① 《人民币利率管理规定》第二十条规定："短期贷款（期限在一年以下，含一年），按贷款合同签定日的相应档次的法定贷款利率计息。贷款合同期内，遇利率调整不分段计息。短期贷款按季结息的，每季度末月的二十日为结息日；按月结息的，每月的二十日为结息日。具体结息方式由借贷双方协商确定。对贷款期内不能按期支付的利息按贷款合同利率按季或按月计收复利，贷款逾期后改按罚息利率计收复利。最后一笔贷款清偿时，利随本清。"《中国人民银行关于人民币贷款利率有关问题的通知》第三条规定："关于罚息利率问题。逾期贷款（借款人未按合同约定日期还款的借款）罚息利率由现行按日万分之二点一计收利息，改为在借款合同载明的贷款利率水平上加收 30%～50%；借款人未按合同约定用途使用借款的罚息利率，由现行按日万分之五计收利息，改为在借款合同载明的贷款利率水平上加收 50%～100%。对逾期或未按合同约定用途使用借款的贷款，从逾期或未按合同约定用途使用贷款之日起，按罚息利率计收利息，直至清偿本息为止。对不能按时支付的利息，按罚息利率计收复利。"

② 最高人民法院民事裁定书，(2019) 最高法民申 2412 号。

是未按期支付的利息，且不包含本金部分。复利计算的期限一般与借款结息的期限相同，复利的结息日与利息结息日相同。

复利的利率根据不同的借款合同有不同的约定，一般有两种约定方式。第一种是借款期限内的复利按正常利率计收复利，借款逾期后按罚息利率计收复利。第二种是不管是借款期限内还是借款逾期后，均按罚息利率计收复利。这里要注意的是，借款合同约定适用罚息利率一般是借款人违反了两个借款约定：一是借款期限届满未偿还全部本息；二是借款人挪用借款。第一个叫逾期罚息，也叫逾期利息。第二个是未按约定用途使用借款的罚息，叫挪用罚息。银行借款合同中一般约定逾期罚息适用的利率是合同约定利率上浮50%，挪用借款适用罚息利率为合同约定利率上浮100%。

针对借款期限内不能按期支付的利息计收复利，借款逾期后按罚息利率计收复利。例如，债务人借款1000万元，一年期借款，年利率6%，换算成月利率为0.5%，按月结息，结息日为每月20日。如借款第一个结息日就未支付利息，那么未还利息为5万元。第二个结息日债务人应付复利为5万元×0.5%=2500元。第二个结息日继续未偿还利息。那么第三个结息日债务人应付的复利，笔者把该复利拆分为两部分。第一部分，第一个结息日开始计算复利到第三个结息日，债务人应付利息已逾期两个月。故此，在第三个结息日债务人该部分的复利为5000元，第二个结息日每月固定应付利息为5万元，所以第二个结息日未付利息已逾期一个月，第二部分复利为2500元。据此，截至第三个结息日，债务人应付复利为7500元，以此类推。

在实务中，有法院判决不支持债权人计收复利的诉讼请求。

第一个理由，计收复利的主体是金融机构，非金融机构不能计收复利。

第二个理由，金融机构虽有计收复利的法律依据，但在借款合同中未约定或未明确约定复利。因为《人民币利率管理规定》关于复利的规定属指导性规定，银行必须在借款合同中有相应复利计收的约定，否则不能计收复利。在原告某银行股份有限公司某支行与被告某商贸公司金融借款一案①中，陕西省榆林市中级人民法院以原告在借款合同中未约定罚息及复利为由，驳回了原告要求被告支付复利的诉请。

即使有约定复利或罚息条款，但未明确约定亦难以得到法院支持。下面的约定方式，笔者认为属于约定不明。有银行与债务人在借款合同中约定"对逾期或未按本合同约定用途使用的借款，从逾期或未按本合同约定用途使用借款之日起，按罚息利率计收利息，直至清偿本息为止。对不能按时支付的利息，按罚息利率计收复利"。银行在债权申报中依据上述约定向管理人主张罚息计收复利，笔者认为，对罚息能否计收复利最低也要以借款合同有明确约定为前提，特别是在借款合同中已明确区分利息、罚息用语时，如果仅约定"对不能按时支付的利息，按罚息利率计收复利"，此类约定不能理解为借贷双方已就罚息计收复利达成一致的意思表示。

另外，在约定明确的前提下，银行还要特别注意在借款合同中约定罚息的结息方式，如果借款合同中未约定罚息的结息方式，银行对罚息计收复利的申请仍难以得到管理人支持。那么怎样的约定属于约定明确？笔者在所审查的金融借款合同中找到某家银行的相关约定，笔者认为此类约定已达到约定明确的程度。银行在借款合同中与债务人约定"对借款人不能按期支付的利息以及罚息，以本条第3款约定的结息方式，按本款约定的罚息利率计收复利"。在该约定中，银行明确约定了罚息计收复利，此外罚息的结息方式与利息的结息方式一致。管理人就可以给银行计算罚息的复利并准确算出罚息的复利数额。

第三个理由，银行未提供准确的计算方法。人民法院均会以原告举证不能，驳回原告主张支付复利的诉讼请求。

第四个理由，银行未及时告知违约事实。在原告某银行股份有限公司某支行与被告张某某金融借款合同纠纷一案②中，天津市河西区人民法院认为："中国农业银行股份有限公司天津河西支行在合同签订后两年多内未将违约事实告知被告，对此产生罚息和复利，因河西支行违反公平和诚

---

① 陕西省榆林市中级人民法院民事判决书，（2017）陕 08 民初 185 号。
② 天津市河西区人民法院民事判决书，（2016）津 0103 民初 3712 号。

实信用原则，不予支持。"

第五个理由，复利因承兑汇票垫款所生。根据《支付结算办法》（银发〔1997〕393号）第九十一条规定，"银行承兑汇票的出票人于汇票到期日未能足额交存票款时，承兑银行除凭票向持票人无条件付款外，对出票人尚未支付的汇票金额按照每天万分之五计收利息"，银行向出票人按日收取万分之五的利息，因垫付银行承兑汇票的款项，银行不能再对利息计收复利。在原告某银行股份有限公司某分行与被告某钢铁有限公司、被告某物资实业有限公司金融借款合同纠纷一案①中，广东省佛山市中级人民法院认为，垫款所采利率远高于中国人民银行公布的同期贷款基准利率，而且，合同关于利率的约定已明确是"逾期贷款"的利率，从法律性质上来说具有违约惩罚性。若按日万分之五计收利息的同时再支持复利，实质是对同一逾期还款行为施以双重惩罚，违反《中华人民共和国合同法》的违约补偿原则以及我国民法原理中的公平原则，因此，对某银行某分行主张的复利不予支持。

如管理人发现银行对承兑汇票垫款申报债权，对利息部分，一定要求银行提供利息计算表。有些银行会把利息和复利合并在一起，以统称的利息的名义申报债权，管理人应区分审查申报数额。银行与债务人签订的综合授信里面亦不会约定，但在银行的前台系统里面会对垫款进行复利计收。管理人的勤勉尽责就体现在这些细微之处，这些也可能是执业风险的源头，不可不察。

（六）罚息的审查

罚息是指对逾期还款或挤占挪用借款按照罚息利率计收利息，罚息包括逾期罚息和挪用罚息，各自有法定的上浮范围，超过上浮范围的，超过的部分无效。

1. 罚息利率的确定

《中国人民银行关于人民币贷款利率有关问题的通知》（银发〔2003〕

---

① 广东省佛山市中级人民法院民事判决书，（2014）佛中法民二初字第43号。

251 号）第三条规定了两类罚息利率，一类是逾期罚息，另一类是挪用罚息。逾期罚息，也叫逾期利息，按借款合同约定的利率上浮 30% ~ 50%，挪用罚息的利率上浮 50% ~ 100%，一般金融借款合同多为顶格上浮，逾期罚息上浮 50%，挪用罚息上浮 100%。依据《人民币利率管理规定》第二十五条规定，如果既存在逾期又未按借款合同约定用途使用借款的，两者不能同时计算罚息，仅能按"就高不就低"的原则计算罚息。①

2. 罚息的计算

逾期罚息是指借款人在借款期限届满后未偿还本息时，支付给贷款人的超过借期内正常利率的惩罚性利息。逾期罚息计算基数存在不同的观点，司法实践中亦存在不同的判决方式。第一种观点是以借款期内未偿还本金、利息和复利为基数计算逾期罚息；第二种观点是以借款期内未偿还本金和利息为基数计算逾期罚息；第三种观点是以借款期内未偿还本金为基数计算逾期罚息。

上述三种观点均有判例支持。在上诉人某大酒店有限公司与被上诉人某信托有限责任公司金融借款合同纠纷一案②中，最高人民法院采纳了第一种观点，在判决中认可了债权人以借款期内未偿还本金、利息和复利为基数计算罚息。裁判理由是"在贷款逾期后将期内的复利作为计息基数符合行业内通行的复利计收方式及双方的约定"。有法院持前述第二种观点，复利不作为逾期罚息计算的基数，仅以借期内未还本金和利息为基数计算逾期罚息。如在原告某银行股份有限公司某分行与被告某鞋业有限公司、某有限公司金融借款合同纠纷一案③中，温州市瓯海区人民法院判决以未还本金和利息之和计算逾期罚息。另有法院持前述第三种观点。《广东省高级人民法院关于审理金融机构借贷纠纷案件的指导意见》（粤高法发〔2005〕30 号，已废止）第二十一条第三款规定："借款到期后，借款人

① 《人民币利率管理规定》第二十五条规定："逾期贷款或挤占挪用贷款，从逾期或挤占挪用之日起，按罚息利率计收罚息，直到清偿本息为止，遇罚息利率调整分段计息。对贷款逾期或挪用期间不能按期支付的利息按罚息利率按季（短期贷款也可按月）计收复利。如同一笔贷款既逾期又挤占挪用，应择其重，不能并处。"
② 最高人民法院民事判决书，（2016）最高法民终 708 号。
③ 温州市瓯海区法院民事判决书，（2014）温瓯商初字第 130 号。

没有归还应付本金和利息，对逾期本金部分按同期贷款的罚息标准计收逾期罚息。"根据广东省高级人民法院的指导意见，银行计算罚息以逾期本金为基数来计算。在上诉人陈某某与上诉人曾某某金融借款合同纠纷一案①中，广东省高级人民法院判决以逾期本金为基数计算逾期罚息。

3. 罚息能否计收复利问题

罚息能否计收复利在实务中极具争议，在最高人民法院判决的案件中亦出现不同的裁判标准。罚息能否计收复利这个问题源头在于中国人民银行发布的规定对利息表述不清，以致实务中对罚息是否计收复利的问题出现不同认识。合同中明确约定罚息可计收复利的，银行对罚息计收复利的诉讼请求可以被法院支持，实务中管理人一般也会予以确认。但如果约定不明，只是笼统地约定利息可计收复利，认定时可能存在较大争议。

在上诉人（原审原告）某银行与上诉人（原审被告）某水电开发有限公司借款合同纠纷一案②中，最高人民法院根据《人民币利率管理规定》第二十条认为，"该处应当计算复利的利息指的是贷款期内不能按期支付的利息，而非对贷款逾期后的逾期罚息计算复利"。《中国人民银行关于人民币贷款利率有关问题的通知》第三条第二款规定："对不能按时支付的利息，按罚息利率计收复利。"此处罚息是否属于利息，表述不清。

最高人民法院在其公开的裁判文书中存在两种裁判路径。第一种裁判路径是，在中国人民银行对罚息是否计收复利表述不清的情况下，银行在借款合同中未约定或约定不明的时候，法院不予支持罚息计收复利，如前述（2018）最高法民终1266号案。第二种裁判路径是，在现行法律、行政法规无禁止性规定的情况下，最高人民法院认为，银行可以与借款人对逾期罚息是否计收复利作出约定，约定明晰的，可以对罚息计收复利，如上诉人某经贸有限公司等与被上诉人某银行股份有限公司某支行等金融借款合同纠纷一案③。

但在实务中存在第三种裁判路径。《广东省高级人民法院关于审理金

---

① 广东省高级人民法院民事判决书，（2016）粤民终1947号。
② 最高人民法院民事判决书，（2018）最高法民终1266号。
③ 最高人民法院民事判决书，（2016）最高法民终495号。

融机构借贷纠纷案件的指导意见》第二十一条第三款明确规定："借款到期后，借款人没有归还应付本金和利息，对逾期本金部分按同期贷款的罚息标准计收逾期罚息；对逾期罚息不再计收复息。"银行即使与借款人对罚息计收复利作出了约定，有法院仍不支持罚息计收复利的主张。笔者深受该裁判观点的影响，在某破产案件通知债权人申报债权阶段，管理人通知银行提交债权申报材料时，就提前告知银行管理人对该部分申报金额的审查标准。由于最高人民法院的案例不属于指导性案例，其判决仅具有较高的参考意义，管理人选择何种审查标准，要考虑破产项目所在省份的裁判观点，多与当地法院法官沟通交流，确定一种审查标准，使其贯穿整个项目的债权审查，并对所有债权人一视同仁。

4. 外币贷款罚息

管理人在审查计算外币罚息时须注意外币贷款罚息与人民币贷款罚息存在重要区别。对于人民币贷款罚息，中国人民银行规定逾期罚息最高上浮 50%，挪用罚息最高上浮 100%，有银行也按该最高上浮幅度适用于外币贷款罚息。但银行对外币逾期罚息如按期内正常利率上浮 50% 计收的话，实则有违《中国人民银行关于外币借贷逾期利息计算等问题的批复》第三条规定的精神。该条规定："外币借贷逾期按加收 20% 计算罚息。"该批复仅针对个案适用还是具有普遍的适用性，此问题必然涉及中国人民银行批复的效力问题。虽然该批复回复的对象是广东国际信托投资公司破产清算组，但就批复的内容看，中国人民银行并未就外币借贷逾期按加收 20% 计算罚息设定前提条件，批复明确"无论何种原因造成的贷款逾期，皆可按此标准执行"。笔者认为可参照该批复规定的上浮比例调整借款合同中对罚息上浮幅度的约定，如在原告某银行股份有限公司某支行与被告某进出口有限公司、某生物科技有限公司等金融借款合同纠纷一案①中，云南省昆明市中级人民法院支持罚息利率上浮不能超过 20% 的主张。

但在原告某银行（中国）有限公司某分行与被告云南某进出口有限公

---

① 云南省昆明市中级人民法院民事判决书，（2015）昆民四初字第 672 号。

司、云南某集团有限公司、吴某华、张某某、吴某珍金融借款合同纠纷一案①中，又认可了罚息上浮超过 20% 的约定，其他省市法院亦有持相同观点的司法案例。持此观点的主要理由是中国人民银行于 2000 年 8 月 24 日发布通知，放开外币贷款利率。各种外币贷款利率及其计息方式由金融机构根据国际金融市场利率的变动情况以及资金成本、风险差异等因素自行确定。既然中国人民银行已经放开了外币贷款利率，那么只要不违反法律、行政法规的强制性规定，罚息利率上浮超过 20% 的约定仍然有效。

笔者对第二种观点有不同看法。第一，外币贷款利率放开不等于罚息利率放开。2013 年 7 月 20 日起全面放开金融机构人民币贷款利率管制，但中国人民银行并未放开对罚息利率上浮幅度的限制，《中国人民银行关于人民币贷款利率有关问题的通知》规定，逾期罚息上浮 30%～50% 和挪用罚息上浮 50%～100% 依然有效。第二，金融行业是国家重点监管的行业，银行的经营行为必须符合中国人民银行的监管要求。银行与借款人约定罚息上浮比例只有在双重依据的条件下，才能按约定上浮比例收取罚息。所谓双重依据就是银行收取罚息的利率上浮幅度必须法律上有明文规定、合同上有明确约定。此时银行依约收取罚息才合法合规。

在实务操作中，笔者倾向于第一种观点，对于银行申报债权罚息利率上浮超过 20% 的部分，管理人应不予确认。由于在此问题上，不同法院有不同裁判观点，如果管理人在审查债权时持第一种观点，在审查外币债权时就需注意此处与人民币贷款罚息上浮幅度不同，避免以人民币贷款罚息上浮幅度标准作为审查外币贷款罚息上浮的依据。

（七）利息、复利、罚息、违约金和其他费用过高的调整问题

银行金融机构与借款人约定支付利息、复利、罚息、违约金和其他费用，其他费用包括滞纳金、资金占用费、管理费、手续费、咨询费、综合费、顾问费和服务费等，一般不会存在过高问题。而非银行金融机构与借款人约定其他费用支付过高存在可能性较大。如果金融机构申报的债权利

---

① 云南省昆明市中级人民法院民事判决书，（2016）云 01 民初 973 号。

息较高，对于管理人能否参照《新民间借贷司法解释》以 4 倍 LPR 利率为上限主动介入调整，法律界和金融界存在不同的意见。

2017 年 8 月 4 日，最高人民法院发布《关于进一步加强金融审判工作的若干意见》（法发〔2017〕22 号）明确规定："金融借款合同的借款人以贷款人同时主张的利息、复利、罚息、违约金和其他费用过高，显著背离实际损失为由，请求对总计超过年利率 24% 的部分予以调减的，应予支持，以有效降低实体经济的融资成本。"《最高人民法院关于充分发挥审判职能作用为企业家创新创业营造良好法治环境的通知》（法〔2018〕1 号）明确规定："对商业银行、典当公司、小额贷款公司等金融机构以不合理收费变相收取高息的，参照民间借贷利率标准处理，降低企业融资成本。"《全国法院民商事审判工作会议纪要》（法〔2019〕254 号）第五十一条明确规定："金融借款合同纠纷中，借款人认为金融机构以服务费、咨询费、顾问费、管理费等为名变相收取利息，金融机构或者由其指定的人收取的相关费用不合理的，人民法院可以根据提供服务的实际情况确定借款人应否支付或者酌减相关费用。"尤其是借款人与银行指定的第三方公司签订以服务费、咨询费、顾问费、管理费等为名变相收取利息的协议，管理人须主动向债务人核实是否有与第三方公司签订过此类协议，并进一步核实第三方公司是否提供了相应服务，同时做好相关访谈笔录。即使认定债务人不应支付或者应当酌减相关费用，管理人也不能直接决定债务人支付的相关费用直接在银行申报的债权数额里面予以扣减还是另案起诉第三方公司返还相关费用，由于此处法律并未明确规定，管理人须斟酌择一而为之。

金融界对金融借款纠纷案件的利息计算受《新民间借贷司法解释》4 倍 LPR 利率为上限的限制持反对意见。在温州市原告某银行与被告洪某金融借款纠纷一案[①]中，浙江省温州市瓯海区人民法院判决洪某应按同期一年期贷款市场报价利率（LPR）的 4 倍向某银行支付利息和逾期利息，而

[①]　浙江省温州市瓯海区人民法院民事判决书，（2020）浙 0304 民初 388 号（该判决书已被下线）。

非按双方约定的年利率24%计算利息。一审判决出来后引发了金融市场的广泛关注，但温州市中级人民法院撤销了一审判决，改判支持某银行按月利率2%计收利息的诉请。通过该案一二审截然不同的判决结果可知，金融借款合同纠纷案件的利息不受《新民间借贷司法解释》规定的4倍LPR利率的限制，但不能超过年利率24%。

因此，管理人对债权人主张的全部利息超过4倍LPR但不超过年利率24%的依法不予调整，但可以调减不受法律保护的超过年利率24%部分的利息。管理人应当主动介入调减债权人主张超24%部分的利息。

（八）律师费的确认

律师费是金融借款合同中银行约定的必备条款。在金融借款合同纠纷诉讼中，银行要么委托律师代理起诉，要么委托自己的员工代理起诉。如律师代理起诉必然涉及律师费的问题，银行在民事起诉状中必然要求债务人承担支出律师费的损失。在最高人民法院于2016年5月30日发布的指导性案例57号中，浙江省宁波市中级人民法院对银行主张支付律师费的诉讼请求予以支持。但有的法院对借款合同即使明确约定了律师费，仍以律师费不是实现债权合理及必要支出为由，不支持银行主张律师费的诉请。有法院连"律师费不是实现债权合理及必要支出"的理由在判决书中都不进行表述。法院在判决书的兜底判项里以"驳回原告的其他诉讼请求"的方式不支持原告律师费的主张。同属浙江的温州部分基层法院即使是同一家基层法院不同法官对是否支持律师费亦存在不同的裁判理念。

因此，管理人在审查债权中的律师费时，亦要考虑不同地区法院的裁判观点，同时还要尊重破产企业受理法院的裁判理念。

（九）清偿顺序

债务人给付不足以清偿全部债务时，就会存在未偿还部分的清偿顺序问题，这主要影响债务人的利息清偿数额。按照意思自治原则，债权人与债务人已就清偿顺序进行约定的，按双方约定抵充债务。如果双方没有约定，根据《民法典》第五百六十一条规定①，先后顺序为实现债权的有关费用、利息和主债务。《民法典》第四百一十二条规定："债务人不履行到期债务或者发生当事人约定的实现抵押权的情形，致使抵押财产被人民法院依法扣押的，自扣押之日起，抵押权人有权收取该抵押财产的天然孳息或者法定孳息，但是抵押权人未通知应当清偿法定孳息义务人的除外。前款规定的孳息应当先充抵收取孳息的费用。"从法律规定来看，债权清偿充抵顺序为费用、利息和本金。

银行在借款合同中未与借款人约定借款人给付不足以清偿全部债务时，如何按照先后顺序清偿借款本金、利息、复利、罚息、违约金、损害赔偿金、质物保管费和银行实现债权的费用，包括诉讼费、仲裁费、财产保全费、差旅费、执行费、公证费、律师代理费、评估费等，便按法定顺序充抵债务。关于生效法律文书确定的金钱债务和加倍部分债务利息，最高人民法院曾有两种司法实践的路径。

2009年5月18日之前，法律和司法解释对执行程序还款本息的顺序问题无明确规定。2009年5月18日，《最高人民法院关于在执行工作中如何计算迟延履行期间的债务利息等问题的批复》规定："执行款不足以偿付全部债务的，应当根据并还原则按比例清偿法律文书确定的金钱债务与迟延履行期间的债务利息，但当事人在执行和解中对清偿顺序另有约定的除外。"《最高人民法院关于执行程序中计算迟延履行期间的债务利息适用法律若干问题的解释》于2014年8月1日起施行，该解释第四条规定："被执行人的财产不足以清偿全部债务的，应当先清偿生效法律文书确定的金钱债务，再清偿加倍部分债务利息，但当事人对清偿顺序另有约定的除外。"2014年8月1日前生效法律文书确定的金钱债务和加倍部分债务利息是按照并还原则执行，此后是按先生效法律文书确定的金钱债务后加倍部分债务利息的顺序执行。因此，管理人在审查债务人执行程序中履行部分清偿数额时，已清偿部分的充抵顺序需分段予以审查。

----

① 《民法典》第五百六十一条规定："债务人在履行主债务外还应当支付利息和实现债权的有关费用，其给付不足以清偿全部债务的，除当事人另有约定外，应当按照下列顺序履行：（一）实现债权的有关费用；（二）利息；（三）主债务。"

（十）保证债权的审查

1. 只有保证人申报债权时

借款人进入破产程序，保证人未进入破产重整程序，保证人未向银行承担保证责任，此时保证人向借款人申报债权，保证人申报该笔债权是为了将来对债务人行使求偿权。此种情况下，管理人审查确认保证人债权要区分两种情况。

第一种情况，债权人未向管理人申报债权，此时保证人申报，管理人审查后确认保证债权。此种情况还有一种特殊类型，即债权人向管理人未申报全部债权，保证人可以就债权人未申报部分向管理人申报债权，管理人对未申报部分确认债权。第二种情况，债权人向管理人已就全部债权进行申报，此时保证人向管理人申报债权。管理人有两种处理方式，第一种处理方式是管理人不接收保证人的申报材料，第二种处理方式是在债权表中对保证人申报债权不予确认。笔者倾向于第二种处理方式。债权申报情况复杂多变，有可能保证人早于债权人向管理人申报债权，在债权人向管理人申报债权后，保证人的申报材料是退还给保证人还是对保证人债权不予确认。《企业破产法》对此规定模糊不清，存在两种不同理解。《企业破产法》第五十一条规定："债务人的保证人或者其他连带债务人已经代替债务人清偿债务的，以其对债务人的求偿权申报债权。债务人的保证人或者其他连带债务人尚未代替债务人清偿债务的，以其对债务人的将来求偿权申报债权。但是，债权人已经向管理人申报全部债权的除外。"但书中的除外是否定保证人申报的权利还是否定保证人申报的债权数额，尚不明确，管理人最保险的做法是对保证人申报的债权数额不予确认。在债权人债权数额少算的情况下，少算部分可以在保证人申报的债权里予以确认。这里有个疑问，债权人少算了数额，管理人会把少算的情况告知债权人并让其补充申报吗？在债务人财务账册没有准确记载的情况下，笔者认为管理人没有义务向债权人告知，管理人只就其申报范围进行审查，少算的部分视为其暂未申报，除非其对少算部分进行补充申报，否则管理人不予确认少算部分的数额，将该部分数额确认到保证人申报的债权里面即可。

在实务中会出现，比如债权人未向管理人申报债权，该笔借款有 5 个保证人，保证人申报了债权，假设最终的清偿比例为 25%，那么主债权的清偿比例必将超过 100%。显然，不能按 125% 清偿率进行清偿，那是否意味着能按 100% 来清偿？笔者认为也不能按 100% 来清偿，因为这对其他债权人来说明显不公平。进入破产程序的债务人均为陷入困境的企业，一般来说，都已经处于资不抵债的状态，此时让某一位债权人获得全额清偿，必然是牺牲了其他债权人的清偿利益，这也与《企业破产法》的立法目的不符。如果这一清偿行为得到支持，会向债权人释放错误信号，驱动债权人与保证人相互勾结，同时也会将债务人和债权人的利益捆绑到一起，促使债权人在债务人进入破产程序前让更多的第三人提供担保，以便获得更高的清偿数额。债权人存在为自己获得最大清偿效果而损害其他债权人利益的道德风险。

2. 债权人向进入破产程序的借款人和保证人申报债权

《企业破产法司法解释（三）》第五条规定："债务人、保证人均被裁定进入破产程序的，债权人有权向债务人、保证人分别申报债权。债权人向债务人、保证人均申报全部债权的，从一方破产程序中获得清偿后，其对另一方的债权额不作调整，但债权人的受偿额不得超出其债权总额。保证人履行保证责任后不再享有求偿权。"可见借款人和保证人均被裁定进入破产程序，债权人有权既可以向借款人申报全部债权也可以向保证人申报全部债权，但债权人的受偿额最终不能超过其债权总额。债权人从借款人的破产程序中获得清偿部分，不能在保证人破产程序的债权表中予以调减。该司法解释出台前，债权人在一方破产程序中获得清偿的金额在另一方财产分配前管理人均会对确认债权数额进行调整，以新的受偿额向债权人进行偿付。司法解释这么规定是对债权人的清偿利益予以充分的保护，相对来说金融债权的保证人较多，这在客观上保护了金融债权人的利益。

该司法解释对"债权额不作调整"的规定，笔者认为其暗含了一个前提，即借款人和保证人均未分配财产前，债权人已向借款人和保证人申报债权。该司法解释规定的"均申报全部债权"，此处"全部债权"应指债权申报前未受偿的全部债权。笔者曾碰到这样一笔债权，笔者所在的破产企业为保证人，保证人在借款人财产分配前进入破产程序，管理人向银行邮寄送达了债权申报通知，但银行迟迟未申报债权，债权人在债权人第一次会议召开前一个星期过来申报债权，笔者在审查该债权时，与借款人的管理人作了充分沟通，了解到银行在向保证人申报债权前，已获借款人部分清偿。笔者认为此种情况不属于《企业破产法司法解释（三）》第五条规定的债权额不作调整的情形，管理人扣减了该部分受偿额后依法对其债权予以确认。

保证人替主债务人代偿后依法享有向主债务人和其他保证人追偿的权利，保证人的追偿方式根据代偿的时间阶段会有三种情况。如保证人代偿发生在债权人申报债权前，由保证人向管理人申报债权。如保证人代偿发生在债权人申报债权后，根据《全国法院破产审判工作会议纪要》第三十一条规定，"破产程序终结前，已向债权人承担了保证责任的保证人，可以要求债务人向其转付已申报债权的债权人在破产程序中应得清偿部分。破产程序终结后，债权人就破产程序中未受清偿部分要求保证人承担保证责任的，应在破产程序终结后六个月内提出。保证人承担保证责任后，不得再向和解或重整后的债务人行使求偿权"，保证人在破产程序终结前代偿的，可以要求管理人向保证人转付借款人在破产程序中应得清偿部分。在破产程序终结后代偿的，保证人就不能再行使求偿权。该条同时对债权人正在破产程序中未受清偿部分要求保证人承担责任的期限作出了有利于债权人的规定，债权人应在破产程序终结后六个月内向保证人提出承担保证责任的要求。在再审申请人某化工矿业有限责任公司与被申请人某国有资产经营有限公司、某钢铁厂等企业借贷纠纷一案①中，最高人民法院认为，"该条款仅适用于债务人在破产程序开始时保证期间尚未届满，而在债权人申报债权参加清偿破产财产程序期间保证期间届满的情形"。因此，在债务人进入破产程序前保证期间已届满的并不适用此条规定。

---

① 最高人民法院民事裁定书，（2016）最高法民申 569 号。

3. 借款人进入破产程序后，保证债权是否停止计息

主债务人破产后保证债权是否停止计息？这一问题在 2021 年前，实务中一直存在很大争议。实务中主要有两种观点。第一种观点是，保证债权应停止计息，利息截止日为主债务人进入破产程序之日。主要理由是，保证责任具有从属性，保证责任范围不应大于主债务的范围，债权人被确认的债权数额为保证人应当承担保证责任的范围。某化工有限公司与某资产管理公司某办事处保证合同纠纷一案①和再审申请人某信托股份有限公司与被申请人某有限公司金融借款合同纠纷一案②持此种观点。第二种观点是，主债务人进入破产程序，保证债权不停止计息，保证人仍应按照保证合同约定的保证责任范围承担保证责任。复议申请人某信托股份有限公司与被执行人某集团有限公司民间借贷纠纷一案③、上诉人某电力股份有限公司与被上诉人某金融租赁有限公司保证合同纠纷一案④和上诉人某资产管理股份有限公司某分公司与上诉人湖南某水泥（集团）有限公司金融不良债权追偿纠纷一案⑤均持第二种观点。

我国部分省市的高级人民法院亦出台相关的指导意见，如 2018 年 7 月广东省高级人民法院发布《广东省高级人民法院执行局关于执行程序法律适用若干问题的参考意见》、2019 年 3 月 20 日四川省高级人民法院发布《关于印发〈关于审理破产案件若干问题的解答〉的通知》（川高法〔2019〕90 号）、浙江省高级人民法院民事审判第五庭发布《关于主债务人破产后保证人是否停止计息问题的解答》（浙高法民五〔2020〕1 号），这些省市高级人民法院持第二种观点。如果在持第二种观点的法院管辖范围内从事破产业务，管理人理应尊重当地司法裁判理念。如果当地对此问题尚未公布指导意见，管理人应通过检索相关案例了解当地法院裁判观点。管理人亦要慎重确定债权审查标准，从破产项目整体利益平衡出发，确保维护好债权人和债务人的合法权益。

---

① 最高人民法院民事判决书，（2012）民二终字第 130 号。
② 最高人民法院民事判决书，（2018）最高法民再 19 号。
③ 广东省高级人民法院执行裁定书，（2017）粤执复 344 号。
④ 北京市高级人民法院民事判决书，（2016）京民终 45 号。
⑤ 最高人民法院民事判决书，（2016）最高法民终 96 号。

随着《最高人民法院关于适用〈中华人民共和国民法典〉有关担保制度的解释》（以下简称《〈民法典〉担保制度解释》）于 2020 年 12 月 31 日发布并于 2021 年 1 月 1 日开始施行，主债务人破产后保证债权是否停止计息这一问题才有了最终答案。《〈民法典〉担保制度解释》第二十二条规定："人民法院受理债务人破产案件后，债权人请求担保人承担担保责任，担保人主张担保债务自人民法院受理破产申请之日起停止计息的，人民法院对担保人的主张应予支持。"债务人进入破产程序后，担保人可以主张担保债务停止计息，会得到人民法院的支持。但该条需要进一步明确的是，停止计息是否仅赋予了担保人抗辩的权利，法院是否有义务主动依职权查明，因为这将关系到担保人如何在诉讼中行权。笔者认为此处仅是赋予当事人抗辩的权利，法院无须主动依职权查明，如此可以保证裁判者的谦抑性，避免过度干预平等主体之间的权利义务，改变双方本无争议的事实。

4. 担保人全额清偿后，担保人是否就破产人向债权人提供的特定财产享有优先受偿权

该问题在《〈民法典〉担保制度解释》施行以前存在争议，在再审申请人某集团有限公司与被申请人某化工股份有限公司破产债权确认纠纷一案[1]中，最高人民法院认为："《中华人民共和国担保法》第三十一条规定，保证人承担保证责任后，有权向债务人追偿。该条仅确立了保证人承担保证责任后向债务人的追偿权。但追偿权并非代位权，在当事人并未进行合同约定的情况下，保证人主张其因代偿债务而取得债权人对债务人的抵押权的主张，缺乏法律和合同依据，人民法院不应予支持"。在上诉人某银行某省分行某支行与被上诉人某租赁有限公司担保合同纠纷一案[2]中，最高人民法院认为："在主合同和担保合同有效的情形下，担保人的担保责任在本质上属于代位清偿的责任，即代替债务人向债权人清偿债务。因此，担保人在承担代为清偿责任之后，在其可得求偿的范围内，债权人所

---

[1] 最高人民法院民事裁定书，（2020）最高法民申 343 号。
[2] 最高人民法院民事判决书，（2000）经终字第 267 号。

享有的权利当然转移于担保人，即担保人因代为履行而取得代位权；同时，担保人也因代位清偿而自然产生对债务人的求偿权。"

同时，笔者也注意到有学者认为"担保人承担责任后，债权人对债务人的债权消灭，作为主债权从权利的抵押权也随之消灭。因此担保人履行代为清偿义务后，对债务人提供的抵押财产不享有优先受偿权"。

但《〈民法典〉担保制度解释》第十八条明确规定："承担了担保责任或者赔偿责任的担保人，在其承担责任的范围内向债务人追偿的，人民法院应予支持。同一债权既有债务人自己提供的物的担保，又有第三人提供的担保，承担了担保责任或者赔偿责任的第三人，主张行使债权人对债务人享有的担保物权的，人民法院应予支持。"因此担保人向债权人全额清偿后，担保人可以就破产人向债权人提供的特定财产享有优先受偿权。担保人在其承担责任的范围内主张原债权人对破产人特定财产享有优先受偿权的，应予支持。若担保物是由第三人提供，担保人对担保物则不享有优先受偿权。

从该条内容设计来看，笔者推论司法解释起草者认为担保人承担担保责任，属于法定的责任承担方式，所产生的责任效果并不等同于债权让与，不能概括取得主债权相关的从权利。之所以例外规定担保人有权对债务人自己提供的担保物享有优先受偿权，主要是考虑到在破产程序中该优先受偿权已被债权人提前锁定，让担保人继续享有优先受偿权，并不会损害到其他债权人的利益。同时，进行这样的制度设定还可以鼓励担保人积极履责，免除担保人后续追偿只能以普通债权受偿的顾虑，进而有利于保障破产程序中债权人权利的实现，推动破产程序顺利进行。

四　买卖合同债权

（一）概述

《民法典》第五百九十五条规定："买卖合同是出卖人转移标的物的所有权于买受人，买受人支付价款的合同。"买卖合同是日常经济活动中常见的合同类型，因而在破产领域不可避免涉及买卖合同债权的处理。接下来，笔者将从审查债权申报人的主体资格、审查合同的履行情况、不动产买卖合同的债权认定、所有权保留买卖合同的债权认定入手，阐述如何认定买卖合同类债权。

（二）审查债权申报人的主体资格

在买受人破产的案件中，买卖合同的出卖人可以向买受人申报债权。实践中，买卖合同往往会涉及第三人。对于第三人是否具有债权申报的权利，需要具体审查认定。在审查申报的债权时，第一步应当先认定买卖合同中的主体，确定债权申报人的主体资格。

有些买卖合同在履行过程中会涉及第三人，存在由第三人代为履行合同或向第三人履行的情形。《民法典》第五百二十二条完善了对于向第三人履行的合同①，即第三人利益合同的规定，例如买受人甲与出卖人乙签订货物买卖合同，约定由出卖人乙向第三人丙履行交付义务。根据第三人是否享有履行请求权，第三人利益合同分为不真正利他合同和真正的利他合同。《民法典》第五百二十二条第二款属于《民法典》的新增制度，系真正的利他合同，其实质是，虽然第三人不是合同的当事人，但合同的效力可以拓展到非合同当事人的第三人，第三人可以取得履行请求权。判断是不是真正的利他合同，审查关键在于法律规定或者合同约定是否给予第三人直接向债务人请求履行的权利。

在债权申报审查过程中确定债权人在买卖合同中的地位，应当先确定债权人的主体资格。根据合同的相对性原理，合同履行请求权只能由合同的相对方提出，第三人不承担合同义务，也不享有合同权利，因而破产债权的申报也只能是合同的相对方提出，而与第三人无关。但在向第三人履行合同过程中，真正的利他合同的第三人取得了履行请求权，其是否具有债权申报权？虽然目前没有明文规定，但根据第三人具有可以直接向债务

---

① 《民法典》第五百二十二条规定："当事人约定由债务人向第三人履行债务，债务人未向第三人履行债务或者履行债务不符合约定的，应当向债权人承担违约责任。法律规定或者当事人约定第三人可以直接请求债务人向其履行债务，第三人未在合理期限内明确拒绝，债务人未向第三人履行债务或者履行债务不符合约定的，第三人可以请求债务人承担违约责任；债务人对债权人的抗辩，可以向第三人主张。"

人请求履行的权利，可以推定其具有债权申报权，当然第三人申报债权之后，合同相对方则不得再行申报。如合同相对方坚持申报，则管理人应当与另外两方协商，由其中一方申报债权，如协商无果，管理人应将债权优先确认至合同相对方处，对第三人申报的债权不予确认，避免出现重复清偿。

（三）审查合同的履行情况

基于合同中双方的约定，结合实际履行情况，以债权人是否完全履行了合同义务为判断标准，分为已经履行完毕的合同与未履行完毕的合同。

1. 已经履行完毕的合同

对债权人履行完毕的合同，以债务人未付款的原因区分为以下几种。

（1）债权人履行完毕合同，因债务人企业经营困难，没有支付能力而形成的债权

在审查该类型欠款时，债权人应当提交双方签订的买卖合同、债务人出具的收货确认单、增值税发票、债务人已付款项凭证等，初步证明债权人已经履行完毕合同义务。之后，管理人应当与企业财务人员就该笔债权进行沟通，核查账目情况。同时要与实际参与合同履行的业务人员沟通，确定合同的实际履行情况。经过多方沟通之后，确认实际情况与债权人的申报内容相符合，即可确定债权本金金额。

因债务人的原因造成迟延付款，进而违反合同约定，债务人将构成违约。债权人申报债权的同时一般都会申报违约金。违约金如何认定？

《全国法院破产审判工作会议纪要》指出，破产债权的清偿原则和顺序，对于法律没有明确规定清偿顺序的债权，可以按照补偿性债权优先于惩罚性债权的原则确定清偿顺序。由于违约金具有补偿性和惩罚性的双重性质，应当按照违约金的具体性质来决定其清偿顺序。补偿性违约金应当认定为普通债权，惩罚性违约金认定为劣后债权。那么对合同中约定的违约金如何确定补偿性和惩罚性各占的比例成为关键问题，而《民法典》将实际损失作为认定违约金是否需要调整的主要依据，所以补偿性违约金的

认定应当以赔偿守约方的实际损失为限。

若约定的违约金低于实际损失，根据《民法典》第五百八十五条第二款前项规定，债务人提出申请增加违约金的，也应当以实际损失为准认定。若约定的违约金高于实际损失，根据《民法典》第五百八十五条第二款后项规定，人民法院或者仲裁机构可以根据当事人的请求予以适当减少。管理人在审核违约金债权时，可以根据实际损失减少违约金的认定。依据《最高人民法院关于审理商品房买卖合同纠纷案件适用法律若干问题的解释》（2020 修正）第十二条规定①，在破产债权审查认定中，笔者认为应当将违约金减少为实际损失，超过实际损失 30% 的部分具有惩罚的性质，属于惩罚性债权，清偿顺序应当在普通债权之后。

所以不论买卖合同中对违约金如何约定，在确认债权人申报的违约金金额时，应当认定为实际损失金额，实际损失金额由债权人进行举证。对于债务人逾期付款情形，当债权人主张逾期付款违约金时，根据《最高人民法院关于审理买卖合同纠纷案件适用法律问题的解释》（2020 年修正）第十八条第四款规定进行确定即可。②

（2）因债权人主张质量保证金而形成的债权

买卖合同中，买受人为了让出卖人保证交付的货物质量合格，在合同中往往会约定质量保证金条款。质量保证金是以买受人保留部分标的物价款的形式存在。因买受人预留的这部分价款与其自有资金相混合，在买受人破产的情形下，该笔质量保证金如何认定，是属于买受人的财产还是出卖人的财产？笔者从质量保证金的性质、功能方面进行分析，进而判定质

---

① 《最高人民法院关于审理商品房买卖合同纠纷案件适用法律若干问题的解释》（2020 修正）第十二条规定："事人以约定的违约金过高为由请求减少的，应以违约金超过造成的损失 30% 为标准适当减少；当事人以约定的违约金低于造成的损失为由请求增加的，应以违约造成的损失确定违约金数额。"

② 《最高人民法院关于审理买卖合同纠纷案件适用法律问题的解释》（2020 年修正）第十八条第四款规定："买卖合同没有约定逾期付款违约金或者该违约金的计算方法，出卖人以买受人违约为由主张赔偿逾期付款损失，违约行为发生在 2019 年 8 月 19 日之前的，人民法院可以中国人民银行同期同类人民币贷款基准利率为基础，参照逾期罚息利率标准计算；违约行为发生在 2019 年 8 月 20 日之后的，人民法院可以违约行为发生时中国人民银行授权全国银行间同业拆借中心公布的一年期贷款市场报价利率（LPR）标准为基础，加计 30~50% 计算逾期付款损失。"

量保证金在买受人破产时如何处理。

质量保证金规定于《最高人民法院关于审理买卖合同纠纷案件适用法律问题的解释》（2020 年修正）第十五条①，主要作用是促使出卖人在质量保证期间及时解决标的物出现的质量问题，不要影响标的物的价值或者买受人对标的物的使用效果，这属于出卖人的瑕疵担保责任。如果出卖人未履行上述义务，则不得主张质量保证金。又依据该解释第十六条的规定②，出卖人如果未履行合同约定的保证义务，可以发生两个法律效果：一是出卖人丧失质量保证金的请求权；二是出卖人应当支付合理的费用。所以质量保证金在性质上应当属于担保金，其功能在于促使出卖人积极履行合同约定的质量保证义务。债务人只是占有了质量保证金，那么是否就可以认定质量保证金应当归出卖人所有，不属于破产财产呢？答案是否定的，主要是由货币"占有即所有"的特殊属性决定的，所以质量保证金应当属于破产财产，出卖人申报的质量保证金债权属于普通债权。

实践中如果将质量保证金以特户、封金、保证金等形式特定化后，此时该笔资金不得以任何形式被挪用，其价值在于保证安全而不在于流通。这使质量保证金与债务人的资金相区分，应当视为债权人的财产，债权人可以行使取回权。

质保金条款作为合同买方保护自己权益的一种方式，被广泛运用到买卖设备等合同关系中，往往约定由买方保留一部分款项暂不给付作为质保金，待质保期届满或设备（货物）交付后一定期限届满，设备（货物）质量合格再行给付。由于质保金不是法定的概念，加上合同对于质保金的约定一般都非常简单，因此在质保金的性质认识和处理上常常出现争议和误解。质保金的具体含义，实践中有两种不同的理解：一种为质量保修金；

---

① 《最高人民法院关于审理买卖合同纠纷案件适用法律问题的解释》（2020 年修正）第十五条规定："买受人依约保留部分价款作为质量保证金，出卖人在质量保证期未及时解决质量问题而影响标的物的价值或者使用效果，出卖人主张支付该部分价款的，人民法院不予支持。"

② 《最高人民法院关于审理买卖合同纠纷案件适用法律问题的解释》（2020 年修正）第十六条规定："买受人在检验期限、质量保证期限、合理期限内提出质量异议，出卖人未按要求予以修理或者因情况紧急，买受人自行或者通过第三人修理标的物后，主张出卖人负担因此发生的合理费用的，人民法院应予支持。"

一种为质量保证金。

质量保修金是由合同双方约定从应付合同价款中预留的，当设备（货物）出现质量问题，需要进行修理时用于支付修理费用的资金。即只要在质量保证期、保修期内，出现了质量问题需要进行维修的，买受人可先动用此质保金或以此质保金充抵；如果质保期或保修期届满，设备（货物）质量并未出现问题或并未维修，或者虽进行了维修，但费用仍有剩余，那么购买方就有义务应对方当事人的请求向其给付相应款项，因为该款项本来就是合同应付价款的一部分，也是根据合同应当享有的权利。

质量保证金是合同一方就所供设备（货物）的质量向对方所作的一种承诺。如果设备（货物）的质量符合约定，那么购买方就必须向对方给付该款项。如果设备（货物）质量不合格，应当将质量保证金作为违约金来处理，假如质量不合格造成的损失大于质量保证金，按照相关司法解释的规定，交付设备（货物）的一方可以请求作相应的调整，在调整后给付质量保证金的一方仍应给付剩余部分。质量保证金不宜解释为一种担保，担保法上的担保保证的是主债务的履行，因此从构成要件来分析，约定质保金不属于担保法规定的担保种类。

在人民法院受理破产申请后，买卖合同中约定的质保期还未到期，债权人以质量保证金向管理人申报债权，对于该债权如何认定？首先判决该合同是否属于"双方均未履行完毕的合同"，法律没有明确规定何为"双方均未履行完毕的合同"，笔者认为出卖人在破产申请受理前将标的物交付给债务人，并转移了所有权，则视为出卖人已经履行完毕合同，属于单务合同。如出卖人未完成交付义务、未转移标的物的所有权等，则属于"双方均未履行完毕的合同"。

管理人对双务合同进行解除或者继续履行有选择权，若管理人选择继续履行合同，根据《企业破产法》第四十二条的规定，选择继续履行合同产生的债务为共益债务，所以此时的质量保证金被认定为共益债务。若管理人选择解除合同，根据《企业破产法》规定，则应当被认定为普通债权。

2. 未履行完毕的合同

（1）概述

《企业破产法》中"履行完毕"的概念与《民法典》中的规定不相同，不是指合同中的全部义务履行完毕。所谓"履行完毕"，是指合同主要义务的履行完毕，即已经达到当事人签订合同的实质性目的。在双方约定的合同义务中，有一些是主要义务，其余多是次要义务或附随性义务，如机器设备买卖合同中约定的保修条款等便属于附随义务条款。此外，当事人在合同履行中有时也会存在瑕疵履行。在合同履行中，因多种情况影响而与合同约定出现或大或小的差异的现象是较为普遍的。破产领域中的"均未履行完毕"是指主要义务的未履行，否则，在出卖人破产的情况下，合同就可能由于保修等附随义务条款尚未履行完毕或者个别条款文字意义上的未履行，甚至由于出卖人自身过错造成的瑕疵履行，如果被视为"未履行完毕的合同"，从而达到可能被管理人任意解除的地步，就会损害买受方的正当权益。所以，在此种情形中，管理人原则上不享有《企业破产法》第十八条规定的合同解除权。①

（2）解除合同后的债权认定

《企业破产法》第五十三条对此进行了规定，但该条并没有明确规定损害赔偿的范围。《民法典》第五百八十四条规定："当事人一方不履行合同义务或者履行合同义务不符合约定，造成对方损失的，损失赔偿额应当相当于因违约所造成的损失，包括合同履行后可以获得的利益；但是，不得超过违约一方订立合同时预见到或者应当预见到的因违约可能造成的损失。"此条规定的损害赔偿范围包括直接损失和间接损失，直接损失指因违约造成的现实损失，比如财产价值的减损和其他费用的支出。间接损失指可得利益的损失，比如合同履行后可以实现的财产利益。

合同解除后，合同相对人就已经履行的合同事项可以向管理人申报债权。对合同相对人申报的债权如何认定？第一步应当先审查债务人的已付

---

① 王欣新：《房地产公司破产案中的房产权属与合同继续履行问题》，《人民法院报》2011年4月13日，第7版。

款金额是否明确，从付款凭证、财务账簿入手核查清楚。第二步对已经履行部分进行核实，比如机器设备、零件、原材料的买卖合同，履行的机器设备件数、原材料履行的吨数结合合同约定的单价，就可以确定已经履行的金额。第三步审查合同的违约情况，违约情况分为债权人违约和债务人违约。债权人违约应当在认定的债权金额中核减违约金额。债务人违约，债权人可以申报违约金，违约金包括实际损失、可得利益损失、惩罚性违约金。这三部分在破产实践中如何认定存在观点分歧。

观点一：申报的债权应当以当事人受到的直接经济利益损失为限。

合同解除后，可得利益损失不应包括在赔偿的范围之内。其一，合同解除后的法律后果，就是恢复到合同缔结前的状态，体现合同解除的溯及效力，而可得利益只有在合同完全履行的情况下才会产生。其二，期待利益具有计算方法难、计算结果不准确的特点。这是由于可得利益的计算是在已经违约的情况下计算合同在正常履行时的状况，而可得利益的取得常常需要具备各种条件。其三，解除合同本身就是对违约方的一种制裁。其四，根据《民法典》有关规定和损失赔偿理论，合同解除的法律效果就是要将当事人之间的权利义务关系恢复到合同订立前的状态，合同解除后的损失赔偿首先包括因恢复原状而发生的费用，恢复原状作为合同解除的首要责任，其目的就在于通过当事人之间相互返还已履行的财产，恢复到当事人的财产原始状态。如果恢复原状不足以弥补受害方损失，即通过返还财产的办法仍不能使既有的财产关系恢复到原来的状态，如因订立、履行合同或者返还财产等实际支出的费用无法弥补，则可借助损失赔偿措施予以补救。这些费用主要包括因返还财产支出的必要费用、为订立合同或履行合同而造成的财产实际损失等，即所受损失。根据《民法典》第五百八十四条之规定，可得利益是在合同完全履行的情况下才能产生，只是在当事人一方不履行合同义务或者履行不符合约定，相对方请求人民法院强制违约方履行时应承担的赔偿责任。可得利益的取得是以合同双方继续履行合同为前提的，在合同解除的情况下，表明守约当事人不愿继续履行合同，自愿放弃了可得利益，因此，赔偿损失的范围不应包括可得利益的损失。

观点二：申报的债权应包括当事人的直接损失和可得利益损失。

可得利益损失是指一方未全面履行合同等违约行为导致守约方所丧失的财产性损失，即在合同履行前并不为当事人所拥有，而为当事人所期望在合同全面履行以后可以实现和取得的财产权利。通常情况下只要构成违约行为即可能导致对方可得利益的损失。最高人民法院《关于当前形势下审理民商事合同纠纷案件若干问题的指导意见》第九条规定："在当前市场主体违约情形比较突出的情况下，违约行为通常导致可得利益损失。根据交易的性质、合同的目的等因素，可得利益损失主要分为生产利润损失、经营利润损失和转售利润损失等类型。"

《民法典》第五百八十四条是对可得利益的赔偿的表述，是对间接损失赔偿的准确表述。合同解除后，可得利益的赔偿不但必须而且可行。可得利益赔偿的合理标准是通过赔偿使受害人处于合同已被适当履行的状态。为此，首先必须确定合同如能履行，非违约方应当获得的利益；其次，则要确定因为违约而造成违约方所处的现实利益状态，二者之间的差距即为非违约方所遭受的实际损失和可得利益损失，而赔偿可得利益的极限就是合同如能履行时非违约方获得的利益。具体赔偿时应当遵循以下规则。第一，《民法典》并未规定违约方赔偿受害人因从事某一项不成功的交易所遭受的损失。第二，损害赔偿不包括非违约方所支付的不合理开支。至于什么是合理开支，应根据行业标准、交易习惯等标准综合评判。第三，损害赔偿的目的在于补偿受害人的损失，但此处的损失必须是守约方实际遭受的损失，如果要赔偿利润损失，则必须要有确凿证据证明这些利润是现实存在的或将要发生的。尤其要注意的是，在这些利润的计算中应扣除必要的支出，也即获取这些利润所必须支付的费用。第四，损害赔偿要适用损益相抵规则。比如因投资中断致使工程停工，由此减少的材料费、劳务费等开支。这些由于违约而节省的费用必须从赔偿额中扣除。第五，损害赔偿应扣除本来可以避免的扩大损失，但对于为减少损失而支出的费用则应予赔偿。第六，损害赔偿不能以违约方因违约而得到的利益为标准来确定赔偿额，不能判以惩罚性损害赔偿。除法律另有规定外，合同解除后的赔偿应当包括以下两方面。其一，债务不履行的损害赔偿。包括可得利益（履行利益）和信赖利益。其二，因合同解除而产生的损害赔偿。合同解除后的损害赔偿一般包括订立合同支出的必要费用、因相信合同能够履行而支出的必要费用、可得利益损失等。

综上所述，合同解除后，既需赔偿直接损失，又要赔偿间接损失，弥补了之前对间接损失的赔偿问题未作出明确规定的不足。

（3）继续履行合同时的债权认定

未履行完毕的买卖合同是指在破产申请受理前已经签订，但债权人与债务人均未履行完毕的双务合同。《企业破产法》第十八条赋予管理人对未履行完毕的合同有权决定解除或者继续履行。对管理人选择继续履行的合同。依据《企业破产法》第四十二条第（一）项规定，人民法院受理破产申请后，因管理人或者债务人请求对方当事人履行双方均未履行完毕的合同所产生的债务为共益债务。但是对需要继续履行的合同在破产申请受理日之前产生的债务如何处理，法律没有明确规定，实践中有以下两种处理方式。

第一种：确定为普通债权。该处理方式认为，应以破产申请受理为时间节点，受理之前成立的债权为破产债权，受理之后成立的债权为共益债务，上述债权是在受理之前发生的，不符合共益债务判定特点，将其排除在共益债务之外，可以通过申报债权的方式进行受偿，故应将已履行部分对应的债权作为普通债权。从文义解释来看，这样更符合《企业破产法》第四十二条第（一）项的规定。另外，从共益债务的定义来看，共益债务是在破产程序中为了全体债权人的利益而由债务人财产负担的债务，破产程序开始前债务人尚未支付给个别债权人的款项显然是其个别利益，如将其列入共益债务的范围，将与共益债务的性质不符。

第二种：确定为共益债务。从实务上来讲，管理人虽然有是否继续履行合同的选择权，但是，其没有在债务人企业违约的情况下强制对方履行后续义务的选择权。那么，在债务人拖欠已履行部分款项的情况下，实践中为了获取继续履行合同的利益进而增加自身的利益，管理人不得已满足合同相对方先清偿拖欠的款项的要求，这在现实中是可以理解的。因此，管理人将已履行部分的债权列入共益债务优先清偿，不能视为违反《企业破产法》的规定。

将破产程序启动前相对人已给付部分的对待给付也作为共益债务，坚持了合同的不可分性，避免了对合同"合意"本质的破坏。不过这种做法增加了继续履行合同的成本，且一定程度上可能影响公平清楚的破产法目标。然而，管理人选择继续履行合同的一般前提，就是继续履行有利于破产财产的增值，因此，继续履行合同并以共益债务优先支付这一合同的债务虽然使该合同债权人具有了优先地位，在清偿上出现对其他普通债权人的不公平，但这种"不公平"总体上使破产财产增值，进而可以使得其他债权人获益，所以可以合理推定其他债权人是愿意承受这种"不公平"待遇的。

综上所述，两害相权取其轻，笔者主张管理人选择继续履行合同后，债务人一方未履行的义务应当以共益债务进行清偿。[①] 上诉人某热电有限公司与被上诉人某能源服务股份有限公司（原某能源环境服务有限公司）技术服务合同纠纷一案[②]所作判决也秉持相同观点。

在现有的实践中，共益债务可以得到全额清偿，普通债权清偿率极低，甚至可能接近于零，管理人很少选择两个极端，而是在中间地带进行选择和谈判。既然管理人在是否继续履行双务合同方面具有选择权，那么，管理人可以拥有更多的自由裁量空间。例如，部分债务作为共益债务处理，部分债务作为普通债权清偿；已履行部分作为普通债权清偿，适当提高一下未履行部分的对价。每一个待履行合同都有自己的特殊情况，这些情况包括合作关系、谈判地位、资源稀缺性、市场价格变化等，我们认为法律规则无法穷尽这些特殊情况，自然也无法统一标准和规范，唯一可行的就是赋予管理人根据实际情况与合同相对方进行谈判的权利，进而作出商业判断，并与合同相对方就继续履行合同问题达成协议，而这一过程不可避免地涉及对合同条款的变更。经过管理人谈判、决策之后，不同的合同相对方所获得的利益有所区别，有的已履行部分获得的清偿利益较

[①] 王欣新、余艳萍：《论破产程序中待履行合同的处理方式及法律效果》，《法学杂志》2010年第 6 期，第 53 页。

[②] 山东省高级人民法院民事判决书，（2020）鲁民终 603 号。

大，有的则较小。合同相对方可能会提到公平清偿的问题：为什么同是已履行部分，却要差别化对待，是否有悖于平等对待所有债权人原则？笔者认为，管理人作出决策时，所依据的不是公平清偿原则，而是债务人财产价值最大化原则。《企业破产法》第三十二条规定债务人财产价值最大化是公平清偿之例外，因此管理人作出差别对待并无不当。

在管理人选择解除未履行完毕的买卖合同时，如果由合同相对方提供货物，且该货物有可分性，即先履行的货物与未履行的货物没有必然联系，管理人对先履行货物所形成的债务，应认定为普通债权，债权人对后履行部分如果行使不安抗辩权，管理人可以选择不履行合同。但是对于先履行部分和后履行部分不具有可分性的买卖标的物，必须在后履行部分履行完毕才能完整地实现合同的目的，此时的债权人就有了选择的权利，并且选择权的行使可以影响标的物的价值，最终影响破产财产的价值。为了达到保全破产财产价值的目的，管理人应当将已经履行的部分认定为共益债务。

考虑到管理人有可能为达到继续履行合同之目的，将已履行部分的欠款认定为共益债务，进而将共益债务的范围及于违约金、利息等。同时，管理人也可能因为未能充分满足合同相对方诉求，导致合同相对方拒绝履行合同，进而使得债务人企业无法实现继续经营或承受其他重大损失。如果不对管理人的自由裁量权进行限制，任其恣意行事，则可能与授予管理人自由裁量权的初衷是相悖的。根据《企业破产法》的规定，管理人进驻债务人企业后，决定债务人的内部管理事务，管理和处分债务人的财产，应当勤勉尽责，忠实执行职务。这些规定显示，管理人取代了原来董事、高级管理人员的职责，并且负有与董事、高级管理人员相同的义务：忠实义务和勤勉义务。《企业破产法》第一百三十条规定："管理人未依照本法规定勤勉尽责，忠实执行职务的，人民法院可以依法处以罚款；给债权人、债务人或者第三人造成损失的，依法承担赔偿责任。"因此，如果管理人在处理已履行部分债权中行为不当，可能承担相应的责任，当然管理人也可以存在合理的商业判断作为盾牌，防范可能的责任。管理人在行使相关自由裁量权时，既应存在充分地进行商业判断的空间，避免动辄得咨，又应存在必要的限制，避免恣意妄为。

对未履行完毕的合同，应当先分析合同没有履行完毕的原因，如果是因为债权人而没有履行完毕，应当在认定其债权数额时扣除因违约行为而给破产企业造成的损失及违约金。

（四）不动产买卖合同的债权认定

1. 概述

实践中，不动产买卖合同多是房屋买卖合同。由于商品房买卖的特殊性，在房屋并未完全建成时，开发商就会与买受人签订商品房买卖合同。实践中，从签订合同到交付房款再到产权证办理，可能需要几年时间。在此期间，经常出现房地产企业资金链断裂、楼盘烂尾的情况，而作为购房者的债权人，几乎倾尽财力或通过银行贷款购买房屋，因此对此类债权的处理不仅关乎购房者的生活需求，更直接关乎因房地产企业破产而产生的社会影响。

一般的企业破产案件，债权人申报的债权多为金钱之债，管理人将破产财产经过拍卖、变卖后，按照清偿比例分配给债权人。而在房地产企业破产中，债权人申报的债权会有所不同，申报的是交付特定的房屋。由于房地产企业的特殊性，登记在企业名下的房产可能是属于债权人的房屋，只有通过对债权人申报的房屋债权的审核认定，确定房屋的所有权，才能确定破产企业财产的范围。

有关购房人债权确认程序，实践中有两种处理方式。一种是管理人主动查明购房债权进行确认。这种观点认为，在房地产企业的破产程序中，对于购房人债权的确认程序，管理人可以参照《企业破产法》第四十八条第二款确认职工债权的规定进行，即管理人委托审计机构对房地产开发企业进行财务审计，并将审计结果中房地产开发企业所欠购房户债务金额及构成列出清单并予以公示（或者要购房户核对该清单后予以签字确认）。购房户对清单上记载的内容有异议的，可以要求管理人更正；管理人不予更正的，购房户可以向人民法院提起诉讼。在这种程序之下，购房人债权的确认程序无须经过债权申报程序，只需通过管理人查明的程序进行确认，并择机公示。主动查明并确认的程序是将债务人对购房人债权的清偿视作管理人履行债务人与债权人之间的合同思路的体现，考虑到了购房人债权清偿的履行合同的属性，具备一定合理性。

另一种是由购房人向管理人申报，管理人依照债权审核确认程序对购房人债权进行确认。这种观点认为，与其他债权人一样，购房债权人参加债权申报，经过管理人审核、债权人会议审查与异议程序确认债权。利用债权申报程序确认购房人债权是基于购房人债权同样属于破产程序中的债权，理应纳入债权申报程序进行处理思路的体现，更能够体现处理程序的正当性。

2. 不动产买卖合同中的债权类型

实践中具体的不动产买卖合同导致的债权类型有以下几种，笔者将分别论述债权审查的依据。

（1）作为一般消费者的债权人支付全部或者大部分购房款，但未办理房屋所有权转移登记

该种债权应当如何认定目前尚无一致观点。第一种观点认为，根据《破产案件若干问题规定》第七十一条规定，"下列财产不属于破产财产：……（五）特定物买卖中，尚未转移占有但相对人已完全支付对价的特定物……"只要是支付了全额房款的房屋，就不属于破产财产。并且在《企业破产法》实施后，上述司法解释并未被明令废止，所以该司法解释也是现行有效的，买受人已经完全支付价款的房屋不属于破产财产。

第二种观点认为，不动产物权的转让以产权登记为要件。买受人虽然支付了全部购房款，但房地产公司尚未办理房屋所有权变更登记，在此种情形下买受人未取得房屋所有权。而《破产案件若干问题规定》第七十一条第（五）项系对旧《企业破产法》的解释，对于该司法解释与《企业破产法司法解释（二）》第二条规定不一致的内容，已经不再适用。因此，该房屋属于房地产公司的债务人财产。

在买受人交付了全部房款的情形下，房屋的所有权到底该应当如何认定？两种观点的争论焦点是《破产案件若干问题规定》第七十一条第（五）项规定的适用问题。对于该项法律规定的效力，在再审申请人某投

资股份有限公司与被申请人某房地产开发有限公司商品房预售合同纠纷一案①中，最高人民法院认为，《破产案件若干问题规定》系为正确适用旧《企业破产法》所制定的司法解释，而随着 2007 年 6 月 1 日《企业破产法》的施行，旧《企业破产法》已经废止，针对该部法律所制定的司法解释原则上应不再适用。尤其是《企业破产法》施行后发布的《企业破产法司法解释（二）》第二条对不应认定为破产财产的情形，作出了不同于《破产案件若干问题规定》第七十一条的规定。再审申请人孙某某与被申请人某房地产开发有限责任公司破产债权确认纠纷一案②也持相同观点。

即使在《破产案件若干问题规定》尚未明确废止的情况下，根据"新法优于旧法"的法律适用规则，本案亦应适用《企业破产法司法解释（二）》认定案涉房产是否属于破产财产。从最高人民法院的观点可以得出在此种情况下应当认定房屋的所有权属于债务人。因此，笔者赞同第二种观点。

在房屋属于债务人财产的情形下，债权人的利益又应当如何保护？在再审申请人某房地产开发有限公司与被申请人杨某物权确认纠纷一案③中，最高人民法院认为，根据《民法典》合同编、《最高人民法院关于建设工程价款优先受偿权问题的批复》（现为《建设工程司法解释（一）》）等相关法律、司法解释规定之精神，交付了购买商品房的全部或者大部分款项后，消费者就所购商品房对出卖人享有的债权，有别于普通无担保债权，是一种针对特定不动产所享有的具有非金钱债务属性的特殊债权，在受偿顺序上优先于有担保债权的建设工程价款优先受偿权。

根据《企业破产法》《企业破产法司法解释（二）》规定之精神，并非所有的破产程序中的个别清偿行为均属于《企业破产法》第十六条规定的无效行为。④ 认定个别清偿行为无效的要件之一是该清偿行为损害了其

---

① 最高人民法院民事裁定书，（2017）最高法民申 3088 号。
② 最高人民法院民事裁定书，（2020）最高法民申 2681 号。
③ 最高人民法院民事裁定书，（2015）民申字第 1158 号。
④ 《企业破产法》第十六条规定："人民法院受理破产申请后，债务人对个别债权人的债务清偿无效。"

他破产债权人的合法权益。而如上所述，交付了购买商品房全部或者大部分款项的消费者对于其所购房屋的权利，因其具有特定性和优先性，故该债权的实现并不会构成对其他破产债权人合法权益的损害。因此，出卖人履行商品房买卖合同约定的交付房屋并办理所有权变更登记的义务，并非《企业破产法》第十六条所称的无效的个别清偿行为。

依据《企业破产法》第十八条的规定，管理人只对债务人和对方当事人均未履行完毕的合同有权决定解除或者继续履行，那么对于已经交付了全部房款的债权人，买卖合同不属于双方均未履行完毕的合同，所以管理人没有解除合同的权利，在不涉及合同无效的情形下，管理人应当继续履行合同。这种情形下，当债权人申报返还购房款或者要求交付房屋时，管理人应当向债权人交付房屋，在无法交付房屋时，应当认定债权人对该房屋的变卖价款有优先受偿权。对于支付了大部分款项的消费者，开发商未交付房屋时，买卖合同属于双方未履行完毕的合同，管理人享有选择权，可以继续履行或者解除合同。在管理人选择继续履行合同时，购房人应继续给付房款，债务人应当交付房屋并办理产权登记，由此产生的债务为共益债务。如何认定为交付大部分房款，可以参照《最高人民法院关于人民法院办理执行异议和复议案件若干问题的规定》第二十九条的规定。[①] 该条用于解释买受人对登记在被执行的房地产开发企业名下的商品房提出异议时的处理办法，其中第二项又是"所购商品房系用于居住且买受人名下无其他用于居住的房屋"，所以该规定的立法目的是保护消费者的生存权和住房权。和《建设工程司法解释（一）》的解释目的相同，对交付大部分房款的认定，参照该规定第三项"已支付的价款超过合同约定总价款的百分之五十"。可以认定交付房款50%以上，属于交付了大部分房款。所以在管理人选择解除合同的情形下，根据上面所述的最高人民法院观点，对于消费型购房合同的买受人，在合同解除后对于消费型买受人已经给付

---

① 《最高人民法院关于人民法院办理执行异议和复议案件若干问题的规定》第二十九条规定："金钱债权执行中，买受人对登记在被执行的房地产开发企业名下的商品房提出异议，符合下列情形且其权利能够排除执行的，人民法院应予支持：（一）在人民法院查封之前已签订合法有效的书面买卖合同；（二）所购商品房系用于居住且买受人名下无其他用于居住的房屋；（三）已支付的价款超过合同约定总价款的百分之五十。"

的款项进行特别优待。

（2）作为一般消费者的债权人支付少部分购房款

对于交付大部分或者全部购房款的买受人，从最高人民法院的观点得出可以优先保护，但是对于一般消费者的债权人支付少部分购房款时，是否也可以适用以上观点给予优先保护呢？

第一种观点认为：依据《建设工程司法解释（一）》第四十条①和国务院有关行政主管部门关于建设工程价款范围的规定，将作为消费者的购房人债权界定为绝对优先权，即该债权优先于建设工程优先权及抵押权。该批复的制定基础为"消费者属于生存利益，应当优先，承包人属于经营利益，应当退居其次"。如果允许建设工程款优先于消费者权益，相当于用消费者的资金清偿开发商的债务，从而将相关债务转嫁给消费者，严重违背了特殊保护消费者的法律政策。给予消费型购房人特殊优先权的做法符合我国国情及相关立法精神，但在购房消费者的认定上还需要相关立法以确立更为合乎法理并具有可行性的标准。在现阶段，对于购房人已经支付的购房定金及本金应给予优先保护，且其受偿顺位应参照《建设工程司法解释（一）》和国务院有关行政主管部门关于建设工程价款范围的规定，优先于建设工程优先权及抵押权，且不论其已支付价款所占总价款的比例。

第二种观点认为：在破产程序中，为了维护法律的平稳，尽量保持与《民法典》规定的一致性。《建设工程司法解释（一）》和国务院有关行政主管部门关于建设工程价款范围的规定的意见虽然在现阶段更符合我国在房地产公司破产案件中的特殊情形，但是不宜作扩大解释，应当严格按照批复的精神来认定购买者的优先权，所以对支付少部分购房款的债权人不应当认定债权也具有优先性，属于普通债权。

综上所述，笔者认为，对于此类债权，应当结合案件的实际情况，分析申报的债权中各类债权人数量及金额所占有的比例，合理确定债权认定的规则。此外，购房人就购房款申报的债权在受偿顺位上应当优先于建设

---

① 《建设工程司法解释（一）》第四十条规定："承包人建设工程价款优先受偿的范围依照国务院有关行政主管部门关于建设工程价款范围的规定确定。承包人就逾期支付建设工程价款的利息、违约金、损害赔偿金等主张优先受偿的，人民法院不予支持。"

工程价款，这一观点是基于《最高人民法院关于建设工程价款优先受偿权问题的批复》。虽然该批复已经被废止，但由于暂无明确的法律规定，因此该批复仍有借鉴意义，这也是出于对购房人相较房地产开发企业而言属于弱势群体的考虑。

（3）作为经营者的债权人支付了全部或者大部分购房款，但未完成所有权转移登记

在再审申请人某投资股份有限公司与被申请人某房地产开发有限公司商品房预售合同纠纷一案①中，最高人民法院认为，《建设工程司法解释（一）》对交付购买商品房全部或者大部分款项的消费者予以优先保护是基于生存利益大于经营利益的社会政策原则，为保护消费者的居住权而设置的特殊规定，在适用中应对其范围予以严格限制，不宜作扩大解释。消费者购房应是为了满足生活居住需要，而非用于经营或其他原因。

从最高人民法院的观点可以看出，《建设工程司法解释（一）》对交付购买商品房全部或者大部分款项的消费者予以优先保护是基于生存利益大于经营利益的社会政策原则，为保护消费者的居住权而设置的特殊规定，在适用中应对其范围予以严格限制，不宜作扩大解释。《最高人民法院执行工作办公室关于〈最高人民法院关于建设工程价款优先受偿权问题的批复〉中有关消费者权利应优先保护的规定应如何理解的答复》规定："《最高人民法院关于建设工程价款优先受偿权问题的批复》（法释〔2002〕16号）第二条关于已交付购买商品房的全部或者大部分款项的消费者权利应优先保护的规定，是为了保护个人消费者的居住权而设置的，即购房应是直接用于满足其生活居住需要，而不是用于经营，不应作扩大解释。"所以在债权认定时，区分购房人购买房屋的目的，从而认定债权是否应当优先保护，对购房目的是用于经营的债权人，其申报的债权应当认定为普通债权。

（4）经网签备案的买卖合同

《城市商品房预售管理办法》第十条规定了网签备案制度。商品房买

---

① 最高人民法院民事裁定书，（2017）最高法民申3088号。

卖合同网签备案是由买卖双方对交易房屋基本信息进行备案登记的一套行政手续，是为了满足房管局对商品房买卖交易的监督管理需要。这一制度的目的是打破开发商与购房者之间的信息壁垒，提高商品房交易市场的信息透明度，进一步规范房屋交易程序，维护购房者个人权益。所有在市场上销售的房屋都必须办理房屋买卖网上签约，也即商品房买卖合同网签备案。办理过网签的商品房不能被二次买卖直至其所有权被初次登记或变更登记，所以办理网签只是监管部门的一种行政手段，买受人不应当因此而享受优先受偿的权利，申报的债权在不符合其他优先受偿权利的条件下应被认定为普通债权。

另外，在对已经支付全部或者大部分房款的消费型购房者的优先保护权认定中，最高人民法院也没有突破《民法典》的规定，认定房屋仍然属于债务人财产，但债权人申报的债权又是一种针对特定不动产所享有的具有非金钱债务属性的特殊债权，具有特定性与优先性，消费者的利益属于生存利益，相比其他债权人的经营利益更应当优先保护。

（5）已经办理预告登记的买受人申报的债权

《民法典》第二百二十一条规定了预告登记制度①，其本身并非实体法上的权利，而是作为担保手段，抵御债权发生到物权实现的中间阶段所发生的法律风险，确保买受人对特定不动产的债权请求权得到实现，这是根据预告登记在民法上的效力所得出的逻辑推论。《企业破产法》和具体破产程序中并未就预告登记制度在破产程序中的实际运用进行规定，使法院就预告登记在破产程序中的效力认定不一。那么对已办理预告登记的商品房买卖合同，在买受人申报债权时，其债权的认定问题，实践中有以下观点。

观点一：由于相关法律未就预告登记制度在破产程序中的优先效力进行规定，故只能作为普通债权进行清偿。管理人在选择解除商品房买卖合

---

① 《民法典》第二百二十一条规定："当事人签订买卖房屋的协议或者签订其他不动产物权的协议，为保障将来实现物权，按照约定可以向登记机构申请预告登记。预告登记后，未经预告登记的权利人同意，处分该不动产的，不发生物权效力。预告登记后，债权消灭或者自能够进行不动产登记之日起九十日内未申请登记的，预告登记失效。"

同时，虽然办理了预告登记，但根据《最高人民法院关于适用〈中华人民共和国民法典〉物权编的解释（一）》第五条①、《民法典》第二百二十一条第二款的规定，商品房买卖合同解除后，预告登记失效，预告登记权利人的债权就此沦为无担保的债权，只能作为普通债权参与分配清偿。该观点严格遵循我国物权法仅赋予预告登记的保全效力，而否认预告登记所具有的破产保护效力，即认为预告登记权利人仍属于债权人，法律没有规定其优先权。所以办理了预告登记的房屋买卖合同中的买受人权利在买卖合同解除后不应当被优先保护。

观点二：预告登记制度存在的基础是基于物权和债权严格分离的民法权利体系。当事人订立不动产买卖合同后，买受人并未取得不动产物权，而仅获得请求债务人办理房屋转移登记的债权请求权。买受人只有借助于这一请求权，才能实现买卖合同所约定的不动产物权变动。一旦管理人解除合同，将使得预告登记旨在实现的物权变动落空，预告登记制度的上述作用也将大打折扣。所以有学者认为，若管理人在任何情况下都不必考虑相对方的利益而解除合同，将可能造成债务人与未履行的合同相对人之间的利益失衡，应当对管理人的选择权目的性限缩。《最高人民法院关于人民法院办理执行异议和复议案件若干问题的规定》第三十条规定："金钱债权执行中，对被查封的办理了受让物权预告登记的不动产，受让人提出停止处分异议的，人民法院应予支持；符合物权登记条件，受让人提出排除执行异议的，应予支持。"根据这一规定，办理了预告登记的不动产可以对抗执行，受让人可以请求停止执行。在破产法中，买受人也可以依据本条排除他人对商品房的处分权，包括管理人在内。经由预告登记，此后未经预告登记人允许，在一定的期限内是不能进行其他物权变动的，所以办理了房屋预告登记的买受人的债权具有优先性。

综合上述观点，笔者认为，虽然预告登记兼具物权和债权的双重性质，但预告登记之下的请求权的本质仍为债权，因此在相对人进入破产程

① 《最高人民法院关于适用〈中华人民共和国民法典〉物权编的解释（一）》第五条规定："预告登记的买卖不动产物权的协议被认定无效、被撤销，或者预告登记的权利人放弃债权的，应当认定为民法典第二百二十一条第二款所称的'债权消灭'。"

序之时，对预告登记权利人的法律救济应当有别于破产法中的取回权制度和别除权制度。对于预告登记权利人的保护，可以分阶段来进行。在破产受理阶段，预告登记权利人有权要求管理人继续履行合同义务，管理人完成本登记行为的，不是《企业破产法》规定的个别无效清偿。在破产清算阶段，如果管理人处分预告登记标的物，预告登记的权利人可有权请求否定其处分行为，并有权要求管理人完成本登记；如果因预告登记标的物灭失等致使预告登记目的不能实现，其权利人可以请求申报损害赔偿债权，该债权与其他破产债权处于同等效位。在破产重整程序进行时，预告登记权利人将暂时不能要求管理人进行本登记。在破产和解阶段，和解协议不具有对抗预告登记权利人的效力，预告登记权利人依然有权要求管理人完成本登记。

（6）以房抵债签订的商品房买卖合同，债权人申报交付房屋的债权

在房地产企业破产案件中，"以房抵债"情况众多，并且实践中形式复杂多样，常常和其他类型的破产债权存在权利冲突。在当前的破产审判实务中，对"以房抵债"债权的处置没有达成一致意见：有的将"以房抵债"债权根据各自形成过程进行区分，有的将其还原至原基础法律关系而对"以房抵债"法律行为不予认可，有的基于稳定的需要而对"以房抵债"法律行为全部认可。因此，进一步明确"以房抵债"在破产程序中的审查确认标准具有重要的现实意义。

房地产开发企业破产时，其签订的民间借贷合同在借款期限届满后，没有履行还款义务，债权人往往会与破产企业签订以房抵债协议，同时签订商品房买卖合同。企业破产时，债权人申报要求交付房屋。管理人应当先审查破产行为的效力。第一，是否属于破产无效行为。依据《企业破产法》第三十三条之规定①，如果以房抵债涉嫌债务人逃避债务而隐匿、转移财产，虚构债务或承认不真实的债务，行为应当被认定无效。第二，是

---

① 《企业破产法》第三十三条规定："涉及债务人财产的下列行为无效：（一）为逃避债务而隐匿、转移财产的；（二）虚构债务或者承认不真实的债务的。"

否属于破产可撤销行为。依据《企业破产法》第三十一条之规定①，如果以房抵债行为发生在法院受理破产申请前一年内，需要考量以房抵债签订时的价格是否属于明显不合理；即使价格合理，如果是根据当事人内心真实意思，推断为"以房担保"的，无论债务是否已清偿，也应当被认定为破产可撤销的情形，应由管理人请求予以撤销。第三，依据《企业破产法》第三十二条之规定，如果以房抵债行为发生在人民法院受理破产申请前六个月内，则无论债务是否已届清偿期，以房抵债行为均属可撤销情形，相关抵债房屋均需纳入破产财产的范围。

在以房抵债协议不涉及无效、可撤销的情形下，债权的审查认定在司法实践中有以下处理意见。

一种处理意见认为，"以房抵债"属于实践性法律行为，若仅有代物（房屋）清偿合意，而未实际履行物权（房屋所有权）转移的，原债务并未消灭，在实际履行物权（房屋所有权）转移后，原债务同时消灭。2014 年 3 月，江苏省高级人民法院曾对债权债务案件审理中的以物抵债问题进行专题讨论，并发布了《关于民间借贷及以物抵债的专题讨论会议纪要》。该会议纪要区分了债务届满前和届满后两种情况，并提出了不同的处理思路。第一，当事人在债务未届清偿期之前约定以房屋或土地等不动产进行抵债，并明确可以回赎，债务人或第三人根据约定已办理了物权转移手续的，该行为符合让与担保特征，但违反物权法定原则，不产生物权转移效力。债权人根据债权协议及物权转移凭证要求原物权人移转的，人民法院不予支持。第二，债务清偿期届满后当事人达成以物抵债协议，在尚未办理物权转移手续前，债务人反悔不履行抵债协议的，债权人要求继续履行抵债协议或要求确认所抵之物的所有权归自己的，人民法院应驳回其诉讼要求。但经释明，当事人要求继续履行原债权债务合同的，人民法院继续审理。第三，当事人在债务清偿期

---

① 《企业破产法》第三十一条规定："人民法院受理破产申请前一年内，涉及债务人财产的下列行为，管理人有权请求人民法院予以撤销：（一）无偿转让财产的；（二）以明显不合理的价格进行交易的；（三）对没有财产担保的债务提供财产担保的；（四）对未到期的债务提前清偿的；（五）放弃债权的。"

届满后达成以物抵债协议并已办理了物权转移手续后，一方反悔，要求认定以物抵债协议无效的，人民法院不予支持。但如当事人一方认为抵债行为具有《民法典》第一百四十七条至一百五十一条规定的可撤销情形的①，可以请求人民法院或仲裁机构变更撤销。可知江苏省高级人民法院将以房抵债协议归于实践性合同，坚持了实践性观点。最高人民法院民一庭在《当事人在债务清偿期届满后达成的以物抵债协议，在尚未办理物权转移手续前，协议效力如何认定》的答复中亦认为，债务人反悔不履行抵债协议，债权人要求继续履行抵债协议或者要求确认所抵之物所有权归自己的，法院应驳回其诉讼请求；但经过释明，当事人要求继续履行原债权债务合同的，法院继续审理。

另一种处理意见认为，对于以物抵债协议的效力，根据意思自治原则，当事人约定的以物抵债协议只要不违反法律、行政法规的强制性规定的，即为有效。在当事人对合同成立无特别约定的情况下，应当认为其系诺成性合同，自双方意思表示一致时成立，不以债权人实际受领抵债物为合同成立要件。

2014年12月16日，北京市高级人民法院发布《关于审理房屋买卖合同纠纷案件若干疑难问题的会议纪要》（京高法发〔2014〕489号），其中认为：①当事人在民间借贷债务履行期限届满前签订合同约定，借款人逾期不偿还借款即愿意以自己所有（或经第三人同意以第三人所有）的房屋抵偿归贷款人所有，该合同实为基础借贷债权的担保，应当根据当事人的真实意思表示认定双方之间系民间借贷法律关系。贷款人可以依原基础借贷法律关系主张偿还借款；贷款人在履行清算义务的前提下，可以要求借

---

① 《民法典》第一百四十七条规定："基于重大误解实施的民事法律行为，行为人有权请求人民法院或者仲裁机构予以撤销。"第一百四十八条规定："一方以欺诈手段，使对方在违背真实意思的情况下实施的民事法律行为，受欺诈方有权请求人民法院或者仲裁机构予以撤销。"第一百四十九条规定："第三人实施欺诈行为，使一方在违背真实意思的情况下实施的民事法律行为，对方知道或者应当知道该欺诈行为的，受欺诈方有权请求人民法院或者仲裁机构予以撤销。"第一百五十条规定："一方或者第三人以胁迫手段，使对方在违背真实意思的情况下实施的民事法律行为，受胁迫方有权请求人民法院或者仲裁机构予以撤销。"第一百五十一条规定："一方利用对方处于危困状态、缺乏判断能力等情形，致使民事法律行为成立时显失公平的，受损害方有权请求人民法院或者仲裁机构予以撤销。"

款人办理房屋过户登记手续，但房屋价值超过担保基础借贷债权（贷款本金、合法利息等）的，贷款人应将剩余款项返还给借款人。②当事人在民间借贷债务履行期限届满后签订合同约定以房抵债，性质上属于债务履行方式的变更，贷款人可以要求履行合同办理房屋过户登记手续。借款人认为抵债价格明显过低，显失公平的，可以依据《民法典》第一百五十一条的规定行使撤销权。

对比可见，北京市高级人民法院的观点与江苏省高级人民法院的观点有所不同。北京市高级人民法院更多将民间借贷债务履行期限届满后签订的以房抵债合同，认定为诺成性合同，进而将其视为债务履行方式的变更，即以房抵债协议取代原借贷协议，贷款人可以要求履行合同办理房屋过户登记手续。其要旨是倾向于保护以房抵债协议的效力，无论是届满前还是届满后的协议，对于原债权债务履行期限届满前达成的以房抵债协议，原则上认定为具有一定可执行性的担保协议，在当事人履行清算义务的前提下，可以要求办理过户手续；对于原债权债务履行期限届满后达成的以房抵债协议，认定为债务履行方式的变更——以房抵债协议取代原借贷协议，债权人可以据此要求履行过户手续。

基于上述处理意见，在破产程序中对"以房抵债"债权的审查和确认应当坚持以下原则。第一，如果用于抵债的房屋存在权利上的瑕疵或者法律上的障碍，管理人可以依照《民法典》的有关规定解除合同或者主张合同无效。第二，"以房抵债"凡构成"有失公平的清偿"或者"个别清偿"情形的，管理人均有权依据《企业破产法》第三十一条和第三十二条的规定请求人民法院予以撤销。第三，在债务履行期届满前签订商品房买卖合同的，如果房屋尚未交付债权人，此时房屋买卖合同实质上是借款合同的担保，法院应当按照民间借贷关系来认定。再审申请人孙某某与被申请人某房地产开发有限责任公司破产债权确认纠纷一案①也是按此进行处理的。因此，出借人不得请求管理人实际履行房屋买卖合同，只能请求变价。如买卖的房屋未经公示，则不具有物权效力，债权人不能对价款优先

---

① 最高人民法院民事裁定书，（2020）最高法民申 2681 号。

受偿；如果抵债物已经交付债权人，则构成让与担保，参照质押的规定进行处理。第四，在还款期限届满后，签订以房抵债性质房屋买卖合同的，即使房屋尚未交付，鉴于合同的诺成性，该房屋买卖合同也应当被认定为有效，管理人不能解除该以房抵债性质的房屋买卖合同。

（五）所有权保留买卖合同的债权认定

1. 概述

依据《民法典》第六百四十一条①规定，所有权保留买卖合同是指当事人可以在买卖合同中约定买受人未履行支付价款或者其他义务的，标的物的所有权属于出卖人。所有权保留的本质是在普通的买卖合同关系之中，为出卖人设置一个具有担保物权属性的措施。所有权保留买卖作为一种不典型的担保方式，以标的物的所有权为担保基础，同时辅以出卖人对标的物价值损失的求偿权，兼具物权担保和信用担保的功能，能为出卖人构建较为安全的交易环境。相较于一般买卖合同的买受人在出卖人违约时仅有的债权请求权的救济手段，所有权保留买卖合同的买受人有物上请求权和债权请求权的双重救济权利。所有权保留买卖的上述特点，可以有效地保护出卖人利益，因此所有权保留为大量商业活动所采用。

所有权保留条款系有利于出卖人的条款，通常情况下，标的物一经交付，所有权即转移至买受人名下，但本条规定当事人可以在合同中作出所有权保留的约定，即在买受人未履行支付价款或者其他出卖人认为重要的义务之前，出卖人仍然享有标的物的所有权。这样就可以免去在出卖人已交付标的物而买受人不履行其主要义务时，因所有权已转移可能给出卖人造成的损害。比如在某买卖合同中约定了所有权保留条款，即买受人未支付全部价款前标的物所有权属于出卖人，此后人民法院受理对买受人的破产申请，此时出卖人仍可以通过管理人取回已经交付买受人的合同标的物，该买卖合同标的物不纳入买受人破产财产的

---

① 《民法典》第六百四十一条规定："当事人可以在买卖合同中约定买受人未履行支付价款或者其他义务的，标的物的所有权属于出卖人。出卖人对标的物保留的所有权，未经登记，不得对抗善意第三人。"

范围。

2. 出卖人"所有权保留取回权"的行使

依据《民法典》第六百四十二条①规定，在标的物所有权转移前，买受人特定违约，造成出卖人损害的，除当事人另有约定外，出卖人有权取回标的物，即出卖人享有"所有权保留取回权"。

"所有权保留取回权"的法定原因为：（1）未依约付款或未履行完毕其他义务；（2）将标的物出卖、出质等不当处分，前者旨在给买受人心理压迫以期获得债权的完全实现，后者则旨在防止买受人侵害出卖人对标的物的所有权。

《最高人民法院关于审理买卖合同纠纷案件适用法律问题的解释》（2020年修正）第二十六条规定了"所有权保留取回权"的消极要件：（1）买受人已支付总价75%以上；（2）第三人善意取得标的物所有权或其他物权。出卖人因上述情形无法取回时，应有相应救济。在所有权保留而出卖人破产场合，其管理人可请求买受人继续付款及给予相应赔偿。在买受人破产场合，出卖人亦可为相同主张，因该债务属于《企业破产法》第四十二条规定的"履行双方均未履行完毕的合同所产生的债务"，故该债务应作为共益债务随时清偿。在买受人已支付总价75%以上时，出卖人"所有权保留取回权"的行使被阻却，若买受人破产，标的物可否归入破产财产？笔者认为，此时"买受人所享有的权利本质上仍为债权而非物权"，在买受人支付全部价款前，出卖人依旧享有所有权。否定"所有权保留取回权"并非否定出卖人的所有权，在合同被解除时，出卖人依其所有权依旧享有破产取回权，故标的物不可当然地归入破产财产。

在买受人特定违约时，出卖人并非只有"所有权保留取回权"一种救济方式。若违约已达到根本违约程度，保留出卖人可在单方解除合同后行使取回权取回标的物，此种取回权为一般意义上的取回权，即为返还原物

---

① 《民法典》第六百四十二条规定："当事人约定出卖人保留合同标的物的所有权，在标的物所有权转移前，买受人有下列情形之一，造成出卖人损害的，除当事人另有约定外，出卖人有权取回标的物的：（一）未按照约定支付价款，经催告后在合理期限内仍未支付；（二）未按照约定完成特定条件；（三）将标的物出卖、出质或者作出其他不当处分。出卖人可以与买受人协商取回标的物；协商不成的，可以参照适用担保物权的实现程序。"

请求权。在买受人破产的场合，此种取回权应准用下文中破产取回权的相关规定。

3. 债权申报与破产取回权行使的冲突

债权申报与破产取回权的行使可能产生诸多冲突。在买受人破产的场合，一般情形下管理人先行使选择权，若选择解除合同则出卖人可行使取回权，出卖人也可以放弃取回权而以普通债权人身份申报未付价款债权。但可能产生如下问题。

（1）出卖人申报债权之后，管理人是否还可行使选择权。笔者认为，若因出卖人申报债权即可否定买受人管理人选择权，则选择权会因对方行为单方受限，故管理人依旧可行使选择权。至于具体操作，出卖人应以"待履行合同之债"申报债权，若管理人选择解除合同，则该债权转化为破产债权；若管理人选择继续履行合同，则该债权转化为共益债权。

（2）出卖人申报债权是否视为放弃行使取回权。实践中人民法院常认为，出卖人有两条权利实现路径，即申报债权与行使取回权，前者为债权实现途径，后者为物权实现途径，选其一即视为默示放弃另一路径。例如有的法院指出，"申报债权主张全部货款的行为应当视为不再保留合同项下标的物的所有权"，再如，"出卖人选择了所有权就丧失了债权，选择了债权就丧失了所有权"。有学者提出了异议：类比抵押担保，"若债务人不履行义务而债权人起诉要求其履行，也并不会导致抵押权的丧失"，故即便出卖人已申报债权，也不应视为其放弃行使取回权。笔者认为，应当类比抵押担保，担保债权人可以申报担保债权以获得"经确认的担保债权"地位，也可不申报，故债权申报与担保物权不是排斥关系，出卖人申报债权的权利与取回权也应如是。但此处的"申报"并非"普通债权申报"，而是"担保债权申报"，出卖人申报债权时也应标注其具有取回权。若其只申报全额普通债权，管理人应与其沟通确认，如仍不注明，则视为放弃行使取回权，否则可能发生双重清偿问题。

4. 出卖人无法取回时的救济方式

所有权保留买卖合同中标的物毁损灭失或被第三人善意取得时，因标的物不复存在，出卖人的取回权将无法行使，那么申报的债权如何认定？

　　一般情形下，标的物因不可归责于双方当事人的原因毁损灭失时，产生风险负担问题，因标的物已交付，风险由买受人承担，出卖人拥有请求支付剩余价款的债权；标的物因可归责于买受人的原因毁损灭失时，出卖人对买受人拥有择一行使侵权或违约损害赔偿请求权的债权；标的物被买受人无权处分且被第三人善意取得时，出卖人拥有择一行使侵权损害赔偿请求权、违约损害赔偿请求权及不当得利请求权的债权。根据我国《企业破产法司法解释（二）》第三十条、第三十二条规定①，上述债权若产生在破产申请受理前，应认定为破产债权；若产生在破产申请受理后，应认定为共益债权。

　　当破产清偿率极低时，共益债务也可能得不到足额清偿，因此设置代偿取回权十分必要。代偿取回权是指取回权的标的物被非法转让或灭失时，该财产的权利人有权取回转让其财产所得的对待给付财产或补偿金。相较于赔偿请求权，代偿取回权对于取回权人来说有优先受偿的权利，权利人不通过破产程序受偿，这对取回权人保护更佳。

　　我国立法仅在标的物毁损灭失情形设置了代偿取回权，而未规定标的物被无权处分并被善意取得的情形，笔者认为欠妥：类比抵押权制度，抵押权人能够证明抵押财产转让可能损害抵押权的，抵押权人拥有充分救济，要么抵押权人可以请求对抵押物转让价金进行提前清偿或者提存，要

---

① 《企业破产法司法解释（二）》第三十条规定："债务人占有的他人财产被违法转让给第三人，依据民法典第三百一十一条的规定第三人已善意取得财产所有权，原权利人无法取回该财产的，人民法院应当按照以下规定处理：（一）转让行为发生在破产申请受理前的，原权利人因财产损失形成的债权，作为普通破产债权清偿；（二）转让行为发生在破产申请受理后的，因管理人或者相关人员执行职务导致原权利人损害产生的债务，作为共益债务清偿。"第三十二条规定："债务人占有的他人财产毁损、灭失，因此获得的保险金、赔偿金、代偿物尚未交付给债务人，或者代偿物虽已交付给债务人但能与债务人财产予以区分的，权利人主张取回就此获得的保险金、赔偿金、代偿物的，人民法院应予支持。保险金、赔偿金已经交付给债务人，或者代偿物已经交付给债务人且不能与债务人财产予以区分的，人民法院应当按照以下规定处理：（一）财产毁损、灭失发生在破产申请受理前的，权利人因财产损失形成的债权，作为普通破产债权清偿；（二）财产毁损、灭失发生在破产申请受理后的，因管理人或者相关人员执行职务导致权利人损害产生的债务，作为共益债务清偿。债务人占有的他人财产毁损、灭失，没有获得相应的保险金、赔偿金、代偿物，或者保险金、赔偿物、代偿物不足以弥补其损失的部分，人民法院应当按照本条第二款的规定处理。"

么对已登记的抵押权根据抵押权的追及效力向受让人主张权利。若对取回权人无任何物权性救济，可能催使债务人出现破产原因后争相非法处分标的物。从所有权保留的目的来看，其旨在防止标的物和标的物转卖所得价款归入破产财产而被普通债权人分配，肯定取回权人对标的物变卖价款的代偿取回权。

对代偿物形式的限制亦有争议。有的学者主张代偿物为货币时不可取回，代偿物应限于"非金钱"；有的学者则主张区分规则，只要该货币代偿物未与债务人原有资金混同，即可以取回。我国的立法态度为：保险金、赔偿金、代偿物尚未交付给债务人，或者代偿物虽已交付给债务人但能与债务人财产予以区分的，可以取回。

笔者认为货币代偿物只要可以与债务人原有资金相区分，便可取回。代偿取回权的基础理论是认为取回权人对原物的变形物依旧享有所有权，债务人仅为保管人，取回权人自然可以取回。立法之所以对货币区别对待，有可能在于货币"占有即所有"的性质。债务人若已占有保险金等货币代偿物，因"占有即所有"，理应获得其所有权，故货币代偿物应归入破产财产，取回权人只可以普通债权人身份参与破产清算。

综上，保留所有权买卖合同中标的物毁损灭失或被第三人善意取得时，出卖人的一般取回权无法行使，但如果毁损灭失所得的保险金、赔偿金或因无权处分所得的对价代偿物可以与保留买受人的原有财产相区分，保留出卖人可对代偿物行使代偿取回权。

5. 保留出卖人行使"所有权保留取回权"后的清算

取回买卖合同标的物并非保留买卖合同双方权利义务的终结，取回后的清算至关重要。在出卖人或买受人破产场合，若合同继续履行但买受人特定违约，出卖人享有"所有权保留取回权"，但在行使"所有权保留取回权"后，标的物是否应拍卖变卖，破产法对此未加规定。

在非破产场合，依据《民法典》第六百四十三条规定，出卖人取回标的物且买受人未回赎，可以再出卖，所得价款清偿必要费用及未付价款后仍有剩余的，应返还买受人；如有不足，出卖人可以请求保留买受人继续清偿。出卖人不再出卖时，我国立法未有规定。总之，再出卖权类似担保物权的强制清算程序，核心在于"拍卖变卖"与"多退少补"。一言以蔽之，保留出卖人行使再出卖权时，双方进行清算；放弃行使再出卖权时，双方权利义务类似"流质"。

破产领域内的规制：（1）在出卖人破产的场合，其管理人决定解除合同，买受人的已付价款债权应作为共益债权申报，出卖人则可要求买受人给付使用费及损害赔偿。出卖人、管理人再出卖标的物，所得价款应归入破产财产分配给各债权人，而非扣除必要费用及未付价款后返还给保留买受人。（2）在保留买受人破产的场合，其管理人决定解除合同，出卖人取回标的物后买受人则可要求出卖人返还已付价款。取回的标的物价值明显减少给出卖人造成的损失的，出卖人可以从买受人已支付价款中优先予以抵扣，当不足以弥补时，出卖人的使用费及损害赔偿债权应作为共益债权申报。（3）双方若约定对标的物变价清算，则从其约定。

在买受人破产场合，管理人解除合同后，出卖人可行使破产取回权。《企业破产法司法解释（二）》对取回后的清算加以规定：买受人的管理人可向出卖人请求返还已支付价款；标的物价值减损，出卖人可在买受人已付价款中优先抵扣，剩余部分返还买受人；已付价款不足以弥补标的物减损的，不足部分作为共益债务进行清偿。

五　金融不良债权

（一）概述

金融不良债权属于特殊资产的一种形式。2005年11月18日颁布施行的《不良金融资产处置尽职指引》（银监发〔2005〕72号）第三条规定："不良金融资产指银行业金融机构和金融资产管理公司经营中形成、通过购买或其他方式取得的不良信贷资产和非信贷资产，如不良债权、股权和实物类资产等。"在实务中，不良信贷资产为金融不良债权的主要形式，不良信贷资产进一步说就是不良贷款。银行为了识别自己持有金融债权本息足额偿还的可能性，根据金融债权的风险程度，将贷款分为正常、关注、次级、可疑和损失五类，后三类贷款被称为不良贷款。

为了符合监管要求，不良贷款不可能长期待在银行资产负债表里，银行会有调整资产负债表的冲动。为了出资产负债表，银行通常把自己持有的不良贷款转让给金融资产管理公司或社会投资者。本部分所指金融不良债权为不良贷款被银行转让后的金融债权，而非银行持有时的不良贷款金融债权。

金融不良债权审查跟金融债权审查一样极具争议性，因此，管理人在开展金融不良债权审查前，必先确定此类债权的审查标准，标准不统一，审查结果必是千差万别。为什么把金融不良债权审查单独列出来，而不把此类债权与金融债权审查合二为一予以论述？换句话说，金融不良债权与金融债权审查遇到的法律问题是否类似？两者都有相似的法律问题，但不同点是主要方面。虽然两者基础法律关系均为金融借贷合同法律关系，但因为法律主体不同，金融债权审查标准并不完全适用于金融不良债权的审查。对金融不良债权审查标准的确立，实务上存在不同的司法观点，讨论的焦点则是最高人民法院于 2009 年 3 月 30 日施行的最高人民法院《关于审理涉及金融不良债权转让案件工作座谈会纪要》（以下简称《海南纪要》）适用问题。笔者接下来将梳理当前争议的问题，结合现行规定和实务判例明晰争议问题的解决方案。

（二）金融不良债权审查争议缘起

2008 年 10 月 14 日，最高人民法院与全国人大常委会法制工作委员会、中共中央政法委员会、国务院法制办公室、财政部、国务院国有资产监督管理委员会、中国银行业监督管理委员会、中国人民银行和审计署八家单位在海南省海口市召开全国法院审理金融不良债权转让案件工作座谈会，与会人员通过认真讨论，就审理涉及金融不良债权转让案件的主要问题取得了一致的看法。会后最高人民法院公布了《海南纪要》。

《海南纪要》涉及十二个方面的主要问题，虽然各方对主要问题取得一致看法，但在实务中如何正确适用此纪要的内容却存在极大争议。在破产程序中，这些争议的问题也是管理人审查此类债权的重点和难点。例如，《海南纪要》第九条关于受让人收取利息的问题，从纪要公布起便一直是实务界人士讨论的重点问题，最高人民法院为此专门作出个案答复。对《海南纪要》涉及的主要争议问题，我们有必要梳理争议脉络，为管理人依法公正审查此类债权提供帮助。

（三）金融不良债权审查涉及的争议问题及解决建议

金融不良债权是管理人审查债权类型时普遍遇到的一类债权，也是转让类债权中金额占比较高的一类债权。相比其他转让类债权，金融不良债权有其特殊性：其他转让类债权使用由基础法律关系确定履行数额的计算方法，债权转让后同样适用于受让人对债务人的本息付款请求；而金融不良债权经转让后对债务人的本息付款请求的数额是不能等同于金融借款合同约定的本息计算数额的。因为金融机构向债务人主张本息的请求，是依据其与债务人签订的金融借款合同中约定利息、逾期利息和复利计算方法所得数额。而经债权转让后，新债权人（不是金融机构）不能向债务人主张金融机构基于其金融机构的特殊身份才能收取的利息，比如复利的收取，新债权人就不能向债务人主张收取自债权人受让之后计算的复利。两者在主张利息时范围是不一致的。

因此，管理人在审查金融不良债权时必须考虑债权转让时点、转让方和受让方主体性质、受让债权的资金来源、转让合同的效力等因素，这些因素最终会影响对金融不良债权本金、利息、复利、罚息及其他费用的认定，涉及债权人重大利益。管理人必须慎之又慎，严格依法审查。

为了明确"受让人"所指范围，需要说明本部分所指"受让人"相较《海南纪要》中"受让人"的范围有所扩大，包括了金融资产管理公司。本部分的社会投资者与《海南纪要》中"受让人"的语义射程一致，均指非金融资产管理公司法人、自然人。

笔者把管理人审查金融不良债权常见的重要问题，进行逐一分析论证。

1.《海南纪要》的适用范围

为什么实务中一直争论《海南纪要》的适用问题？笔者认为最主要原因还是其内容涉及债务人重大利益。主要涉及社会投资者向债务人主张利息计算基数必须以原借款合同本金为准，社会投资者不能向债务人主张金融不良债权受让日之后的利息。债务人均想把债权人对自己的债权投射到《海南纪要》的适用范围内。最高人民法院于 2009 年 9 月 25 日回复云南省高级人民法院《关于如何理解最高人民法院法发（2009）19 号〈会议纪要〉若干问题的请示之答复》（〔2009〕民二他字第 21 号），2010 年 6 月 25 日回复广东省高级人民法院《关于广州中谷投资有限公司与中国银行股份有限公司茂名分行、中国东方资产管理公司广州办事处、顺威联合资产管理有限公司不当得利纠纷一案请示的答复》（〔2010〕民二他字第 11 号），2013 年 11 月 26 日回复湖北省高级人民法院《关于非金融机构受让金融不良债权后能否向非国有企业债务人主张全额债权的请示的答复》（〔2013〕执他字第 4 号），有债务人以此三个答复的司法文件抗辩债权人对受让日之后利息的主张。

对国有银行和金融资产管理公司债权人来说，《海南纪要》亦有对它们有利的内容：第一，主债权转让，担保债权同时转让，无须征得担保人的同意；第二，担保合同中关于合同变更需经担保人同意或者禁止转让主债权的约定，对主债权和担保权利转让没有约束力；第三，国有银行或金融资产管理公司在全国或省级有影响的报纸发布有催收内容的债权转让通知或公告可以中断主合同和保证合同诉讼时效，重新计算诉讼时效。

因此，不管是债务人或者债权人均有想适用《海南纪要》的动机。笔者认为，管理人在审查此类债权时应当严格按照《海南纪要》及相关司法解释、司法政策及有关答复、通知的适用条件，依法认定债权人的债权金额。《海南纪要》第十二条规定："不良债权转让包括金融资产管理公司政策性和商业性不良债权的转让。政策性不良债权是指 1999 年至 2000 年上述四家金融资产管理公司在国家统一安排下通过再贷款或者财政担保的商业票据形式支付收购成本从中国银行、中国农业银行、中国建设银行、中国工商银行以及国家开发银行收购的不良债权；商业性不良债权是指 2004 年至 2005 年上述四家金融资产管理公司在政府主管部门主导下从交通银行、中国银行、中国建设银行和中国工商银行收购的不良债权。"从《海南纪要》第十二条内容来看，适用《海南纪要》的必须是特定时期、特定主体、特定形式的金融不良债权。

特定时期是指 1999~2000 年转让的政策性不良债权和 2004~2005 年转让的商业性不良债权。这两个时间段是《海南纪要》明确规定的金融不良债权发生转让的时间范围，也就是说转让发生在这两个时间段的金融不良债权适用《海南纪要》规定。在申诉人广州某投资有限公司与被申诉人广州某房地产开发有限公司执行审查类一案①中，最高人民法院认定，《海南纪要》对特定范围内的金融不良债权转让案件确立了特殊的处置规则，对金融不良债权的转让时间及转让主体均有明确限定，应当严格按照其适用范围的规定适用。案涉金融不良债权最初转让发生于 2011 年 9 月，与《海南纪要》第十二条的规定不符，故最高人民法院认为案涉金融不良债权转让不应适用纪要关于自受让日后停止计付利息的规定。该案例的出现缓和了实务界对纪要适用范围的争论，但仍有个别省份的法院坚持对所有金融不良债权的债权人向债务人主张受让日后的利息均不予支持。

特定主体是指转让方特定和受让方特定。政策性不良债权转让方为中国银行、中国农业银行、中国建设银行、中国工商银行以及国家开发银行，商业性不良债权转让方为交通银行、中国银行、中国建设银行和中国工商银行。

从《海南纪要》出台的背景和其要解决的问题看，《关于如何理解最高人民法院法发（2009）19 号〈会议纪要〉若干问题的请示之答复》明确认为，《海南纪要》要解决的实质是如何解决和化解计划经济时期形成的历史遗留问题。主要是为了化解中国工商银行、中国农业银行、中国银行、中国建设银行的金融风险，为改制上市创造积极因素。《海南纪要》认为国有银行包括国有独资商业银行、国有控股商业银行以及国有政策性银行。

特定受让主体为华融、长城、东方和信达金融资产管理公司和资产管理公司通过组建或参股等方式成立的资产处置联合体。金融资产管理公司必须持有中国银行保险监督管理委员会（以下简称"银保监会"）颁发的

---

① 最高人民法院执行裁定书，（2016）最高法执监 433 号。

金融许可证。金融资产管理公司最初在各地成立办事处，其后改设分公司，但不管是办事处还是分公司都必须持有中国人民银行颁发的金融许可证。2020年3月5日，银保监会批复中国银河资产管理有限责任公司（以下简称"银河资产"）转型为金融资产管理人，成为第五家金融资产管理公司。实务中以资产处置联合体为主体处置不良债权并不鲜见，但如何认定资产处置联合体有不同认识。第一种是资产处置联合体以公司的形式设立，金融资产管理公司直接持股。比如，顺威联合资产管理有限公司，其股东为 Silver Union Investments Limited 和中国东方资产管理公司；东信联合资产管理有限公司，其股东为中国东方资产管理公司和银建国际资本投资有限公司。第二种是金融资产管理公司非直接持股，作为金融资产管理公司间接持股的资产处置联合体，有法院据此认为资产处置联合体属于金融资产管理公司的范畴。在上诉人某咨询投资有限公司与被上诉人某运输公司等金融不良债权追偿纠纷一案①中，某咨询投资有限公司由某资产经营有限公司参股，而某资产经营有限公司为中国某资产管理某办事处全资子公司，中国某资产管理某办事处间接持有某咨询投资有限公司股权，呼和浩特市中级人民法院据此认为作为资产处置联合体的某咨询投资有限公司属于金融资产管理公司范畴。此认定依据较为牵强，认定标准较为宽松。

根据《金融企业不良资产批量转让管理办法》（财金〔2012〕6号）设立的地方资产管理公司虽然在银保监会监管备案，但并没有获颁金融许可证，因此不具有金融机构的身份地位，属于类金融机构。地方资产管理公司转让出售金融不良债权不适用《海南纪要》的规定。根据《金融企业不良资产批量转让管理办法》设立的地方资产管理公司是否属于《海南纪要》特指的金融资产管理公司，实务中不同法院存在不同的认定。《金融企业不良资产批量转让管理办法》第三条规定："本办法所称资产管理公司，是指具有健全公司治理、内部管理控制机制，并有5年以上不良资产管理和处置经验，公司注册资本金100亿元（含）以上，取得银监会核发

---

① 呼和浩特市中级人民法院民事判决书，（2016）内01民终1566号。

的金融许可证的公司，以及各省、自治区、直辖市人民政府依法设立或授权的资产管理或经营公司。""具有健全公司治理、内部管理控制机制，并有 5 年以上不良资产管理和处置经验，公司注册资本金 100 亿元（含）以上，取得银监会核发的金融许可证的公司"是指五大金融资产管理公司，"各省、自治区、直辖市人民政府依法设立或授权的资产管理或经营公司"是指地方资产管理公司。同样都是地方资产管理公司，在原告某资产管理有限公司与被告某线缆有限公司、某金属有限公司等追偿权纠纷一案①中，被认定为金融资产管理公司；而在申请执行人某资产管理有限公司与被执行人某银行股份有限公司某支行、某牛奶公司、某企业总公司变更申请执行人一案②中，被广州市中级人民法院认为不属于《海南纪要》中特指的金融资产管理公司。

此外，还有一类金融机构受让国有银行金融不良债权亦不适用《海南纪要》。2007 年，中国工商银行、中国农业银行、中国银行、中国建设银行和交通银行五家国有银行独资设立金融资产投资公司，简称 AIC。五家 AIC 分别是工银金融资产投资有限公司、农银金融资产投资有限公司、中银金融资产投资有限公司、建信金融资产投资有限公司和交银金融资产投资有限公司。金融资产投资公司主要经营债转股业务，目前也已开始从事金融不良债权处置业务。从成立时间上看，五家金融资产投资公司与"银河资产"处置的金融不良债权时间上不太可能属于当初政策性划拨金融不良债权的范围。政策性划拨金融不良债权至今已基本处理完毕，它们处理的不良债权，从理论上来说不可能属于政策性划拨的金融不良债权。

另外，银行除了直接向金融资产管理公司转让不良债权外，也可以向社会投资者直接转让金融不良债权，转让合同并不因受让方是社会投资者而无效。中国银行业监督管理委员会（现已撤销）于 2009 年 2 月 5 日作出《中国银行业监督管理委员会关于商业银行向社会投资者转让贷款债权法律效力有关问题的批复》（银监办发〔2009〕24 号），该批复第一条规

---

① 杭州市萧山区人民法院民事判决书，（2015）杭萧商初字第 342 号。
② 广东省广州市中级人民法院执行裁定书，（2016）粤 01 执异 193 号。

定，"一、对商业银行向社会投资者转让贷款债权没有禁止性规定，转让合同具有合同法上的效力"，银行直接向社会投资者转让金融不良债权在法律上是允许的，并不属于转让合同无效的理由。

特定形式是指政策性不良债权转让是在国家统一安排下通过再贷款或者财政担保的商业票据形式支付收购成本完成的。政策性不良债权是1999～2000年国家为了提高国有商业银行的竞争力，防范和化解金融风险而实施国有资产划转下形成的。这是国家行政指令性调整、划转国有资产的行为。商业性不良债权是2004～2005年在政府主管部门主导下从交通银行、中国银行、中国建设银行和中国工商银行收购的不良债权。政策性不良债权如果不是在国家统一安排下通过再贷款或者财政担保的商业票据形式支付收购成本，商业性不良债权非在政府主管部门主导下收购不良债权，此类转让行为是否适用《海南纪要》，《海南纪要》本身并未明确规定，最高人民法院其他相关司法解释亦未涉及。笔者检索相关案由的裁判文书，亦未发现此类法律问题被作为案件争议焦点予以审理。区分政策性不良债权和商业性不良债权更多的意义在于据以确定法院不予受理金融不良债权转让案件的范围。简言之，国有银行与金融资产管理公司就政策性不良债权产生的纠纷法院不予受理，商业性不良债权法院应当受理立案。

另需说明的是，债务人是自然人的，不管自然人是主债务人还是从债务人，涉及的金融不良债权纠纷案件能否适用《海南纪要》需根据个案情况具体分析。

2. 《海南纪要》适用范围的扩大和泛化

《海南纪要》发布后其适用范围经历了扩大和泛化的过程，一些属于一般金融不良债权转让的案件，也在适用《海南纪要》，造成了国有资产的流失。债权人本来可以主张受让日至实际清偿日期间的利息，泛化适用《海南纪要》后债权人的利益反而没有得到应有的充分保护，相反为债务人逃避偿还债务提供了法律上的理由，如此适用并不符合最高人民法院发布《海南纪要》的目的。

（1）债务人主体的扩大和泛化

为了防止国有资产流失，《海南纪要》对国有企业债务人的债务清偿进行了特殊规定。《海南纪要》规定了国有企业债务人适用该规定，但对非国有企业债务人能否主张受让日后的利息，并未明说。此后，云南省高级人民法院、广东省高级人民法院和湖北省高级人民法院先后就此问题向最高人民法院请示。最高人民法院在三答复中均认为涉及非国有企业债务人的金融不良债权转让纠纷案件也应当参照适用《海南纪要》。

在实务中，有法院把最高人民法院对云南省高级人民法院、广东省高级人民法院和湖北省高级人民法院的答复进行毫无边界的泛化适用，导致最高人民法院发布的答复看似解决了这个问题，实际上让这个问题成为金融不良债权纠纷案件中普遍的争议焦点。最高人民法院认为社会投资者不能向非国有企业主张受让日后的利息是有前提条件的。在三个答复中我们只看到了最高人民法院的观点，而未深究此观点背后的法律逻辑。答复是最高人民法院针对个案的意见，意见背后的事实根据并未显见，由此导致债务人泛化地主张，法院泛化地适用。我们并不知道答复所涉金融不良债权转让的具体事实，直至广州中院在执行申诉人某公司申请执行被执行人某房地产开发有限公司、某房地产有限公司、陆某某、陆某某、胡某某一案①时，最高人民法院明确阐明《关于非金融机构受让金融不良债权后能否向非国有企业债务人主张全额债权的请示的答复》中涉及的金融不良债权属于《海南纪要》第十二条规定的特定范围内的债权，因此，不在特定范围内的金融不良债权的非国有企业债务人不适用《海南纪要》。但在此后的实务中，并不是所有法院均参照广州中院的这一裁定执行。

（2）债权人主体的扩大和泛化

《海南纪要》是为了解决特定历史时期特定银行历史上形成的不良贷款。不良贷款的转让是国家行政指令性行为，与当前金融不良债权通过市场化公开拍卖的方式形成的不良债权的转让价格完全不同。因此，《海南纪要》涉及的国有银行应当作限缩性解释，不能无休止泛化，仅指五大国有银行和国有政策性银行，并不包括十二家全国性股份制商业银行、城市商业银行、农村商业银行和农村信用社。但在司法审判实践中，审理不良

---

① 最高人民法院执行裁定书，（2016）最高法执监 433 号。

债权最初转让方涉及的案件存在扩大适用《海南纪要》的情形。最高人民法院高民尚法官于 2009 年 5 月 11 日在《人民司法》期刊上发文权威解读认为，2004~2005 年商业性不良债权主要指金融资产管理公司从中国银行、中国建设银行、中国工商银行、交通银行收购的不良债权，但并不限于上述几家商业银行。也就是说，此期间转让商业性不良债权的银行不限于中国银行、中国建设银行、中国工商银行、交通银行，除此之外还包括哪些银行，此文并未明说。实务中对于同一家银行的性质，不同法院曾作出了不同的认定。在上诉人某信用融资担保有限公司与被上诉人某控股有限公司等借款合同纠纷一案①中，北京市第一中级人民法院认为，北京某商业银行属于国有银行，可以通过登报公告的方式产生诉讼时效中断的法律后果，但在上诉人某控股有限公司与被上诉人某玻璃有限公司借款合同纠纷一案②中，北京市第三中级人民法院认定北京某商业银行属于非国有银行不能通过登报的方式中断诉讼时效。很显然，北京市第三中级人民法院并不认为北京某商业银行属于《海南纪要》规定的国有银行的范畴。

（3）金融不良债权范围的扩大

2011 年 3 月 28 日，最高人民法院发布《关于审理涉及中国农业银行股份有限公司处置股改剥离不良资产案件适用相关司法解释和司法政策的通知》（以下简称"法〔2011〕144 号"）规定，中国农业银行根据财政部《关于中国农业银行不良资产剥离有关问题的通知》（以下简称"财金〔2008〕138 号文"）和《关于委托中国农业银行处置股改剥离不良资产的通知》（以下简称"财金函〔2009〕34 号文"）处置的不良资产案件可以适用最高人民法院就审理涉及金融资产管理公司处置不良资产案件所发布的相关司法解释、司法政策及有关答复、通知的规定。如果中国农业银行根据财政部财金〔2008〕138 号文和财金函〔2009〕34 号文处置金融不良债权，产生的纠纷适用最高人民法院发布的相关司法解释、司法政策及

① 北京市第一中级人民法院民事判决书，（2014）一中民（商）终字第 7677 号。
② 北京市第三中级人民法院民事判决书，（2015）三中民终字第 04283 号。

有关答复、通知的规定，必须要证明该金融不良债权是受财政部委托进行处置的。最高人民法院的法〔2011〕144号文规定："财政部驻各省、自治区、直辖市、计划单列市财政监察专员办事处出具的委托处置资产证明文件，可以作为人民法院确认农业银行处置的不良资产属于受财政部委托处置资产的依据。"这样，在实践中金融不良债权的范围就扩大了。

（4）《海南纪要》适用由案件审理阶段扩大到执行程序

《海南纪要》第十二条规定："《纪要》的内容和精神仅适用于在《纪要》发布之后尚在一审或者二审阶段的涉及最初转让方为国有银行、金融资产管理公司通过债权转让方式处置不良资产形成的相关案件。人民法院依照审判监督程序决定再审的案件，不适用《纪要》。"执行阶段是否适用《海南纪要》的内容，《海南纪要》未明文规定。湖北省高级人民法院就该问题向最高人民法院请示，最高人民法院在《关于非金融机构受让金融不良债权后能否向非国有企业债务人主张全额债权的请示的答复》中明确认为参照《海南纪要》的精神处理。《关于非金融机构受让金融不良债权后能否向非国有企业债务人主张全额债权的请示的答复》进一步认为，《海南纪要》发布前，社会投资者受让经生效法律文书确定的金融不良债权，或者受让的金融不良债权经生效法律文书确定的，发布日之前的利息按照相关法律规定计算，发布日之后不再计付利息。《海南纪要》发布后，社会投资者受让经生效法律文书确定的金融不良债权的，受让日之前的利息按照相关法律规定计算，受让日之后不再计付利息。虽说依照审判监督程序决定再审的案件不适用《海南纪要》，但再审案件进入执行程序仍可参照《海南纪要》的精神，社会投资者在《海南纪要》发布后或受让日后均不能向债务人主张利息，包括迟延履行期间的债务利息。

至此，《海南纪要》的适用由一审或二审阶段扩大到执行阶段。

（5）特定时期金融不良债权的泛化

《海南纪要》规定1999~2000年的政策性不良债权和2004~2005年的商业性不良债权涉及最初转让方为国有银行、金融资产管理公司的，适用《海南纪要》。2009年3月30日《海南纪要》发布后签订的金融借款合同产生的金融不良债权纠纷，仍有法院继续适用《海南纪要》规定来审理案件。笔者认为，2009 年 3 月 30 日之后签订金融借款合同产生的金融不良债权案件不应再适用《海南纪要》，此类债权为一般性金融不良债权，而非《海南纪要》规定的特定范围内的债权。

司法实务中，有法院对不属于特定范围内金融不良债权的纠纷案件亦参照适用《海南纪要》，导致纠纷双方把是否适用《海南纪要》作为案件非常重要的争议焦点，适用与否直接影响两方的经济利益。严格来说，最初转让发生在 2001～2003 年、2006～2009 年 3 月 30 日和 2009 年 3 月 30 日之后的金融不良债权理应不在《海南纪要》规定的适用范围内。但实践中，国有银行在《海南纪要》发布前后转让不良债权均参照适用《海南纪要》，具体存在三种情形：第一，金融不良债权在《海南纪要》发布前处置转让；第二，金融不良债权是《海南纪要》发布前形成的，处置转让发生在《海南纪要》发布后；第三，《海南纪要》发布时签订金融借款合同，《海南纪要》发布后仍在履行金融借款合同，形成不良债权及处置转让均发生在《海南纪要》发布后。上述三种情形普遍参照适用了《海南纪要》的规定。

如果金融借款合同在《海南纪要》发布后签订，笔者认为此类债权属于一般金融不良债权，不符合《海南纪要》制定的历史背景和要解决的历史任务，原则上应不适用《海南纪要》，而适用当时现行的相关法律及司法解释。既然前述讲到了原则，那肯定存在例外。笔者认为，其中一个例外就是根据最高人民法院发布的法〔2011〕144 号司法政策文件，有关涉及中国农业银行处置股改剥离不良资产案由财政部驻各省、自治区、直辖市、计划单列市财政监察专员办事处出具的委托处置资产证明文件，则可以适用最高人民法院就审理涉及金融资产管理公司处置不良资产案件所发布的相关司法解释、司法政策及有关答复、通知的规定。

3. 金融不良债权利息计算

（1）债权转让行为发生在《海南纪要》发布前

债权转让行为发生在《海南纪要》发布前，按《海南纪要》是否有溯及力存在两种计算方式。在有溯及力的情况下，社会投资者主张债权受让日的利息法院不予支持，最高人民法院在上诉人大连某有限责任公司、被上诉人某第二有限公司与原审被告大连某集团有限公司、大连某集团某海运总公司、大连某船务有限公司借款及担保合同纠纷一案①中持此观点。在申请复议人某实业公司借款合同纠纷、申请承认与执行法院判决、仲裁裁决一案②中，海南省高级人民法院认为，"按照《合同法》第八十一条'债权人转让权利的，受让人取得与债权有关的从权利，但该从权利专属于债权人自身的除外'的规定，某资产海口办债权转让中的从权利是从银行继受的，这种从权利是银行作为国家金融机构通过人民银行特许的经营权"，受让人的从权利是从银行继受的，这种从权利是银行作为国家金融机构通过人民银行特许的经营权。因此，这种从权利依法不能继受。当然，认为《海南纪要》具有溯及力的案件主要发生在《关于非金融机构受让金融不良债权后能否向非国有企业债务人主张全额债权的请示的答复》发布前。

在无溯及力情况下，发布日前的利息依法计算，发布日之后的利息不再计付，申诉人某房地产开发有限公司申诉一案③持与前案不同观点。笔者认为，《海南纪要》不具有溯及力，因为《关于非金融机构受让金融不良债权后能否向非国有企业债务人主张全额债权的请示的答复》明确认为《海南纪要》不具有溯及力。无论受让的是经生效法律文书确定的金融不良债权，还是受让的金融不良债权经生效法律文书确定的，仅能约束受让人为社会投资者对《海南纪要》发布后利息的主张。故（2017）最高法执监 206 号案中观点更具合理性。

（2）债权转让行为发生在《海南纪要》发布后

债权转让行为发生在《海南纪要》发布后，社会投资者受让经生效法律文书确定的金融不良债权，受让日前的利息按照相关法律规定计算，受让日之后的利息不再计付。有观点认为，对于属于《海南纪要》适用范围的金融不良债权，受让日前利息是否调整及如何调整在听取法院意见后审慎作出债权审查结论。笔者认为，对受让日前的利息进行调整没有法律依

---

① 最高人民法院民事判决书，（2011）民四终字第 21 号。
② 海南省高级人民法院执行裁定书，（2015）琼执复字第 35 号。
③ 最高人民法院执行裁定书，（2017）最高法执监 206 号。

据，也不符合平等保护债权人和债务人合法权益的原则。《海南纪要》是对特定金融不良债权予以特殊处理，本就限制了债权人的部分利益，此时再对受让日前的利息进行调整，将使社会投资者的合法权益遭到不可预见的损害。《关于非金融机构受让金融不良债权后能否向非国有企业债务人主张全额债权的请示的答复》明确说明转让行为发生在《海南纪要》发布后，受让日前的利息按照相关法律规定计算。

因此，笔者认为应当遵照《关于非金融机构受让金融不良债权后能否向非国有企业债务人主张全额债权的请示的答复》的意见依法确认受让日前的利益。

（3）期内利息、复利和逾期罚息计算

《海南纪要》第九条规定，"受让人向国有企业债务人主张不良债权受让日之后发生的利息的，人民法院不予支持"，据此社会投资者可以向债务人主张受让日之前的利息。《海南纪要》第九条又规定，"受让人向国有企业债务人主张利息的计算基数应以原借款合同本金为准"，如何理解"利息的计算基数应以原借款合同本金为准"存在一定障碍。此处利息应理解为狭义的利息，即期内利息，还是理解为广义的利息，即期内利息、复利、逾期罚息和迟延履行利息？在金融不良债权中，利息的类型一般包括期内利息、复利、逾期罚息和迟延履行利息，即广义的利息。《海南纪要》第九条两次出现利息，由于纪要未对利息的范围作区别限定，故此两处利息应作外延一致的理解。"受让人向国有企业债务人主张不良债权受让日之后发生的利息的，人民法院不予支持"，此利息仅能理解为广义上的利息，如理解为狭义利息，一方面社会投资者可以主张受让日之后的复利、逾期罚息和迟延履行利息，与另一方面社会投资者又无权主张期内利息的逻辑相矛盾。进而推知该条"受让人向国有企业债务人主张利息的计算基数应以原借款合同本金为准"中的利息亦应作为广义的理解，两处利息理解前后一致，逻辑严密。

管理人是否支持债权人期内利息、复利、逾期罚息和迟延履行利息的主张，需要重新对《海南纪要》规定的"受让人向国有企业债务人主张利息的计算基数应以原借款合同本金为准"进行认识。这里面存在两种理解。第一种理解是利息计算基数严格限定为本金，如含非本金部分、逾期罚息，均不予支持。第二种理解是计算基数如含有非本金部分，债权人可主张以本金为基数计算的那部分利息。这两种理解的意思均排除了复利作为利息主张的范围，但逾期罚息和迟延履行利息能否获得支持，前述两种不同的理解会对结果产生不同的影响。实务中，期内利息是以本金一定比例计算所得，很明显此处利息包括期内利息。与此截然不同，复利是以期内尚未偿还的利息为基数计算得来。显然此处利息并不包含复利，且计收复利专属于银行和金融资产管理公司等金融机构。非金融机构的不良债权受让人，无权向债务人计收复利。复利在金融不良债权审查认定时管理人一般不予确认。

存在争议的是逾期罚息和迟延履行利息。逾期罚息计算基数存在三种标准：一是以本金为基数；二是以本金和期内利息为基数；三是以本金、期内利息和复利为基数。如果采第一种标准，实务中得到法院判决支持的可能性更大，也能更好地保护债务人的权益，平衡债权人和债务人的利益。若金融借款合同约定逾期罚息按第二种或第三种标准计算，逾期罚息计算基数不仅为本金，还包括期内利息或复利。换言之，本金只为计算基数的部分，则逾期罚息应不予支持。若按第二种或第三种标准，虽然债权人主张的逾期罚息的计算基数不限于本金，但法院可能只对债权人以本金部分作为基数计算的逾期罚息予以支持。

在审判实践中，并不是所有法院均支持社会投资者主张逾期罚息。在上诉人谢某某与被上诉人某某对外经济贸易公司金融不良债权追偿纠纷一案[1]中，四川省高级人民法院把逾期罚息和复利在利息中予以扣减，仅支持期内利息。在上诉人某实业（集团）有限公司与被上诉人某投资有限公司、某投资有限公司一般借款合同纠纷一案[2]中，最高人民法院支持债权人对期内利息和逾期罚息的主张，但扣减了复利。该案逾期罚息是根据借款合同对逾期罚息利率的约定予以确定。在上诉人湖北某旅游发展有限责

---

[1] 四川省高级人民法院民事判决书，（2016）川民终 555 号。
[2] 最高人民法院民事判决书，（2013）民二终字第 84 号。

任公司、被上诉人武汉某物业管理有限公司与原审被告湖北某物业有限公司借款担保合同纠纷一案①中，最高人民法院支持逾期罚息按中国人民银行规定的同期同档次流动资金逾期贷款利率计付。同样是支持逾期罚息，但两个案子对逾期罚息利率的确定存在不同认定。一种裁判思路是罚息利率按金融借款合同约定罚息利率计算，另一种裁判思路是罚息利率不以原合同约定为依据，转而按中国人民银行同期同档次贷款利率计付。

广东省深圳市中级人民法院《破产案件债权审核认定指引》（深中法发〔2017〕5号）针对金融不良债权利息审查，按债务人所有制性质不同，对债权人主张的利息区分两条标准进行认定。第一，"国有独资企业或者国有控股企业破产，债权人申报的债权系金融机构转让的，自金融机构转让时起停止计息"。第二，"其他企业破产，债权人受让经生效法律文书确认的金融不良债权，或受让的金融不良债权经生效法律文书确定，受让日在2009年3月30日前的，2009年3月30日前的利息依照相关法律规定计算，2009年3月30日后不再计付利息；受让日在2009年3月30日后的，受让日之前的利息按照相关法律规定计算，受让日之后不再计付利息"。《破产案件债权审核认定指引》第五十九条规定并不限于《海南纪要》适用范围内的金融不良债权，一般金融不良债权亦涵盖在内。

（4）迟延履行利息

迟延履行利息亦与逾期罚息是同样道理。《最高人民法院关于在执行工作中如何计算迟延履行期间的债务利息等问题的批复》（法释〔2009〕6号）规定，执行款=清偿的法律文书确定的金钱债务+清偿的迟延履行期间的债务利息，清偿的迟延履行期间的债务利息=清偿的法律文书确定的金钱债务×同期贷款基准利率×2×迟延履行期间。"清偿的法律文书确定的金钱债务"会在法院一审判决书中确定一个履行期间，逾期履行便会开始计算"清偿的迟延履行期间的债务利息"。判决主文一般会写"被告于本判决生效之日起×日内偿还原告借款本金×元、利息×元、逾期罚息×元和复利×元"，"清偿的法律文书确定的金钱债务"包括本金和利息，基于此

① 最高人民法院民事判决书，（2012）民二终字第56号。

"清偿的迟延履行期间的债务利息"计算基数亦包括本金和利息。

2014年7月7日,最高人民法院发布《关于执行程序中计算迟延履行期间的债务利息适用法律若干问题的解释》(以下简称"法释〔2014〕8号"),第一条规定:"加倍计算之后的迟延履行期间的债务利息,包括迟延履行期间的一般债务利息和加倍部分债务利息。"一般债务利息,是指在生效法律文书中,根据实体法规定(如《民法典》《公司法》等)所确定的利息。[①] 如果生效法律文书确定逾期罚息计算基数包括期内利息或复利,则应当对以该部分为基数计算所得予以剔除。加倍部分债务利息=债务人尚未清偿的生效法律文书确定的除一般债务利息之外的金钱债务×日万分之一点七五×迟延履行期间,因此,该金钱债务为生效法律文书确定的本金,并涵盖利息。

《海南纪要》规定"受让人向国有企业债务人主张利息的计算基数应以原借款合同本金为准"按第一种理解的意思,法释〔2014〕8号实施日前即2014年8月1日前,迟延履行利息是以本息为计算基数,债权人主张该部分迟延履行利息则不予支持。如按第二种理解的意思,2014年8月1日之前债权人以本金为基数主张迟延履行利息应予支持。如果转让行为发生在《海南纪要》发布前,迟延履行利息计算至发布日,转让行为发生在《海南纪要》发布后,迟延履行利息计算至受让日。

迟延履行利息与破产程序相结合,其是否属于破产债权并不如想象的那么明确,《企业破产法司法解释(三)》对迟延履行利息是否属于破产债权仍未清晰明确。争论的焦点是对第三条"破产申请受理后"的理解。其一,如果把"破产申请受理后"理解为时间状语,破产受理前的迟延履行利息属于破产债权,受理后的为除斥债权。广东省高级人民法院在上诉人某证券股份有限公司与被上诉人某农村信用合作联社借款合同纠纷一案[②]中持此观点。其二,如果把"破产申请受理后"理解为法律事件,则不管受理前还是受理后,迟延履行利息均不属于破产债权。广东省深圳市

① 江必新、刘贵祥主编《最高人民法院关于执行程序中计算迟延履行期间的债务利息司法解释理解与适用》,人民法院出版社,2014,第23页。
② 广东省高级人民法院民事判决书,(2008)粤高法民二终字第197号。

中级人民法院《破产案件债权审核认定指引》第五十六条和江苏省高级人民法院《破产案件审理指南（修订版）》（苏高法电〔2017〕794号）第七章第一条均规定不予支持迟延履行利息。两种观点实务界均有支持的案例，该问题并未明晰统一，管理人可择一而为。

（5）管理人重新独立核算利息

在金融不良债权转让合同中，一般会出现报价日、基准日和交割日等合同约定时间点。这三个"日子"均有其特殊含义，不同的转让合同会对这三个"日子"进行定义，定义会有一些措辞上的差异，但基本含义不会有大的差异。笔者仅就自己在实践中遇到的一份转让合同对三个"日子"的定义进行举例。报价日是指受让方向转让方提交报价文件的日期，基准日是指转让确定的计算资产账面本金及利息余额的截止日期，交割日是指双方约定就转让方向受让方交付不良债权资产文件的日期，资产文件交付完毕即交割完成。与不良债权利息计算有关的日期为基准日。不良债权交易双方一般会约定基准日的利息余额作为受让日前的利息债权。

债权人基于基准日现状的利息受让债权，实务中存在基准日现状的利息与按金融借款合同的条件计算的利息不一致的情况。此时基准日的利息要么高于按原借款合同计算的利息，要么低于按原借款合同计算的利息。高于的话，债务人会主张根据原金融借款合同重新核算，低于的话，债权人会主张重新计算。最初转让方银行向债务人送达的催收通知书上记载的利息数额明显与按借款合同计算的利息数额不一致，即使债务人在催收通知书上签字确认，管理人仍须按原借款合同重新核算利息。

如果基准日的利息低于按原借款合同计算的利息，债权人按重新核算的利息申报债权，笔者认为，对于债权人的主张不应予以支持。理由如下：第一，债权人与转让人签订的债权转让协议确认的利息即低于按原借款合同计算的利息；第二，转让人和债权人已按该金额向债务人送达了债务催收通知，且催收通知已明确列明利息并经债务人签收。因此管理人可对其计算依据不予审查。

（6）债务人为第三方承债下的利息审查

第一，所承本金债务是否含对应利息，按实际履行行为确定。债务人与债权人约定为第三方承担部分债务，但未约定所承债务应否按原借款合同的约定支付利息，同时约定第三方对承债金额不承担偿还责任。当债务人已履行约定全部承债金额，但债权人仍主张该承债金额自承债协议生效之日起至实际履行之日止的利息。承债协议未约定债务人是否按原借款合同约定的利率支付承债金额部分的利息。既然书面协议未约定，那就看债务人是否以实际行为对该部分的利息偿付达成了合意。债务人有以实际行为履行支付利息的行为，则未支付部分的利息管理人可予确认。如债务人无此行为，结合全案事实，管理人对债权人申报的此部分利息不应确认。

第二，债务转移未约定履行期间利息，债务人无支付义务。债务人为第三方承债并与债权人约定承债履行期，但未约定履行期的利息，则在该履行期内债务人无义务为该期间的债务承担支付利息的义务。如债务人在履行期届满后仍未全部支付，则债权人可就届满后未偿还部分主张利息损失。由于债务人并非原借款合同的当事人，因此，债权人主张履行期利息的，管理人应不予确认。

（7）混合金融不良债权的利息审查

笔者把一般金融不良债权和特殊金融不良债权的组合称为混合金融不良债权。适用《海南纪要》的金融不良债权为特殊金融不良债权，不适用的为一般金融不良债权。金融企业对外处置不良债权根据《金融企业不良资产批量转让管理办法》（财金〔2012〕6号）第三条规定需对不良资产进行组包批量转让，对资产包的规模提出了明确要求，不良资产组成资产包对外转让至少需要10户/项。此后，银监会进一步把组包的不良资产户数由10户降低至3户。但不管户数多少，实务中仍出现资产包组合中存在混合金融不良债权。资产包中存在混合金融不良债权，一般金融不良债权能否主张全部利息？根据《海南纪要》的适用范围，一般金融不良债权是不适用《海南纪要》的，但在一个资产包中存在混合金融不良债权，是否适用就变得不这么明晰了。

在再审申请人某市政工程公司、某房地产管理局合同纠纷一案①中，最高人民法院认为，"由于案涉债权转让是以资产包的形式整体转让，其中既包括某市政公司这类非国有企业债务人，也包括国有企业债务人，转让价格也是将资产包中所有债权作为整体予以确定，故无论案涉单笔不良债权的债务人为国有企业抑或非国有企业，因难以将其从资产包中剥离，所以均应当依照《纪要》所确定的规则予以处理"。在该案中，最高人民法院对债权人主张受让日之后的利息没有予以支持。

笔者认为，资产包的价格是根据所有债权的价值整体予以确定，无法单独确定各笔债权的价格，但此与一般金融不良债权债权人能否向债务人主张受让日之后的利息并不具有关联性。最高人民法院在判决书中未论证由"资产包中所有债权作为整体确定转让价格"到"一般金融不良债权应当依照'海南纪要'所确定的规则予以确认"的过程。质言之，"资产包中所有债权作为整体确定转让价格"与"一般金融不良债权受让日之后利息不予计收"的逻辑联结点是什么，最高人民法院未予说明。资产包中单笔债权的转让价格难以确定是否就能推出一般金融不良债权债权人不能主张受让日之后利息的事实？笔者在此不深究其中的联系，管理人在遇到类似情形时，应慎重对待此类债权。

4. 转让通知和诉讼时效中断的审查

《民法典》第五百四十六条规定："债权人转让债权，未通知债务人的，该转让对债务人不发生效力。"一般来说，银行向金融资产管理公司转让不良债权通知债务人转让事实，应当确认以债务人能够收悉的方式通知债务人。如果债务人与银行在借款合同中约定有具体的送达方式，转让事实即按约定方式通知债务人，即使债务人提供的是联系不到其本人的方式亦视为债权人履行了通知义务。实务中，银行会在其与债务人签订的借款合同中约定通知送达条款，有关债务人的信息均会通过约定方式通知其本人。此类约定可以作为债权转让的通知方式。

如果债务人认为通过既有约定方式未收悉债权转让通知，原债权人银

---

① 最高人民法院民事判决书，（2018）最高法民再 273 号。

行可当场到庭向债务人告知债权转让事实，当庭通知的方式并不适用于债务人缺席审判的情形。第二手的社会投资者能否取得原借款合同中程序性的权利，以约定的方式履行通知义务？实务中对此问题存在不同认识。笔者认为，债权转让和合同概括转让是不同的法律概念，分别由《民法典》第五百四十五条和第五百五十五条予以规定。债权转让是把权利转让给第三人，而合同概括转让是把合同的全部权利和义务转让给第三人。债权转让并不能让社会投资者取得程序性权利，其不能基于原借款合同对送达方式的特殊约定作为自己向债务人履行通知义务的依据。换言之，社会投资者执行《民事诉讼法》第八十五条至第九十一条规定的送达方式后仍不能送达的，债权人可公告送达。债务人下落不明则不必前置执行第八十五条至第九十一条规定的送达方式，即可公告送达。但如何证明债务人下落不明，是否还是要以债权人用尽《民事诉讼法》第八十五条至第九十一条规定的送达方式？笔者认为此为方式之一。如果社会投资者未用尽前述法律规定的送达方式而直接登报公告送达则不产生诉讼时效中断的法律效果。

用原借款合同约定的送达方式向债务人通知债权转让和催收债务，此送达方式能否成为债权人中断诉讼时效的有效方式不能一概而论。国有商业银行和金融资产管理公司发布债务催收通知可中断诉讼时效，但社会投资者、民营银行和地方资产管理公司不能以此为依据中断诉讼时效。在再审申请人某投资开发股份有限公司与被申请人某建筑工程公司、某总厂、某街道办事处借款合同纠纷一案①中，最高人民法院认为，公告催收中断诉讼时效的主体仅为国有商业银行和金融资产管理公司，其他法律主体不能据此主张诉讼时效中断。

审判实践中，有法院将地方资产管理公司归为金融资产管理公司的范畴，此种认定于法无据，有悖法律本意。《海南纪要》第十二条规定："金融资产管理公司包括华融、长城、东方和信达等金融资产管理公司和资产管理公司通过组建或参股等方式成立的资产处置联合体。"2020 年 3 月 5

---

① 最高人民法院裁定书，（2013）民申字第 1255 号。

日银保监会发文同意成立第五家全国性资产管理公司"银河资产"。地方资产管理公司并不持有金融许可证，其连金融机构都算不上，更不用谈其为金融资产管理公司了。

2017 年成立的五家金融资产投资公司，从金融机构的属性上来说，其为金融资产投资公司，受银保监会发布的《金融资产投资公司管理办法（试行）》规制，不属于金融资产管理公司，故不能作为最高人民法院就审理涉及金融资产管理公司处置不良资产案件所发布的相关司法解释、司法政策及有关答复、通知规定的适用主体。因此，其不能享有专门针对金融资产管理公司规定的特殊安排。

如果非国有商业银行和金融资产管理公司仅以此方式向债务人送达债务催收通知，管理人应有勤勉尽责的心态，审查此类债权要有高度的敏感性，很可能申报债权已罹于诉讼时效。除非申报债权已届诉讼时效的事实清楚，否则管理人不要轻易以过诉讼时效为由不予确认，在事实不清的情况下可作出有利于债权人的认定。

5. 转让合同效力的审查

《海南纪要》赋予了债务人对银行与受让方之间的债权转让合同提出无效的权利。针对转让合同是否无效，《海南纪要》规定了十一个方面的无效事由。管理人在审查转让合同效力时，应根据《海南纪要》的要求重点审查不良债权的可转让性、受让人的适格性以及转让程序的公正性和合法性，不要轻易否定合同的效力，除非转让合同损害国家利益或社会公共利益或者违反法律、行政法规强制性规定事实清楚，否则应认定有效为宜。转让合同有效还是无效对债务人来说意义不大，无论是银行还是金融资产管理公司，都可以要求债务人承担还款责任，债务人并不会因为转让合同无效而减轻还款责任。既然法律赋予债务人可提无效的权利，管理人理应主动审查转让合同的效力问题。即使认为转让合同存在无效的可能，管理人也不宜径行认定转让合同无效，可以先把该笔债权认定为待确认债权，并把该结果告知债权人同时建议其向法院起诉提起债权确认之诉，由法院来确认转让合同的效力。转让合同效力的审查应注意以下几个方面问题。

（1）国家机关为法律责任的最终承担者，是否属于《海南纪要》规定的致转让合同无效的情形

国家机关为债务人或担保人，为金融借款合同的当事方，并非金融借款合同纠纷中承担其他法律责任的债务人。《海南纪要》第六条规定，"（一）债务人或者担保人为国家机关的"，此处债务人为金融借款合同的主债务人并且为合同之债的债务人，非侵权之债的债务人。如果国家机关为侵权之债的债务人并不当然适用《海南纪要》第六条的规定，国家机关为法律责任的最终承担者，并不能导致转让合同的无效。

在上诉人某镇人民政府与被上诉人某建设咨询投资有限公司等确认合同无效纠纷一案①中，北京市第三中级人民法院认为，北京市密云区某镇人民政府作为出资人因虚假承诺并注销借款人某总公司，致某镇人民政府产生侵权责任。因侵权责任而为债务人的情况并不属于《海南纪要》第六条指称的债务人。某镇人民政府诉请转让合同无效被法院驳回。

因此，类似情况如出资人国家机关因虚假承诺注销了担保人的工商登记，国家机关承担侵权责任后，以此向债务人申报债权，管理人应不予确认。另外，如国家机关未向管理人申报债权，债权人向管理人申报债权，管理人是否确认其债权应该区别对待？其一，债权人对债务人的全额本息债权因国家机关对债权人的侵权而支付的赔偿费用涵盖借款本息，则管理人对申报的债权应不予确认。其二，如赔偿费用未涵盖全部借款本息，管理人就未涵盖部分的本息予以确认。

（2）关于国家机关的审查认定

《海南纪要》规定债务人或担保人为国家机关会导致转让合同无效。如何认定国家机关将成为一个待查明的重要事实。管理人在审查担保人身份性质时并不能仅仅依据债务人或担保人签约时的身份性质，还需进一步审查破产程序中担保人的身份性质问题。实务中，有担保人在提供担保时是企业身份，后转变为国家机关。债权人要求担保人承担担保责任时，担保人以自己此时是国家机关为由不承担担保责任。在再审申请人某市政工

---

① 北京市第三中级人民法院民事判决书，（2019）京 03 民终 7893 号。

程公司、某房地产管理局合同纠纷一案①中，最高人民法院认为，担保人嗣后其性质演变为国家机关的，也应当认定债权转让合同符合《海南纪要》第六条的规定而无效。认定担保人身份性质并不单纯地以彼时身份性质为依据，根据该判决应从担保人历史沿革来综合判定，涉及因素包括担保人的隶属关系、行使职能内容、经费来源等。法院的认定为管理人审查认定国家机关提供可资借鉴的思路。

在前述案件中，担保人在性质上属于承担行政职能的事业单位法人，最高人民法院把事业单位法人认定为国家机关，进而适用《海南纪要》第六条规定的担保人为国家机关的，转让合同无效，扩大了国家机关的认定范围。由于当前我国按照《中共中央、国务院关于分类推进事业单位改革的指导意见》要求分类推进事业单位改革，把承担行政职能的事业单位将其行政职能归入行政机构或转为行政机构。在现阶段事业单位改革完成之前，最高人民法院把承担行政职能的事业单位认定为国家机关并无不可。但担保合同被认定无效后，担保人不能因其身份而免除赔偿责任。因此给债权人造成损失的，在当时仍应按照《民法典》第三百八十八条的规定处理。②

（3）关于对金融不良债权优先购买权的审查

首先，行使优先购买权主体的范围。《海南纪要》第四条规定："为了防止在通过债权转让方式处置不良债权过程中发生国有资产流失，相关地方人民政府或者代表本级人民政府履行出资人职责的机构、部门或者持有国有企业债务人国有资本的集团公司可以对不良债权行使优先购买权。"据此，有三类主体可以行使优先购买权，分别是债务人注册登记地的地方人民政府，代表本级人民政府履行出资人职责的机构、部门及持有国有企业债务人国有资本的集团公司，债务人没有优先购买权。

---

① 最高人民法院民事判决书，（2018）最高法民再273号。
② 《民法典》第三百八十八条规定："设立担保物权，应当依照本法和其他法律的规定订立担保合同。担保合同包括抵押合同、质押合同和其他具有担保功能的合同。担保合同是主债权债务合同的从合同。主债权债务合同无效的，担保合同无效，但是法律另有规定的除外。担保合同被确认无效后，债务人、担保人、债权人有过错的，应当根据其过错各自承担相应的民事责任。"

其次，优先购买权人放弃优先购买权的情形。《海南纪要》第四条规定："优先购买权人收到通知后明确表示不予购买或者在收到通知之日起三十日内未就是否行使优先购买权做出书面答复，或者未在公告确定的拍卖、招标日之前做出书面答复或者未按拍卖公告、招标公告的规定时间和条件参加竞拍、竞标的，视为放弃优先购买权。"据此，优先购买权人存在以上四种情形之一的，视为优先购买权人放弃优先购买权。

最后，债权人通知义务的履行。债权人在与第三人就金融不良债权转让达成一致意见后，应把达成一致意见的处置方案、交易条件以及处置程序、方式通知优先购买权人。处置方案、交易条件以及处置程序、方式为优先购买权人行使优先购买权的前提。如果债权人未履行通知义务，或履行了通知义务但未把处置方案提供给优先购买权人，则可能会被法院认定转让合同无效。债权人因金融资产管理公司未履行通知义务致其与金融资产管理公司签订的转让合同被法院确认为无效。在某房地产综合开发有限责任公司、某资产管理公司某办事处与某电子仪表工业总公司确认合同效力及优先购买权纠纷一案①中，最高人民法院也持此观点。

六　民间借贷债权

企业破产程序中的民间借贷类债权，是指民间借贷的出借人、担保人或者其他代偿人在主债务人或者次债务人进入破产程序（包括破产重整、破产和解、破产清算）时，向管理人申报主张的债权。民间借贷类债权作为一种常见类型的债权，在企业破产债权申报中占据着重要地位。

（一）　民间借贷类债权的认定

关于民间借贷的定义，《新民间借贷司法解释》第一条规定："本规定所称的民间借贷，是指自然人、法人和非法人组织之间进行资金融通的行为。经金融监管部门批准设立的从事贷款业务的金融机构及其分支机构，因发放贷款等相关金融业务引发的纠纷，不适用本规定。"依据上述规定，

---

①　最高人民法院民事判决书，（2011）民二终字第98号。

可知民间借贷关系成立的主要特征包括发生在平等民事主体之间的行为和以货币或者其他有价证券为标的进行的资金融通行为。

基于上述法律规定，实践中存在的争议是：小额贷款公司与破产企业产生的债权债务纠纷，是否应当纳入民间借贷类债权。《民间借贷批复》①，小额贷款公司属于经金融监管部门批准设立的金融机构，其因从事相关金融业务引发的纠纷，不适用《新民间借贷司法解释》。因而在解决上述争议时，管理人核心审查的是小额贷款公司的设立和业务经营是否经金融监管部门批准设立、相关债权申报的内容对于小额贷款公司属于何种业务范围。

关于金融机构的界定，从 2009 年中国人民银行印发的《金融机构编码规范》第三条术语和定义第三十二项中可以看出：金融机构是指由自然人、企业法人或其他社会组织依法设立，不吸收公众存款，经营小额贷款业务的有限责任公司或股份有限公司的小额贷款公司。同时，在编码结构中，小额贷款公司的编码为金融机构二级分类码 Z-其他。因此，从严格定义角度来说，也可以得出：小额贷款机构属于金融机构，小额贷款机构与债务人之间的债权债务纠纷不适用《新民间借贷司法解释》。

在司法实践中，2013 年 10 月 9 日，重庆市高级人民法院发布《关于审理涉及小额贷款公司、担保公司、典当行商事案件若干问题的解答》（渝高法〔2013〕245 号），其中认为小额贷款公司违反《重庆市小额贷款公司试点管理暂行办法》第二十四条②、第二十五条③、第三

---

① 关于适用范围问题。经征求金融监管部门意见，由地方金融监管部门监管的小额贷款公司、融资担保公司、区域性股权市场、典当行、融资租赁公司、商业保理公司、地方资产管理公司七类地方金融组织，属于经金融监管部门批准设立的金融机构，其因从事相关金融业务引发的纠纷，不适用《新民间借贷司法解释》。

② 《重庆市小额贷款公司试点管理暂行办法》第二十四条规定："小额贷款公司按照市场化原则进行经营，贷款利率上限放开，但不得超过中国人民银行公布的贷款基准利率的 4 倍，下限为贷款基准利率的 0.9 倍，具体浮动幅度按照市场原则自主确定。"

③ 《重庆市小额贷款公司试点管理暂行办法》第二十五条规定："小额贷款公司的主要资金来源为股东缴纳的资本金、捐赠资金，以及来自不超过两个银行业金融机构的融入资金。小额贷款公司从银行业金融机构获得融入资金的余额，不得超过资本净额的 50%。小额贷款公司应向注册地中国人民银行分支机构申领贷款卡。向小额贷款公司提供融资的银行业金融机构，应将融资信息及时报送所在地中国人民银行分支机构和中国银行业监督管理委员会派出机构，并应跟踪监督小额贷款公司融资的使用情况。"

十三条①关于额度、利率及区域的规定发放贷款的行为，人民法院一般应当认定有效。同时明确，小额贷款公司发放贷款的利率超过中国人民银行公布的同期贷款基准利率的 4 倍，对超过部分请求给付的，人民法院不予支持；借款合同尚未履行完毕，借款人主张以超出部分冲抵借款本息的，人民法院应予支持。

而在日常生活中，很多小额贷款公司并非取得了由地方政府金融监管部门颁发的允许其办理金融业务许可证的正规金融机构或其分支机构，比如五花八门的 P2P 贷款公司和从事借贷业务的担保公司。事实上，涉及小额贷款公司的诉讼案件大多为没有取得办理金融业务资质的公司。

实践中非正规金融机构的小额贷款公司发生资金周转融通的行为更多，在破产程序中，考虑到平衡原则和稳定性原则，笔者建议将未取得金融业务许可证的小额贷款公司、担保公司申报的债权纳入民间借贷债权范围来审查。若小额贷款公司债权人是正规金融机构及其分支机构，则可以考虑纳入金融债权范围。

综上所述，民间借贷类债权范围基本可以确定，指在破产程序中自然人、法人，包括未取得金融业务许可证的小额贷款公司或担保公司在内的其他组织申报的债权。

（二）民间借贷类债权的实质审查

破产债权申报后，管理人在审查各类债权时首要的工作就是确定一致的认定标准，即同类型债权的认定标准要一致，这也是广大债权人最为关心的问题之一。如果债权认定标准不一致，债权审核的工作将会出现混乱，审核债权的难度也会增加。而且这会引发广大债权人的不满，极易引起投诉或信访，进而增加破产程序推进的时间成本和费用成本等。

故管理人在审核民间借贷类债权时，针对同类型的债权应当遵循同一

①《重庆市小额贷款公司试点管理暂行办法》第三十三条规定："小额贷款公司变更住所仅限于同一（区县）行政区域范围的迁址，不得进行异地迁址。应当具备以下条件：（一）能够合法使用拟迁入的新住所；（二）拟迁入的新住所应具有符合规定的安全防范设施；（三）市政府金融办规定的其他审慎性条件。"

的标准，该标准的内容应当包括民间借贷的债权人、合同效力、借款本金、利息、违约金、借款时间、借款期限、时效以及实现债权的其他费用等诸多方面。

1. 审查民间借贷债权的申报人

根据《企业破产法》及其相关司法解释，在企业破产程序中民间借贷债权的申报人主要有以下三大类。

一是民间借贷中的出借人。出借人当然性地享有对该笔借款的债权，当破产企业是借款人或者担保人，或者既是借款人又是担保人时，出借人可以申报债权。

二是享有追偿权的担保人。当破产企业只是借款人，另有第三方作为担保人时，除出借人可以申报债权外，已经代破产企业偿还借款的担保人可以就其担保部分申报债权，尚未代破产企业偿还债务的担保人也可以其对破产企业的将来求偿权申报债权，但债权人已经向破产企业的管理人申报全部债权的除外。在实践中，因不确定主债权人与担保人申报债权的前后时间以及是否最终申报债权，管理人一般会一概接受，如债权人已申报，则担保人的债权作不确认处理。如债权人不申报，则确认担保人申报的债权。

三是因其他原因代破产企业偿还部分或全部债务的非担保人的代偿人。代偿债务包括主债务或次债务。这种情况下，非破产企业的担保人代偿破产企业的债务前来申报债权的，必须是与破产企业不存在债权债务抵销关系且代偿没有被抵销的情形。

债权审核实践中，关于债权申报主体还需要注意两点：一是审查申报人是名义债权人还是实际债权人，二是审查破产企业是名义债务人还是实际债务人，并在债权申报登记册中进行相应标注。

名义债权人和实际债权人均有权利申报债权。若名义债权人申报而实际债权人没有申报的，管理人以名义债权人作为债权人予以确认；若只有实际债权人申报，而名义债权人没有申报的，管理人在核查中发现此种情形的，应当通知名义债权人申报，并在两者中依法确认债权人；若名义债权人与实际债权人均向破产企业的管理人申报债权，管理人应该召集双方，以协商一致的债权人为该笔债权的申报债权人；如果不能协商或协商不一致的，则以双方提供的证据将能够证明与破产企业间存在债权债务关系的债权人认定为债权申报人。

根据《新民间借贷司法解释》第二十二条①规定，破产企业为名义债务人，借款用于企业法定代表人或负责人个人使用的，根据合同的相对性原理，管理人只能认定为破产债权。但为保护破产企业财产，维护广大债权人的合法权益，管理人有权要求破产企业的法定代表人或负责人承担赔偿责任。

2. 审查民间借贷合同的效力

债权申报及审核中，管理人的主要职责之一是对申报的债权的证据材料进行审查，以判断债权人提交的证据的真实性、合法性、关联性，进而判断申报的债权是否应当予以确认。这其中需要审查的就是借贷合同的效力。

民间借贷合同效力的审查依据主要是《民法典》、《新民间借贷司法解释》及相关司法解释中对合同效力及民间借贷的具体规定。

违反《民法典》在以下条文中的规定的合同无效：①主体不适格签订的合同，《民法典》第一百四十四条②；②意思表示不真实签订的合同，《民法典》第一百四十六条③；③签订违反法律、行政法规的强制性规定的合同，《民法典》第一百五十三条第一款④；④签订违背公序良俗的合同，《民法典》第一百五十三条第二款⑤；⑤恶意串通损害他人利益的合同，

---

① 《新民间借贷司法解释》第二十二条规定："法人的法定代表人或者非法人组织的负责人以单位名义与出借人签订民间借贷合同，有证据证明所借款项系法定代表人或者负责人个人使用，出借人请求将法定代表人或者负责人列为共同被告或者第三人的，人民法院应予准许。法人的法定代表人或者非法人组织的负责人以个人名义与出借人订立民间借贷合同，所借款项用于单位生产经营，出借人请求单位与个人共同承担责任的，人民法院应予支持。"

② 《民法典》第一百四十四条规定："无民事行为能力人实施的民事法律行为无效。"

③ 《民法典》第一百四十六条规定："行为人与相对人以虚假的意思表示实施的民事法律行为无效。以虚假的意思表示隐藏的民事法律行为的效力，依照有关法律规定处理。"

④ 《民法典》第一百五十三条第一款规定："违反法律、行政法规的强制性规定的民事法律行为无效。但是，该强制性规定不导致该民事法律行为无效的除外。"

⑤ 《民法典》第一百五十三条第二款规定："违背公序良俗的民事法律行为无效。"

《民法典》第一百五十四条①；⑥符合格式条款无效情形的合同，《民法典》第四百九十七条②；⑦免责条款无效的情形，《民法典》第五百零六条③。另外也不得违反《新民间借贷司法解释》第十三条④。这样才可以认定该民间借贷合同有效，存在事实上的民间借贷法律关系。

民间借贷类债权审查中，合同的成立与否、生效与否、有效与否均应当严格依法处理，否则极易损害债权人的合法权益，产生新的社会矛盾。这也在考验管理人的业务水平，看其是否能"擦亮眼睛"，精准识别处理。

3. 审查民间借贷合同的履行

民间借贷类合同债权审核中，合同的履行是债权审查的重点工作。民间借贷合同作为具体的合同形式之一，履行时在原则层面，除了应当遵循平等、公平、诚实信用等民法基本原则外，根据司法实践，还应遵循合同履行的特有原则，即适当履行原则、协作履行原则、经济合理原则和情势变更原则。基于以上原则，在破产程序中，审查民间借贷合同的内容，主要包括以下六个方面：借款本金、利息、加倍迟延履行利息、逾期还款违约金、担保、律师费。

（1）借款本金

民间借贷债权首先需要核实的就是借款本金，借款本金又分为原始本金和剩余本金两种情况。

一是原始本金。应当结合借贷合同约定，债权人或债务人出具的借

① 《民法典》第一百五十四条规定："行为人与相对人恶意串通，损害他人合法权益的民事法律行为无效。"

② 《民法典》第四百九十七条规定："有下列情形之一的，该格式条款无效：（一）具有本法第一编第六章第三节和本法第五百零六条规定的无效情形；（二）提供格式条款一方不合理地免除或者减轻其责任、加重对方责任、限制对方主要权利；（三）提供格式条款一方排除对方主要权利。"

③ 《民法典》第五百零六条规定："合同中的下列免责条款无效：（一）造成对方人身损害的；（二）因故意或者重大过失造成对方财产损失的。"

④ 《新民间借贷司法解释》第十三条规定："具有下列情形之一的，人民法院应当认定民间借贷合同无效：（一）套取金融机构贷款转贷的；（二）以向其他营利法人借贷、向本单位职工集资，或者以向公众非法吸收存款等方式取得的资金转贷的；（三）未依法取得放贷资格的出借人，以营利为目的向社会不特定对象提供借款的；（四）出借人事先知道或者应当知道借款人借款用于违法犯罪活动仍然提供借款的。"

条、收条以及其他书面证据，结合交易明细等支付凭证进行确认资金的实际支付情况，再结合借款人的陈述等证据综合认定。原始本金的认定，有两个问题需要注意：一是民间借贷中直接的"砍头息"；二是间接"砍头息"或超高利息问题。

"砍头息"是指债权人给借款人发放借款时，预先从本金里扣除一部分钱作为借款人日后应当支付的利息。《民法典》第六百七十条规定："借款的利息不得预先在本金中扣除。利息预先在本金中扣除的，应当按照实际借款数额返还借款并计算利息。"因而在发生"砍头息"情况时，应根据实际交付数额确认借款合同本金。

间接"砍头息"或超高利息问题又有两种表现。一是出借人以咨询费、手续费、质保金或其他名目收取一笔费用。这种情况通常是出借人另行收取了该笔款项。债权人申报债权时，管理人可以在通过与债权人沟通确切了解该部分款项性质的情况下，扣除收取的费用后确认本金。二是出借人以其关联企业或关联个人的名义，以其他名目收取一笔费用或虚构的借款返还。在这种情况下，出借人一开始就是为了规避高额利息而采用的这种方法。因此，管理人很难扣除债权人关联企业或关联个人收取的费用后确认本金，往往也很难通过协商沟通处理。此时，管理人可能只能对债权人申报的债权先行确认或暂缓确认，然后再考虑另行提起追偿之诉，要求债权人返还债务人支付的间接"砍头息"。

二是剩余本金。破产债权中，债权人主张剩余本金时，通常有两种情形。常见的情形是债务人已经偿还了部分本金，尚欠部分本金没有清偿，则未清偿的金额应当确认为债权。另一种情形是将实际剩余本金，以及利息或违约金及其他费用等一并累计计算，重新出具欠条、借条或其他债权凭证，债权人以新的欠条显示的金额申报债权，此种情况在实践中也比较常见。因债权人与债务人经常发生借贷往来，在某种场合或借款金额达到一定程度时，双方可能会对此前往来款项进行结算，将未付的利息或其他费用统一计算，得出一个债务人应还数额，并以此数额出具新的债权凭证。此种情形，需要结合重新出具的债权凭证认定剩余债权本金。

《新民间借贷司法解释》第二十七条规定："借贷双方对前期借款本息

结算后将利息计入后期借款本金并重新出具债权凭证，如果前期利率没有超过合同成立时一年期贷款市场报价利率四倍，重新出具的债权凭证载明的金额可认定为后期借款本金。超过部分的利息，不应认定为后期借款本金。按前款计算，借款人在借款期间届满后应当支付的本息之和，超过以最初借款本金与以最初借款本金为基数、以合同成立时一年期贷款市场报价利率四倍计算的整个借款期间的利息之和的，人民法院不予支持。"管理人在确认债权金额时，应当按照上述规定，结合原始本金以及按合同成立时一年期贷款市场报价利率四倍的标准计算总的本息之和与新债权凭证上的债权金额进行比较，如按原始本金计算的整个借款期间的利息及违约金之和超过合同成立时一年期贷款市场报价利率四倍，则超出部分不予确认。

（2）利息

法律及其司法解释对于民间借贷利息保护上限历经多次变化。1991年8月13日生效的《关于人民法院审理借贷案件的若干意见》第六条规定："民间借贷的利率可以适当高于银行的利率，各地人民法院可根据本地区的实际情况具体掌握，但最高不得超过银行同类贷款利率的四倍（包含利率本数）。超出此限度的，超出部分的利息不予保护。"2015年9月1日生效的《旧民间借贷司法解释》第二十六条规定："借贷双方约定的利率未超过年利率24%，出借人请求借款人按照约定的利率支付利息的，人民法院应予支持。借贷双方约定的利率超过年利率36%，超过部分的利息约定无效。借款人请求出借人返还已支付的超过年利率36%部分的利息的，人民法院应予支持。"2021年1月1日生效的《新民间借贷司法解释》第二十五条规定："出借人请求借款人按照合同约定利率支付利息的，人民法院应予支持，但是双方约定的利率超过合同成立时一年期贷款市场报价利率四倍的除外。前款所称'一年期贷款市场报价利率'，是指中国人民银行授权全国银行间同业拆借中心自2019年8月20日起每月发布的一年期贷款市场报价利率。"

借款合同未约定借款利息的，不支持债权人申报的利息。法院已裁定确认的债权不再重新审查。管理人已提交债权人会议核查的债权不再重新审查。在 2020 年 8 月 20 日之前，对于管理人尚没有编制债权表提交债权人会议核查的债权，即便管理人的审查工作已经完成，即便管理人已将债权审查意见书面通知债权人，我们认为正确的做法是，依据民间借贷利息债权不得超过 LPR 四倍的新规定，对所有民间借贷债权利息重新审查。待重新审查债权工作完成后，再提交债权人会议核查。最后要充分注意同一个破产案件中民间借贷利息债权计算标准的差异，具体包括：其一，对于管理人在 2020 年 8 月 20 日之前提交债权人会议核查的民间借贷债权（利息不超过年利率的 24%），有债权人或者债务人提出异议，并在 2020 年 8 月 20 日以后依法向法院提起债权确认诉讼。由于该债权确认纠纷诉讼案件属于法院在 2020 年 8 月 20 日以后新受理的一审民间借贷纠纷案件，所以该案件审理中的利息债权，适用不超过 LPR 四倍的新规定。如此，同一破产案件中，因为异议引发诉讼，客观上导致有异议诉讼债权与其他无异议核查债权，在利息计算标准上存在差异。其二，无论法院受理债务人破产案件是 2020 年 8 月 20 日之前还是之后，在管理人适用不超过 LPR 四倍新规定计算民间借贷利息债权的情形下，如果民间借贷债权人在法院受理破产案件之前已对债务人提起诉讼，并且法院受理该诉讼案件日期是 2020 年 8 月 20 日之前，则法院仍将适用不超过年利率 24% 的规定，判决确认原告的民间借贷债权。此项判决确认的债权，管理人必须遵守并执行，以致法院判决确认的该民间借贷利息债权，与管理人适用不超过 LPR 四倍新规定计算其他民间借贷利息债权，在利息计算标准上存在差异。

借款合同约定的利息超过合同成立时一年期贷款市场报价利率四倍的，对合同成立时一年期贷款市场报价利率四倍的利息可以进行确认，对于超过四倍利率的部分，不予确认。对于法院在 2020 年 8 月 20 日之前受理的破产案件，管理人对民间借贷利息债权的审查，建议根据不同情况酌情处理。已提交债权人会议核查的民间借贷债权，不再重新审查。未提交债权人会议核查的民间借贷债权，管理人适用不超过 LPR 四倍新规定。同一破产案件中的民间借贷债权审查，除诉讼案件造成的差异外，管理人应当确保利息计算标准一致。而对于不属于民间借贷的其他借贷利息债权，可以参照不超过 LPR 四倍的新规定，予以全面审查。

同时，在利息计算中还要注意的是，《企业破产法》第四十六条第二款规定："附利息的债权自破产申请受理时起停止计息。"管理人在认定债权时，也要注意利息计算的截止时间。

（3）加倍迟延履行利息

民间借贷债权审核认定中，对于破产企业未执行生效法律文书中确定的应当加倍支付的迟延履行期间的债务利息，是否能确认为破产债权，以及如果确认为破产债权，其清偿顺序如何确定的问题，在实践中一直以来争议较大。《企业破产法司法解释（三）》第三条规定："破产申请受理后，债务人欠缴款项产生的滞纳金，包括债务人未履行生效法律文书应当加倍支付的迟延利息和劳动保险金的滞纳金，债权人作为破产债权申报的，人民法院不予确认。"但这里的"破产申请受理后"极易引发歧义，到底是指债务人破产后，凡是属于迟延利息部分都不确认，还是仅指破产受理后的迟延利息部分。在实践中，目前多数情况下，管理人都不将其确认为破产债权。而因为债务人已经进入破产程序，债权人即使对管理人关于加倍支付的迟延履行利息的认定有异议，因为该部分利息并非主要或大额债权，债权人也很少进行诉讼。但笔者更倾向于将迟延履行期间的债务利息认定为破产债权，具体理由如下。

从《企业破产法》立法宗旨来看，破产程序的目的正是在于使破产企业各债权人的债权得到公平对待。从权利基础来看，迟延加倍利息具有法定性。在诉讼和执行程序中，迟延加倍利息是法院在法律文书中依职权添加的，并非基于当事人的约定或请求而产生，那么判决书确定的破产企业应当履行但未履行的债务，也是债权人理所应当的债权，故笔者认为应当将迟延履行期间的利息认定为破产债权。但该类债权的清偿顺序，则需要另行考虑。因为在债务人破产清算的情况下，其已无法全额清偿债务，故债权人获得的清偿是具有补偿性质的，此时破产企业的财产本质上应属于全体债权人所有。若将迟延履行债务利息这种惩罚性债权赋予普通债权的清偿顺序，将会降低处于同一清偿顺序的其他普通债权的清偿率，导致将对债务人的惩罚转嫁给其他普通债权人，从而违反了《企业破产法》规定的公平受偿原则，也超出了破产程序弥补债权人实际损失的目的。

虽然笔者认为应当将迟延加倍利息按照债权予以确认，但同时认为，为保障破产企业所有债权人能够得以公平受偿，应根据《全国法院破产审判工作会议纪要》第二十八条之规定操作："破产债权的清偿原则和顺序。对于法律没有明确规定清偿顺序的债权，人民法院可以按照人身损害赔偿债权优先于财产性债权、私法债权优先于公法债权、补偿性债权优先于惩罚性债权的原则合理确定清偿顺序。因债务人侵权行为造成的人身损害赔偿，可以参照企业破产法第一百一十三条第一款第一项规定的顺序清偿，但其中涉及的惩罚性赔偿除外。破产财产依照企业破产法第一百一十三条规定的顺序清偿后仍有剩余的，可依次用于清偿破产受理前产生的民事惩罚性赔偿金、行政罚款、刑事罚金等惩罚性债权。"这里的迟延利息应当认定为惩罚性债权，劣后于普通债权清偿，待所有普通债权人的债权完全清偿后，有剩余财产时，再予以清偿。

（4）逾期还款违约金

逾期还款违约金制度在一定程度上是一种补偿性保护机制，借款合同约定逾期还款违约金的目的是，针对债务人逾期未偿还本息的情形，计收的一笔资金占用利息，以应对通货膨胀、资金贬值等市场经济环境变化带来的损失。如果借贷合同中明确约定了逾期还款违约金及违约金计算方法，则根据《民法典》第五百八十五条、《新民间借贷司法解释》第二十八条①、第二十九条②等规定，借款本金及对逾期还款违约金的约定真实、合法、有效，应受法律保护。

---

① 《新民间借贷司法解释》第二十八条规定："借贷双方对逾期利率有约定的，从其约定，但是以不超过合同成立时一年期贷款市场报价利率四倍为限。未约定逾期利率或者约定不明的，人民法院可以区分不同情况处理：（一）既未约定借期内利率，也未约定逾期利率，出借人主张借款人自逾期还款之日起参照当时一年期贷款市场报价利率标准计算的利息承担逾期还款违约责任的，人民法院应予支持；（二）约定了借期内利率但是未约定逾期利率，出借人主张借款人自逾期还款之日起按照借期内利率支付资金占用期间利息的，人民法院应予支持。"

② 《新民间借贷司法解释》第二十九条规定："出借人与借款人既约定了逾期利率，又约定了违约金或者其他费用，出借人可以选择主张逾期利息、违约金或者其他费用，也可以一并主张，但是总计超过合同成立时一年期贷款市场报价利率四倍的部分，人民法院不予支持。"

关于破产程序中，是否应当对债权人申报的逾期还款违约金进行确认，《企业破产法》及相关司法解释中，均未明确规定逾期还款违约金不能作为破产债权申报。四川省高级人民法院在某公司与徐某某、某公司保证合同纠纷一案[①]中，以及重庆市高级人民法院在重庆某小额贷款有限公司与重庆某汽车配件有限公司、牟某等借款合同纠纷一案[②]中，均明确对计算至破产申请受理之日的逾期还款违约金予以支持。故笔者认为，对债权人申报的逾期还款违约金应当予以确认。

若债权人申报的逾期还款违约金是以借款本金为基数，按合同约定，且不超过借款合同成立时一年期贷款市场报价利率四倍的标准计算至破产受理之日，并不违反法律规定，也不超过法律关于违约金约定的上限。同时根据《民法典》《新民间借贷司法解释》《企业破产法》等相关规定，债权人依法主张逾期还款违约金，并未增加对债务人的义务、损害其他债权人的合法权益，管理人应当予以确认。

同时应当注意的是，管理人应严格执行《新民间借贷司法解释》《关于进一步加强金融审判工作的若干意见》，严格依法规制高利贷，出借人与借款人同时约定利息、复利、罚息、违约金和其他费用的，出借人可以选择主张逾期利息、违约金或者其他费用，也可以一并主张，但总计超过合同成立时一年期贷款市场报价利率四倍的部分，管理人不予确认。

（5）担保问题

民间借贷类债权如果存在担保情形，担保主要具有以下特点：一是担保具有普遍性，大额民间借贷多数债权设立有担保；二是债务人的土地、房屋等不动产，以及主要的机器设备多数已经全部或大部分设立了抵押；三是应收账款设立了质押；四是破产债务人股东所持有的股权设立了质押；五是债务人的股东及配偶、子女、父母等主要亲属，以及债务人的财务主管等高级管理人员提供连带责任保证；六是债务人的关联企业提供连带责任保证。

---

① 四川省高级人民法院民事判决书，（2015）川民终字第 896 号。
② 重庆市高级人民法院民事判决书，（2016）渝民终 420 号。

随着《民法典》《〈民法典〉担保制度解释》的出台，也有值得我们关注的具体问题，包括以下几方面。

第一，《〈民法典〉担保制度解释》第二十二条，债务人破产时担保债务停止计息①，对于主债务人进入破产程序后担保债务是否停止计息的问题，实务中一直存在广泛争议：支持停止计息的主要原因在于强调担保债权的从属性，主张担保人承担的责任不能超过主债务人。实务中判例有再审申请人某生态股份有限公司、某通用航空股份有限公司金融借款合同纠纷一案②、上诉人某电力股份有限公司与被上诉人某金融租赁有限公司保证合同纠纷一案③，主张不停止计息的原因在于停止计息是对破产企业的特殊保护，不能适用于并未进入破产程序的担保人。浙江省高级人民法院民事审判第五庭在《关于主债务人破产后保证人是否停止计息问题的解答》（浙高法民五〔2020〕1号）中认为："按照《企业破产法》第四十六条规定，针对债务人的破产申请被人民法院裁定受理时，破产程序中针对债务人申报的附利息的债权自破产申请受理时起停止计息。但该停止计息的效力不及于保证人。"

我们认为，《〈民法典〉担保制度解释》对于债务人破产情况下担保债权停止计息的规定系从民法角度强化担保债权的从属性，与《〈民法典〉担保制度解释》第三条和《民法典》的精神保持一致，但从《企业破产法》的角度，本条规定有值得商榷之处。因为《企业破产法》调整的法律关系与一般民商事法律不同，对破产企业停止计息是出于维护全体债权人公平受偿的价值考虑，保护的对象是全体债权人，而非保证人。《企业破产法》关于利息计算停止的规定是指债权利息给付的停止，并非否定债权利息的存在，该部分债权利息仍属于债权人所享有的实体债权的范畴，保证人应当承担。

第二，《〈民法典〉担保制度解释》第十八条规定，担保人履行代为清

---

① 《〈民法典〉担保制度解释》第二十二条规定："人民法院受理债务人破产案件后，债权人请求担保人承担担保责任，担保人主张担保责任从人民法院受理破产申请之日起停止计息的，人民法院应予支持。"

② 最高人民法院民事裁定书，（2020）最高法民申1054号。

③ 北京市高级人民法院民事判决书，（2016）京民终45号。

偿义务后就抵押财产享有优先受偿权①，原来司法实践中的做法较为保守，一般认为担保人代为清偿后，主债权即消灭，那么抵押权也消灭了。在再审申请人某集团有限公司与被申请人某化工股份有限公司破产债权确认纠纷一案②中，最高人民法院认为，某元公司履行代为清偿义务之后，此时，因某元公司承担保证责任，国家某银行对某友公司的债权消灭，作为主债权从权利的抵押权也随之消灭，不存在债权转让的问题。根据上述事实和法律规定，二审认定某元公司就某友公司向国家某银行提供的抵押财产不享有优先受偿权。此次司法解释予以明确规定担保人继续享有担保物权，可谓一大进步，这对保障保证人权益，维护公平正义有着重要的意义。

债务人进入破产程序后，鉴于债权人可能在申报债权的同时向保证人主张权利，将保障债权人利益的及时实现作为出发点，结合破产程序中有关保证人申报债权的相关规定，明确了破产程序终结前，已向债权人承担了保证责任的保证人，可通过申请转付相应清偿份额的方式，理顺保证人承担责任与求偿权之间的程序关系，并避免债权人获得双重受偿。但是，值得进一步探讨的是，在债权人未从担保权人处取得足额受偿的情况下，债权人对债务人享有的抵押权并未消灭，仍应就未获清偿的部分向债务人主张权利。

第三，《〈民法典〉担保制度解释》第五十二条第二款规定，明确预告登记具有破产保护效力。③ 目前破产实践中，出于权益保护的考虑，对于已经进行预告登记的消费型购房户，在其足额支付购房款的情况下均采取房屋交付的处理方式。而对于进行预告登记的抵押权则处理方式不一。

《〈民法典〉担保制度解释》明确规定了抵押预告登记的破产保护效

---

① 《〈民法典〉担保制度解释》第十八条规定："承担了担保责任或者赔偿责任的担保人向债务人追偿的，人民法院予以支持。同一债权既有债务人自己提供的物的担保，又有第三人提供的担保，承担了担保责任或者赔偿责任的第三人，主张行使债权人对债务人享有的担保物权的，人民法院应予支持。"

② 最高人民法院民事裁定书，（2020）最高法民申343号。

③ 《〈民法典〉担保制度解释》第五十二条第二款规定："当事人办理了抵押预告登记，抵押人破产，经审查抵押财产属于破产财产，预告登记权利人主张就抵押财产优先受偿的，人民法院应当在受理破产申请时抵押财产的价值范围内予以支持，但是在人民法院受理破产申请前一年内，债务人对没有财产担保的债务设立抵押预告登记的除外。"

力，充分保护预告登记权利人在债务人破产程序中的优先受偿权。举轻以明重，我们理解对于采取预告登记的房屋买受人，其对房屋享有物权请求权也具备更为充分的法律依据。

第四，《〈民法典〉担保制度解释》第五十四条规定，未办理登记的动产抵押权人不享有优先受偿权①，《民法典》第四百零三条亦延续了这一规定。

在过去的破产审查实践中，对未经登记的动产抵押权人是否有权享有优先受偿权处理不一，主要焦点在于"第三人"是否包含破产程序中的普通债权人。原有观点认为这里的第三人不包括普通债权人。在某乳业集团某合城牧业有限公司、某乳业集团某星牧业有限公司破产债权确认纠纷一案②中，辽宁省高级人民法院认为："一般债权人与抵押标的物并无法律上的直接联系，其系信赖债务人的清偿能力而与债务人建立债权债务关系，并非基于对抵押标的物未来价值变现的期待。动产抵押权未办理登记并不因此丧失其优先受偿的性质。"原因在于《民法典》第四百零三条中规定的"未经登记，不得对抗善意第三人"中的"第三人"不包括破产中的普通债权人。因此，债务人破产时，即使抵押的动产未经登记，享有抵押权的债权人也应就该动产优先于一般债权人受偿。

第五，《〈民法典〉担保制度解释》第六十四条规定，所有权保留的买卖合同参照担保物权的实现程序处理③，《民法典》第六百四十二条规定了出卖人对标的物的取回权，但同时规定："出卖人可以与买受人协商取回标的物；协商不成的，可以参照适用担保物权的实现程序。"在买受双方无法协商一致的情况下，本解释事实上将所有权保留的买卖合同视为担保

① 《〈民法典〉担保制度解释》第五十四条第（四）项规定："抵押人破产，抵押权人主张对抵押财产优先受偿的，人民法院不予支持。"
② 辽宁省高级人民法院民事判决书，（2019）辽民终1722号。
③ 《〈民法典〉担保制度解释》第六十四条规定："在所有权保留买卖中，出卖人依法有权取回标的物，但是与买受人协商不成，当事人请求参照民事诉讼法'实现担保物权案件'的有关规定，拍卖、变卖标的物的，人民法院应予准许。出卖人请求取回标的物，符合民法典第六百四十二条规定的，人民法院应予支持；买受人以抗辩或者反诉的方式主张拍卖、变卖标的物，并在扣除买受人未支付的价款以及必要费用后返还剩余款项的，人民法院应当一并处理。"

物权。

除《企业破产法》规定所有权人就合同财产享有取回权外，我国《企业破产法司法解释（二）》第三十四条至第三十八条对所有权保留的买卖合同在破产程序中的处理进行了明确规定，其中第三十八条规定："买受人破产，其管理人决定解除所有权保留买卖合同，出卖人依据企业破产法第三十八条的规定主张取回买卖标的物的，人民法院应予支持。出卖人取回买卖标的物，买受人管理人主张出卖人返还已支付价款的，人民法院应予支持。取回的标的物价值明显减少给出卖人造成损失的，出卖人可从买受人已支付价款中优先予以抵扣后，将剩余部分返还给买受人；对买受人已支付价款不足以弥补出卖人标的物价值减损损失形成的债权，出卖人主张作为共益债务清偿的，人民法院应予支持。"因此，《企业破产法》支持出卖人行使取回权，并对价值贬损部分作为共益债务优先清偿。

第六，《〈民法典〉担保制度解释》第六十九条规定了明晰股权让与担保的认定标准和名义股东责任。[①] 破产程序中常见债务人企业名义股东与实际出资人不一致的情况，债务人股东出于融资需要将其所持有的债务人企业股权形式转让至债权人名下，由债权人以增资或支付股权转让款的方式注入资金并约定回购条款，该种交易模式此前尤其常见于信托融资。该法律规定，名义股东不再承担履行出资义务、抽逃出资等法律责任，这是对债权人的一种保护措施。

总而言之，民间借贷由于信用不足，债权人为保障其债权的安全性，通常采取以债务人及其股东等关联企业捆绑式担保。出现上述情况的，管理人应结合民营破产债务人普遍存在的个人与企业财产混同、关联企业之间财产混同、业务混同、人员混同、主要办事机构混同、管理混同、决策力混同的情形，首先做好是否合并破产的专业预判，并着手收集合并破产

---

① 《〈民法典〉担保制度解释》第六十九条规定："股东以将其股权转移至债权人名下的方式为债务履行提供担保，公司或者公司的债权人以股东未履行或者未全面履行出资义务、抽逃出资等为由，请求作为名义股东的债权人与股东承担连带责任的，人民法院不予支持。"

的证据，如果具备合并破产的实质条件，应主动与法院沟通，适时启动合并破产程序，解决合并破产问题，否则，破产案件的推进会受到严重的阻碍。

（6）律师费

在破产程序中，债权人可以委托律师，债权人在申报债权时，可能会要求管理人对其为实现债权支付的律师费进行认定。此时，根据合同自由原则，只要债权人与债务人当时在借贷合同中明确约定实现债权的律师费由债务人承担的情形，则债务人要求对律师费予以确认的，管理人应当支持。但需要注意，借款合同中关于律师费条款的约定，必须明确写明"律师费"，其他如"实现债权的费用"等均属约定不明确，在这种情形下，对债权人申报的律师费则不予认定。认定的同时，债权人必须提交与律师事务所签订的委托合同及律师事务所开具的律师费发票作为律师费支付的证据。但是确认的具体金额仍然需要仔细考量，结合委托代理合同中律师的工作是否只涉及申报债权，还是包括债权人在破产程序中诸如诉讼以及律师行业收费标准和律师工作内容等相关事宜，酌情合理确认，而并非直接确认全额律师费。

在上诉人李某与被上诉人吴某某民间借贷纠纷一案[①]中，最高人民法院对借贷合同约定律师费的争议作了明确答复：①原告通过诉讼方式实现其债权，为此支付了律师、诉讼等相关费用，根据涉案借款合同的约定，该费用应由被告负担；②原告与律师事务所之间有《委托代理协议》，签订即生效且已经履行代理职责，法院判决被告承担原告为实现债权而支出的律师费用具有事实依据；③至于律师事务所是否开具发票，与被告依约承担的律师费用不具有对等关系，被告以受托人未开具发票作为拒绝承担律师费用的不予支持。

（三） 民间借贷类债权的其他方面

1. 法定代表人以个人名义对外借款

企业进入破产程序之前，往往会出现资金链断裂的情况，为挽救企

---

① 最高人民法院民事判决书，（2016）最高法民终 613 号。

业，或出于盘活资金或基于避税等其他资金成本考虑，会有企业法定代表人以个人名义对外借款的情形发生。当企业进入破产程序时，如果债权人申报的债权是针对企业法定代表人以个人名义借款的，管理人必须慎重对待，判断该债权是否应当认定为破产债权。

《新民间借贷司法解释》第二十二条规定，企业法定代表人以个人名义对外签订借款合同的，且所借款项用于单位生产经营的，则单位与个人共同承担偿还责任。依据上述规定及《企业破产法》相关规定，关于企业法定代表人对外借款是否为破产企业债务，债权人需要提供证据证明该借款是用于企业生产经营，管理人需要结合企业章程、企业经营范围、借款合同约定用途、银行流水、相关证人证言及破产企业是否认可等内容进行综合考量，决定是否认定为破产债权，或者部分认定为破产债权。

一般情况下，企业在进入破产程序前，企业的内部管理已经十分松散，企业管理人员流动频繁，且债权人和破产企业的关系也变得十分紧张，如此情况下，破产企业特别是中小企业，经常会出现账本部分遗失或损坏的情况。所以，如果破产企业存在大量民间借贷或私下资金融通较多的情况，大部分民间借贷所涉及的款项用途是很难查明和查证的。

另外，鉴于法定代表人的特殊身份，还存在的一种情况是：借款合同和借款凭证上明确标注该笔借款是用于企业支出，也标注了企业名称，但是并没有加盖公章，也没有银行流水。此种情况下，该笔借款性质到底如何认定？

《民法典》第六十一条规定："依照法律或者法人章程的规定，代表法人从事民事活动的负责人，为法人的法定代表人。法定代表人以法人名义从事的民事活动，其法律后果由法人承受。法人章程或者法人权力机构对法定代表人代表权的限制，不得对抗善意相对人。"根据四川省高级人民法院《关于审理民间借贷纠纷案件若干问题的指导意见》第二十九条"企业的法定代表人或负责人与善意第三人签订借款合同后，企业以其对法定代表人或负责人的任命不符合公司章程规定的程序和条件为由，抗辩不应向善意第三人归还借款的，人民法院不予支持"等相关规定，管理人在认定债权人申报的企业法定代表人以个人名义的借款债权时，如果债权人证据不全面或缺失部分关键证据，为避免管理人出现履职失职问题、保护其他债权人的利益，管理人应当对法定代表人以个人名义对外借款债权不予确认或暂缓确认。若债权人不服，则还可向法院提起债权人确认之诉维护自己的权利。在债权确认之诉中，管理人仍要积极与承办法官联系沟通，以法院查明的事实对债权作出认定。如果法院以"法定代表人是履行职务行为，拥有足够的权利外观"和存在"善意第三人"为由，将法定代表人的个人对外借款认定为企业债务，管理人再作补充认定即可。

2. 现金交易的债权

破产企业中的民间借贷资金，通常是企业经营经济压力巅峰时产生的。原来在移动支付并不方便的情况下，伴随过桥资金市场和民间借贷高额利息的驱动，很多借款其实是以现金交易的。而企业的债权人背后通常隐藏着许多间接出借人，出于对利害关系、金额大小以及税务风险等各种因素的考虑，该债权人出借的款项，实际可能来源于数个出借人。一般是间接出借人先将借款以现金方式交付名义债权人，债权人汇总后再以现金或现金与转账结合的方式出借给破产企业。故债权人申报债权时，很难向管理人提供借款的银行流水和其他直接证据。另外，债权人可能为了追逐高额利息，又为了避免超过法律规定红线，所以很多利息条是以现金借款的方式体现。在债权审核过程中，出现现金债权的情况管理人是很难进行判定的，特别是债权人和破产企业说法不一致时，真实的债权本金和利息认定难度会很大。

对民间借贷中现金交易债权产生的各种问题，管理人可参考四川省高级人民法院《关于审理民间借贷纠纷案件若干问题的指导意见》第十九条规定："原告仅依据借据、收据、欠条等债权凭证提起诉讼，数额巨大且主张以现金形式交付，被告又否认借贷事实发生的，如果人民法院仅根据债权凭证及当事人的经济能力，不能查证借贷事实是否发生的，应告知原告就资金的来源、走向、付款凭证、支付细节等事项继续举证"及《新民间借贷司法解释》第十五条规定，"原告仅依据借据、收据、欠条等债权凭证提起民间借贷诉讼，被告抗辩已经偿还借款的，被告应当对其主张提供证据证明。被告提供相应证据证明其主张后，原告仍应就借贷关系的存续承担举证责任。被告抗辩借贷行为尚未实际发生并能作出合理说明的，人民法院应当结合借贷金额、款项交付、当事人的经济能力、当地或者当事人之间的交易方式、交易习惯、当事人财产变动情况以及证人证言等事实和因素，综合判断查证借贷事实是否发生"，对现金交易债权进行判断。

笔者认为若债权人仅依据借据、收据、欠条等债权凭证向管理人申报债权，且载明为现金交易，债权人无其他辅助证据证明现金交易债权发生的时间、用途、交易情形等相关情节，债权人和破产企业无法达成一致时，在缺乏明确书面证据支撑的情形下，管理人对该类债权应当不予确认，债权人可向破产受理法院提起债权确认之诉。但对于债权人申报的小额现金交易债权，管理人可结合破产企业交易习惯，与破产企业进行核对，同时结合债权人的债权范围进行一个基础判断，作出是否确认、暂缓确认或不予确认的初步判断，但管理人仍须注意自身履职风险。

3. 房地产企业破产中，名为买房，实为借贷的处理

房地产企业因对资金的大量支出和需求，很容易陷入资金短缺困境，而房地产企业最普遍也最容易实现的融资手段就是民间借贷。房地产企业通过民间借贷融资的方式之一是企业与债权人签订商品房买卖合同，并基于该合同将已经办理预售许可证的房屋为债权人办理网签备案登记，以该房屋作为对借款的担保，后双方再就借款签订商品房回收协议，约定若房地产企业能按时还款付息，则债权人为企业解除房屋备案登记；若房地产企业不能还款付息，则已备案的房屋归债权人所有，并完成过户登记。以此完成整个民间借贷流程。

这种名为房屋买卖实则为民间借贷的合同是否有效，房地产企业进入破产时，是否应当将该种债权认定为破产债权，是房地产企业破产中的重要内容之一。关于名为买房实为借贷引发的债权申报问题，核心要素是要确定债权人与债务人签订的商品房买卖合同是否有效，以及企业为债权人办理房屋备案登记行为的法律性质如何认定。

首先，在房地产企业开发过程中，对借款双方最有利、最方便的担保即房屋。笔者认为，从表面证据来看，房地产企业与债权人签订的商品房

买卖合同及办理房屋备案登记的行为，就是房地产企业对双方协议约定的借款提供担保的一种行为。但该种"抵押"行为，由于双方并未办理抵押登记手续，不满足《民法典》物权编所规定的抵押权的设立条件，故商品房买卖合同和办理备案登记手续并没有合规地设立"抵押权"，而是一种非典型的担保行为。

故在房地产开发企业破产程序中，管理人在债权审核时要注意区分债权人申报的是不是民间借贷债权。如出现这种"名为买房，实为借贷"的情形，双方关于房地产企业未能依约及时足额还款，房屋即归债权人所有，并办理过户登记的约定，该种担保权实现的方式是此前《物权法》禁止的流质条款①，是属于无效约定。但根据2021年1月1日起开始实施的《民法典》第四百二十八条的规定："质权人在债务履行期限届满前，与出质人约定债务人不履行到期债务时质押财产归债权人所有的，只能依法就质押财产优先受偿。"细数我国关于流质条款的规定，我国1995年《担保法》第四十条、第六十六条确立了关于禁止流质的规则；2007年《物权法》第一百八十六条、第二百一十一条沿袭了《担保法》的前述规定；《民法典物权编（草案二次审议稿）》仍保留了禁止流质的规定；《民法典》第四百〇一条、第四百二十八条在流质问题上采取较缓和的态度，未直接以"不得"限制当事人对流质条款的约定，而改为"只能依法就抵押/质押财产优先受偿"。但是针对《民法典》第四百〇一条及第四百二十八条，预计在未来司法适用中可能有以下需要关注之点：（1）应如何认定流质条款的效力；（2）未办理抵押登记的不动产抵押合同，抵押权人是否享有优先受偿权；（3）未办理抵押登记的动产抵押合同，抵押权人能否依据流质条款优先受偿；（4）如何与以物抵债、让与担保等非典型担保制度协调。同时依据《全国法院民商事审判工作会议纪要》（以下简称《九民纪要》）第七十一条的规定，当事人根据让与担保合同的约定，已经完成财产权利变动的公示方式转让至债权人名下，债务人到期没有清偿债务，债

---

① 《物权法》第一百八十六条规定："抵押权人在债务履行期届满前，不得与抵押人约定债务人不履行到期债务时抵押财产归债权人所有。"

权人请求确认财产归其所有的，人民法院不予支持，但债权人请求参照法律关于担保物权的规定对财产拍卖、变卖、折价优先偿还其债权的，人民法院依法予以支持。

但在房地产开发企业进入破产时，为了平衡债权人与破产企业的利益并确保破产企业的其他债权人公平受偿，债权人还是可以将该类债权申报为民间借贷债权的。

对于管理人来讲，在办理房地产企业的破产业务时，务必仔细核查债权人是真正的购房人还是仅是名义上的购房人，准确认定房屋买卖合同的法律性质，核查相关的支付凭证和发票，若发现债权人与房地产企业之间的关系并非房屋买卖合同关系，可依法提起诉讼确认合同无效，以免侵害其他债权人的利益。

4. 让与担保

让与担保是指债务人或者第三人为担保债务的履行，将担保标的物所有权等权利转移给债权人，若债务清偿，债权人应将担保标的物返还至债务人或第三人，若债务不履行，债权人可就担保标的物优先受偿的一种非典型担保。在立法层面，《民法典》虽未明文规定让与担保，却通过担保合同的范围，为让与担保留下了空间。《民法典》第三百八十八条第一款规定："设立担保物权，应当依照本法和其他法律的规定订立担保合同。担保合同包括抵押合同、质押合同和其他具有担保功能的合同。"此处"其他具有担保功能的合同"即包括让与担保合同等。

企业在通过民间借贷进行融资时，为尽量多地获得借款或资金利益，可能会采取股权转让、设备或房屋买卖等一些方式为债权的实现提供担保。让与担保是基于市场经济发展的规律而产生的一种特殊担保，能够弥补典型担保的不便，且现行法律并没有明确禁止让与担保。因此在司法实践中，绝大多数裁判观点对让与担保持肯定态度。在上诉人某投资集团有限公司、某钢铁集团有限公司民间借贷纠纷一案①中，最高人民法院认为，当事人以签订股权转让协议的方式为民间借贷债权进行担保，此种非典型

---

① 最高人民法院民事判决书，（2019）最高法民终 133 号。

担保方式为让与担保，在不违反法律、行政法规效力性强制性规定的情况下，相关股权转让协议有效。故破产程序中的民间借贷债权出现让与担保情形时，管理人应当从债权人与破产企业之间达成的原始协议、目的、用途等方面综合判断是民间借贷债权或是其他债权。如果是债权人、债务人之间的真实意思表示，不违反法律法规的强制性规定，管理人确认合同效力后，进行债权的综合认定。

但破产程序中涉及让与担保，管理人需要注意以下问题。

第一，虽然目前司法实践中对让与担保的合同效力持肯定态度，但并非意味着债权人能直接基于让与担保合同取得担保物的所有权，故在破产程序中也不能行使取回权，让与担保权人只能参照《企业破产法》中关于法定担保物权之破产别除权规定，优先于破产程序中的普通债权人获得债务清偿。

第二，破产程序中赋予让与担保权人优先受偿权的同时，应以《企业破产法》对其权利行使予以检视。采取登记生效主义的担保，应在合理期限内予以登记，若在破产临界期内予以登记，则存在被撤销的风险；采取登记对抗主义的担保，只要债权债务主合同和担保合同同时生效，则应当充分尊重当事人之间的意思自治，而不应将其撤销。

5. 以物抵债

我国立法上并无明确的以物抵债的定义。江苏省高级人民法院发布的《关于民间借贷及以物抵债的专题讨论会议纪要》指出，"以物抵债"是指债务人与债权人约定以债务人或经第三人同意的第三人所有的财产折价归债权人所有，用以清偿债务的行为。在破产案件中，与让与担保相伴而生的就是以物抵债，两者均系实现债权、消灭债务的方式。显著区别在于，让与担保合同的签订是在主债务履行期届满前，以债务人清偿期届满后是否清偿债务为条件设置的处置模式。而以物抵债行为则发生在主债务履行期届满后，即以债务人在债务履行期届满后尚未清偿债务为前提。根据《九民纪要》中关于以物抵债的规定与解释，对于当事人在债务履行期届满前达成的以物抵债协议，若抵债物已经完成公示（动产已交付债权人，不动产或股权已完成登记），则构成让与担保，应当参照《九民纪要》第七十一条"让与担保"的有关规定处理；若抵债物尚未完成公示，应根据原债权债务关系予以处理。

　　法院对民间借贷中签订以物抵债协议前的借款利率采取主动审查的态度。即如果借款利率高于法定标准，法院将按法定利率标准确认原借款本息转化而来的物品购买价款。因此，管理人在"以物抵债"债权中应当关注债权人是否完成价款支付义务，是否需要因此而承担违约责任。

　　实践中，依据意思表示的不同，还存在以签署房屋买卖合同的形式提供担保的情况。以房抵债，实质上是以物抵债的一种，只不过其中的物是以房屋这种不动产的形式出现。实践中，以物抵债协议的约定各有不同，但是法无禁止即自由，只要不违反《民法典》关于合同效力条款的规定，符合合同有效的条件，就应当认定其效力。《新民间借贷司法解释》第二十三条规定："当事人以订立买卖合同作为民间借贷合同的担保，借款到期后借款人不能还款，出借人请求履行买卖合同的，人民法院应当按照民间借贷法律关系审理。当事人根据法庭审理情况变更诉讼请求的，人民法院应当准许。按照民间借贷法律关系审理作出的判决生效后，借款人不履行生效判决确定的金钱债务，出借人可以申请拍卖买卖合同标的物，以偿还债务。就拍卖所得的价款与应偿还借款本息之间的差额，借款人或者出借人有权主张返还或者补偿。"此条规定也遵从了这一裁判思路。

　　从管理人进行债权审查的角度出发，对以物抵债问题，除应坚持基本法律处理思路外，还应当兼顾《企业破产法》的特别规定。

　　首先，审查是否属于《企业破产法》规定的无效行为。依据《企业破产法》第三十三条之规定："如果以物抵债涉嫌债务人逃避债务而隐匿、转移财产，虚构债务或承认不真实的债务，应当认定无效。"

　　其次，审查是否属于破产可撤销行为。依据为《企业破产法》第三十一条。

　　依据《企业破产法》第三十二条之规定，"人民法院受理破产申请前六个月内，债务人有本法第二条第一款规定的情形，仍对个别债权人进行清偿的，管理人有权请求人民法院予以撤销"，如果以物抵债行为发生在人民法院受理破产申请前6个月内，则无论债务是否已届清偿期，以物抵债行为均属可撤销情形，相关抵债物均需纳入破产财产的范围。

6. 阴阳合同

民间借贷的高额利息是出借人的驱动力，也是法律规范的首要风险。2020 年 8 月 20 日前，法律及司法解释将民间借贷的利率定义为三个区间：第一，司法保护区，年化利率在 24% 以下的民间借贷，法院予以司法保护；第二，无效区，年化利率超过 36% 的民间借贷，超出部分法院将认定无效；第三，自然债务区，即年化利率为 24%~36%。2020 年 8 月 20 日以后为合同成立时一年期贷款市场报价利率的四倍。

民间借贷的利息通常会约定超过法律规定的高额利息，出借人为了规避法律风险，对策就是会与借款人签订两份内容不相同的合同，一份对内，一份对外。对外的一份约定的利息在法律规定的范围之内，但并不是双方的真实意思表示，对内的一份约定的是双方的真实借款利率，是双方真实意思表示。这种规避法律对民间借贷利息风险的合同被称为"阴阳合同"。有时为了使对外合同显得更为真实，借款双方还会对"阳"合同进行公示。

在破产程序中，面对高利率、高违约金的民间借贷债权，特别是公证过的债权文书，管理人一定要注意审查是否涉及阴阳合同。阴阳合同属于违法行为，涉及阴阳合同的民间借贷债权应当根据实际借款情况进行确认，或者暂缓确认。

在实践中阴阳合同的效力通常是：阳合同无效，阴合同不当然无效，依照相关法律规定判断其效力。而阴阳合同的法律根据是《民法典》第一百四十六条。

7. 入股款与民间借贷

债权审核时应当注意审核债权人申报时公司工商登记的股东信息，确认其是否破产企业的股东。但工商登记并非确定股东身份的唯一依据，现实社会生产经营活动中确实存在显明股东与隐名股东之分。同时应当审查债权人提交的材料中，是否有双方关于借款期限及利息的约定，双方如为民间借贷法律关系，不约定借款期限和利息明显不符合常理。另外，需注意"出资证明书"等材料中是否有对欠款、权证性质及相关事项的明确说明，进而综合判断款项是入股款还是民间借贷。例如原告周某某与被告徐某某、某律师事务所某实业有限公司破产管理人第三人撤销之诉一案。[①]

8. 职业放贷人问题

（1）对职业放贷人的界定

事实上，在我国"职业放贷人"并非法律概念，目前并没有专门的法律对其进行规制。浙江省高级人民法院、浙江省人民检察院、浙江省公安厅、浙江省司法厅、国家税务总局浙江省税务局、浙江省地方金融监督管理局共同发布的《关于依法严厉打击与民间借贷相关的刑事犯罪强化民间借贷协同治理的会议纪要》和各地法院出台的会议纪要规定，"职业放贷人"（俗称"放高利贷的人"）可以理解为，未取得金融监管部门批准，不具备发放贷款资质，但向社会不特定对象出借资金以赚取高额利息，出借行为具有营业性、经常性特点的单位，以及以放贷为主要收入来源，经常性地向不特定对象放贷并赚取高额利息的个人。

（2）破产程序中的"职业放贷人"

管理人在承办破产案件过程中，对于那些疑似"职业放贷人"申报的破产债权，应当严格审核其申报材料并调查甄别实际情况，如发现符合《九民纪要》及各法院出台的会议纪要或意见规定，可以直接认定民间借贷合同无效，从而减轻破产企业的债务负担，提高破产案件的债权清偿率，维护多数债权人的合法权益，同时也有利于破产重整目标的实现。但是，如果管理人在审查认定债权时，对于类型众多的债权采取"一刀切"的审查认定方法，强行将某些债权人认定为"职业借贷人"，则有些不妥，因为这必然会损害正常民间借贷中债权人的合法权益。

管理人在审查认定因民间借贷形成的债权时应重点关注以下问题。

第一，管理人认定"职业放贷人"应从严掌握尺度，不宜泛化。管理人在审查确认民间借贷合同无效前，首先，应当审查债权人是否已被当地法院或其他法院列入"职业放贷人"名录。其次，应当审查放贷人是否为

---

① 山东省成武县人民法院民事裁定书，（2017）鲁 1723 民撤 3 号。

非金融机构的企业。如果放贷人确系非金融机构的企业并以放贷为业，借贷合同当属无效。反之，应对其作综合审查后方能确认借贷合同是否无效。最后，管理人审查债权人的放贷行为时，不应当以出借资金是否为自有资金作为判断标准，而应当全面考虑其是否具备长期性、反复性和经常性三大特征。

例如，有些法院规定立案庭在立案时，一要核对当事人身份，二要对当事人在全市法院所涉的民间借贷诉讼次数、民间借贷诉讼金额以及当事人提交的立案材料等进行审查。

司法实践中，不乏因法院坚持谨慎审核认定原则而未将债权人认定为"职业放贷人"和未认定借贷合同无效的案例。比如，在上诉人郭某某与被上诉人揭某民间借贷纠纷一案①中，江西省高级人民法院并未认定揭某系"职业放贷人"，其所涉借款合同并不能因此认定无效。又如，在上诉人开某某与被上诉人周某民间借贷纠纷一案②中，安徽省高级人民法院认为，涉借款合同是各方当事人的真实意思表示，不违反法律、行政法规的强制性规定，应为合法有效，且仅有数次放贷行为不足以认定为"职业放贷人"。再如，在上诉人某实业有限公司、某矿业有限责任公司借款合同纠纷一案③中，河北省高级人民法院认定依据现有证据不足以证明娄某从事职业放贷或者从事银行业金融机构的业务活动，也不足以证明案涉合同存在《新民间借贷司法解释》中关于民间借贷合同无效的情形。

第二，管理人认定债权人是否为"职业放贷人"存在一定难度。

现实中，管理人因无法获得法院系统内关于"职业放贷人"网络信息资源的共享支持，仅能通过中国裁判文书网等专业官网或凭借网上查询的执行信息了解债权人的诉讼情况，有关债权人信息的全面性、准确性和完整性难以保证。此外，管理人能够直接接触的"第一手资料"只有破产清算或重整企业留存的资料和债权人提供的申报材料，信息掌握极为有限。除制作访谈笔录外，调查手段也存在固有的局限性。

---

① 江西省高级人民法院民事判决书，（2019）赣民终 269 号。
② 安徽省高级人民法院民事判决书，（2019）皖民终 612 号。
③ 河北省高级人民法院民事判决书，（2019）冀民终 551 号。

可见，管理人在认定债权人是否为"职业放贷人"时面临难度大和资料少等现实难题，因此，管理人如果仅凭债权人提供的有限的债权申报材料和制作的访谈笔录，就轻易认定债权人为"职业放贷人"而确认其借贷合同无效，未免有些草率。

据此，管理人在审查债权人申报的债权时，在因债权人未提供相应资料而无法查清债权人诉讼经历的情况下，如果债权人提供了如下证据，包括民间借贷合同、借据、欠条、收据等债权凭证，银行流水、银行对账单等交付凭证，债权人款项来源证明，当事人关系证明等，则应当认定为因正常民间借贷形成的债权。

第三，有关"职业放贷人"的认定标准和要求应因案制宜。

"职业放贷人"所从事的民间借贷活动在一定程度上满足了社会多元化的融资需求，促进了多层次信贷市场的形成和完善，对市场经济的发展发挥着不可替代的"润滑剂"作用，故有其存在的必要性和合理性。只要正确认识其积极作用，规范并引导其经营行为，趋利避害，就能使其运行透明化、合法化。反之，如果不能依法保障"职业放贷人"的合法权利，市场资源将无法得到有效合理配置。

鉴于国内各地经济发展水平参差不齐，对于"职业放贷人"的认定标准也就无法完全统一，管理人在对"职业放贷人"申报的破产债权进行审查时，如果不能做到具体情况具体分析而简单否定"破产债权"的合法性，就难免会损害部分"职业放贷人"的合法权益。

总之，笔者认为，管理人在审查"职业放贷人"申报的破产债权时应当坚持"依法审查、标本兼顾、多方查证、认定有据"的原则，既要防止"职业放贷人"进行虚假的债权申报，又要保护合法债权人的民间借贷行为，尤其是不应把各自出台的"职业放贷人"认定标准和要求不加区别地加以运用。

（3）关于职业放贷人和高利贷问题的法律规制

《民法典》第六百八十条规定："禁止高利放贷，借款的利率不得违反国家有关规定。借款合同对支付利息没有约定的，视为没有利息。借款合同对支付利息约定不明确，当事人不能达成补充协议的，按照当地或者当事人的交易方式、交易习惯、市场利率等因素确定利息；自然人之间借款的，视为没有利息。"

《中华人民共和国银行业监督管理法》第十九条规定："未经国务院银行业监督管理机构批准，任何单位或者个人不得设立银行业金融机构或者从事银行业金融机构的业务活动。"

《九民纪要》第五十三条规定："未依法取得放贷资格的以民间借贷为业的法人，以及以民间借贷为业的非法人组织或者自然人从事的民间借贷行为，应当依法认定为无效。同一出借人在一定期间内多次反复从事有偿民间借贷行为的，一般应当认定为是职业放贷人。"

综上所述，职业放贷行为具有营业性和营利性。在破产程序中，审查民间借贷类债权时，可以根据出借人在一定期间内的放贷次数，借贷合同约定格式化程度，以及出借人是否公开推介、宣传或明示出借意愿，借款金额和利息等因素综合认定出借人是否具有营业性。出借人在 2 年内向全市法院提起民间借贷案件 5 件以上，或者出借人在 2 年内向社会不特定人出借资金 3 次以上的，一般可以认定出借人的放贷行为具有营业性。借贷合同约定利息、服务费、咨询费、管理费、违约金等相关费用的，或者借款人已实际支付上述费用的，应认定出借人以营利为目的出借款项。

而主要业务或日常业务不涉及放贷的出借人偶尔出借款项，或者出借人基于人情往来不以营利为目的出借款项，不构成职业放贷行为。

9. 刑民交叉问题

近年来，我国为维护国家金融市场秩序与社会和谐稳定，保护公民、法人和其他组织合法权益，严厉惩治非法放贷犯罪活动。2019 年 7 月 23 日，最高人民法院、最高人民检察院、公安部、司法部联合印发《关于办理非法放贷刑事案件若干问题的意见》的通知，对于如何认定非法放贷行为制定了统一的标准和原则，适用《刑法》第二百二十五条第（四）项之规定，以非法经营罪定罪处罚，2019 年 10 月 21 日，该意见发生法律效力。

管理人在审查民间借贷类债权时，应密切关注敏感、涉诉较多、放贷资料模板化、借贷频繁、2020 年 8 月 20 日前实际执行年利率超过 36% 的债权人。如管理人认为可能涉嫌非法放贷行为，则应当及时对照上述意见，予以判定是否存在非法放贷行为，并作出相应的处理。

（1）放贷行为涉嫌非法经营罪需满足相应的犯罪构成要件

首先，该债权人违反国家规定，未经监管部门批准，或者超越经营范围从事放贷业务。《中华人民共和国银行业监督管理法》第十九条规定，"未经国务院银行业监督管理机构批准，任何单位或者个人不得设立银行业金融机构或者从事银行业金融机构的业务活动"；第四十四条规定，"擅自设立银行业金融机构或者非法从事银行业金融机构的业务活动的，由国务院银行业监督管理机构予以取缔；构成犯罪的，依法追究刑事责任"。因此，未经监管部门批准或者超越经营范围发放贷款业务是认定非法放贷行为的首要条件。

其次，需以营利为目的，经常性地向社会不特定对象发放贷款。本罪为故意犯罪，需该债权人以营利为目的，经常性地向包括债务人在内的社会不特定对象发放贷款。第一，这里的"经常性"是指2年内向不特定多人（包括单位和个人）以借款或其他名义出借资金10次以上。但是贷款到期后延长还款期限的，发放贷款次数按照1次计算。如果在延长还款期限后追加出借资金，或者将借款人已偿还贷款重新借出的，放贷次数则另行计算。第二，这里的"社会不特定对象"是指向社会公开宣传、目标随机的对象，仅向亲友、单位内部人员等特定对象出借资金，则不属于此种情形。但如果具有下列情形之一的，定罪量刑时应当与向不特定对象非法放贷行为一样处理：通过亲友、单位内部人员等特定对象向不特定对象发放贷款的；以发放贷款为目的，将社会人员吸收为单位内部人员，并向其发放贷款的；向社会公开宣传，同时向不特定多人和亲友、单位内部人员等特定对象发放贷款的。

最后，扰乱金融市场秩序，情节严重。这里的"情节严重"需重点说明，要同时具备两方面的内容。一方面，非法放贷数额应当以实际出借给借款人的本金金额认定，要以超过36%的实际年利率实施非法放贷行为，这里的年利率应作扩大解释，该债权人以介绍费、咨询费、管理费、逾期利息、违约金等名义和以从本金中预先扣除等方式收取利息的，相关数额在计算实际年利率时均应计入，如果单次非法放贷行为实际年利率未超过36%，定罪量刑时则不得计入。另一方面，应同时具有下列情形之一：个人非法放贷数额累计在 200 万元以上的，单位非法放贷数额累计在 1000 万元以上的；个人违法所得数额累计在 80 万元以上的，单位违法所得数额累计在 400 万元以上的；个人非法放贷对象累计在 50 人以上的，单位非法放贷对象累计在 150 人以上的；造成借款人或者其近亲属自杀、死亡或者精神失常等严重后果的。

（2）放贷行为是否适用该意见，应分不同的情形区别对待

在《关于办理非法放贷刑事案件若干问题的意见》（以下简称《意见》）出台前，根据最高人民法院《关于准确理解和适用刑法中"国家规定"的有关问题的通知》（法发〔2011〕155 号）① 的规定，拟适用《刑法》第二百二十五条第（四）项对非法放贷行为以非法经营罪论处的案件，均应当作为法律适用问题，逐级向最高人民法院请示。根据该规定，最高人民法院曾于 2012 年 12 月 26 日对广东省高级人民法院请示的被告人何某某、张某某等非法经营案作出批复（〔2012〕刑他字第 136 号），明确对何某某、张某某等人的高利放贷行为不宜以非法经营罪定罪处罚。该批复虽然是最高人民法院对个案的批复，但是长期以来在司法实践中已然起到了重要的指导作用，为类似案件的处理提供了规范和指引。为此，《意见》第八条明确规定，对于《意见》实施前即 2019 年 10 月 21 日（不含当日）前发生的非法放贷行为，仍依照最高人民法院《关于准确理解和适用刑法中"国家规定"的有关问题的通知》的规定办理，"不宜以非法经营罪定罪处罚"。非法发放贷款在《意见》实施前，收回本息在《意见》实施后的，应当认定为"本意见施行前发生的非法放贷行为"。《意见》实施之前、之后均有非法放贷行为的，只能对实施后的行为适用《意见》相关规定定罪处罚。

---

① 《关于准确理解和适用刑法中"国家规定"的有关问题的通知》第三条规定："各级人民法院审理非法经营犯罪案件，要依法严格把握刑法第二百二十五条第（四）的适用范围。对被告人的行为是否属于刑法第二百二十五条第（四）规定的'其他严重扰乱市场秩序的非法经营行为'，有关司法解释未作明确规定的，应当作为法律适用问题，逐级向最高人民法院请示。"

（3）涉嫌或者可能涉嫌非法经营罪，管理人应将犯罪线索移送公安机关

管理人在审查借贷类债权时，如发现债权人的非法放贷行为涉嫌非法经营罪已经公安机关立案，则对该笔债权应当不予确认，并将制作相关证据材料，移送公安机关。管理人如经检索发现债权人的放贷行为可能涉嫌非法经营罪，则应当暂缓认定该笔债权，同时将该犯罪线索移交公安机关立案侦查，待司法机关就该笔破产债权是否涉及刑事犯罪定性后，再根据有关结果作出处理。

（四）结语

总之，民间借贷破产债权申报与其他破产债权申报相比，具有自身的一定特殊性。破产案件中的民间借贷处理得当可以取得较好的效果。否则，破产案件将难以有序推进。结合过往经验教训，妥善处理民间借贷问题，笔者认为应坚持以下几点原则或做法：一是在具体案件中执行统一的标准；二是坚持法律底线原则，关于本金、利息、复利、违约金、费用的合并认定，不突破借款合同成立时一年期贷款市场报价利率四倍为限；三是有利于案件处理最优原则，平衡各方利益，保障破产案件的有序推进，依法维护稳定，尽可能避免群体性上访事件。

七　职工债权

（一）职工债权概述

1. 职工债权的概念和范围

职工债权的概念目前理论界和实务界较多引用王欣新、杨涛的论述：职工债权又称劳动债权，是指劳动者个人享有的基于劳动关系产生、以工资为基本形态、用以维持其社会生活的债权。[①] 如何理解其内涵和外延是审查职工债权的第一步。

---

① 王欣新、杨涛：《破产企业职工债权保障制度研究——改革社会成本的包容与分担》，《法治研究》2013 年第 1 期。

从《企业破产法》第一百一十三条的规定来看，职工债权的范围为：职工的工资和医疗、伤残补助、抚恤费用，所欠的应当划入职工个人账户的基本养老保险、基本医疗保险费用，以及法律、行政法规规定应当支付给职工的补偿金。以上述职工债权为核心向外延伸，为保护职工正当权益，扩展出了包括职工集资款、垫付职工工资款等依照职工债权顺序清偿的债权。为了实务操作之便利，研究之深入，以上债权类型均会纳入本章的讨论范围。

2. 职工债权的特点

职工债权是在保护社会性利益的基础上确立的一套平衡机制，赋予了相对弱势的职工群体在债权申报和分配顺序方面的特殊权利。

（1）超级优先权。根据《企业破产法》第一百三十二条之规定，法定的职工债权在破产清偿顺序中，第一顺位清偿后不足以清偿的部分，可以在有担保的特定财产中优先于担保权人受偿。该规定确定了职工债权在特定条件下优先于担保债权清偿的规则。关于职工债权的超级优先权在实务界没有什么太大的争论，然而就其合法性和正当性在理论界有不少争议。理由在于世界范围内，各国都把破产法作为完善市场经济制度的基石和保护债权人利益的制度安排。在市场经济中，不同法律侧重于对不同利益主体的保护，破产法就是一部倾向保护债权人利益的法律。笔者认为，优先权的设定的确有利于保障劳动者就自己劳动创造的增值部分优先受偿，并不违反公平原则，而恰恰是公平原则的要义。①

（2）无须申报。根据《企业破产法》第四十八条之规定，对于法定职工债权来讲，债权人无须申报，由管理人调查后列出清单并予以公示。该条款的立法目的是考虑到职工在劳动关系中处于较为弱势的地位，为了保

---

① "劳动者通过自己的劳动使债务人的总财产得以增值和保值，而劳动者的工资正是其劳动力价值的货币表现形态，也就是说，在债务人的总财产中，其中一部分价值是劳动者的劳动所增加的价值。既然债权人的行为使债务人的财产得以增加或避免了债务人财产的减少，那么就归入债务人财产的增值部分而言，债权人在该增值部分就应当优先于其他债权人而受清偿。"参见于海涌《法国工资优先权制度研究——兼论我国工资保护制度的完善》，《中山大学学报》（社会科学版）2006年第1期，第88页。

护职工的合法利益，免除其申报债权的义务，原本由职工承担的举证责任改为管理人承担，避免了职工因未按期申报债权而丧失破产财产分配的权利。但是在实务中，如遇到职工要求申报或者公司档案缺失严重影响职工债权统计的情况，管理人应当主动履职，要求职工提供相关资料。

（3）职工债权表无须经债权人会议核查、人民法院裁定确认。由于《企业破产法》没有将职工债权纳入债权申报制度，管理人无须按照申报债权制度将职工债权编入债权表，交债权人会议核查及提交人民法院裁定确认。依据《企业破产法》的相关规定，管理人对债务人的职工债权进行调查后，只需编制职工债权清单并予以公示，职工对清单记载有异议的，可以要求管理人更正，管理人不予更正的，职工可以向人民法院提起诉讼。无异议的职工债权清单只需报人民法院审查备案后即可作为清偿的依据。

根据以上特点，管理人在处理职工问题时应当意识到"公司不应当仅仅是股东赚钱的机器，而应是股东、职工、债权人、客户、社区等众多利益相关者实现其利益的有效组织体"。[①] 职工债权的审查与认定是考验管理人履职能力的重要方面，尤其对职工人数较多、破产财产较少、社会保险欠缴时间较长的企业，更要关注职工动态，尽量做到公平公正清偿。

本部分将按照实际工作流程，从程序的准备、程序的启动、职工名单的确定、职工债权的审核、职工债权名单公示及职工债权异议和救济六个小部分剖析职工债权涉及的各个环节。

（二）程序的准备

管理人在入场后，应当及时了解债务人企业的职工情况。经过初步调查，如职工人数较少，可在债权组安排一名律师专职处理职工债权事宜。

为避免劳资冲突，管理人应当在必要时建立职工安置组。职工安置组由有劳动纠纷解决经验的律师带队，工作内容包括但不限于确定职工名

---

① 王作全、马旭东、牛丽云：《公司利益相关者法律保护及实证分析》，法律出版社，2010，第2页。

单、制作债权申报文书、确定职工债权额、解决企业职工的各类问题。

职工维稳基本上是职工安置组日常工作的内容，涉及债务人企业职工的历史遗留问题。管理人在不熟悉情况时应谨慎回答，避免职工错误理解，造成不必要的工作阻力。进场后管理人应维护主管人力资源工作的人员，保证其在岗留用。如职工提出诉求，应当要求职工提交书面材料，书面材料应当报职工安置组寻找解决方案，并及时给予职工回复。

（三）程序的启动

根据《企业破产法》第四十八条规定，职工债权由管理人调查后列出清单予以公示，职工名单应当涵盖在岗的所有职工，所在岗位，工作年限，债务人所欠职工的工资和医疗、伤残补助、抚恤费用，所欠的应当划入职工个人账户的基本养老保险、基本医疗保险费用，以及法律、行政法规规定应当支付给职工的补偿金。该项工作管理人可以从两方面入手，一是尽职调查，二是尽职披露，即保障职工要求申报的权利。一般以管理人尽职调查为主，如果职工要求申报，管理人应当接受。

1. 管理人尽职调查

职工债权的处理关乎破产程序的进程，管理人的工作目的不仅只是核算职工债权数额，还应当从重整融资角度，及时调查可能存在的劳资冲突，尽早调查，提前化解。

尽职调查的范围应当包含企业员工基本情况、欠薪情况、社保缴纳情况、涉诉情况等。调查对象包括债务人企业、当地人力资源和社会保障局和职工。管理人接管企业后应在第一时间开展此项工作，刚进入破产程序，人事档案保管得相对妥善，人事管理人员尚未离岗，能够辅助管理人快速掌握破产企业职工的具体情况，从而缩减破产程序的时间成本。如果不及时开展调查，可能会面临相关材料毁损或灭失的问题，对后续破产程序的推进造成阻碍。

首先，管理人在进场后应与破产企业交接人事档案资料、在职员工名册、工资表、社保申报缴纳清册、工资单及工资发放凭证等。在了解破产企业职工的大致情况后，可以选择与公司的实际控制人、总经理、财务负责人进行谈话，制作访谈笔录，了解公司用工情况、欠薪情况、社保缴费情况。为避免出现"空气员工"，管理人应结合上述资料综合判断破产企业真实职工人数，对于可疑人员或身份无法确定人员，可通过单独约谈、调查走访等方式进行排查，确保履职无误。

其次，管理人应前往当地的人力资源和社会保障局调取社保情况，前往当地劳动仲裁委调查企业涉诉情况等。管理人可以在企业所在地开设单位账户的社保机构拷贝社保回盘，通过社保回盘查询职工参保状况。当然，职工人数较少的情况下，管理人可以通过职工提供的社保卡号和查询密码进入当地社保网络服务端进行查询，查看职工社保的缴费状态。

最后，管理人应在合理范围内主动调查职工情况。鉴于《企业破产法》第四十八条的规定，管理人在工作中大多数情况下不会要求职工提供证明其债权的材料。然而就一项债权的成立，应当充分调取双方证据，据此综合判断。尤其是对于那些欠薪断保历史较长、关联企业混同用工的企业，管理人有必要向职工调查。结合后期补缴职工社保费用、计算经济补偿金等工作，调查的目的有四项：一是核实在岗职工实际人数；二是确定在岗职工实际工作年限；三是统计职工薪资、计算平均工资；四是确定补缴社保的时间段。

管理人在进场后，可根据项目材料的完整程度，主动调查职工情况。在职工债权和劳动关系较为清晰的情况下，可提前分发职工情况调查表，让员工进行填写，主要针对职工的身份信息、联系方式、欠薪情况、社保登记情况、入职时间、工作年限情况。在职工劳动关系不清晰、债权混乱的情况下，可建议职工在调查表后附上身份证复印件、劳动合同复印件、工资卡停发之日起前后一年的流水情况、结算书等证据材料，有助于管理人进行调查。对于不在企业名单，无法确认职工身份的员工可以要求其提供证明材料，包括但不限于：（1）工资支付凭证或记录（职工工资发放花名册）、缴纳各项社会保险费的记录；（2）用人单位向劳动者发放的工作证、服务证等能够证明身份的证件；（3）劳动者填写的用人单位招工招聘登记表、报名表等招用记录；（4）考勤记录；（5）其他劳动者的证言。

该项工作较为烦琐，会花费大量时间，但是由于破产项目一般周期较长，中间可能会有职工流动，管理人确有必要在进场时充分了解企业职工情况，固定相关证据材料，同时可为后续补缴职工养老保险作准备。

2. 保障职工要求申报债权的权利

《企业破产法》并没有明确规定职工是否有申报债权的权利。《企业破产法》规定职工债权免予申报是为了保障职工权益、保护职工债权有效清偿。职工债权无须申报是否等同于不能申报呢？答案显然是否定的。实践中，进入破产程序尤其是清算程序的债务人企业基本处于停业状态，职工不在岗、资料不全，劳动合同的签订和备案、社保缴纳不规范，职工对抗情绪较为激烈。如果禁止职工申报债权，必然影响管理人工作效率，加深劳资矛盾。因此，针对主动向管理人申报职工债权的职工，管理人应依法引导登记、予以核查，并对该申报是否纳入职工债权予以确定。同时管理人应发挥积极的主观能动性，对主动申报职工债权的职工进行询问，获取债务人企业正常经营状态下的职工人数、岗位、薪酬、支付方式等信息以及其他包括管理人员在内的职工姓名、联系方式，以便于管理人延伸核查与职工债权甚至其他与债务人企业有关的信息。鉴于资料缺失的客观情形，管理人可对主动申报职工债权的职工就相关信息进行交叉询问，以更进一步确保所获取信息的准确性。

另外，其他债权并不免除申报义务。如涉及集资款项、垫付款项等，管理人应当告知职工相关债权的申报流程、申报要求以及逾期申报的后果。

（四）职工名单的确定

1. 职工概念和范围

《企业破产法》并没有使用劳动者的概念而是选择了职工的概念。职工包含与企业订立劳动合同的正式职工，也包含与企业建立劳务关系的员工（短期劳动工）。①《企业破产法》选择了较为宽松的认定概念，并没有

---

① 《最高人民法院〈关于审理企业破产案件若干问题的规定〉》（2002 年 7 月 18 日最高人民法院审判委员会第 1232 次会议通过，法释〔2002〕23 号）第五十七条规定："债务人所欠非正式职工（含短期劳动工）的劳动报酬，参照企业破产法第三十七条第二款第（一）项规定的顺序清偿。"

严格区分劳动者和劳务工作者，其合法性在于保护职工以其自身劳动作为对价求偿的权利。

而劳动者的概念核心是劳动关系，表现为劳动者实际接受用人单位的管理、指挥或者监督，其提供的劳动是用人单位业务的组成部分，用人单位向劳动者提供基本劳动条件，以及向劳动者支付报酬等。我们讨论的劳动关系既包含符合形式要件的一般劳动关系，也包含事实劳动关系。其中事实劳动关系虽不符合《中华人民共和国劳动法》（以下简称《劳动法》）所规定的基本形式要求，但为保护处在较为劣势地位的劳动者，我国《劳动法》仍将之纳入调整范围。《最高人民法院关于审理劳动争议案件适用法律问题的解释（一）》第一条第（二）项明确规定，"劳动者与用人单位之间没有订立书面劳动合同，但已形成劳动关系后发生的纠纷"，属于劳动争议。该项规定，实际上就是关于事实劳动关系的规定。劳动关系既有约定性，亦有法定性或强制性。多项权利义务之内容可不由双方约定就可依据有关《劳动法》的规定予以明确。提供劳动与接受劳动之间的关系一旦被认定为事实劳动关系，即产生与一般劳动关系相同的法律后果，双方之间即成为劳动者与用人单位之间的劳动关系。与企业建立劳动关系的职工，可以受到《劳动法》及相关法律法规的保护，同时受到《企业破产法》的保护。

另外一部分短期劳动工，是指劳动者与用工单位根据口头或书面约定，由劳动者向用工单位提供一次性的或者特定的劳动服务，用工单位依约向劳动者支付劳务报酬的一种有偿服务。短期工不基于《劳动法》享受法律保护，仅有在《企业破产法》的保护下，确立其劳动报酬的求偿权。

最后，《企业破产法》对高级管理人员（以下简称"高管"）有特殊规定，所以应当在确定职工名单时筛选出高管名单。根据《公司法》第二百一十六条第（一）项规定，高级管理人员，是指公司的经理、副经理、财务负责人，上市公司董事会秘书和公司章程规定的其他人员。

《企业破产法》第一百一十三条第三款规定，破产企业的董事、监事和高级管理人员的工资按照企业职工的平均工资计算。除此之外的其他人员若要被界定为高管必须要有公司章程的明确规定，如总工程师、总会计师、总法律顾问等。

实践中针对认定高管身份有较多案例。首先，高管身份认定的举证责任依旧是按照谁主张谁举证进行举证责任分配。对负有举证证明责任的当事人提供的证据，法院确信待证事实的存在具有高度可能性的，应当认定该事实存在。在上诉人陈某某与被上诉人某科技开发有限公司职工破产债权确认纠纷一案①中，浙江省舟山市中级人民法院认为，陈某某为内设机构的厂长、车间总监，收入高于普通职工，但是法院认为职工是否为高级管理人员还要看实际职责是负责部分生产项目的管理，还是涉及公司整体运作管理。仅负责部分生产项目不属于高级管理人员。其次，关于平均工资计算标准。在原告徐某某与被告某盐化集团有限责任公司职工破产债权确认纠纷一案②中，镇江经济开发区人民法院认为，法院认定的平均工资的计算依据为企业正常经营期间的工资数据。正常经营期间的数据可以由审计机构提供。

2. 职工认定中的特殊问题

（1）关联公司职工混用情况

关联企业"混合用工"是指劳动者已经与一家企业建立了劳动关系，由于主观或者客观原因，该劳动者又被抽调、委派、借调到该企业的关联方进行工作，与该企业的关联方同样建立了劳动关系，从而导致该劳动者的用工主体出现混乱的一种法律现象。③

这里的关联企业是指为了特定的商业目的，一家企业通过持股、协议、人事关系等方式直接或者间接控制他方企业，或者若干家企业同为第三方企业控制而形成的企业联合体，这里的企业应作狭义的理解。根据组织形式划分只有三类，即个人独资企业、个人合伙企业、公司，并不包括分公司、个体工商户等。因为分公司属于总公司的一部分，它不具有法律人格，所以不能视为企业。目前学界并不认为个体工商户属于企业，主要

---

① 浙江省舟山市中级人民法院民事判决书，（2020）浙 09 民终 119 号。
② 江苏省镇江市镇江经济开发区人民法院民事判决书，（2019）苏 1191 民初 2074 号。
③ 郑慧玫、张亮亮：《关联企业"混同用工"劳动争议问题探讨》，《中国劳动》2017 年第 3 期，第 70~75 页。

原因是它有着很强的自然人属性，个人财产与商户财产混同，这里也不宜将其列入企业的范畴。

关联企业职工混用应当根据重整方式作不同处理，对于合并重整的项目，解决方式可以简化。合并重整的成员企业间应做到职工债权、工龄的互认。在操作中没有太多难点，可以按照统一标准进行统一处理。

较为复杂的是职工的工作岗位和合同关系不在同一公司，其中一家公司进入破产重整程序，职工面临劳动关系认定和工龄认定的问题。该类问题应采用结果导向解决方案。首先，应当厘清职工工资、社保发放单位、职工就业岗位、职工工龄等问题；其次，预估破产重整产生的不利后果是否影响和在哪些方面影响该员工的日常生产生活；再次，由管理人与职工协商劳动合同的承继、移转、解除等事宜；最后，由管理人统计该类职工的职工债权数额。

（2）退休人员再就业职工身份的处理

依据《中华人民共和国合同法》（以下简称《劳动合同法》）第四十四条规定，劳动合同终止情形包括劳动者开始享受基本养老待遇，由此可以推定退休人员不属于劳动法意义上的劳动者。① 因此用人单位招用达到退休年龄的劳动者，属于民法上的雇佣关系，发生争议按一般民事争议处理，而不能向劳动人事争议仲裁委员会申请仲裁。但是在面临新用人单位进入破产程序时，再就业职工的工资应当属于《企业破产法》中职工债权的范畴。

（五）职工债权的审核

本部分讨论的职工债权包含法定职工债权和其他依照职工债权保护的情形。分为三个方面：一是《企业破产法》第一百三十二条所罗列的法定职工债权范围；二是以上规定范围外，依照职工债权保护的债权；三是特

---

① 《劳动合同法》第四十四条规定："有下列情形之一的，劳动合同终止：（一）劳动合同期满的；（二）劳动者开始依法享受基本养老保险待遇的；（三）劳动者死亡，或者被人民法院宣告死亡或者宣告失踪的；（四）用人单位被依法宣告破产的；（五）用人单位被吊销营业执照、责令关闭、撤销或者用人单位决定提前解散的；（六）法律、行政法规定的其他情形。"

别法中规定职工优先清偿的情形和其他特殊情形。

1. 法定职工债权

（1）工资

工资指用人单位依据国家有关规定或劳动合同的约定，以货币形式直接支付给本单位劳动者的劳动报酬。一是，劳动报酬不根据劳动者的身份不同而有所不同。无论正式职工还是非正式职工，其劳动报酬都享有在破产债权中优先受偿的权利。二是，根据《企业破产法》第一百一十三条第三款之规定，在破产清算时，破产企业的董事、监事和高级管理人员的工资应当按照该企业职工的平均工资计算。

关于工资的构成，根据《关于工资总额组成的规定》第四条规定，工资总额由计时工资、计件工资、奖金、津贴和补贴、加班加点工资、特殊情况下支付的工资等部分组成。

计时工资是指按计时工资标准（包括地区生活费补贴）和工作时间支付给个人的劳动报酬。包括对已做工作按计时工资标准支付的工资、实行结构工资制的单位支付给职工的基础工资和职务（岗位）工资、新参加工作职工的见习工资（学徒的生活费）、运动员体育津贴。

计件工资是指对已做工作按计件单价支付的劳动报酬。包括：实行超额累进计件、直接无限计件、限额计件、超定额计件等工资制，按劳动部门或主管部门批准的定额和计件单价支付给个人的工资；按工作任务包干方法支付给个人的工资；按营业额提成或利润提成办法支付给个人的工资。

奖金是指支付给职工的超额劳动报酬和增收节支的劳动报酬。包括生产奖，节约奖，劳动竞赛奖，机关、事业单位的奖励工资，其他奖金。

津贴是指为了补偿职工特殊或额外的劳动消耗和因其他特殊原因支付给职工的补助，包括保健性津贴、技术性津贴、年功性津贴及其他津贴。补贴则是为保证职工工资水平不受物价上涨或变动影响而支付的各种补助。

加班加点工资是指按规定支付的加班工资和加点工资。

特殊情况下支付的工资。包括：根据国家法律、法规和政策规定，因生病、工伤、产假、计划生育假、婚丧假、事假、探亲假、定期休假、停工学习、执行国家或社会义务等按计时工资标准或计时工资标准的一定比例支付的工资；附加工资、保留工资。

《关于工资总额组成的规定》第十一条规定："下列各项不列入工资总额的范围：（一）根据国务院发布的有关规定颁发的发明创造奖、自然科学奖、科学技术进步奖和支付的合理化建议和技术改进奖以及支付给运动员、教练员的奖金；（二）有关劳动保险和职工福利方面的各项费用；（三）有关离休、退休、退职人员待遇的各项支出；（四）劳动保护的各项支出；（五）稿费、讲课费及其他专门工作报酬；（六）出差伙食补助费、误餐补助、调动工作的旅费和安家费；（七）对自带工具、牲畜来企业工作职工所支付的工具、牲畜等的补偿费用；（八）实行租赁经营单位的承租人的风险性补偿收入；（九）对购买本企业股票和债券的职工所支付的股息（包括股金分红）和利息；（十）劳动合同制职工解除劳动合同时由企业支付的医疗补助费、生活补助费等；（十一）因录用临时工而在工资以外向提供劳动力单位支付的手续费或管理费；（十二）支付给家庭工人的加工费和按加工订货办法支付给承包单位的发包费用；（十三）支付给参加企业劳动的在校学生的补贴；（十四）计划生育独生子女补贴。"

上述《关于工资总额组成的规定》中不属于"工资总额"的项目，是否属于《企业破产法》的职工债权？如何适用《企业破产法》的规定进行受偿？笔者认为，《企业破产法》选择了工资的概念，应当涵盖法定工资的基本范围，相反，在没有法律规定的情况下，扩大理解法定概念缺乏依据。因而应当把职工债权中工资的部分限定在《关于工资总额组成的规定》中理解，如下五种债权是否列入工资总额项目下，要具体问题具体分析。

①福利费

福利费是否属于职工债权并没有定论，需要根据具体情况进行判断。根据《财政部关于企业加强职工福利费财务管理的通知》（财企〔2009〕242号）规定，企业职工福利费是指企业为职工提供的除职工工资、奖金、津贴、纳入工资总额管理的补贴、职工教育经费、社会保险费和补充养老保险费（年金）、补充医疗保险费及住房公积金以外的福利待遇支出，包括发放给职工或为职工支付的以下各项现金补贴和非货币性集体福利。

企业职工的合法福利待遇，如取暖费、丧葬补助费、交通补助、独生子女费、电话补助等，是否属于破产程序中的职工债权，实践中有争议，主要有以下两种观点。

在原告吕某某与被告某电气有限公司职工破产债权确认纠纷一案①中，浙江省绍兴市越城区人民法院认为，原、被告双方签订的《聘用合同》明确约定债务人企业应支付职工医疗保险、养老保险费用、手机费，同时每年享受4次探亲路费的报销。法院认为既然劳动合同明确约定，故上述约定的内容属于职工的工资范畴，可纳入职工破产债权予以确认。

在原告高某某与被告张家界某置业有限公司职工破产债权确认纠纷一案②中，湖南省张家界市永定区人民法院认为，法院援引国家统计局《关于工资总额组成的规定》第十一条，职工福利方面的费用不计入工资总额范围。破产企业欠发的福利待遇并未纳入职工破产债权，应按照普通债权清偿。

②进入破产程序后的绩效奖金

职工的绩效奖金如与企业利润挂钩，在债务人企业经营不善、普遍结欠基本工资情形下，自然无利润可言，绩效奖金也已失去核算的基础，若仍作为职工债权甚至纳入优先受偿范围，明显侵犯了包括职工债权本身以及其他债权人的平等受偿权利，因而不能算作职工债权。

比较特殊的是，销售人员的提成如只是约定与销售量挂钩又该怎么处理？在职工与债务人企业存在劳动关系的期间，产生的销售业务提成，如果仅与销售量挂钩，并且通过销售量获取提成为职工获取劳动对价的主要方式，管理人应当认定具有工资报酬的性质。在上诉人某自动化控制工程有限公司与被上诉人张某某职工破产债权确认纠纷一案③中，四川省成都市中级人民法院认为，该笔业务的提成基于双方劳动关系存续期间产生。

---

① 浙江省绍兴市越城区人民法院民事判决书，（2019）浙0602民初11174号。
② 湖南省张家界市永定区人民法院民事判决书，（2019）湘0802民初4989号。
③ 四川省成都市中级人民法院民事判决书，（2019）川01民终14015号。

项目销售、联络等工作系其提供劳动的主要内容范围，通过项目提成系其获取劳动对价的主要方式，对此认定具有工资报酬的性质。

③差旅报销费用

已实际发生的费用，如交通费、餐费、通信费等，如依据企业内部规定可予以报销，则可按照职工债权予以认定并给予优先受偿的地位。

如上述费用并未实际发生，仅属于福利性质定时定量发放，一旦企业处于基本工资都难以正常发放的情形，福利性质的费用如仍按照职工债权的性质予以认定，与职工债权生存权属性明显不符，如给予优先受偿的地位，自然对包括职工债权在内的所有债权人不利。

④对合同约定工资与实际工资不一致的处理

实践中，存在雇主为了避税或其他原因，与员工私下达成工资协议，部分工资由企业财务系统发放，部分由个人发放的情况。在原告张某某与被告某电源股份有限公司职工破产债权确认纠纷一案①中，浙江省长兴县人民法院认为，合同约定金额和职工主张金额不一致，应当按照合同约定部分确认债权。

⑤工作量缩减，工资数额认定是否缩减

企业进入破产程序前，可能会经过一段时间的低迷经营，职工工作量不饱和，在这种情况下职工的工资债权可以缩减确认吗？这个问题在实践中较为一致。

在原告靳某某与被告某环保工程有限公司职工破产债权确认纠纷一案②中，江苏省高邮市人民法院认为，在双方均认可工作量减少的情况下，以原工资作为标准，按照减少的比例计算应发放的工资额度。

在上诉人田某与被上诉人某医疗器材有限公司职工破产债权确认纠纷一案③中，北京市高级人民法院参照《北京市高级人民法院、北京市劳动人事争议仲裁委员会关于审理劳动争议案件法律适用问题的解答》第五条规定认为，用人单位在调整岗位的同时调整工资，劳动者接受调整岗位但

---

① 浙江省长兴县人民法院民事判决书，（2020）浙 0522 民初 132 号。
② 江苏省高邮市人民法院民事判决书，（2019）苏 1084 民初 5181 号。
③ 北京市高级人民法院民事判决书，（2019）京民终 1644 号。

不接受同时调整工资的，由用人单位说明调整理由。应根据用人单位实际情况、劳动者调整后的工作岗位性质、双方合同约定等内容综合判断是否侵犯劳动者合法权益。案件中职工与债务人虽然没有解除劳动合同，仍为劳动关系，但职工在公司重整期间为留守人员，不再履行劳动合同中约定的岗位职责，管理人可以根据用人单位重整期间的实际情况调整职工工资。

（2）医疗、伤残补助

根据国务院 2010 年 12 月 20 日修订的《工伤保险条例》（国务院令第586 号）第三十条第一款规定，职工因工作遭受事故伤害或者患职业病进行治疗，享受工伤医疗待遇。伤残补助金是职工在受到工伤时根据相应的工伤等级享受的由工伤保险基金支付的伤残待遇，数额为规定月份数的本人工资，而且是一次性支付。根据《工伤保险条例》对伤残补助金的支付标准作出如下规定：一级伤残补助金为 27 个月的本人工资，二级伤残补助金为 25 个月的本人工资，三级伤残补助金为 23 个月的本人工资，四级伤残补助金为 21 个月的本人工资，五级伤残补助金为 18 个月的本人工资，六级伤残补助金为 16 个月的本人工资，七级伤残补助金为 13 个月的本人工资，八级伤残补助金为 11 个月的本人工资，九级伤残补助金为 9 个月的本人工资，十级伤残补助金为 7 个月的本人工资。其中本人工资，是指工伤职工因工作遭受事故伤害或者患职业病前 12 个月平均月工资。本人工资高于统筹地区职工平均工资 300% 的，按照统筹地区职工平均工资的 300%计算；本人工资低于统筹地区职工平均工资 60% 的，按照统筹地区职工平均工资的 60% 计算。

企业应当参加工伤保险而未参加工伤保险的，职工发生工伤由企业按照上述规定的工伤保险待遇项目和标准支付费用，属于职工债权。

而对于超出工伤保险基金报销范围的工伤医疗费用，因大多数省市均无具体规定，司法实践中主要存在以下三种观点。观点一：由个人承担。首先，用人单位依法给劳动者缴纳了包括工伤保险在内的社会保险，在法定期限内为劳动者申请了工伤，并为劳动者从工伤基金报销了工伤医疗费，在用人单位已经履行了所有法定义务的情况下，不应再承担额外的费用。其次，社会保险水平应当与经济社会发展水平相适应。鉴于我国目前的经济发展水平、社会保障程度和工伤保险基金承受能力的现状，国家相关部门对工伤职工可以享受的医疗待遇标准确定了范围，即《工伤保险条例》第三十条的"两目录一标准"规定。日后，随着社会经济发展水平的提高，工伤保险待遇的涵盖范围也会与之相匹配，但目前工伤职工可以享受的工伤保险待遇应当以《工伤保险条例》为限。在原告赵某某与被告某建筑劳务有限公司工伤保险待遇纠纷一案①中，上海市崇明县人民法院认为，对于工伤期间不属于工伤保险报销范围的医疗费，因劳动者与用人单位无特别约定，故应由劳动者个人承担。在上诉人冯某与被上诉人某工程咨询（上海）有限公司劳动合同纠纷一案②中，上海市第一中级人民法院认为，根据《工伤保险条例》第三十条的规定，治疗工伤所需费用从工伤保险基金支付，员工未举证证明工伤保险基金未支付的原因在于公司，故员工向公司主张，缺乏依据，不予支持。

观点二：由用人单位承担。首先，《工伤保险条例》制定的目的是分散企业风险而非免除所有风险。其次，工伤保险待遇实行无过错原则，用人单位应当对因工伤事故造成职工的损害负赔偿责任。最后，工伤职工是在为用人单位提供劳动过程中遭受事故伤害或患职业病，劳动者已经因此造成个人伤残，倘若再由劳动者负担超出目录范围的医疗费，与法律倡导的公平原则相违背，不符合工伤保险的立法精神。在某汽车销售有限公司等劳动争议一案③中，北京市第二中级人民法院认为，当前法律法规未作直接明确的规定，应依据工伤保险立法精神、相关法律、司法解释以及法理进行综合、体系考量。第一，从《工伤保险条例》第一条的立法宗旨可见，工伤保险制度的首要目的在于及时救治、补偿工伤职工。从保护处于弱势地位的劳动者以及工伤救治客观需要考虑，该部分费用由用人单位负担更为合理。此外，虽然通过社会化负担方式分散用人单位的工伤风险亦为工伤保险制度的重要目的，但分散风险并不代表免除用人单位的全部损

---

① 上海市崇明县人民法院民事判决书，（2016）沪 0230 民初 5576 号。
② 上海市第一中级人民法院民事判决书，（2015）沪一中民三（民）终字第 2219 号。
③ 北京市第二中级人民法院民事判决书，（2016）京 02 民终 2145 号。

害赔偿责任。第二，根据《中华人民共和国职业病防治法》第五十九条、《中华人民共和国安全生产法》第五十六条第二款规定可知，立法对劳动者在工伤保险外主张民事赔偿的权利持肯定态度。第三，在劳动关系中，用人单位对劳动者在工作时遭受人身损害，应适用无过错赔偿责任。工伤保险基金报销范围外的医疗费，应由用人单位按无过错原则负担。

观点三：合理必需的费用应由用人单位承担，不合理或过度的费用应由个人承担。工伤医疗目录内的治疗方法或者药品在制度设计上存在一定的滞后性。有一部分属于工伤病人基本治疗需求的药物或者治疗方法，这一部分理应由工伤保险基金承担，但因工伤保险基金的调整需要一定的周期，该部分无法从工伤基金报销的医疗费用应由用人单位承担。因为工伤保险只是为了分散用人单位的风险而非免除其所有风险；对于超出工伤医疗目录的治疗方法或者药品且属于不合理医疗或者过度医疗产生的医疗费用，这部分是因伤者的个人不合理要求造成的，理应由伤者个人承担。

鉴于各地对上述问题存在较大分歧，建议用人单位根据当地规定及司法实践予以合法合理确定。

（3）抚恤费用

抚恤费用是指职工因工死亡时，按其供养的直系亲属人数，每月付给供养直系亲属抚恤费，直到受供养人失去受供养的规定条件为止。《工伤保险条例》第三十九条规定："职工因工死亡，其近亲属按照规定从工伤保险基金领取丧葬补助金、供养亲属抚恤金和一次性工亡补助金。"同法第四十三条第四款规定："企业破产的，在破产清算时依法拨付应当由单位支付的工伤保险待遇费用。"因此，企业拖欠的这部分费用，应当计入职工债权。

根据《中华人民共和国社会保险法》（以下简称《社会保险法》）以及《工伤保险条例》规定，参加基本养老保险的个人，因病或者非因工死亡的，其遗属可以领取丧葬补助金和抚恤金。因工死亡的，其遗属领取供养亲属抚恤金，按照因工死亡职工生前本人工资的一定比例计发，计发对象是由因工死亡职工生前提供主要生活来源、无劳动能力的亲属。具体标准为：配偶每月40%，其他亲属每人每月30%，孤寡老人或者孤儿每人每月在上述标准的基础上增加 10%。核定的各供养亲属的抚恤金之和不应高于因工死亡职工生前的工资。该项待遇为长期待遇，一旦供养亲属具备、恢复劳动能力或者死亡的，供养亲属抚恤金即停止发放。

（4）应当划入职工个人账户的基本医疗保险和养老保险

接管破产企业后，管理人需要调查职工参保情况、企业欠缴情况；调查之后需要依据调查结果筛选计算社会保险债权，分别处理应划入职工个人的部分和企业向社会统筹缴纳的部分；如企业持续经营，可能需要管理人在社会保险账户异常的情况下办理人员增减、退休；企业清算的情况下办理停保；企业未给职工缴纳社会保险期间，职工大病医疗的处理；社会保险滞纳金的处理；等等。

一是职工基本医疗保险。职工基本养老保险依托于社会医疗保险体系。社会医疗保险（social medical insurance）是指社会劳动者及全体社会公民因疾病需要治疗时，根据国家有关法律规定，从国家或社会获得应有的医疗服务，对因疾病造成的经济损失及医疗费用给予可能的补偿，以恢复和保障社会劳动者或公民身体健康的一种社会保险制度。社会医疗保险的社会化程度高、覆盖面广，可以覆盖全体劳动者。社会医疗保险通过国家立法强制执行，具有社会福利性、公益性、普遍性、强制性、保障性和互助共济性。

《企业破产法》规定的职工基本医疗保险主要是指城镇所有的用人单位及其退休职工和退休人员都必须参加的基本医疗保险，由用人单位和职工共同负担缴费。根据各地基本医疗保险缴纳规定，职工债权包含其中用人单位缴费部分（按照当地工资总额的 6% 左右确定）和欠发工资期间个人缴费部分（从本人工资的 2% 起步）。

二是养老保险的缴纳部分分为个人部分和社会部分。

个人部分是根据《社会保险法》第十一条、第十二条[①]的规定。基本

---

① 《社会保险法》第十一条规定，"基本养老保险实行社会统筹与个人账户相结合"。第十二条规定，"用人单位应当按照国家规定的本单位职工工资总额的比例缴纳基本养老保险费，记入基本养老保险统筹基金。职工应当按照国家规定的本人工资的比例缴纳基本养老保险费，记入个人账户"。

养老保险实行社会统筹与个人账户相结合。用人单位应当按照国家规定的本单位职工工资总额的比例缴纳基本养老保险费，记入基本养老保险统筹基金。职工应当按照国家规定的本人工资的比例缴纳基本养老保险费，记入个人账户。关于基本养老保险缴费问题，2005 年 12 月 3 日，国务院发布《关于完善企业职工基本养老保险制度的决定》（国发〔2005〕38 号），第六条进一步明确规定：为与做实个人账户相衔接，从 2006 年 1 月 1 日起，个人账户的规模统一由本人缴费工资的 11% 调整为 8%，全部由个人缴费形成，单位缴费不再划入个人账户。因此《企业破产法》规定的应当划入职工个人部分的基本医疗和养老保险应当明确为企业欠薪时段中，企业作为扣缴义务人应向职工个人账户缴纳的养老保险金。

社会部分是应当划入统筹账户的社会保险费用，因系企业向政府相关部门缴纳的纳入社会统筹部门的保险费用，不属于职工个人所有，其性质不应作为职工债权予以认定，但因该部分债权系公债权，且与职工自身权益和社会公众利益密切相关，故而《企业破产法》将其作为第二顺位予以清偿。在实践中，因职工个人部分的社会保险和社会统筹部分的社会保险均由地税部门代收，故而该部分的债权也往往由地税部门不加区分统一代为申报。笔者认为，即使这两部分债权由地税部门代为申报，管理人在债权申报和审核表中也应对纳入职工个人账户和社会统筹账户的部分予以区分，分别作为职工债权和社会保险债权进行认定，且鉴于二者清偿顺位的不同，管理人应对地税部门代申报的金额与人力资源和社会保障部门对接，严格加以区分并明确相应的金额。

三是关于职工社会保险情况的处理。

首先，在企业持续经营的情况下办理人员增减。办理人员增减的前提是公司账户正常存续，且员工社会保险相关费用正常缴纳。在符合上述条件下，单位辞退或有离职的员工，应在当月及时向公司注册地社保机构办理人员减少事项，以免出现社会保险欠缴的情况。单位如不及时办理参保人员减少事项，可能导致辞退或离职人员出现社会保险欠缴而不能在新单位参保或办理退休手续。此种情况下，留守人员也可以继续在公司账户正常参保。

大部分企业在进入破产程序前，已经出现欠缴职工社会保险费的情况，管理人进场后常会面临公司社会保险账户被划为异常户、职工社会保险无法转档的情况。这种情况下管理人应当积极走访当地社保局，询问相关政策。一般情况下，即使单位处于异常户状态，只要职工个人已完成补缴，且缴纳滞纳金，即可正常办理人员增减事项。

其次，办理停保、另档管理。根据笔者经验，所有涉及职工保险问题的处理都应当坚持以配合重整融资为原则，不仅要站在管理人角度解决此类问题，还应当着眼于战略投资人进场后的处理方向。

如果管理人进场时发现公司账户已经因欠缴员工社保费而变成异常户状态，可以根据具体情况对账户进行处理，主要可以采取如下方式。

办理停保。即公司社保账户里面的所有人员都暂时停止参保，不会产生新的征缴计划，但之前的欠费情况依然能查询到具体的信息。公司账户申请办理停保手续比较容易，但公司社保账户办理停保后对职工的影响比较大。职工需要补缴完毕养老保险费用，否则无法转为个人户进行参保。实践中，职工补缴养老保险的费用可以向债务人申请报销。例如在原告郭某某与被告某玻璃有限公司劳动争议一案①中，河南省开封市鼓楼区人民法院判决原、被告之间存在劳动合同关系，被告作为用人单位，应当为原告缴纳相应的社会保险费用。故对原告要求被告支付其自行补缴的基本养老保险费及滞纳金28268.82元的诉讼请求予以支持。在企业人数寥寥、多为临近退休年龄职工的情况下，经职工同意可以申请办理停保。除此之外，管理人应当谨慎使用该种方式，避免出现不必要的矛盾。

办理另档管理，可以让账户不再继续产生应缴社保费用，将欠费定格在一个确定的数额，同时辞退的员工可以正常办理转档手续，也可以在新单位正常参保或转为个人身份参保。另档管理对办理退休依然存在影响，即企业账户异常的情况下，临退休人员如果补缴欠缴时段的费用，必须要先将公司社保账户从非正常户转为正常户。

另档管理可以通过以下途径解决。第一，员工自动放弃公司欠缴的这

①　河南省开封市鼓楼区人民法院民事判决书，（2020）豫 0204 民初 1719 号。

段时间的社保。此种方法对员工退休后领取的养老退休金肯定有一定影响（欠缴 9 个月社会保险费的人员预估每月少领 60 元左右），对该部分损失金额，管理人可以在和职工协商之后，作为职工债权处理。第二，员工自行到户籍所在地另开一个账号，以个人名义补缴欠缴的这段时间的社会保险费，待办理退休时，新开账户补缴的年限合并到最开始参保账户的年限里面计算，然后以实缴的金额纳入职工债权由企业补偿。但由于每个地区的社会保险处理方式不一样，有些地区不接受这种操作。第三，对于在新公司参保了的职工，可以先由公司参保转为个人参保，以个人名义补缴欠缴的这一段时间的社保费，补缴完成后再转回公司参保，最后再从现在所在单位办理退休。但此种程序相对复杂。

（5）法律、行政法规规定应当支付职工的经济补偿金

①支付经济补偿金的情形

清算的情形。经济补偿金一直以来是职工债权计算的重头戏。债务人如破产清算，势必需要向职工支付经济补偿金。

战略投资人拒绝合同承继的情形。根据《劳动合同法》第三十四条规定处理："用人单位发生合并或者分立等情况，原劳动合同继续有效，劳动合同由承继其权利和义务的用人单位继续履行。但不能排除在重整融资过程中，战略投资人因营业内容变更明确拒绝劳动合同承继，该种情形下也应当为职工支付相应的经济补偿金。"

继续经营合同承继的情形。在劳动合同不发生变更、由新主体承继的情况下，由于劳动合同继续有效，劳动者无权向用人单位主张经济补偿金。原因在于我国并没有规定劳动者的拒绝留用权。由于立法已对劳动者单方解除劳动合同设定了非常宽松的条件，似乎无须通过拒绝留用而终止劳动关系。劳动者根据上述规定预告解除合同，属于合法解除，即使因其解除行为给用人单位造成损失，除与用人单位存在服务期协议外，也无须承担任何违约责任。从表面上看，劳动立法赋予劳动者任意解除权似乎足以实现其择业自主权，但劳动者单方解除劳动合同与拒绝留用而终止劳动关系之间存在重大的利益差别，即经济补偿金是否得以适用。从国内已发生的多起劳资冲突事件观察，劳动者不一定希望与原用人单位延续劳动关

系，部分劳动者的诉求系指向买断工龄和获得经济补偿。但《劳动合同法》第三十四条确立的当然承继模式决定了劳动者仅能以预告解除的方式终止劳动关系，因此无权向用人单位主张经济补偿。

②计算方式

《劳动合同法》第四十七条规定："经济补偿按劳动者在本单位工作的年限，每满一年支付一个月工资的标准向劳动者支付。六个月以上不满一年的，按一年计算；不满六个月的，向劳动者支付半个月工资的经济补偿。劳动者月工资高于用人单位所在直辖市、设区的市级人民政府公布的本地区上年度职工月平均工资三倍的，向其支付经济补偿的标准按职工月平均工资三倍的数额支付，向其支付经济补偿的年限最高不超过十二年。本条所称月工资是指劳动者在劳动合同解除或者终止前十二个月的平均工资。"

但是在实践中，2008年之后经济补偿金计算施行"双封顶"，即并非所有经济补偿金支付情形均不得超过十二个月，只有满足劳动者月工资高于当地上年度职工月平均工资三倍时，实施"双封顶"即支付标准按照当地上年度职工月平均工资的三倍，支付年限最高不超过十二年。

同时，《劳动合同法》第九十七条第三款又规定："本法施行之日存续的劳动合同在本法施行后解除或者终止，依照本法第四十六条规定应当支付经济补偿的，经济补偿年限自施行之日起计算；本法施行前按照当时有关规定，用人单位应当向劳动者支付经济补偿的，按照当时有关规定执行。"而如果劳动者工作年限跨越2008年前后，计算经济补偿金时需要分段计算。如果劳动者2008年之后入职，计算经济补偿金统一按照《劳动合同法》规定计算。通俗地讲，老人老办法，新人新办法。

③工龄认定

工龄认定这项工作的重点是查清职工的入职和离职时间，核实职工在本企业工作是否连续。在没有任何资料可以证明职工工作年限的情况下，职工需承担举证责任。工作年限计算通常具体到月，不超过十五天的按半个月计算，超过十五天但未满一个月的按一个月计算。

管理人在认定职工工龄时需特别注意以下证明材料，收集有困难的，可通知破产企业的人事工作人员辅助进行。第一，职工与工作单位签订的聘用合同、劳动合同、关于入职和离职时间的相关文书，以及是否存在解除劳动合同的文书。第二，工作单位发放工资的花名表复印件（必须复印会计凭证中的工资表，不允许提供后来在电脑上打印的工资表），并且已加盖单位公章或财务章。第三，由职工提供养老保险缴费手册及每个年度的养老保险对账单的原件或复印件，以辅助证明存在劳动关系。第四，如果档案里有中断，比如劳教、入狱服刑等，领取疾病救济费等时，不计入工龄。

2. 破产法规定以外依照职工债权保护的债权

（1）集资类债权

《最高人民法院〈关于审理企业破产案件若干问题的规定〉》（法释〔2002〕23号）第五十八条规定："债务人所欠企业职工集资款，参照企业破产法第三十七条第二款第（一）项规定的顺序清偿。但对违反法律规定的高额利息部分不予保护。"职工集资借款在形成时是否以职工本人的名义并不直接影响职工集资借款的认定，职工以他人名义借给企业的款项仍可能认定为职工集资借款，在企业破产中可以优先受偿。

1994年国务院发布的《国务院关于在若干城市试行国有企业破产有关问题的通知》（国发〔1994〕59号）第三条规定："企业在破产前为维持生产经营，向职工筹借的款项，视为破产企业所欠职工工资处理，借款利息按照借款实际使用时间和银行同期存款利率计算。职工在企业破产前作为资本金投资的款项，视为破产财产。"

结合江苏破产实务及江苏省高级人民法院的《破产案件审理指南》可确定，破产企业所欠职工集资款，参照职工债权顺序清偿，但对违反法律规定的高额利息部分不予保护。该指南还明确规定，职工向企业的投资，不属于破产债权。当然，破产实务中仍需要具体情况具体分析，从严把握优先清偿的职工集资款范围。

在实践中，职工集资款的优先受偿权认定可从以下几个方面严格把握。①集资的对象仅限于与企业有劳动关系的职工，且集资覆盖面具有不特定性和广泛性。应限定企业内部的职工，如果出现"名义出资人"与

"实际出资人"不符的情形，即表面上"出资人"都是企业内部职工，但由于某种原因（职工的亲友主动参与等）导致大量资金来源于非企业职工，此种情形需要结合主客观情况进行综合判断。②集资款的来源仅限于职工的生存性工资，且每位职工的集资款金额与其工资性收入水平较为接近。因而在实务中，对明显超过职工工资水平的部分，应当加重审查其合理性或不予认可，从而有效避免企业破产程序中的不合理支出，保证破产企业资产和其他职工利益的最大化保护，为管理人工作和职责提供导向。③集资的方式或为企业直接从应支付给职工的工资中先行扣除，或为职工向企业直接缴纳金额不等的款项。④集资款的用途应有合理性，且仅限于企业为摆脱经营困境和危机而亟须支付，如原材料款、设备维护或改造款等垫资类债权。集资款的核心实质是取之于企业职工、用之于企业。集资款的用途应具有合理性和正当性，集资资金必须用于企业自身的生产经营活动或开展企业自救。是否能认定集资属于职工集资，集资的用途是一个重要表征。对企业集资约定用途与实际用途不一致，集资款实际未用于企业生产经营而挪作他用的，笔者认为可以通过企业与职工的双方合意等方式进行审查和解决，不宜因集资款被企业挪作他用而不予认定，而给职工造成损失。

（2）垫资类债权

《全国法院破产审判工作会议纪要》第二十七条规定，破产程序中要依法妥善处理劳动关系，推动完善职工欠薪保障机制，依法保护职工生存权。由第三方垫付的职工债权，原则上按照垫付的职工债权性质进行清偿；由欠薪保障基金垫付的，按照破产企业欠缴的社会保险费用和欠缴税款的顺位清偿。

其一，关于垫付职工债权的"第三方"的界定，现有法律规定未作出明确限制。也就是说，垫付人并不局限于政府部门或欠薪保障基金管理机构，无关联关系的第三方机构或个人也可以成为垫付主体。另外，即使垫付人与破产企业存在一定的关联关系，只要其垫付的款项系用来支付《企业破产法》规定的职工债权，则此时仍可以认定为"第三方垫付职工债权"。例如，在原告某投资有限公司与被告某支付有限公司、某信息产业股份有限公司等破产债权确认纠纷一案①中，上海市徐汇区人民法院认为，实际垫付人即破产企业的股东，其为了维护企业的基本运作而垫付职工工资、社保费用、补偿金等，一定程度上保障了职工的合法权益，维护了有关当事人的资金安全及社会稳定。因此法院认为将股东垫付的费用列入职工债权并无不妥。但需要注意的是，为了避免出现股东或关联企业利用职工债权优先受偿地位不当受偿、侵害其他债权人利益的情况，在由股东或关联企业作为第三人垫付职工债权的情况下，股东或关联企业的财产与破产企业的财产不能存在混同情况。

其二，垫款行为发生的时间对认定职工债权也存在重要影响，对于是否只有破产受理后发生的垫款才能认定为职工债权，目前并无明确规定。虽然《全国法院破产审判工作会议纪要》第二十七条规定"破产程序中要依法妥善处理劳动关系"，但对第三方垫款的时间并未作出明确限制。司法实践中，对破产受理前发生的垫款能否认定为职工债权存在不同观点。例如，在上诉人宗某某与被上诉人某某玻璃有限公司破产债权确认纠纷一案②中，江苏省南京市中级人民法院认为，"一审认定在破产程序中由第三方垫付的职工债权才可按所垫付的职工债权性质进行清偿，有法律依据"，且第三方向破产企业垫付款项的行为"并非系在破产程序中垫付职工债权情形，也不应认定为职工债权性质"，因此对第三方垫付债权不予认定为职工债权。

而在上诉人某设备工程有限公司与被上诉人某科技有限公司破产债权确认纠纷一案③中，河北省高级人民法院认为，本案第三方垫付资金的用途为职工债权，以其垫款发生在企业破产前为由否认其职工债权的性质，不利于第三方积极扶持企业的发展、不利于职工生存权利的保护，与现行规定"鼓励第三方垫付"不符，并对将第三方垫付的资金认定为职工债权的意见予以认可。

从相关规定的制定目的及笔者办理破产案件的实务经验出发，笔者赞

---

① 上海市徐汇区人民法院民事判决书，(2019) 沪 0104 民初 5159 号。
② 江苏省南京市中级人民法院民事判决书，(2020) 苏 01 民终 5294 号。
③ 河北省高级人民法院民事判决书，(2019) 冀民终 1061 号。

同第二种观点，确定垫付款项为职工债权不应当以是否进入破产程序为判断依据。法律鼓励第三方垫款的原因，在于第三方垫款能够加速完成企业员工安置、提前化解企业与职工之间的矛盾。而一家企业在进入破产程序前，通常已出现支付困难，企业与职工之间的矛盾突出，此时由第三方提前介入，帮助企业解决职工安置问题，对于企业后续进入破产程序无疑有很大帮助。如垫款的第三方无法就此债权优先受偿，不但会造成垫款方权利义务的不对等，而且会挫伤其垫款的积极性，与有关规定的制定目的相悖。因此，即使第三方垫款行为发生在破产受理前，如该垫款确实帮助破产企业清偿了职工债权，从结果上维护了劳动者权利、化解了企业与职工矛盾，也应当认定为职工债权。

综上所述，目前司法实践对第三方代为垫付职工债权的行为整体呈支持和鼓励态度。对于第三方的身份，目前并无明确的限制性规定；对于垫款的时间，虽然司法实践存在不同的界定标准，但提前垫款清偿职工债权的行为有助于保障职工权利、维护社会稳定，本身并不违背有关法律的立法本意。

（3）住房公积金

《企业破产法》规定的职工债权类别中并不包含住房公积金，因此住房公积金难以明确纳入职工债权的范围。但 2018 年 3 月发布的《全国法院破产审判工作会议纪要》第二十七条规定："债务人欠缴的住房公积金，按照债务人拖欠的职工工资性质清偿。" 2013 年 7 月 23 日实施的《北京市高级人民法院企业破产案件审理规程》第一百五十四条第三款规定："债务人所欠职工的住房公积金、住房补贴，属于企业破产法第一百一十三条第一款第（一）项规定的职工债权。" 在此问题上，司法实践中似乎已达成共识，认为住房公积金、住房补贴属于职工债权。

根据我国《住房公积金管理条例》的规定，住房公积金的缴纳分为两部分，即由职工个人缴存和由企业为职工缴存，两部分均属于职工个人所有。对于企业为职工缴存的住房公积金部分，《企业破产法》未作直接规定，实践中对该部分债权认定为职工债权抑或普通债权存在明显争议。

3. 特别法中的规定

（1）《海商法》特别规定

《中华人民共和国海商法》（以下简称《海商法》）第二十二条是关于船舶优先权的规定，该条第一款第（一）项规定了船员工资优先权，"船长、船员和在船上工作的其他在编人员根据劳动法律、行政法规或者劳动合同所产生的工资、其他劳动报酬、船员遣返费用和社会保险费用的给付请求"。同时，《海商法》第二十五条第一款规定："船舶优先权先于船舶留置权受偿，船舶抵押权后于船舶留置权受偿。"对船舶优先权的优先顺位进行了明确，即船舶优先权中的船员工资债权优先于抵押权、留置权等担保权优先受偿，这是对上述一般规则的突破。

需要注意的是，船舶优先权中的船员工资没有与《企业破产法》第一百一十三条第一款第（一）项的权利范围完全重合，未重合部分的优先顺位如何确定有待探讨。此外，船舶优先权的行使附属于该船舶的价值，超出价值范围的债权部分不再享有船舶优先权。

（2）《民用航空法》特别规定

《中华人民共和国民用航空法》（以下简称《民用航空法》）第十九条是关于航空器优先权的规定，该条规定："下列各项债权具有民用航空器优先权：（一）援救该民用航空器的报酬；（二）保管维护该民用航空器的必需费用。前款规定的各项债权，后发生的先受偿。"同时，《民用航空法》第二十二条规定："民用航空器优先权先于民用航空器抵押权受偿。"民航公司或航空器经营人、承租人等主体的工作人员在救援、保管、维护该民用航空器的过程中产生的报酬债权享有优先受偿权，适用航空器优先权的规定，且该职工债权优先于抵押权优先受偿，这是对上述一般规则的又一次突破。

需要注意的是，航空器优先权的行使附属于该航空器的价值，超出价值范围的债权部分不再享有航空器优先权。

（3）《民办教育促进法》特别规定

《中华人民共和国民办教育促进法》（以下简称《民办教育促进法》）第五十九条是关于民办学校债权清偿顺序的规定，该条规定："对民办学校的财产按照下列顺序清偿：（一）应退受教育者学费、杂费和其他费用；（二）应发教职工的工资及应缴纳的社会保险费用；（三）偿还其他债务。"虽然没有直接规定教职工的工资债权优先于担保权，但从条文表述将"偿还其他债务"放在受教育者权利和教职工工资债权之后，以及《民办教育促进法》对民办学校特别是营利性民办学校的特别保护立法宗旨来看，在民办学校破产案件中教职工工资债权应优先于担保权受偿，这是对上述一般规则的再一次突破。

4. 债权认定中的几个特殊问题

（1）高管工资和非正常收入

核算高级管理人员工资方面。在企业进入破产程序的情形下，为体现与普通劳动者在清偿顺序上的公平性，对平常获取较高工资收入的高级管理人员应进行一定的限制，即高级管理人员的工资报酬，不能按照企业正常运转时计算，而应依照《企业破产法》第一百一十三条第三款的规定，破产企业高级管理人员的工资按照该企业正常运转下，普通职工 12 个月的月平均工资计算。

如果职工工资和高管人员的工资均未拖欠（此处的工资不包括绩效奖金等收入），高管人员的工资又如何确定呢？根据《企业破产法司法解释（二）》第二十四条，在职工工资没有拖欠的情况下，高管人员取得的工资性收入不属于非正常收入，无须调整。破产申请受理前，高管人员与普通职工的工资均存在拖欠的，《企业破产法》第一百一十三条第三款规定，破产企业的董事、监事和高级管理人员的工资按照该企业职工的平均工资计算。需要注意的是，该款是对破产申请受理前高管人员工资的调整，破产受理后高管人员的工资水平则不再受本条限制。特别是重整期间债务人继续营业的，如管理人聘请高管人员参与企业经营，高管人员的工资属于破产费用，而本条规定的高管人员工资属于职工债权。

破产申请受理前，高管人员已实际领取工资等收入的，如果符合《企业破产法》第三十六条规定的"非正常收入"范畴，管理人应当予以追回。对于追回的"绩效奖金"和"其他非正常收入"部分，作为普通债权受偿；对于追回的"普遍拖欠职工工资情况下获取的工资性收入"部分，分别对待，属于"企业职工平均工资"的部分，作为职工债权，超过"职工平均工资"的部分作为普通债权。

高管人员拒不返还的，管理人可以向人民法院提起诉讼。起诉是否受诉讼时效限制，《企业破产法》没有规定。笔者认为，既然《企业破产法》用的是"追回"，就意味着该非正常收入本属于债务人财产，管理人追回债务人财产自然无须受诉讼时效的限制。

（2）企业破产后职工工资发放标准

自法院裁定受理企业破产申请起至劳动合同约定届满止，管理人是否需要支付职工工资？如果支付，工资标准如何确定？1994 年发布的《工资支付暂行规定》第十二条规定："非因劳动者原因造成单位停工、停产在一个工资支付周期内的，用人单位应按劳动合同规定的标准支付劳动者工资。超过一个工资支付周期的，若劳动者提供了正常劳动，则支付给劳动者的劳动报酬不得低于当地的最低工资标准；若劳动者没有提供正常劳动，应按国家有关规定办理。"据此规定，在职工劳动合同没有解除或者终止，以及职工没有提供正常劳动的情形下，管理人"应按国家有关规定办理"。这里的"国家有关规定"，在各地政府制定的相关规定里有具体体现。

例如，北京市人民政府于 2007 年 11 月 23 日开始施行的《北京市工资支付规定（2007 修订）》第二十七条规定："非因劳动者本人原因造成用人单位停工、停业的，在一个工资支付周期内，用人单位应当按照提供正常劳动支付劳动者工资；超过一个工资支付周期的，可以根据劳动者提供的劳动，按照双方新约定的标准支付工资，但不得低于本市最低工资标准；用人单位没有安排劳动者工作的，应当按照不低于本市最低工资标准的 70% 支付劳动者基本生活费。国家或者本市另有规定的从其规定。"类似于北京市人民政府的这一规定，在深圳、上海、天津基本上也都存在。

如果职工与债务人存在无固定期限劳动关系，并且劳动关系没有解除或者终止，管理人是否需要支付职工工资？如果支付，工资标准如何确定？只要职工与企业存在无固定期限劳动关系，则只要这种劳动关系没有解除或者终止，即使职工没有提供劳动，依据上述相关规定，管理人也应当按照当地最低工资标准的70%给职工发放工资，直至职工与债务人劳动合同解除或者终止。

在某信用担保有限公司与职工赵某的劳动争议一案中，人民法院经审理后认定：某信用担保有限公司与职工赵某之间已建立无固定期限劳动关系，在因某信用担保有限公司破产赵某未提供劳动的期间，某信用担保有限公司应按1400元/月的工资标准（北京市最低月工资标准的70%）向赵某支付基本生活费。

（六）职工债权名单公示

按照《企业破产法》第四十八条的规定，债务人所欠职工债权由管理人调查后列出清单并予以公示。公示的内容包括职工债权表、职工债权审查情况、公示的期限、公示异议处理、管理人联系方式等。公示的方式有很多，例如登报公示、法院公示、网站公示，但最直接的方式便是在破产企业住所地进行公示。对于公示，笔者还有几句赘言。在笔者参与的某一企业破产清算案件中，部分职工劳动关系原属于破产企业的关联公司，后由关联公司调入破产企业，管理人在前期调查中并未发现此问题，而在公示过程中其他职工债权人提出异议。管理人再调查核实该等职工的工作年限。所以公示也是对职工情况调查的复查。可以在企业经营所在地公示，同时在全国企业破产重整案件信息网同步公示。关于由第三方垫付的职工债权的公示问题，原则上按照垫付的职工债权性质进行清偿，在清偿顺位上与职工债权一致，实践中可以与职工债权一同公示，但在性质上需注明为代偿款。

（七）职工债权异议和救济

债权异议需要注意以下几个方面的问题。一是主体限定。债务人、债权人对债权表记载的债权有异议的，可以向受理破产申请的人民法院提起诉讼。二是前置程序。债务人、债权人对债权表记载的债权有异议的，应当说明理由和法律依据。经管理人解释或调整后，异议人仍然不服的，或者管理人不予解释或调整的，异议人应当在债权人会议核查结束后十五日内向人民法院提起债权确认的诉讼。当事人在破产申请受理前订立仲裁条款或仲裁协议的，应当向选定的仲裁机构申请确认债权债务关系。三是异议之诉的效力。判决不仅对参与诉讼的债权人发生法律效力，而且对全体债权人、债务人、管理人都有约束力。

职工对清单记载有异议的，可以要求管理人更正，管理人应当进行复核并将复核结果书面通知职工；管理人复核后不予更正的，应当告知职工向受理破产案件的人民法院提起诉讼的程序及注意事项，职工应当自收到复核结果通知书后，在管理人给予的诉讼期间（一般是 15 日）内提起诉讼。

八　税款债权

（一）概述

税款债权是指税务机关对破产企业享有的债权。在立法层面，由于《中华人民共和国税收征收管理法》（以下简称《税收征收管理法》）关于税收的规定是一般规定，《企业破产法》未对破产中的税款债权进行明确具体的规定。因此，在破产领域中，人民法院、管理人、破产企业、税务机关等主体关于税款债权的认识和处理往往不一致。

在实践中，随着各地税务机关和人民法院的共同联动和相关实施细则的出台，一部分问题逐渐得到解决。温州市、苏州市、江苏省、广东省等多个省、市先后出台破产涉税业务操作指南或者实施意见等相关文件，指导破产程序中相关主体规范解决当地破产程序中的税务问题，明确了当地破产程序中税务争议问题的解决方法。2020 年 3 月 1 日起施行的《国家税务总局关于税收征管若干事项的公告》从全国范围内对破产清算程序中《企业破产法》与《税法》的部分争议问题进行了规范，例如规定税务机关按照《企业破产法》相关规定进行税款债权申报及申报的债权范围、明确滞纳金的普通破产债权性质和承认管理人以企业名义办理纳税申报、申领发票、税务注销等涉税事宜。但关于税款债权的优先性、破产申请后的税款债权等问题，《国家税务总局关于税收征管若干事项的公告》和其他法律法规、规章制度并未给出明确规定。

接下来笔者将梳理当前破产程序中存在的争议问题，结合当前的《国家税务总局关于税收征管若干事项的公告》和各地规定，明晰破产程序中税款债权的解决方法或者提出解决当前争议问题的建议。

（二）税款债权争议问题的存在原因

《企业破产法》于 2007 年 6 月 1 日生效，到目前并未进行修改，关于税款债权方面，其只对税款债权的清偿顺序进行了规定。随着 2015 年以来供给侧结构性改革的推进和经济的中低速度增长，众多企业逐渐出清，破产案件不断增多。而现行的《税收征收管理法》是 2015 年修正过的，但其也未对破产中的税款债权予以规定。现实发展迅速，现行法律有所滞后，导致现行《企业破产法》与《税收征收管理法》之间存在诸多空白、冲突的地带，这也导致税款债权确认困难。其一，两部法律的立法宗旨不同。《企业破产法》立足于平衡社会整体利益，《税收征收管理法》则更注意保护国家利益。如何平衡好国家利益与社会利益成为摆在管理人面前的一道难题。其二，缺乏现有税收制度与破产程序配套的制度规定。《税收征收管理法》是以正常持续经营的纳税主体为前提，缺乏对陷入破产状态的特殊纳税主体的关注，显然在破产程序中是否继续适用相同的税收征管制度是值得深究的。其三，《中华人民共和国立法法》上的法律适用规则并不能解决《企业破产法》与《税收征收管理法》的优先适用问题。在两部法律的立法主体全国人民代表大会常务委员会未对两部法律适用问题进行裁决的情况下，法院的司法权与税务机关的行政权会产生冲突。当前各地规范破产程序中的税款债权问题文件，往往也都是由法院与税务机关共同制定和发布。

（三）税款债权争议问题的解决

1. 税务机关破产程序权利问题

（1）税务机关有无破产申请权

税务机关能否以税款债权人身份向法院提起企业破产清算呢？反对者

认为，依据《企业破产法》第七条第二款之规定，"债务人不能清偿到期债务，债权人可以向人民法院提出对债务人进行重整或者破产清算的申请"，但其中并未明确债权人的范围。由于税务机关是政府机关，其应当遵循"法无授权不可为"的原则，故其没有破产申请权。支持者认为，税务机关申请企业破产有以下优势：其一，当前破产程序成为"僵尸企业"退出市场的重要途径，税务机关提起破产申请有助于促进企业依法退出；其二，考虑到税收之债的公法属性，税务机关主动提起破产申请，有助于保障国家税款债权的实现，并引导其他债权人积极维权。税务机关以税款债权人身份申请纳税企业破产是其充分行使税收行政执法权的体现。鉴于《企业破产法》未确定债权人范围，可视同"法律已经作出了适用所有破产债权人的统一规定"。[①]

基于税务机关对破产企业享有税务债权，其也是债权人之一，因此笔者更加认同税务机关有破产申请权的观点。

（2）税务机关有无税款债权申报义务

在企业进入破产程序后，税务机关有无主动申报税款债权的义务呢？《税收征收管理法》第二十五条规定："纳税人必须依照法律、行政法规规定或者税务机关依照法律、行政法规的规定确定的申报期限、申报内容如实办理纳税申报，报送纳税申报表、财务会计报表以及税务机关根据实际需要要求纳税人报送的其他纳税资料。扣缴义务人必须依照法律、行政法规规定或者税务机关依照法律、行政法规的规定确定的申报期限、申报内容如实报送代扣代缴、代收代缴税款报告表以及税务机关根据实际需要要求扣缴义务人报送的其他有关资料。"纳税人和扣缴义务人必须主动申报税款，由此《税收征收管理法》把税款债权申报的义务给予了纳税人和扣缴义务人。而依据《企业破产法》第四十八条第一款和第十四条第一款"人民法院应当自裁定受理破产申请之日起二十五日内通知已知债权人，并予以公告"的规定，税务机关应当主动进行税款债权申报，人民法院只对已知债权人进行通知，而对未知债权人仅采取公告措施，由此《企业破

---

① 徐阳光：《破产程序中的税法问题研究》，《中国法学》2018年第2期，第208~227页。

产法》间接确定了税务机关具有税款债权申报的义务。

《国家税务总局关于税收征管若干事项的公告》第四部分规定："（一）税务机关在人民法院公告的债权申报期限内，向管理人申报企业所欠税款（含教育费附加、地方教育附加，下同）、滞纳金及罚款。因特别纳税调整产生的利息，也应一并申报。"国家税务总局要求税务机关在人民法院公告的债权申报期限内，向管理人申报税款债权。该文件统一了全国各地税务局的认识，可以说正式明确了税务机关的债权申报义务。

在实践中，有些债务人多次迁移却没有完善相应的主管税务机关变更手续，也有一些债务人的高级管理人员和财务人员隐匿，管理人无法掌握涉及税务主管机关的相关信息，此时，管理人应当向当地税务总局核实或者向人民法院申请查证。另外，即便债务人账面不欠税，管理人也应向主管税务机关发送债权申报书面通知。因为破产企业大多财务制度不规范，很有可能纳税申报不及时，导致账面及税控未显示欠税信息，但实际已欠税。各地出台了具体实施方案，有的更多强调税务机关的申报义务，有的主张税务机关积极申报税款债权。例如，江苏省高级人民法院和国家税务总局江苏省税务局 2020 年 10 月 30 日发布的《关于做好企业破产处置涉税事项办理优化营商环境的实施意见》规定："管理人应当自裁定受理破产申请之日起 25 日内，书面通知已知的主管税务机关申报税款债权。管理人无法确定主管税务机关的，可以书面通知设区市级税务机关，由设区市级税务机关协助通知主管税务机关。"山东省济南市中级人民法院和国家税务总局济南市税务局于 2020 年 9 月 21 日发布的《关于办理企业破产涉税问题的相关意见》规定："主管税务机关收到债权申报通知后，应当及时通知济南市其他税务机关，及时清查、核实税务债权，在法院确定的债权申报期限内，由主管税务机关统一申报。在债权申报期限内未申报税务债权的，可以在破产财产最后分配前补充申报。此前已进行的分配，依法不再进行补充分配。"

因此，无论破产企业账面有无欠税，笔者建议法院或管理人将主管税务机关视作已知债权人，及时通知其申报税款债权。当然税务机关也具有积极申报税款债权的义务。

（3）税款债权的申报范围

《企业破产法》第四十四条规定："人民法院受理破产申请时对债务人享有债权的债权人，依照本法规定的程序行使权利。"据此规定，税款债权不包括破产申请受理后产生的新生税款。而《税收征收管理法》规定税款债权的范围不仅限于税收，还包括税务机关征收或代征的各项非税收收入、行政罚款等。

对税款债权申报范围不确定的问题，《国家税务总局关于税收征管若干事项的公告》进行了明确。因此在破产程序中，税务机关应当申报的债权，包括企业所欠税款（含教育费附加、地方教育附加）、滞纳金、罚款，以及因特别纳税调整产生的利息。《国家税务总局关于税收征管若干事项的公告》对税款债权申报范围的明确解决了《税收征收管理法》和《企业破产法》对破产债权范围认定不清晰的问题，也为人民法院和管理人对破产税款债权范围的认定提供了依据。

2. 税款债权的认定问题

（1）税款债权各部分的认定

根据《国家税务总局关于税收征管若干事项的公告》"关于企业破产清算程序中的税收征管问题"之规定可知，主管税务机关应当就企业所欠税款（含教育费附加、地方教育附加）、滞纳金、罚款以及因特别纳税调整产生的利息进行申报。那么每个部分应当如何认定呢？

依据《企业破产法》第一百一十三条，破产人所欠税款优先于普通债权进行清偿，其优先权先后问题后文笔者将进行讨论。

自 2012 年 7 月 12 日起施行的《最高人民法院关于税务机关就破产企业欠缴税款产生的滞纳金提起的债权确认之诉应否受理问题的批复》（法释〔2012〕9 号）说道："青海省高级人民法院：你院《关于税务机关就税款滞纳金提起债权确认之诉应否受理问题的请示》（青民他字〔2011〕1 号）收悉。经研究，答复如下：税务机关就破产企业欠缴税款产生的滞纳金提起的债权确认之诉，人民法院应依法受理。依照企业破产法、税收征收管理法的有关规定，破产企业在破产案件受理前因欠缴税款产生的滞纳金属于普通破产债权。对于破产案件受理后因欠缴税款产生的滞纳金，人民法院应当依照《最高人民法院关于审理企业破产案件若干问题的规定》第六十一条规定处理。"同时依照《最高人民法院关于审理企业破产案件若干问题的规定》第六十一条之规定，管理人应当将在破产裁定受理日前因欠缴税款产生的滞纳金认定为普通破产债权，将破产案件受理后因欠缴税款产生的滞纳金认定为不属于破产债权。这在司法实践中已无争议。

《国家税务总局关于税收征管若干事项的公告》第四部分回应了两个颇有争议的问题。

其一，将教育费附加、地方教育附加认定为税款债权。在笔者之前办理的破产案件中，项目组成员一致认为教育费附加、地方教育附加属于费用，不应认定为税款债权，最后按普通债权进行认定，这次得到了明确的回应。其二，因特别纳税调整产生的利息可以作为普通债权进行申报。《中华人民共和国企业所得税法》第四十八条规定："税务机关依照本章规定作出纳税调整，需要补征税款的，应当补征税款，并按照国务院规定加收利息。"《中华人民共和国企业所得税法实施条例》第一百二十一条规定："税务机关根据税收法律、行政法规的规定，对企业作出特别纳税调整的，应当对补征的税款，自税款所属纳税年度的次年6月1日起至补缴税款之日止的期间，按日加收利息。前款规定加收的利息，不得在计算应纳税所得额时扣除。"第一百二十二条规定："企业所得税法第四十八条所称利息，应当按照税款所属纳税年度中国人民银行公布的与补税期间同期的人民币贷款基准利率加5个百分点计算。"主管税务机关作出特别纳税调整需要补征税款的，应当加收利息，但在笔者办理的破产案件中，主管税务机关几乎未申报过该款项，此次从国家税务总局层面要求主管税务机关进行债权申报，亦算是进一步作了明确的规定。

笔者在之前承办破产项目时，均对税务机关的罚款作出不予认定处理。2018年3月4日，最高人民法院印发的《全国法院破产审判工作会议纪要》第二十八条规定："破产债权的清偿原则和顺序。对于法律没有明确规定清偿顺序的债权，人民法院可以按照人身损害赔偿债权优先于财产性债权、私法债权优先于公法债权、补偿性债权优先于惩罚性债权的原则合理确定清偿顺序。因债务人侵权行为造成的人身损害赔偿，可以参照企业破产法第一百一十三条第一款第一项规定的顺序清偿，但其中涉及的惩罚性赔偿除外。破产财产依照企业破产法第一百一十三条规定的顺序清偿后仍有剩余的，可依次用于清偿破产受理前产生的民事惩罚性赔偿金、行政罚款、刑事罚金等惩罚性债权。"这正式确定了税务机关作出的行政罚款属于破产债权，但清偿顺位劣后于普通债权、民事惩罚性赔偿金，管理人应当予以审查认定债权金额，在债权表中以劣后债权进行标注。

（2）税款债权的优先性问题

依据《企业破产法》第一百一十三条，税款债权优先于普通债权进行清偿，位列第二清偿顺位。同时《税收征收管理法》第四十五条规定："税务机关征收税款，税收优先于无担保债权，法律另有规定的除外；纳税人欠缴的税款发生在纳税人以其财产设定抵押、质押或者纳税人的财产被留置之前的，税收应当先于抵押权、质权、留置权执行。纳税人欠缴税款，同时又被行政机关决定处以罚款、没收违法所得的，税收优先于罚款、没收违法所得。税务机关应当对纳税人欠缴税款的情况定期予以公告。"进一步确定了税款债权优先性的具体体现，确定了以税款债权和担保债权发生时间的先后顺序判断二者的优先顺位。

《企业破产法》第一百零九条相当于确定了担保物权在破产程序中的权利，名为别除权。根据《企业破产法》第一百一十条规定，别除权是以破产人的特定财产为标的物，当别除权的标的物不足以清偿被担保的全部债务时，别除权人不得就未足额清偿部分请求以破产财产优先清偿，而只能作为普通债权进行集体清偿。别除权人就该特定财产"个别地、排他地"接受清偿，有权就担保物单独优先受偿。所以，别除权制度是《企业破产法》集体清偿原则的一个例外。按照我国《企业破产法》的规定，破产程序宣告后，别除权人即可对标的物实施处分并由此获得清偿，而不受破产清算程序进展情况的影响。更重要的是，别除权的标的物不能用于清偿破产费用和共益债务。管理人不得擅自将别除权的标的物纳入破产财产，只有在别除权人放弃优先权而自愿加入集体清偿时，其别除权标的物才转变为破产财产。

综合《税收征收管理法》第四十五条和《企业破产法》第一百零九

条、第一百一十条、第一百一十三条来看，在税款债权发生在担保债权之后时，担保债权优先于税款债权进行受偿，两部法律没有产生冲突。目前实践中争议的焦点是，设定在税款债权之后的担保物权能否在税款债权之前得到清偿，《税收征收管理法》确定了以税款债权和担保债权发生的先后判断二者的优先顺位，但未对破产程序中是否变通执行进行规定。而《企业破产法》将担保债权置于单独优先清偿的地位。从法律适用和法理上来看，《企业破产法》作为特别法、新法，在破产程序中应具有优先适用的效力。担保债权的优先受偿权是针对特定担保财产行使的，仅从一般理论上讲，是可以不受破产清算与和解程序的限制，优于其他债权人单独、及时受偿。①

《税收征收管理法》和《企业破产法》之后颁布的《国家税务总局关于税收征管若干事项的公告》第四部分规定，"企业所欠税款、滞纳金、因特别纳税调整产生的利息，税务机关按照企业破产法相关规定进行申报，其中，企业所欠的滞纳金、因特别纳税调整产生的利息按照普通破产债权申报"。根据此规定，税务机关申报税款债权应当按照《企业破产法》的相关规定进行。

因此，无论税款债权和担保债权的发生时间先后如何，均应按照《企业破产法》的相关规定进行，即担保债权优先于税款债权受偿。实践中，人民法院为了平衡国家利益和个别债权人之间的利益，往往也主张无论税款债权和担保债权的发生时间先后如何，担保债权优先于税款债权受偿，例如某银行股份有限公司某支行与某纺织有限公司破产债权确认纠纷一案②。

（四）税款债权的其他相关问题

1. 破产申请后的税款问题

破产申请受理前的税款债权，前文已论述。但是企业进入破产程序

---

① 王欣新：《论破产程序中担保债权的行使与保障》，《中国政法大学学报》2017年第3期，第23~42、159页。

② 浙江省绍兴市柯桥区人民法院（原浙江省绍兴县人民法院）民事判决书，（2016）浙0603民初10874号。

后，仍然可能产生纳税问题，例如管理人决定继续履行与对方当事人均未履行完毕的合同时、破产程序中管理人拍卖或变卖财产时、企业继续经营时。对于这些时间产生的税收如何处理，目前法律没有明确的规定。实践中，有管理人将其列为第二顺位与破产申请受理前所欠税款一并清偿。也有观点认为其属于破产费用，如 2020 年 8 月 7 日国家税务总局佛山市税务局与佛山市中级人民法院共同发布的《关于规范破产程序中涉税费问题办理的意见》就持此观点，"人民法院裁定受理破产申请后，经人民法院许可或债权人会议决议，企业因继续营业或者因破产财产的使用、拍卖、变现所产生的应当由企业缴纳的税（费），属于《企业破产法》第四十一条破产费用中的'管理、变价和分配债务人财产的费用'，管理人以企业名义按规定代为申报缴纳，主管税务机关无需另行申报债权，上述税费依法由破产企业的财产随时清偿"。温州中级人民法院与温州地税局联合发布的《关于破产程序和执行程序中有关税费问题的会议纪要》（温中法〔2015〕3 号）也持此种观点，"在破产程序中因处置债务人财产所产生的相关税费属于《企业破产法》第四十一条破产费用中的'管理、变价和分配债务人财产的费用'，依法由债务人财产随时清偿，税务机关无需另行申报债权"。

笔者认为，在破产债权清偿率已经极低的情况下，无论是作为破产费用还是第二顺位清偿，都与《企业破产法》的理念不相符，对其他债权人也极为不利。2003 年 5 月 12 日，最高人民法院对河南省高级人民法院作出《关于人民法院拍卖、变卖破产企业财产，破产企业应否纳税问题的答复》（〔2002〕民二他字第 36 号）规定："鉴于目前破产案件普遍存在债权清偿率低的情况，可由清算组与地方税务征管机关进行沟通协调，争取税务征管机关理解并同意对变现财产减免征税。税务征管机关不同意减免的，所纳税金应当在法定普通清偿顺序的第三顺序中予以清偿。"虽然该答复中针对的是营业税，但在目前企业破产特别是重整过程中普遍存在的税费过高且无法减免，亦没有明确法律规定的情况下，其精神仍然值得借鉴，这也体现了国不与民争利、让利于民的思想。对企业破产方面的支持并不会必然导致税款的流失，当然这需要与税收征管部门协调，更需要人民法院的支持，期待未来修订立法时予以明确破产受理后的税款可以申请减免。

2. 发票管理问题

进入破产程序后，管理人在代表破产企业对外清收债权时，债务人往往向管理人索要发票以便入账。在破产财产（特别是不动产）拍卖时，竞买方也需要发票入账和办理过户手续。这时管理人本应依法纳税并开具发票，却往往面临开票难题。这是因为进入破产程序的企业大多会被列为非正常户，在管理人未清缴前期所欠税款甚至预缴后期税款的情形下，税务机关基于税收征管和保护税款债权的考虑，往往根据《税收征收管理法》第七十二条的规定①，对先前存在税收违法行为的企业作出收缴未使用完的发票或停止发售发票的处理。而发票问题会导致管理人迟迟无法收回对外欠款，财产拍卖成交后因无法开具发票而引发纠纷，进而影响整个破产进程。事实上，强行要求破产企业全额清偿税款甚至预缴后期税款，会损害其他债权人的优先受偿权。而且，破产企业无法提供发票会降低其通过自由竞争取得或处置破产财产的可能性，最终延缓整个破产程序进程。

2016 年 11 月 11 日，温州市中级人民法院、温州市国土资源局、温州市国家税务局、温州市地方税务局联合发布《关于营改增后司法处置不动产过户问题的会议纪要》，其中规定"无法开具增值税发票情形下，不影响已拍卖不动产的实际过户，温州市国家税务局、温州市地方税务局、温州市国土资源应在买受人办理过户时予以协助配合"，"不动产买受人……可以凭法院《拍卖成交裁定书》所载拍卖成交价作为不动产购置原价入账"，该文件解决了无发票情况下的过户和入账问题，在全国具有示范意义。

《国家税务总局关于税收征管若干事项的公告》规定："在人民法院裁定受理破产申请之日至企业注销之日期间，企业应当接受税务机关的税务管理，履行税法规定的相关义务。破产程序中如发生应税情形，应按规定

---

① 《税收征收管理法》第七十二条规定："从事生产、经营的纳税人、扣缴义务人有本法规定的税收违法行为，拒不接受税务机关处理的，税务机关可以收缴其发票或者停止向其发售发票。"

申报纳税。从人民法院指定管理人之日起，管理人可以按照《中华人民共和国企业破产法》（以下简称企业破产法）第二十五条规定，以企业名义办理纳税申报等涉税事宜。企业因继续履行合同、生产经营或处置财产需要开具发票的，管理人可以以企业名义按规定申领开具发票或者代开发票。"此公告明确了管理人可以以破产企业名义办理纳税申报等涉税事宜，正式赋予了管理人在破产清算程序中申领发票或者代开发票的权利。之后，各地根据该公告并结合实际制定了办理事宜。例如 2020 年 10 月 28 日国家税务总局广东省税务局编写发布的《企业破产涉税事项办理一本通》规定，"从人民法院指定管理人之日起，管理人可以按照《中华人民共和国企业破产法》（以下简称企业破产法）第二十五条规定，以企业名义办理涉税事宜"，"企业因继续履行合同、生产经营或处置财产需要开具发票的，管理人可以以企业名义按规定申领开具发票或者代开发票"。

3. 注销税务登记问题

《税收征收管理法》第十六条规定："从事生产、经营的纳税人，税务登记内容发生变化的，自工商行政管理机关办理变更登记之日起三十日内或者在向工商行政管理机关申请办理注销登记之前，持有关证件向税务机关申报办理变更或者注销税务登记。"《中华人民共和国税收征收管理法实施细则》第十六条进一步规定："纳税人在办理注销税务登记前，应当向税务机关结清应纳税款、滞纳金、罚款，缴销发票、税务登记证件和其他税务证件。"将"清税"作为破产注销税务登记的前置程序，可以防止部分企业以注销方式逃税。但是，根据《企业破产法》第一百二十一条之规定，"管理人应当自破产程序终结之日起十日内，持人民法院终结破产程序的裁定，向破产人的原登记机关办理注销登记"，工商登记才是决定破产企业法人资格存续与消亡的关键，而税务登记只是工商管理登记的一种补充性管理措施，意味着只要依法经过了破产清算，税务机关就应当无条件配合办理注销税务登记。

针对《税收征收管理法》和《企业破产法》冲突造成税务注销难的问题，国家税务总局在《关于深化"放管服"改革更大力度推进优化税务注销办理程序工作的通知》（税总发〔2019〕64 号）第一部分明确："经人民法院裁定宣告破产的纳税人，持人民法院终结破产程序裁定书向税务机关申请税务注销的，税务机关即时出具清税文书，按照有关规定核销'死欠'。"但是，持终结破产程序裁定书申请税务注销是有前提的：其一，税务机关在积极申报债权后，对于未能在破产程序中依法受偿的税款债权，才能依法予以核销；其二，管理人不存在导致税款债权未依法参与受偿，或清算过程中未妥善安排新生税款的行为。各地根据国家税务总局的通知确定了具体的实施方案，例如，2020 年 8 月 7 日国家税务总局佛山市税务局与佛山市中级人民法院共同发布的《关于规范破产程序中涉税费问题办理的意见》第七部分优化税务注销程序："（二十三）严格落实国家税务总局深化'放管服'改革更大力度推进优化税务注销办理的要求，不断优化税务注销办理程序。（二十四）对经人民法院裁定终结强制清算程序或终结破产程序的纳税人，纳税人（或其清算组、破产管理人）可直接向市场监管部门申请办理注销登记，免予到税务机关办理清税证明。税务机关依据市场监管部门共享的核准注销信息以及人民法院的相关裁定文书，处理核销'死欠'等相关涉税事项。前述纳税人（或其清算组、破产管理人）持人民法院相关裁定文书主动到税务机关或通过广东政务服务网'企业注销网上服务专区'和广东省电子税务局申请税务注销的，税务机关即时出具清税文书或由网上办理渠道签发电子清税文书。"

（五）总结

税务机关对于税务处理有着异常严格的规范性要求，加之税款债权系优先受偿的债权，税款债权的处理极易挑动债权人及债务人敏感的"神经"。因此，税款债权的审查和处理对管理人来说十分烦琐又充满挑战，管理人稍有不慎即会被扣上"税款流失"的帽子，税款债权的审查可谓是悬在管理人头上的"达摩克利斯剑"，管理人应当谨慎对待。管理人和破产程序中的相关主体要严格遵照法律法规及相关规定，法律等规范性文件没有明确规定的，要及时做好沟通协调，推动政府和法院联动，共同解决好实际问题。同时，由于很多管理人是由律师事务所担任，很多律师可能并不掌握详细的税务知识，而税收往往复杂烦琐。因此，建议管理人学习基本的税务知识和相关涉税风险。具体包括：（1）我国现行税种的基本知识。管理人应当对我国现行税种有大致了解，包括其概念、原理、基本税率、缴纳条件等。（2）我国税收征管体制和程序。管理人应当了解我国的税收征管体制，知道税务机关与企业的日常税务工作内容和基本流程。（3）涉税风险。管理人应当了解企业的涉税风险，包括行政责任风险和刑事责任风险。

破产程序中税款债权的实现需要人民法院和税务机关紧密配合，但是在实际执行中，由于破产领域与税收领域的法律衔接不畅，导致二者往往各自为政，信息传递存在障碍，最终延误债权的申报和清偿。为了解决实际出现的问题，国家及地方税务机关与人民法院等部门进行联动，通过召开联席会议、发布会议纪要和相关实施意见，进一步推动了对税款债权认定困难问题的解决。从长远来看，要确保破产清算中国家税款债权利益不受损害，同时兼顾普通破产债权人的合法清偿权益，《税收征收管理法》和《企业破产法》应当在规则修改和顶层设计层面有所突破和明确，实现法律法规的制度衔接和政策统一。

九　涉及抵销的债权

抵销权是民法上的一项重要制度，《民法典》第五百六十八条的规定赋予了债权人和债务人抵销双方互负到期债务的权利。当符合行使抵销权条件的一方进入破产程序后，双方如需行使抵销权将会受到《企业破产法》第四十条及其司法解释（二）相关条文的规制。破产法上的抵销权（以下简称"破产抵销权"）是《企业破产法》赋予债权人的一项重要权利，相对来说对债务人行使破产抵销权有诸多限制。债权人行使破产抵销权能让其在抵销的范围内获得债务人对其的优先清偿。因此，债权人有更强烈的动机去行使破产抵销权，以此在最大可能范围内使自己获得更高的清偿率。此种动机甚可理解，但在两种行使破产抵销权截然不同的动机下，管理人审查债权人的抵销申请，并不仅仅关系到债务人与债权人两方的利益得失，债权人抵销生效将会减少债务人破产财产，降低其他债权人的清偿率。因此，管理人如何依法审查债权人的抵销申请，事关整体债权人的利益，也事关管理人履职中的风险。

（一）破产抵销权概述

破产抵销权，是指债权人在破产申请受理前对债务人即破产人负有债务的，无论是否已到清偿期限、标的是否相同，均可在破产财产最终分配确定前向管理人主张相互抵销的权利。[①] 破产抵销权来源于民法上的抵销制度。我国法律最早规定抵销的不是《中华人民共和国民法通则》，而是1997年发布的《中华人民共和国合伙企业法》第四十一条关于个别抵销的规定。而最早规定破产抵销权的法律是旧《企业破产法》。这就出现了有趣的一幕，破产抵销权早于民法上的抵销权予以明文规定。1999年我国制定了统一的《中华人民共和国合同法》（以下简称《合同法》），废止了之前关于合同事项的三部法律《中华人民共和国经济合同法》、《中华人民共和国涉外经济合同法》和《中华人民共和国技术合同法》。《合同法》第九十九条规定为法定抵销，第一百条则为合意抵销，因此，抵销分为法定抵销和合意抵销（也叫意定抵销、约定抵销）。2021年1月1日起施行的《民法典》对《合同法》关于抵销制度的条款作了部分修改。《民法典》延续了《合同法》对抵销权性质的分类，《民法典》第五百六十八条规定为法定抵销，第五百六十九条规定为债务约定抵销。

《民法典》承继了《合同法》关于抵销制度的相关规定，但又作了几处修改和完善。第一，原先《合同法》规定当事人互负的债务均为已届清偿期债务，以此作为法定抵销的构成要件。而《民法典》对该构成要件予以一定的松绑，只要求主动提起抵销一方的债权已届清偿期即可，被抵销的债权则在所不问。《民法典》放宽提起抵销一方的条件，进一步增强了抵销作为债权债务终止方式的简化清偿功能。第二，《民法典》增加了抵销权排除事由。《合同法》第九十九条未规定当事人能否约定排除抵销的事由，而《民法典》在第五百六十八条中新增当事人约定可以作为抵销权排除的事由，无疑更尊重参与市场交易行为主体的意思自治。

[①] 王欣新：《破产法》（第四版），中国人民大学出版社，2019，第184页。

破产抵销制度最早规定在 1986 年的旧《企业破产法》第三十三条，《企业破产法》第四十条亦规定了破产抵销制度。破产抵销权赋予债权人在抵销范围内得到全额清偿的权利，使个别债权人得到优先清偿，客观上减少了债务人的破产财产，由此对其他债权人产生了不利影响。正因为破产抵销权使一部分债权人得利，另一部分债权人受到不利影响，《企业破产法》第四十条及《企业破产法司法解释（二）》第四十四条、第四十五条和第四十六条对债权人行使破产抵销权作出了限制性的规定。既然破产抵销权让一部分债权人在抵销范围内得到全额清偿，而让另一部分债权人清偿率降低，那么在债务人出现不能清偿到期债务之时，驱使债权人提前设计债权清偿计划，使破产抵销权的行使存在道德风险，同时加大了管理人的履职风险。因此，管理人可以从破产抵销权行使的程序和破产抵销权本身的法律规定等两个方面审查抵销人的债权和被抵销债权。

抵销人的债权称为主动债权、抵销债权、反对债权或自动债权。被抵销债权称为被动债权、受动债权或主债权。

（二）破产抵销权行使的程序

按照《企业破产法》及司法解释的相关规定，对于我国破产抵销权行使的大致路径，笔者画了一个简单的流程图（见图 4-1），便于读者清晰了解破产抵销权的行使路径。

1. 破产抵销权行使的主体

《民法典》第五百六十八条规定了互负债务的当事人均有权行使抵销权，此为民法上的抵销权。《企业破产法》规定，债务人可以向管理人主张抵销，但未规定管理人是否可以主动行使抵销权。该问题由《企业破产法司法解释（二）》第四十一条予以了明确规定，管理人不能主动行使破产抵销权，该条文亦暗含管理人不能主动通知债权人行使破产抵销权，因此，除抵销使债务人财产受益外，管理人只能被动接受债权人行使破产抵销权。

管理人主动行使破产抵销权的前提必须是抵销使债务人财产受益。实践中存在哪些情形可以让管理人主动行使破产抵销权？笔者认为，在以下

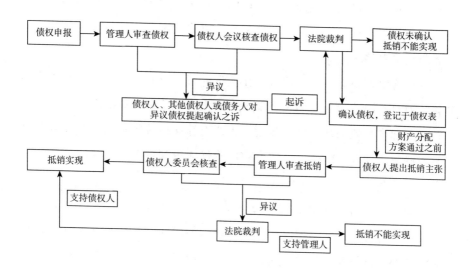

图 4-1　破产抵销权的行使路径

四种情形下，管理人可以主动行使：第一，债权人具有《企业破产法》第二条第一款规定的情形；第二，债权人进入破产程序；第三，债权人被列入失信被执行人名单；第四，债权人被依法吊销营业执照。

2. 债权人的主动债权必须经债权申报和确认

破产抵销权是债权人与债务人互负债务时，《企业破产法》赋予债权人为保障自身债权、提高清偿比例的一项重要权利。债权人一旦行使抵销权必然导致破产财产的减少，并会降低其他债权人的清偿比例。管理人有必要审查债权人的主动债权，避免债权人滥用抵销权侵害其他债权人的利益。抵销债权经债权人申报、管理人审查、债权人会议核查和法院裁定确认程序后，债权人取得了用于抵销的合法主动债权。

审查债权的前提是债权人必须向管理人申报抵销债权，如果债权人不经申报和确认程序，自行行使抵销权则该债权在抵销范围内不会产生抵销的法律效果。对于债权人以未经申报和确认的主动债权主张抵销，在原告某信托投资公司与被告某财务有限责任公司破产抵销权纠纷一案[1]中，北

① 北京市第二中级人民法院民事裁定书，（2014）二中民（商）初字第 11540 号。

京市第二中级人民法院认为，无争议的债权是行使破产抵销权的前提。因此，债权未经债权人会议核查且受理法院未作裁定确认前，该笔债权尚不具备抵销的资格。

在实务中，还有另一个观点。在上诉人某科技有限公司破产管理人与某银行股份有限公司某分行破产抵销权纠纷一案①中，浙江省高级人民法院认为，即使法院未裁定确认债权，程序上存在瑕疵，但该债权已经管理人审查确认，债权真实性、合法性和准确性能得到保障，债权人有权抵销双方互负债务。

3. **债权人行使破产抵销权的时间**

债权人行使破产抵销权时间分为行使起始时间和行使截止时间，但在何时间范围内行使破产抵销权现行法律未作明确规定。破产抵销权是破产程序中债权人的一项重要权利，因此，应当是在债务人进入破产程序后，债权人才享有该项权利。如果债权人在破产受理前行使抵销，则该抵销不属于破产抵销权而是民法上的抵销权。债权人的抵销行为发生在债务人破产申请受理前六个月且具有《企业破产法》第四十条第（二）、（三）项规定的情形之一，债务人进入破产程序后，管理人对在此之前行使的抵销行为须依法重新进行审查。符合条件的，管理人确认该抵销行为，如该抵销不符合条件，管理人应当在破产申请受理之日起三个月内向受理法院提起抵销无效之诉。债权人在破产申请受理后享有了行使抵销的权利，实务中存在债权人主张抵销的三种情况：第一，在申报债权时提出；第二，在管理人确认债权后提出；第三，在受理法院裁定确认债权无争议后提出。管理人不管对主动债权还是被动债权有异议，均要在约定异议期或法定异议期内提起诉讼。

破产抵销权行使的截止时间事关债权人能否以自己全额主动债权与债务人被动债权进行抵销。如果在截止时间之后行使抵销权，该抵销权在性质上已不属于破产抵销权，此时，债权人仅能以分配的债权额与债务人被动债权进行抵销，在截止时间之后行使抵销权明显对债权人不利。因此，

---

① 浙江省高级人民法院民事判决书，（2014）浙商终字第 27 号。

讨论破产抵销权行使的截止时间有其现实意义。实务中破产抵销权行使的截止时间有两种：一是在破产财产最终分配之前；二是在破产财产分配方案提交债权人会议表决之前。如果债权人在破产财产分配方案通过后至破产财产最终分配完毕前提出抵销主张，此时债权人获得清偿是按实际清偿率分配的债权数额，而不是法院裁定确认的全额债权。如果债权人对受理法院确认的债权金额没有异议，则债权人仅能就分配的债权数额主张抵销，此时，不管债权人还是管理人均有权主动行使抵销，此时该抵销权为民法上的抵销权。

北京市高级人民法院于 2013 年 7 月 22 日发布实施的《北京市高级人民法院企业破产案件审理规程》（京高法发〔2013〕242 号）第一百三十一条规定："债权人行使破产抵销权，应当在破产财产分配方案提交债权人会议表决之前，或者和解协议或重整计划草案提交债权人会议表决之前行使。"笔者认为，北京市高级人民法院的规定更具有参照价值。破产抵销本质上是对债权人提前清偿，它会减少分配给其他债权人的破产财产。如果债权人在破产财产分配方案提交债权人会议表决之前，或者和解协议或重整计划草案提交债权人会议表决之前行使破产抵销权，至少有如下两个作用：其一，破产财产分配方案表决通过之前，可以最终确定可供分配破产财产的范围；其二，破产财产分配方案通过之后对所有债权人均有约束力，如果此时再让债权人行使破产抵销权，必将减少之前依合法程序确定的破产财产，从而侵犯其他债权人的清偿利益。

（三）破产抵销权的实质审查

1. 破产抵销权行使的积极要件

（1）未到期的债权债务视为到期

民法上的抵销权之前按《合同法》第九十九条规定，用于抵销的互负债务必须均已届清偿期，该条件对主动行使抵销权的一方有点儿严苛，因为主动行使抵销权的一方可以放弃被动债权的期限利益，并不对另一方产生不利益。《民法典》对抵销权的规定较《合同法》有所放宽，《企业破产法》在此条件上更进一步，债务人进入破产程序后，未届清偿期的主动债权和被动债权视为到期，不受债权债务期限的影响。

（2）标的物种类和品质无须相同

民法上的抵销权对抵销债务的标的物种类和品质要求必须相同，如双方协商一致，标的物种类和品质不同的也可以抵销。如果标的物种类和品质不同就不符合抵销权行使的条件，不能发生抵销的法律效果。但破产抵销权对债务的标的物种类和品质是否相同不作要求，即使标的物种类和品质不同，也能在破产程序中予以抵销。

如果债务的标的物是行为或实物而非金钱债务，债权人在申报债权时应当将其折算成金钱债务，然后与被动债权进行抵销。但也有债权人直接以债的标的物实物向管理人申报债权，比如有债权人要求债务人按合同约定交付一定数量的苹果、煤、白面等。这些实物不折算成金钱不能直接抵销，管理人也不能据此拒绝抵销。总之管理人要以公平、公正、公开的方式将实物折算成合理的金钱。

（3）被动债权形成于破产申请受理前

所谓被动债权形成于破产申请受理前，是指债权人对债务人的债务产生于破产申请受理前。债务人一旦进入破产程序，其所有财产须公平地向债权人进行清偿，如果受理后形成的债务允许进行抵销，则会产生债权人的道德风险，债权人将会想方设法地对债务人形成负债，以破产财产减少为代价，获得偏颇性清偿。《企业破产法》第四十条就明确规定，债权人对债务人负有的债务必须形成于破产申请受理前，否则该债务不能用于抵销主动债权。

如果主动债权形成于破产申请受理之后，能否与被动债权进行抵销？显然，这样的抵销至少不会对债务人产生不利益。形成于破产申请受理之后的主动债权属于什么债权类型？债务人进入破产程序后形成的债务，主要是共益债务和破产费用。共益债务和破产费用根据《企业破产法》第四十三条的规定要由债务人财产随时清偿，因此，共益债务和破产费用与被动债权进行抵销并未违反《企业破产法》公平清偿的原则，只要符合民法上抵销权的行使条件，在破产程序中并不排斥民法上的抵销权。

2. 破产抵销权行使的消极要件

（1）破产申请受理后，债务人的债务人受让第三人对债务人享有的债权，该债权不能用于抵销

债务人的债务人对债务人负有的债务属于破产财产中的应收债权，债务人有可能对该应收债权获得全额清偿，而第三人持有的债权债务人本可以部分清偿，这样有更多破产财产供全体债权人处置分配。一旦债务人的债务人受让第三人享有的债权与负债进行抵销，此种情形与前述情形类似，亦会减少债务人破产财产，影响全体债权人的公平清偿。

（2）债权人恶意对债务人负债的，该负债不得与主动债权进行抵销

债权人对债务人形成的负债属于恶意的，即使该负债形成于破产申请受理前，一般也不能与主动债权进行抵销。这里所称的"恶意"是指，债权人已知债务人有不能清偿到期债务或者破产申请的事实。但《企业破产法》第四十条第（二）项对该情形作出了除外规定，"债权人因为法律规定或者有破产申请一年前所发生的原因而负担债务的除外"。"债权人因为法律规定而负担债务"，这里的法律规定是指侵权之债、不当得利之债和无因管理之债等，属于法定之债。该负债的形成不受债权人自由意志影响，而是由法律直接规定。"债权人有破产申请一年前所发生的原因而负担债务"，这里破产申请一年前所发生的原因，是指债权人和债务人双方具有合同上的原因。双方所依据的合同生效于破产申请一年前，负债可以发生于一年之内。债权人负债原因发生在破产申请一年前，即使对该负债主观上存在恶意，《企业破产法》亦允许该抵销行为的发生。

（3）债务人的债务人恶意对债务人取得债权，该债权不得与被动债权进行抵销

债务人的债务人取得债权，是指取得第三人对债务人的债权。并不是指债务人的债务人通过正常交易取得对债务人的债权，此种正常交易取得债权实际上并无利益可图，反而会造成新的损失。因此，受让他人债权是更为有利可图的方式。

债权转让是比较常见的法律现象，但这种现象的发生一般会有特殊的场景。理性人如果发现债务人明显丧失清偿能力，正常来说是不会愿意受

让该债权的，即使愿意受让也是在折价很大的前提下，或有可能愿意受让该债权。那么债务人的债务人受让第三人对债务人享有的债权，肯定不是原价受让，而是折价受让。折价出让债权对第三人来说也是可供选择的选项，第三人可以迅速回笼资金，不必纠缠于破产程序烦琐的过程。对次债务人来说也是利益明显，以折价购买的债权全额抵销其对债务人的负债，次债务人的获益来其对债务人的负债金额减去债权转让的金额。

次债务人恶意对债务人取得债权与债权人恶意对债务人负债后果是一样的，均会产生对个别债权人偏颇性的清偿效果，而损害其他债权人的公平清偿利益。次债务人只要主观上存在恶意，即"债务人的债务人已知债务人有不能清偿到期债务或者破产申请的事实"，不管其在破产申请受理前受让还是破产申请受理后受让，受让债权均不得与被动债权进行抵销。如果债权形成于破产申请受理后，次债务人受让该债权的，该债权可以与被动债权进行抵销，此处的抵销就不属于破产法上的抵销，而属于民法上的抵销。

《企业破产法》第四十条第（三）项对于次债务人恶意对债务人取得债权规定了除外情形，如果次债务人因为法律规定或者有破产申请一年前所发生的原因而取得债权，也就是说次债务人在破产申请前受让该债权超过一年，即使次债务人存有恶意，该债权仍可用以抵销被动债权。

（4）以抵销方式清偿个别债权人的特殊规定

破产申请受理前六个月，债务人是不允许对个别债权人进行个别清偿的。抵销是清偿的一种特殊方式，《企业破产法》第四十条规定，债权人在破产申请受理后，可以就之前的债权债务行使抵销权。既然法律规定债权人可以行使破产抵销权，那么在破产申请受理前，债权人与债务人均可以抵销双方互负债务。但《企业破产法司法解释（二）》第四十四条对该民法上抵销的债权债务作出了限定，即该债权债务不应属于《企业破产法》第四十条第（二）、（三）项规定的情形之一，否则债权人恶意取得债权或负担债务，该抵销无效。债权人如果因法律规定或破产申请一年前发生的原因取得债权或负担债务，仍可抵销。

（四）破产抵销权行使的特殊形态

1. 债权人的担保债权与债务人的普通债权可以相互抵销

债权人对债务人享有担保债权，在债务人无法偿还债务时，债权人有权在担保物的价值范围内优先受偿。债权人可以在担保物价值范围内获得全额清偿，但实现担保债权在现实破产案件中存在诸多不利因素，比如，首先，实现担保债权耗时较长，对债权人来说时间成本昂贵；其次，担保债权实现前需要为维护担保物价值支付费用，而该费用要从担保物变现后的价款里面支付；最后，债权人需要向管理人支付为维护、变现和交付担保物工作的劳动报酬，根据《最高人民法院关于审理企业破产案件确定管理人报酬的规定》计算报酬。此时，债权人对债务人负有债务，债权人行使抵销权比拍卖、变卖或折价担保物具有更大的经济利益。

即使债权人有《企业破产法》第四十条第（一）、（二）、（三）项规定的情形，也不影响债权人行使抵销权，不过债权人只能在担保财产价值范围内进行抵销，超过担保财产价值部分的债权不得抵销，该部分债权作为普通债权予以清偿，债权人未抵销完的债务，由债权人继续向债务人清偿。如果债权人不存在《企业破产法》第四十条规定的三种情形，则超出担保财产价值的债权仍可与被动债权进行抵销，直至最后留存债权或债务两种情形之一：其一，留存债权的，管理人列该债权为普通债权；其二，留存债务的，管理人继续向债权人催收债务。

担保债权人行使的抵销权，属于民法上的抵销，该种抵销对破产财产不存在实质性不利影响。因此，管理人可以主动主张抵销，只要抵销额限定在担保财产价值范围内，并不会与其法定职责相违背。从债务人角度来说，管理人拿变现较慢的应收债权与债权人的担保债权作抵销，也有利于债务人继续经营和重整再生，对双方来说是双赢的举措。

2. 劣后债权不得与债务人的被动债权进行抵销

《企业破产法》及其司法解释没有规定劣后债权，《企业破产法》第一百一十三条规定了不同种类债权的清偿顺序。第一顺位是破产费用和共益债务，第二顺位是职工债权，包括工资、医疗费用、伤残补助费用、抚恤费用、个人账户的基本养老保险费用和基本医疗保险费用等，第三顺位是税款和除第二顺位规定以外的社会保险费用，第四顺位是普通债权。第一顺位债权行使抵销属于民法上的抵销，第二顺位至第四顺位债权行使抵销则是破产抵销。债权人以第二顺位至第四顺位债权行使破产抵销，不受法定清偿顺序的约束。也就是说，排序在后债权可以在排序在前债权获得全额清偿之前进行抵销。

《全国法院破产审判工作会议纪要》第二十八条规定："破产财产依照企业破产法第一百一十三条规定的顺序清偿后仍有剩余的，可依次用于清偿破产受理前产生的民事惩罚性赔偿金、行政罚款、刑事罚金等惩罚性债权。"根据该条精神，惩罚性债权劣后于第四顺位的普通债权，仅在普通债权得到全额清偿之后仍有余额的，可以依次清偿惩罚性债权。因此，惩罚性债权是不能在普通债权未获全额清偿以前，提前获得清偿的。

在实务中，普通债权能够获得全额清偿的情形极其少见，所以劣后债权几乎不可能获得清偿。可以这么说，在现实和法理上，劣后债权在破产案件中没有什么价值实现的意义。因此，允许让劣后债权与债务人的被动债权进行抵销，等于变相规避了劣后债权的清偿顺序，使得劣后债权可以比在先顺位的债权提前获得清偿，显然与《全国法院破产审判工作会议纪要》的精神不符。因此，劣后债权不能成为用以抵销的适格债权。

3. 股东破产债权不得与股东欠缴注册资本金、抽逃出资、滥用权利和关联关系对债务人所负债务进行抵销

在认缴制下，公司注册资本金可以由股东之间约定，按照公司章程规定缴纳注册资本金。这就导致债务人进入破产程序后，股东可能尚未缴足注册资本金，由此产生股东对债务人负有欠缴注册资本金的债务。另外一种情形是，股东将其已缴纳的注册资本金通过各种方式抽逃取回，管理人应以实质重于形式的原则审慎地认定债务人与股东资金往来的性质。股东缴纳注册资本金形成全部财产对债务人负有的债务承担责任，包括债务人对股东的债务。在债务人进入破产程序后，尤其需要用股东的出资去履行债务人对全体债权人的清偿责任。因此，股东以破产债权抵销其对债务人负有的出资债务，如此抵销使股东在未履行出资义务的情况下，免除了其在债务人破产后应当履行的出资义务，出资义务在债务人破产申请受理后加速到期。

股东滥用权利和关联关系损害公司利益，表面上损害的是公司利益，实际上损害的是债权人和其他股东的权益。因此，债权人对债务人承担赔偿责任而负有的债务，不能以债权人的破产债权予以抵销，否则债权人可通过抵销变相不履行赔偿责任，不仅没有履行赔偿义务，而且使自己的债权获得了提前清偿。债权人实际上是以对债务人的恶意侵权使自己获益，这违反了《公司法》资本充实的原则。

总之，股东欠缴注册资本金、抽逃出资、滥用权利和关联关系损害公司利益的四种行为，不仅损害其作为股东的合法利益，更损害了全体债权人的利益。股东不能因自己的侵权行为获得利益，这不仅违反法律，更是违反伦理道德，不应允许债权人行使此类抵销权。

4. 银行能否以金融债权抵销债务人在其开立银行账户中的存款债权

银行把对债务人的金融债权与债务人在银行的存款债权进行抵销，这个问题在实务中具有较大的争议。金融机构和管理人因为立场不同，对这个问题的看法也截然不同。这个问题在外国也存在两种不同立法例，德国法禁止银行抵销债务人存款，而英国法和美国法是允许抵销的。在中国法下，法律也不排斥这样的抵销行为，作为管理人应当审慎地审查债权人的主动债权，谨慎做好债权确认。

（1）债务人银行账户的性质

根据银行账户用途，企业银行账户一般分为基本存款账户、一般存款账户、专用存款账户、临时存款账户。四个账户中只有专用存款账户上的资金不能被银行用来抵销主动债权。专用存款账户是指存款人按照法律法规和规章，对特定用途资金进行专项管理和使用而开立的银行结算账户。《人民币银行结算账户管理办法》第十三条规定了开立专用存款账户的十四种资金用途。由于是专用存款账户，该账户内资金已与债务人其他资金作了区分，因此，该账户内的资金不能用来与银行主动债权进行抵销，其他三个账户中的存款可以进行抵销。

（2）合同上是否存在银行扣划存款的约定

债权人与债务人在金融借款合同中如果约定了银行扣划存款的条款，则债权人扣划存款实际上是债务人主动清偿债务的行为。此时，根据《企业破产法》第三十二条规定，债权人扣划行为属于债务人对银行的个别清偿，管理人有权依该条请求法院撤销债务人的个别清偿行为。如果债权人与债务人未约定扣划存款，而债权人扣划了债务人的存款，该行为不属于债务人的个别清偿行为。在再审申请人某集团进出口有限公司破产管理人与被申请人某银行股份有限公司某分行请求撤销个别清偿行为权纠纷一案①中，最高人民法院认为，个别清偿必须是债务人主动向债权人实施清偿行为，在有约定扣划存款的情况下，该约定表明债务人同意债权人在付款日扣划债务人账户中的存款是债务人主动向债务人清偿的行为，而在没有约定扣划存款的情况下，债务人没有作出主动清偿的行为，因此，管理人不能根据《企业破产法》第三十二条规定撤销债务人的清偿行为。

债权人在无约定情况下扣划债务人存款，如债权人是在破产申请受理前扣划的，应当适用《企业破产法司法解释（二）》第四十四条之规定，如债权人是在此之后扣划的，则适用《企业破产法》第四十条之规定。不管是破产申请受理前扣划还是之后扣划，债权人在诉讼中总会以自己在行使抵销权为由予以抗辩。此时，管理人要审查债权人行使抵销权的限制要件。这就是下面一点需要说明的。

（3）债权人是否存在行使抵销权的恶意

债权人行使抵销权不仅要符合行使抵销权的客观要件，还要符合主观要件。《企业破产法》第四十条和《企业破产法司法解释（二）》第四十四条均要求债权人在行使抵销权时如果知道债务人有不能清偿到期债务或者破产申请的事实，则债权人不得行使抵销权。因此，"已知债务人有不能清偿到期债务或者破产申请的事实"就是管理人需要审查债权人是否具有法律规定的主观要件，而要证明债权人存在"已知债务人有不能清偿到期债务或者

---

① 最高人民法院民事裁定书，（2016）最高法民申 717 号。

破产申请的事实"的主观要件要由债务人来完成，因为举证责任在债务人一方。

债务人如何找到证明该事实的证据材料？首先，管理人应当询问债务人负责银行贷款融资的负责人及其他高管人员，了解债务人与银行信贷部经办此贷款业务的经办人及上级负责人，债务人出现困境危机以来的贷款偿还情况。其次，债权人对债务人出现困境存在一系列的应对机制，了解债权人启动应对机制的步骤和措施。最后，债权人会根据债务人深陷困境的程度，采取不同的应对措施，而债权人采取措施的行为及行为产生的结果是债务人需要向管理人沟通并提供这方面的材料。

十　涉及破产取回权的债权

（一）破产取回权概述

破产取回权是《企业破产法》赋予债权人的一项重要权利，《企业破产法》上的取回权分为一般取回权和特别取回权。《企业破产法》第三十八条规定了一般取回权，第三十九条规定了出卖人取回权，《企业破产法司法解释（二）》第三十二条第一款规定了代偿取回权。取回权不是《企业破产法》新创设的一种权利，其在其他部门法中业已存在，不过是物权请求权在《企业破产法》上的适用，根据其在破产程序中的行使特点，所以把它称为取回权。

既然取回权不是《企业破产法》所独有，那么债务人进入破产程序后，亦可依合同上的取回权向管理人主张取回非债务人的财产。出卖人和买受人在所有权保留买卖合同法律关系中，当买受人出现《民法典》第六百四十二条第一款第（一）、（二）、（三）项情形时，出卖人可依本条之规定取回标的物。又如《企业破产法司法解释（二）》第三十六条之规定，出卖人破产，其管理人决定解除所有权保留买卖合同，管理人可据此向买受人取回买卖标的物。管理人取回的依据不是《企业破产法》第三十八条，而是《企业破产法》第十七条之规定，债务人破产申请受理后，其财产持有人应当向管理人交付财产。

破产取回权的权利基础是所有权，但权利人行使取回权并不仅因其为所有权人，也可能为其他物权人，抑或依债权产生取回权的情形。取回权依债权产生的情形主要有，加工承揽人破产时，定做人取回定做物；承运人破产时，托运人取回托运物；承租人破产时，出租人收回出租物；保管人破产时，寄存人或存货人取回寄存物或仓储物；受托人破产时，信托人取回信托财产；等等。其他物权请求权可以为占有权、质权、留置权等。

债权人行使取回权的前提是，其为标的物的所有权人或其他物权人，因此债权人取回的不是物权，而是被债务人占有的实物或货币。正因为债权人是权利人，债务人的占有如属于无权占有，债权人行使取回权不受破产程序的钳制，不必等到债务人破产程序终结且不必等到破产财产分配时，债权人经必要程序后，可通过管理人取回财产。

债权人行使取回权而取得的通常为原物，也就是特定物，但取回权的标的物也并不限于特定物，也包括种类物。如果债权人取回的是货币，且该货币已特定化，能够与债务人的财产作区分，不存在混同的情形，那么债权人可依法取回该货币。在另一特殊情况下，法律允许管理人将原物变卖，对待给付的资产由债权人取回。《企业破产法司法解释（二）》第二十九条规定，管理人可以将两类财产先行处置：第一类是不易保管的财产，如鲜活易腐材料；第二类是不及时变现价值将严重贬损的财产。两类财产变价后，债权人可就变价款行使取回权。司法解释的该条规定实为一种特殊的代偿取回权。

当然，《企业破产法》上的取回权分为一般取回权和特别取回权，而根据取回权行使的请求权基础不同，又分为《企业破产法》上的取回权和民法上的取回权。不管是以什么请求权申请取回，取回权行使的程序必须遵守《企业破产法》上的相关规定，只要是在破产申请受理后申请取回财产的，管理人对取回申请的审查程序都是一样的。在本部分语境下使用取回权当然是涵摄广义的取回权范围，包括《企业破产法》上的取回权和民法上的取回权，如特指某类取回权必加前缀修饰语。

（二）破产取回权行使的程序

1. 破产取回权申请主体

《企业破产法》第三十八条规定，财产权利人可就非债务人财产通过管理人取回。权利人的范围比债权人要广，不仅包括债权人也包括物权人。依该条规定，债权人可以向管理人申请取回标的物，这跟《企业破产法》规定破产抵销权行使的对象一样，均是向管理人而非债务人申请。在债务人自行运营的情况下，此时管理人起到的是监督作用，管理人已经接管的财产和营运事务应移交回债务人，此时权利人行使取回权的对象是管理人还是债务人，法律未明确规定，此为模糊地带。但鉴于管理人已向债务人移交了财产和营运事务且管理人此时为监督人，依法理权利人可以向债务人申请取回。由于权利人取回财产涉及破产财产的减少，管理人应主动介入复查债务人的意见，履行实质监督的义务。

管理人在特殊情况下也可以行使破产取回权，也就是管理人作为权利人向债务人申请取回，当然，这是在另外一个破产案件中管理人行使破产取回权。而在同一个破产案件中，非债务人权利人和管理人不可能都能行使破产取回权，根据《企业破产法》的规定只有非债务人权利人可以行使破产取回权。不过，在同一个破产案件中，非债务人权利人和管理人均能行使民法上的取回权。

管理人对破产取回申请进行审查，仅针对非债务人权利人提出的取回申请，不涉及本身的审查，管理人不能既当裁判员又当运动员。管理人自己向占有人提出取回申请，可以协商解决，协商不成只能通过法院诉讼解决。对于权利人提出的取回申请，权利人应当提供必要的证据证明其是取回权的适格主体，当然，管理人在对主体进行审查采取的方式仅为形式审查。

2. 破产取回权申请时限

顾名思义，既然称为破产取回权，那么该权利的行使必然发生在破产程序之中。以破产申请受理为时点，债权人在此之前行使的取回权，为民法上的取回权。在此之后行使的取回权，可为《企业破产法》上的取回权，亦可为民法上的取回权。《企业破产法》第三十八条规定了破产取回权行使的时间起点为人民法院受理破产申请后，也就是受理法院同意破产的民事裁定书落款时间为破产取回权行使的时间起点。

《企业破产法》并未规定破产取回权行使的截止时间，也就是说在破产程序终结前权利人可以任意行使破产取回权。当然，在未进一步规定截止时间前，权利人在破产程序终结前有权行使破产取回权。不限定截止时间，必定影响破产程序推进的效率及对其他非债务人权利人的公平性。如果权利人在破产财产分配完毕后才提出取回申请，造成已分配的财产须回转，已经确定的破产财产范围须重新调整确认，审计报告和评估报告须重新制作，就会产生额外的相关费用。为了弥补《企业破产法》上的不足，《企业破产法司法解释（二）》第二十六条要求权利人在破产财产变价方案或者和解协议、重整计划草案提交债权人会议表决前向管理人提出财产取回申请。

司法解释对破产的三种不同类型下的取回权行使截止时间作了相应规定。破产财产变价方案一般针对的是破产清算程序，和解协议和重整计划草案针对的是破产和解程序和破产重整程序。《企业破产法司法解释（二）》第二十六条不能完全杜绝非债务人权利人在截止时间之后行使破产取回权，法律没有让截止时间之后行使的破产取回权成为除斥权利，仅增加了申请取回的代价，权利人申请取回应当向管理人支付相关费用。权利人拒绝支付或迟延支付相关费用，管理人有权拒绝非债务人权利人行使取回权。

3. 破产取回权的申请方式

破产取回权的申请应当以书面方式向管理人提出，出于便民的考虑，管理人不排斥以口头的方式提出，但必须作书面记录，由权利人签字确认。口头提出申请的方式仅针对来现场申请的权利人。权利人也可采用传真、邮寄、电邮、微信等方式传送书面的申请材料。随着科技的进步，新技术、新方案和新理念在破产案件中应用，管理人采用新的电子数据载体，更高效地方便权利人和管理人的信息传送和沟通，既有通用平台也有定制化的载体。

权利人任何的主张必须有相应的证据材料予以支持，能够证明财产的权属、债务人占有其财产等事实，管理人据此审查权利人行使取回权的合法性。因此，权利人必须尽可能地提供确实充分的证据材料，以便获得管理人的支持。当然，管理人亦会给权利人提供补充证据材料的机会。权利人取回权的成立直接影响破产财产的范围，管理人应秉持勤勉、审慎、尽责的职业素养，不止一次地要求权利人提供证据材料，尽可能给权利人提供证据材料更多的时间。

4. 管理人审查

如继续履行合同有利于债务人财产保值、增值，则管理人可决定继续履行合同，无须再对债权人的取回权进行审查。

如果管理人确定继续履行合同，应当在破产申请受理之日两个月内通知权利人继续履行合同。或者在权利人催告之日起三十日内答复权利人继续履行合同的决定。否则，管理人未通知或答复的，双方待履行合同视为解除。

法律虽然规定了待履行合同解除的截止时间，如有可能管理人仍应尽早向权利人告知是否继续履行的决定。如果管理人解除合同，在管理人通知或答复权利人解除合同的同时，一并通知权利人让其通过管理人行使取回权。

管理人在什么期限内必须审查完权利人提出的取回申请，法律虽没有明确规定，但有一个参照的时间，理论上至少不能晚于破产财产变价方案或者和解协议、重整计划草案提交债权人会议表决前。据此推知，管理人审查完取回申请的时间理论上不能晚于这个时间点，也就是说在确定债权人会议召开之日前应当审查完毕。现实情况是，管理人作出审查意见的时间须极大地早于债权人会议召开之日，如果可能的话越早作出审查意见越好。因为，破产财产范围的不确定会影响多方面的工作开展，确定破产财产范围是会计师、评估师和管理人提早为准备债权人会议召开的重要事项。它影响着会计师对审计报告、偿债能力分析报告和评估师对评估报告的出具，以及管理人对破产财产变价方案、和解协议和重整计划草案的制定。

因此，取回权审查进度的快慢影响破产程序推进的效率，管理人在作出审查意见至债权人会议召开期间应留出充分时间供取回权行使程序的展开。尊重破产程序，保障债权人权益是管理人应尽之义务。

5. 权利人的救济方式

管理人在作出审查意见之后，一般会把审查意见以书面的方式邮寄给权利人，当然邮寄不是唯一的方式，其他可能的送达方式亦可。管理人在审查意见中告知权利人权利救济的方式。管理人有两种做法：一种方式是直接告知权利人如对审查意见不服的，在多少日内向法院提起诉讼；另一种方式是告知权利人可以向管理人复议一次，权利人对复议结果仍不服的，在多少日内向法院提起诉讼。

权利人提起诉讼的期限及在什么时候提起诉讼，法律均未明确规定。管理人可以参照债权人就债权异议提起债权人确认之诉的做法，以此来维护权利人的合法利益。《企业破产法司法解释（三）》第八条规定，债权人对管理人的债权审查意见有异议的，经债权人会议核查结束后十五日内，向破产受理法院提起诉讼。权利人提起诉讼的期限可以直接参照适用《企业破产法司法解释（三）》第八条规定的十五日。虽然取回权审查意见无须债权人会议核查，但依照《企业破产法》第六十九条第一款第（十）项规定，管理人应当向债权人委员会报告取回权的审查意见，根据该条第二款规定，未设立债权人委员会的，管理人应当向受理法院报告。由于管理人不准许权利人行使取回权，因此，管理人可采前述两种方式的任一种方式，不必在债权人会议结束后提起诉讼。像一些简单的破产案件如只开一次债权人会议，破产财产变价方案在第一次债权人会议上就应该提交表决。因此，管理人在审查意见或复议意见中明确向权利人提示，在收到之日起十五日内可向法院提起诉讼。

6. 相关费用的收取

根据《企业破产法司法解释（二）》第二十六条和第二十八条规定，管理人有权收取因权利人迟延主张取回相关财产而增加的费用及因与取回权标的物有关产生的合理费用。管理人在允许权利人行使取回权后，权利人在未依法支付加工费、保管费、托运费、委托费、代销费等相关费用前，管理人有权拒绝其取回相关财产。

（三）破产取回权行使的实体审查

1. 一般取回权的实体审查

（1）权利人财产被违法转让后，权利人和第三人利益的保护

《企业破产法司法解释（二）》第三十条和第三十一条规定了违法转让权利人财产后，权利人和第三人利益保护的处理方式。第一种类型，权利人财产被第三人善意取得。根据财产的转让时点，又分为两种情况：第一种情况，转让行为发生在破产申请受理前，权利人因财产损失形成的债权属于普通债权；第二种情况，转让行为发生在破产申请受理后，权利人因财产损失形成的债权作为债务人的共益债务，在破产财产中随时清偿。权利人的损失并不完全依照违法转让的价格来直接确定。如果权利人对以该价格为其损失数额持有异议的，此时管理人有三种处理方式：第一，管理人与权利人协商确定损失数额；第二，由评估机构对转让财产进行估价；第三，权利人仍不满意的，通过诉讼方式解决。第二种类型，第三人在支付转让价款后，因不符合《民法典》第三百一十一条规定的三种情形之一而未取得所有权，且权利人已追回转让财产。《企业破产法》对权利人和第三人利益保护的方式一致：转让行为发生在破产申请受理前，第三人支付对价形成的债权，作为普通债权；转让行为发生在破产申请受理后，第三人支付对价而产生的债务，作为债务人的共益债务，随时清偿。

根据《企业破产法司法解释（二）》第三十条规定，给权利人造成损失，其损失的范围应当不仅为转让财产的原值，还应当包括权利人能够举证证明因财产转让给其造成转让价之外的其他损失，权利人可一并向管理人主张。根据《企业破产法司法解释（二）》第三十一条规定，第三人依法未取得财产所有权，其已支付对价可作为普通债权或共益债务，其损失不能狭隘地理解为第三人支付的对价，当然还包括因履行合同可以获得的可得利益损失，包括但不限于价款及利息损失。此外，权利人追回财产后，仍有损失的话，权利人可就该损失另行向管理人主张。该损失因转让行为发生在破产申请受理前的，作为普通债权清偿，发生在破产申请受理

后的，作为共益债务清偿。

（2）权利人财产被合法转让后，权利人利益的保护

如果债务人占有的财产符合《企业破产法司法解释（二）》第二十九条规定的两类财产，债务人可依法先行处理，处理后的变价款予以提存，权利人对变价款行使取回权。管理人可依法变现的两类财产：第一类是鲜活易腐的财产，比如海鲜、蔬菜、水果、植物、菌类、蚕种、乳制品及冷冻食品等；第二类是不及时变现价值将严重贬损的财产，比如在特定时间段售卖的商品，圣诞树、春联、国家纪念日的装饰品、礼品等，此类商品如不在特定时间段售卖，将严重影响其价值。因此，对这两类权利人财产，管理人可依法及时予以变现。

《民法典》第四百五十三条规定，留置权人留置的是债务人的鲜活易腐等不易保管的动产，留置权人依法可先行处理该类动产，可以不给债务人履行债务的期限。《民法典》第四百五十三条的规定比《企业破产法司法解释（二）》第二十九条的规定少了第二类合法处置的财产，如果债务人是留置权人，依法留置了权利人的第二类财产，根据特别法优于一般法的原则，管理人适用《企业破产法司法解释（二）》第二十九条之规定处置权利人财产并无不当，反而有利于权利人的利益。

《企业破产法司法解释（二）》第二十九条规定，权利人可就变价款行使取回权，变价款仅是权利人行使取回权的数额上限，因为管理人在变卖此类财产过程中会产生相关费用。根据《企业破产法司法解释（二）》第二十八条规定，权利人在行使取回权前，未依法向管理人支付相关费用，管理人有权拒绝权利人取回财产。当然，管理人可以就相关费用在变价款中予以抵扣，抵扣后的剩余变价款由权利人取回。

（3）所有权保留买卖合同下出卖人的取回权行使

出卖人行使取回权分为两种情形和四种类型。

第一种情形，出卖人破产时，分为两种类型。

第一种类型，出卖人管理人决定继续履行合同，但买受人存在未依约支付价款或者履行完毕其他义务，或者将标的物出卖、出质或者作出其他不当处分，给出卖人造成损害的事实，管理人仍可向买受人行使取回权。

受让人已经支付标的物总价款的75%以上或者第三人善意取得标的物所有权而未取回标的物的，出卖人依法可向买受人主张继续支付价款、履行完毕其他义务以及承担赔偿责任。

第二种类型，出卖人管理人决定解除合同，买受人应将标的物交付管理人，而其已支付的价款作为共益债务，随时清偿。

第二种情形，买受人破产时，也分为两种类型。

第一种类型，买受人管理人决定继续履行合同，合同约定买受人支付价款或者履行其他义务的期限在破产申请受理时视为提前到期，管理人应向出卖人支付价款或者履行其他义务。

买受人管理人存在无正当理由未及时支付价款或者履行完毕其他义务，或者将标的物出卖、出质或者作出其他不当处分，给出卖人造成损害的事实，出卖人可依据《民法典》第六百四十一条和第六百四十二条之规定行使取回权。买受人已支付标的物总价款的75%以上或者第三人善意取得标的物所有权的，出卖人不能据此行使取回权。

出卖人因此未取得标的物，而买受人未支付价款或者未履行完毕其他义务，以及买受人管理人将标的物出卖、出质或者作出其他不当处分导致出卖人产生损失，由此给债务人造成的债务作为共益债务向出卖人随时清偿。

第二种类型，买受人管理人决定解除合同，出卖人根据《企业破产法》第三十八条规定可行使破产取回权。管理人可向出卖人主张返还已付价款。

但同时，取回标的物价值明显减少给出卖人造成损失的，出卖人可从买受人已付价款中优先抵扣，抵扣后剩余价款返还给买受人。如已付价款不足以弥补出卖人损失，超出部分作为共益债务随时清偿。

（4）一般取回权的限制

第一，在重整期限内，法律限制权利人取回其财产。根据《企业破产法司法解释（二）》第四十条规定，限制权利人取回必须满足三个条件：其一，债务人进行的是破产重整程序，而非破产清算和破产和解；其二，债务人合法占有权利人财产，则表明债务人为有权占有而非无权占有；其三，权利人取回标的物不符合双方事先约定的条件。但管理人或自行管理财产和营业事务的债务人违反约定，可能导致取回物被转让、毁损、灭失或者价值明显减少，债务人即使满足前述三个条件，亦不能阻止权利人行使取回权。

第二，第三人善意取得。根据《民法典》第三百一十一条规定，第三人善意取得标的物必须符合该规定的三个条件：其一，受让人受让该不动产或者动产时是善意的；其二，以合理的价格转让；其三，转让的不动产或动产依照法律规定应当登记的已经登记，不需要登记的已经交付受让人。第三人受让债务人转让的标的物符合善意取得的条件，权利人则不能要求第三人返还标的物。

第三，债务人支付价款达到一定比例，可以阻却出卖人行使取回权。在所有权保留买卖合同中，根据《民法典》第六百四十二条第一款第（一）项规定，债务人未按照约定支付价款，经催告后在合理期限内仍未支付，权利人有权取回标的物。但是《最高人民法院关于审理买卖合同纠纷案件适用法律问题的解释》（2020 修正）第二十六条第一款对支付价款数额进行规定，限制出卖人取回标的物。买受人已支付标的物总价款的75%以上的，出卖人不能行使取回权。《企业破产法司法解释（二）》第三十五条第二款亦对此有相同规定。

2. 特别取回权的实体审查

特别取回权通常包括出卖人取回权、行纪人取回权和代偿物取回权。我国《企业破产法》第三十九条和《企业破产法司法解释（二）》第三十九条规定了出卖人取回权；《企业破产法司法解释（二）》第二十九条和第三十二条规定了代偿物取回权；我国《企业破产法》并未规定行纪人取回权，但行纪人取回权与出卖人取回权在理论基础和逻辑机理方面基本相同，故可参照出卖人取回权的理论和适用其相关法律规定，弥补行纪人取回权在法律适用方面的空白。

（1）出卖人取回权

法律设定出卖人取回权当然是为了合理保护出卖人的利益。根据《企业破产法》第三十九条和《企业破产法司法解释（二）》第三十九条规定，出卖人依据前述法条行使取回权必须符合四个条件。其一，时间条件，法院受理破产申请时。此处"法院受理破产申请时"应作有利于出卖人的解释，为债务人向法院提交破产申请材料时，而非法院制作破产申请受理民事裁定书落款日期时。因此，自债务人向法院提交材料之日起，出卖人就具备了行使出卖人取回权的时间条件。其二，标的物尚在运输途中，尚未交给债务人，动产所有权转移以交付为标志。如果标的物已经送达并交给债务人，出卖人原则上不能依据前述法律之规定行使取回权。原则上来说，一般取回权和特别取回权的法理基础是取回权标的物的所有权仍归属权利人。但是，出卖人取回权则存一例外，即便法律另有规定或当事人另有约定，标的物的所有权在交付之前提前转移，出卖人仍可依据前述法条行使取回权。其三，出卖人尚未收到全部价款。《企业破产法》第三十九条要求债务人在全款支付情况下，才能要求出卖人继续履行合同，未免过于严苛。在所有权保留买卖合同中，买受人支付的价款超过合同价款的75%以上，出卖人都无权行使取回权，何况在极端情况下，标的物所有权已提前转移且买受人已支付90%以上的价款，出卖人仍能行使取回权，由此对债务人来说显失公平。其四，在管理人未支付全部价款的事实下请求出卖人交付标的物。管理人支付了全部价款，才可以请求出卖人交付标的物。这里的支付全部价款是已经履行完成的事实，而不是管理人对出卖人的一个承诺或者担保。即使合同约定是分期付款，债务人已支付了首期款项都不行，必须提前支付完全额价款。

出卖人行使出卖人取回权的对象有两个：一个是管理人；另一个是承运人或者实际占有人。只要标的物在运输途中未交付债务人，出卖人就可以中止运输、返还货物、变更到达地，或者将货物交给其他收货人等方式要求承运人或者实际占有人予以协助配合取回标的物，或者向管理人主张取回在运途中的标的物，不管在交付之前就完成由出卖人控制，还是交付债务人后通过向管理人主张取回，出卖人仍能取回标的物。

在标的物运输途中，出卖人未以法定的方式向管理人、承运人或实际占有人提出阻止标的物交付债务人，标的物一旦交付债务人由债务人实际占有，出卖人原则上不应享有取回权。但法律另有规定或当事人有特别约定，在标的物交付债务人后，所有权仍归出卖人所有的，出卖人可依其他法律规定行使财产取回权。

（2）代偿物取回权

代偿物取回权，是指当取回权的标的财产被非法转让或灭失时，该财产的权利人有权取回转让其财产所得到的对待给付财产或补偿金。[①] 我国《企业破产法》未规定代偿取回权，由于代偿取回权对权利人有特殊的保护作用，《企业破产法司法解释（二）》第三十二条规定了权利人代偿取回权。

因为代偿物取回权和损害赔偿请求权在对权利人利益保护方面存在显著差别，权利人单单行使损害赔偿请求权并不足以维护其正当权益，所以代偿取回权与损害赔偿请求权作为权利人的两项重要权利一道维护其正当权益。《企业破产法司法解释（二）》第三十二条给予了权利人就标的物毁损、灭失而获得保险金、赔偿金和代偿物行使取回权，因为代偿取回权是物权行使的特殊方式，虽然标的物不存在，但因标的物毁损、灭失而转换成保险金、赔偿金和代偿物具有优先效力，属于权利人的财产，由其取回。而权利人主张损害赔偿请求权，则只能按破产债权根据实际的清偿率获得清偿，显然，权利人受到了损失，不利于权利人正当权益的维护。代偿取回权和损害赔偿请求权不存在权利上的竞合，权利人可以同时主张，在代偿财产不足以弥补其实际损失时，权利人可以向管理人主张损害赔偿，以损害赔偿数额向管理人申报债权。

代偿取回权的标的物不仅为特定物，也可以是种类物，不应作过多的限制。权利人能否行使代偿取回权不取决于是特定物还是种类物，关键是看代偿财产能否与债务人财产区分开来，是否产生混同。因为，两部分财产一旦混同，权利人就无法行使代偿取回权，反而只能以损害赔偿为由向管理人申报破产债权。

代偿取回权行使的三种形态。第一，破产申请受理前，债务人转让标的物而取得转让对价。权利人可以破产申请受理行使代偿取回权，如该对

---

① 王欣新：《破产法》（第4版），中国人民大学出版社，2019，第197页。

待给付财产与破产财产混同，则权利人仅就损害赔偿数额申报普通债权。如转让行为发生在破产申请受理前，但破产申请受理后，第三人仍未支付对价，权利人可向管理人请求将其对第三人的给付请求权转于其自己，权利人以该请求权为取回权之标的行使代偿取回权。此时，取回权标的既不是特定物也不是种类物，而是诉讼上的一种权利。第二，破产申请受理后，管理人或者相关人员转让权利人财产，因第三人善意取得财产所有权，权利人无法取回该财产。权利人可要求管理人转让其对第三人的请求权，以此来行使取回权。管理人取得转让款，该转让款未与债务人破产财产混同，权利人可就该转让款行使代偿取回权。如果已混同，权利人无法行使代偿取回权，债务人由此产生的债务可作为共益债务，向权利人随时清偿。第三，权利人财产因自然原因或第三人原因遭受毁损或灭失，由此获得的保险金或赔偿金，权利人可对此行使代偿取回权。如该代偿财产在破产受理前取得且已与债务人财产混同，则权利人仅能以损害赔偿数额申报债权。如在破产申请受理后取得且已与债务人财产混同，则该损失产生的债务作为债务人共益债务清偿。

此外，《企业破产法司法解释（二）》第四十条规定限制权利人对债务人合法占有其财产行使取回权。但权利人财产转化为对待给付财产，该代偿财产的取回不受该条限制，权利人可就该代偿财产行使取回权，管理人应予准许。

第五章　企业破产债权的核查程序

《企业破产法》第五十八条规定："依照本法第五十七条规定编制的债权表，应当提交第一次债权人会议核查。债务人、债权人对债权表记载的债权无异议的，由人民法院裁定确认。债务人、债权人对债权表记载的债权有异议的，可以向受理破产申请的人民法院提起诉讼。"由此可见，管理人审查的每一笔破产债权只有经过债务人、债权人、债权人会议核查无异议，才能提交人民法院裁定确认。具体核查程序，《企业破产法》并未作出明确规定，但在实践中，管理人已形成较为成熟的破产债权核查流程，只要严格执行，一般不会出现程序性疏漏。

第一节　债务人核查债权

笔者在承办破产案件时，都是先交由债务人核查债权，债务人核查无异议后，再通知债权人核查。在实践中，也有管理人先交由债权人核查债权，此种做法还是有欠考虑之处，因为如某笔债权已经由债权人核查无异议，债务人核查后对债权性质、金额提出确有证据证实的异议事实与理由，意味着债权性质、金额将予以调减，管理人不得不将债权审查结果二次通知债权人，并且需要反复解释债权审查结果调减的理由，极易引起债权人的反感与抵触，给债权人造成管理人三番四复的印象。

债务人核查债权虽然只是债权核查过程中的一道程序性事项，但要真正做到高效、不流于形式、有价值，还是需要有诸多注意事项的。

一　制作债权审查情况表

提交给债务人进行核查的债权审查情况表所记载的信息应当全面、规范，便于债务人各业务部门在核查债权时参考。债权审查情况表至少应当记载如下信息。

（1）序号

（2）债权人编号

（3）债权人名称

（4）档案号

（5）债权种类

（6）申报债权性质、申报本金、申报利息、申报诉讼费、申报其他、申报债权总额

（7）确认债权性质、确认本金、确认利息、确认诉讼费、确认其他、确认债权总额

（8）申报与确认差额

（9）债权人欠票金额

在债权审查情况表中设置该列，便于债务人业务部门核查债权人是否未开具或者未完全开具增值税发票。

（10）财务账面金额、审计意见

在债权审查情况表中设置该列，便于债务人财务部门审查债权时，二次核对管理人审查债权所依据的数据是否准确。

（11）审查意见

笔者在办理破产项目前期过程中，提交给债务人核查的债权表中并未记载该列，债务人的各部门拿到债权表后，根本无从得知债权审核结果是如何得出的，即便对金额有异议，连异议理由都无法填写，因为不知道管理人在债权确认金额中是否已经核减，最后造成了两种极端的局面：要么是无异议，要么是全有异议（但异议理由不详），导致债务人核查债权程序流于形式，起不到应有的作用。因此，在债权审查情况表中设置该列，可以详细向债务人展示债权审核结果的形成过程，便于债务人根据审查意

见辨别债权审核是否正确。

如某笔债权暂缓认定，管理人应当在此处列明暂缓认定的理由。

（12）审核律师、联系电话

在债权审查情况表中设置该列，当债务人各部门拿到债权审查情况表后，就遇到的问题可以随时与负责该笔破产债权的律师取得联系，并及时沟通、反馈。

附示范文本：

×××公司破产清算案债权审查情况表（债务人核查）

单位：元

序号	债权人编号	债权人名称	档案号	申报债权性质	债权种类	申报本金	申报利息	申报诉讼费
1	0078	孙××	0001	职工债权	职工工资	×××	×××	×××
2	0099	刘×	0002	普通债权	借贷	×××	×××	×××
3	0100	金××	0003	普通债权	借贷	×××	×××	×××

申报其他	申报债权总额	确认债权性质	确认本金	确认利息	确认诉讼费	确认其他	确认债权总额
0	×××	职工债权	×××	×××	×××	×××	×××
0	×××	普通债权	×××	×××	×××	×××	×××
0	×××	普通债权	×××	×××	×××	×××	×××

申报与确认差额	债权人欠票金额	财务账面金额	审计意见	审查意见	审核律师	联系电话
0	0	无记载	无记载	×××人民法院于××××年×月×日（××××）晋××××民初×××号民事判决书，判决债务人在判决书生效后10日内支付债权人工资×××元。如果未按本判决指定的期间履行给付金钱义务，应当依照《中华人民共和国民事诉讼法》第二百五十三条之规定，加倍支付迟延履行期间的债务利息。本判决书于××××年×月×日生效，债务人未按判决指定的期间履行给付金钱义务，申报人依法向××市人民法院申请强制执行，债务人应加倍支付债权人××××年×月×日至××××年×月×日期间的债务利息。即×××元×1.75÷10000×181天=×××元。	×××	157×××××××××

续表

申报与确认差额	债权人欠票金额	财务账面金额	审计意见	审查意见	审核律师	联系电话
0	0	×××	×××	×××人民法院于××××年×月×日作出（××××）晋×××民初××××号民事调解书，调解内容：债务人于××××年×月×日之前一次性支付债权人借款本金×××元及借款利息×××元。债权人申报借款本金×××元，依调解书予以认定；申报利息×××元，依调解书予以认定；故债权总额确认为：×××元+×××元＝×××元。	×××	132××××××××
0	0	无记载	无记载	债权人提交4张通用机打发票共计×××元，并由债务人出具欠条1张，证明其向债务人履行供货义务，审计核实已记账，未付款，故对申报债权予以认定。	×××	137××××××××

二 向债务人送达债权审查情况表

如何向债务人有效送达债权审查情况表，在实践中难度颇大，需要管理人谨慎考虑。

以笔者办理的某集团关联公司合并破产重整案为例，笔者曾遇到以下问题：实际控制人对该集团公司及其关联公司的业务往来尤其是大额资金往来最了解，但其却因涉嫌刑事犯罪被异地关押，管理人无法直接向其送达债权审查情况表；该集团公司及其关联公司历史欠账很多，部分破产债权只有业务经办部门与财务部门相互配合，才能有效提出异议，管理人如何才能将债权审查情况表送至这些部门，各个部门如何衔接配合考验着管理人的智慧；向法定代表人送达债权审查情况表最为"省事"，但该集团公司及其关联公司的部分法定代表人已更换多次，新的法定代表人对债务人的原债务完全不了解，向其送达债权审查情况表并无太大意义。

针对上述问题，笔者经与人民法院、债务人反复协商，确定了如下送达方案：向人民法院提交协助送达申请书，由人民法院通过司法送达的方式向实际控制人送达债权审查情况表；由该集团公司及其关联公司分别出具授权委托书，指定代理人负责接收债权审查情况表，在其代理人权限中写明由其代为向财务部门、业务部门等相关部门负责人转送债权审查情况表，并代为提出债务人异议等。另由债务人出具送达地址确认书，如代理人因路途遥远等原因无法及时领取债权审查情况表，管理人可采取邮寄方式向其送达，由管理人制作送达回证，便于代理人签收。

需要注意的是因为债务人内部有多个核查主体，为做到破产债权涉及的相关部门"人手一份"，管理人应当制作几份债权审查情况表（至少三份）向每位债务人送达。管理人应将债务人出具的授权委托书、送达地址及联系方式确认书、送达回证、快递单等资料存档备查，防止日后债务人为推卸责任，挑管理人毛病。

附示范文本：

授权委托书

委托人：×××有限公司，住所地：××市××路××号××小区×号楼×单元×室，统一社会信用代码：914602006651×××××。

法定代表人：张×× 董事长兼总经理

受托人：×××，男，汉族，××××年×月×日出生，户籍地：××市××路××号××小区×号楼×单元×室，身份证号码：142401197007××××××。

委托事项：

委托人委托受托人代为签收某集团32家公司合并重整案债权表，代为向财务部门、业务部门等相关部门负责人转送债权表，代为核查债权，代为提出异议，代为参与听证等一切与核查确认破产债权有关的事项。

特此委托

委托人：×××有限公司

×××年×月×日

债务人联系地址及联系方式确认书

债务人（法定代表人或其他负责人）	
债务人联系地址及联系方式	联系地址： 邮编： 联系人： 电话（移动电话）： 其他联系方式：
债务人对联系地址及联系方式的确认	本人（单位）保证提供的上述联系地址及联系方式真实有效，若有误则愿意承担因材料无法送达等产生的一切法律后果。 债务人（签名或盖章）：＿＿＿＿＿＿＿ 　　　　　　　　　　　　　　年　　月　　日
备注	

协助送达债权表的申请书

××市中级人民法院：

因×××涉嫌刑事犯罪现羁押于××市看守所，×××有限公司管理人无法向其送达《×××有限公司等×家公司重整债权审查情况债权表》，特此请求贵院协助×××有限公司管理人向×××送达该债权审查情况表。

特此申请

×××有限公司管理人

×××年×月×日

送达回证

文书名称	《×××有限公司等×家公司重整债权审查情况表》
受送达人	×××
送达日期	××××年×月×日
送达地点	××省××市×县××路×号×××酒店×楼×会议室
送达人	×××有限公司管理人
受送达人	法定代表人或授权代表人
备注	1. 根据《中华人民共和国企业破产法》第五十八条第二款之规定，×××有限公司管理人现将《×××有限公司等×家公司重整债权审查情况表》交由你公司核查，如对债权表上记载的债权有异议，请你公司在十五日内向管理人提交书面异议材料。 2. 请你公司法定代表人或授权代表人在送达回证上签字按捺手印，并将所附债权审查情况表按捺手印。

三 债务人异议期间

管理人给予债务人异议的时间应为几日，在实践中颇有争议。在笔者办理的某集团关联公司合并破产重整案中，管理人限定债务人应当自收到债权审查情况表之日起七日内提出异议，但某部门负责人反映时间太短，根本无法完成每笔破产债权的核查，并最终将意见反馈至本案管辖法院，人民法院又指令管理人延长异议期间至十五日。因此，这里的异议期间不能一概而论，应当由管理人根据破产债权的笔数、金额、性质等综合确定，异议期间应当参照《民事诉讼法》的有关规定，在七日以上十五日以下取数。

四 债务人异议的提出

债务人异议应当以书面的方式提出，并且详细说明理由及法律依据，如有相关证据应当提供复印件，必要时由管理人核对原件。

"凡有原则，必有例外。"在破产案件办理过程中，管理人一般会要求债务人以书面方式提出异议，要求债务人填写管理人制作的《债权异议表》，而不受理口头异议。对此，笔者有不同意见。一方面我国《企业破产法》未明确将债务人提出异议的方式限定于书面方式，管理人单方制定的债务核查规则将异议方式限定为书面缺乏法律依据；另一方面，破产案件中部分自然人债务人往往文化程度较低、多未受过法学教育，加之上文所述的异议时间仓促，可能一时无法很好地组织语言进行表述，如果不允许其通过口头方式提出异议，既是对其异议权的不当限制，也会导致其提交的书面异议材料与真实意思有所偏差，给管理人的工作造成困扰。故债务人的异议方式不应仅限于书面，宜参照起诉制度，以书面为原则，以口头为例外，债务人以口头方式向管理人提出的，管理人应予以记录，并在规定期间内予以处理。①

附示范文本：

债权异议表（债务人）

异议人名称		联系方式	

异议人对管理人认定的编号为_____，债权人名称为_____的破产债权审查结果有异议，理由及法律依据如下：

异议人或者授权代表人：_____

时间：_____年_____月_____日

备注：

证据如下：

---

① 冯坚、王鹏权、范平淹：《破产债权确认程序若干问题探讨——法院裁定确认债权后债权人救济途径的发掘》，搜狐网，https://m.sohu.com/a/333401527_100015913，最后访问日期：2021 年 12 月 21 日。

五 管理人出具复核结果通知书

债务人提出书面异议后，管理人应当再次审查该笔破产债权，并就复查结果向债务人出具书面通知书，对债务人异议成立与否进行说明。如果成立，则管理人对债权性质、金额进行调整；如果不成立，则详细说明不成立理由，并告知其有权向人民法院提起债权确认之诉或者向仲裁委员会申请仲裁。

附示范文本：

债权审查复核结果通知书

————————：

（编号：×××××）

您/贵司在异议期内向×××有限公司管理人（以下简称"管理人"）提交的书面异议表已收悉。管理人对您/贵司的异议进行了审查，对债权审查结果进行了复核，现将复核结果告知如下：

经管理人审查，您向管理人提交的代偿证明及××××银行转账凭证所反映的情况属实，您于××××年×月×日为债务人×××有限公司向债权人×××代偿×××万元，应从管理人已审查认定的债权金额中核减×××万元，您的异议成立。

核减后，债权人×××（债权编号为×××××）的债权确认为：本金为【×××】元、利息为【×××】元、诉讼费为【×××】元、其他为【×××】元、债权总额为【×××】元、债权性质为【普通债权】、债权编号为【×××××】。

若您/贵司对上述复核结果仍有异议，可在债权人会议核查债权结束后十五日内向××市中级人民法院提起债权确认之诉，在破产申请受理前与该债权人订立仲裁条款或仲裁协议的，应当向选定的仲裁机构申请确认债权债务关系，逾期不起诉或者申请仲裁的，管理人将按无争议债权处理，提请××市中级人民法院裁定确认。

　　特此通知

××××公司管理人

××××年×月×日

　　根据《企业破产法司法解释（三）》第八条、第九条的有关规定，债务人、债权人应当在债权人会议核查结束后十五日内向人民法院提起债权确认的诉讼，当事人之间在破产申请受理前订立仲裁条款或仲裁协议的，应当向选定的仲裁机构申请确认债权债务关系，债务人对债权表记载的债权有异议向人民法院提起诉讼的，应将被异议债权人列为被告。

　　这里的"十五日"是属于诉讼时效期间还是除斥期间，在实践中存在不小的争议。部分管理人或者人民法院为了"压缩"债权人提起诉讼或者仲裁的"空间"，控制破产债权确认纠纷案件的数量，在债权人会议上以及在给债权人、债务人进行答疑时，告知其必须在十五日内提起诉讼或者仲裁，否则诉权即消灭，事后不再有任何救济途径了。在上诉人某建筑工程地质勘察有限公司与被上诉人某投资管理有限公司破产债权确认纠纷一案[①]中，四川省遂宁市中级人民法院认为："异议人对债权登记表记载的债权提出异议的法定期间，即破产债权确认之诉应在合理期限内进行，因为如果异议人迟迟不向人民法院提起诉讼，受异议的破产债权势必处于尚未确定的状态，不利于破产程序的推进，势必影响整个破产程序的进行。据此可以得知，前述规定中的十五日期间应为法定除斥期间，不因任何事由而中止、中断或者延长，超过规定的十五日法定期间提起债权确认诉讼的，人民法院应不予受理。本案中，上诉人在收到管理人作出的《债权复审结论通知书》后，虽然在十五日内向法院提起了诉讼，但该案已经因其未交纳案件受理费而按撤诉处理，其提起该次诉讼并不能发生诉讼时效的中断。上诉人再次提起本案诉讼，使广大债权人、债务人的权利处于不确定状态，极大影响了破产程序对僵化

---

　　① 四川省遂宁市中级人民法院民事裁定书，（2019）川09民终1156号。

资源利益的再次优化配置作用的发挥，也已经超过了十五日的法定期间，本案不符合受理条件，故不应对上诉人是否享有债权进行实体审理。为防止债务人提起债权确认之诉的随意性和无期限性，一审法院驳回××公司的起诉并无不当。"

笔者对此观点有不同看法，这里的"十五日"期间应理解为"与企业破产法债权申报期限相同性质的附不利后果承担的引导性规定"，而非与诉讼时效（等同于除斥期间的法律后果）制度相一致的效力性规定。首先，本条法律规定并未明确该"十五日"期间的性质，管理人运用法律解释得出的肯定性的结论都是能够轻易被推翻的。其次，本条法律规定自债权人会议核查结束后十五日内起诉或者仲裁，本就使得异议人准备时间不足，容易变相剥夺诉权。以债权人会议核查债权结束后，债权人对他人的债权提出异议为例（下文详述）。第一，债权人需要向管理人了解他人的债权审查结论形成过程；第二，如债权人认为管理人审查的结果确有错误，债权人还需收集证据；第三，债权人需向管理人提出书面的异议以及证据材料；第四，管理人需进一步核查，向其送达复核结果通知书；第五，债权人如对复核结果仍有异议，还需准备起诉状等资料向人民法院提起诉讼。如此流程走下来，如果扣除文书转递的在途时间，要走完每个步骤几乎是不可能的，这无疑难以保障异议人的诉权。最后，如将该期间理解为诉讼时效，则暂缓认定的、未申报的债权人的诉权无法得到保障。管理人对债权确认的分类还可能有暂缓认定类债权，债权人会议结束后补充申报的债权，如管理人最终不予认定该部分债权，则异议人如提起债权确认诉讼必然会晚于上述期间。故在该规定性质的理解上，不能只考虑管理人或法院的工作效率与便利，不考虑债权人权利的维护及规定的可操作性。否则既不合法理，也不符合法律规定可能合理存在的本意，且会损害异议人的法定权利，并因漏洞百出而无法公正实施。因此，在实践中，如果异议人的异议经管理人调整或者解释后仍然不服的，在上述期间之后，异议人仍然可以向人民法院提起诉讼或者向仲裁委员会提起仲裁。

但需注意的是，异议人提起诉讼的时间应该在人民法院裁定债权表之前，债权表一经人民法院裁定确认，异议人即不得再向人民法院提起诉讼，否则即违反了"一事不再理"的原则。在上诉人某钢绳有限公司与被上诉人某化工有限责任公司破产撤销权纠纷一案①中，江苏省南通市中级人民法院认为，"一审法院作出的××公司的债权确认裁定对沈某某的 35 万元债权进行了确认，该裁定已发生法律效力。现××公司就沈××的该 35 万元债权提起本案诉讼，违反一事不再理原则，一审裁定驳回其起诉并无不当"。在笔者办理的原告某农村信用合作联社与被告某焦化有限责任公司、某煤化有限公司保证合同纠纷一案②中，山西省吕梁市中级人民法院也持此观点。

也有一种观点认为，债权人会议核查结束后十五日是指"管理人针对债权人异议作出解释或者作出是否调整决定后的次日"，即认为管理人对债权人异议的处理系债权人会议核查债权的延伸，债权人会议核查结束后不应当狭义地理解为债权人会议召开之后。理由如下：债权人通常是在债权人会议上才能看到管理人编制的债权表（通常不罗列债权审查意见），债权人对他人的债权提出异议，要先与管理人联系，获知债权审查结论的形成原因，并有针对性地收集证据，提出异议理由。管理人收到债权人的异议、证据及法律依据后，需要及时审查，并与债权人、债务人进行核实，必要时可能还需要调取新的证据等，之后才能给予债权人解释或者决定债权是否调整。在管理人作出解释或者在管理人作出是否调整的决定后，债权人仍有异议并决定提起确认债权诉讼的，债权人应当针对管理人的解释或者是否调整的决定，准备相应的起诉文件和材料，这同样也需要时间。因此，即便不考虑债权人与管理人之间文件来往送达的邮寄时间，从债权人会议召开后的次日起算十五日期间，既不现实，也有违常理，给债权人一种法律故意为其行使权利设置障碍的感觉。如果必须如此，则有可能将通过一定时间沟通本可以解释清楚或者稍作调整即可解决的纷争，因为没有时间而不适当地导向诉讼，或者因为超过十五日期间不能起诉而

① 江苏省南通市中级人民法院民事裁定书，（2020）苏 06 民终 1558 号。
② 山西省吕梁市中级人民法院民事裁定书，（2016）晋 11 民初 137 号。

留下纷争隐患。

综上，如果债权人会议核查结束之日，指的是管理人针对债权人异议作出解释或者作出是否调整决定后的次日，则较为合理。在上诉人沈某某、林某某破产债权确认纠纷一案①中，浙江省衢州市中级人民法院认为，"《最高人民法院关于适用〈中华人民共和国企业破产法〉若干问题的规定（三）》第八条规定了提起债权确认诉讼的期限，其立法目的在于兼顾好对异议人权利的保护和及时推进破产案件进程的关系。本案中，上诉人起诉时间虽超过某建材公司第一次债权人会议结束后十五日，但并未超过某建材公司管理人为推进该破产案件进程所作出的《债权核查异议书复函》中列明的收到复核结论通知书之日起十五日，本案应继续审理为宜"，据此撤销了原一审判决书。

该法律规定对债权确认之诉在司法实践中存在的诸多问题进行了回应，如约定仲裁条款或者协议在债权确认纠纷中同样适用、将被异议债权人列为被告或者被申请人等，但该法律规定将债务人提起债权确认诉讼或者仲裁的时间限定在债权人会议核查结束后十五日内，则是一把"双刃剑"。一方面，可以将与债权确认有关的仲裁或者诉讼集中受理，便于人民法院或者仲裁委员会集中、批量审理；另一方面，如部分债权人在债权人会议召开后，向人民法院申报债权，并由债务人提出异议，提起债权确认诉讼或者仲裁，根据该法律规定，则意味着债务人只能等待下次债权人会议召开，无法再及时行使权利，如果根据破产案件的进展，不再召开债权人会议，则意味着债务人的该项权利将得不到有效保障，反而会阻碍破产程序的推进。

关于谁有权代表债务人提出异议以及债权确认之诉，在实践中争议很大。《北京市高级人民法院企业破产案件审理规程》第一百七十三条第二款规定："债务人是否有异议的意思表示，由债务人的原法定代表人作出。债务人的原法定代表人未参加债权人会议，亦未委托代理人参加债权人会议的，视为债务人无异议。"债务人的原法定代表人有权代表债务人提出

---

① 浙江省衢州市中级人民法院民事裁定书，（2019）浙 08 民终 1283 号。

异议能够得到大家的一致认可，但是对于债务人有异议的意思表示，是否一定得由原法定代表人作出，其他利害关系人如实际控制人、股东、董事、监事、高管等能否代债务人提出异议，并向人民法院提起诉讼。对于这些问题，实务中有不少有益的探索，如《四川省高级人民法院关于审理破产案件若干问题的解答》（川高法〔2019〕90号）第四条第九款规定，"如债务人以自己的名义提起诉讼存在障碍，可根据案件具体情况，允许债务人的法定代表人、股东、出资人、董事、监事等代为行使债务人权利，以自己的名义代表债务人提起破产债权确认诉讼，胜诉利益归于债务人，此时，应将被异议债权人列为被告，管理人列为第三人，案件受理费应在债务人财产之外由起诉主体自行筹措向人民法院预先缴纳"。此项规定，明确了债务人的法定代表人、股东、出资人、董事、监事等，可以以自己名义代表债务人提起破产债权确认诉讼。同理，债务人的法定代表人、股东、出资人、董事、监事等，应当也可以自己名义代表债务人对管理人编制的债权表记载的债权提出异议。四川省高级人民法院的规定符合《企业破产法》平等保护的精神，有法律基础，体现了司法智慧，值得借鉴。

债务人异议权的行使是为了核减破产债权金额、降低破产债权清偿顺位，有利于维护全体债权人的合法权益，也是协助管理人发现错误债权认定的一个过程，在人民法院赋予争议债权人临时表决权、已建立财产分配提存制度的情况下，也不会影响争议债权人的权利行使以及财产分配，不影响破产程序的整体推进，值得保障债务人的该项权利。笔者在办理破产案件时均允许债务人的法定代表人、股东、出资人、董事、监事、高管和实际控制人向管理人提出异议，并一一进行回复，且赋予其代表债务人向人民法院提起破产债权确认诉讼的权利。因此，与债务人有利害关系的法定代表人、股东、出资人、董事、监事、高管和实际控制人等相关人员，都应当有权向管理人提出异议，并在管理人不予接受异议情形下有权提起债权确认诉讼。①

在浙江某海运有限公司、上海某实业有限公司普通破产债权确认纠纷二审案②中，浙江省台州市中级人民法院认为："破产债权确认关系到破产企业的切身利益，其享有对债权表记载的债权提出异议的权利，可以对异议债权提起破产债权确认诉讼。但是，企业在进入破产程序后，对外诉讼通常由管理人代表企业提起，而在破产债权确认诉讼中，破产企业是针对管理人审查的债权提出异议，由管理人继续代表破产企业进行诉讼，存在利益冲突，无法真实反映破产企业的真实诉求，而破产企业的内部机构在破产程序中处于非正常状态，通常会出现无法代表破产企业正常行使权利，提起破产债权确认诉讼的情形，此时，公司股东采取股东代表诉讼的模式提起诉讼，符合法律规定。在本案中，某船业公司已经进入破产程序，且公司其他股东均系涉讼协议当事人，与本案有直接利害关系，公司已经无法正常行使权利，提起破产债权确认诉讼，此时，某船业公司作为持有某海运公司47%股权的股东，以自己名义提起诉讼，符合法律关于股东代表诉讼的规定，原审法院对本案裁定驳回起诉存有不当，应予纠正。此外，在股东代表诉讼中，应当根据争议的法律关系性质和当事人的诉讼请求确定案由，并追加某船业公司作为第三人参加诉讼。"

第二节　债权人核查

债权人核查自己的债权后提出异议在实践中最为常见，因为关切到债权人的切身利益。管理人在文书制作、异议流程、诉讼程序等方面应当考虑周全，从而充分保障债权人的异议权，如处理失当，极易激化矛盾。

---

① 韩传华：《债务人实际控制人有权提债权异议与诉讼吗？》，《破产法快讯》2019 年 11 月 12 日。

② 浙江省台州市中级人民法院二审民事判决书，（2020）浙 10 民终 1603 号。

一　制作债权审查结果通知书

债权审查结果通知书应当简明、扼要地载明主要内容，切不可出现模棱两可、无中生有的词汇，给债权人造成歧义。债权审查结果通知书应记载如下内容。

（1）债权人名称/编号

（2）债权编号

（3）申报债权性质、申报本金、申报利息、申报诉讼费、申报其他、申报债权总额

（4）确认债权性质、确认本金、确认利息、确认诉讼费、确认其他、确认债权总额

（5）申报与确认不一致理由

（6）暂缓认定的债权应当说明理由

管理人认定的债权审查结果与债权人申报的债权性质、金额不一致的，应当在债权审查结果通知书中予以说明债权不成立或者产生相关差异的原因，这样债权人才能知晓管理人的债权审查依据，有针对性地提出异议、寻找相关证据。

（7）异议期间

申报债权金额、性质与确认债权金额、性质一致的债权人自然不会提出异议。债权人在债权申报阶段已对与破产债权有关的证据材料进行过系统的整理，管理人在债权审核过程中也会与各债权人进行反复沟通，要求其补充提交证据，管理人向申报与确认不一致的债权人下达债权审查结果通知书后，其在证据收集上并不需要留足过长时间，因此，异议期间不宜太长，笔者认为异议期间定为七天即可。

（8）异议资料提交地点、联系人

附示范文本：

债权审查结果通知书

×××（编号：　）：

在××市中级人民法院确定的债权申报期限内，您/贵司向×××有限公司管理人（以下简称"管理人"）申报本金为【×××】元、申报利息为【×××】元、申报诉讼费为【×××】元、申报其他为【×××】元、申报债权总额为【×××】元、申报债权性质为【普通债权】、债权编号为【××××】。经管理人审查，您/贵司申报的债权初步确认如下：

本金为【×××】元、利息为【×××】元、诉讼费为【×××】元、其他为【×××】元、债权总额为【×××】元、债权性质为【普通债权】、债权编号为【××××】。

根据《中华人民共和国企业破产法》第五十八条之规定，管理人编制的债权表应当提交债权人会议核查，并在其他债权人及债务人无异议后，最终由人民法院裁定确认，因此您/贵司的债权会因其他债权人及债务人提出异议而更改，您/贵司享有的债权最终将以××市中级人民法院裁定确认的债权表的记载为准。

如您/贵司对上述债权审查结果有异议，请您/贵司在收到本通知书之日起七日内向管理人提交书面的异议书（详见附件），逾期未反馈的，视为您/贵司已认可管理人的债权审查结果。

管理人通信地址：××省××市××区××街×号×××综合办公楼×层××××室；邮政编码：××××××；联系人：张××；联系电话：××××××××××。

特此通知

×××有限公司管理人

××××年×月×日

二 债权人异议表

债权人异议表与债务人异议表并无区别，下附示范文本：

债权人异议表

异议人名称		债权人编号	

异议人对管理人认定的债权编号为_____的破产债权审查结果有异议，理由及法律依据如下：

异议人或者授权代表人：_____

时间：_____年___月___日

备注：

证据如下：

三 向债权人送达债权审查结果通知书

管理人应当按照债权人提交的债权申报人地址及联系方式确认书确定的送达方式、送达地址及联系方式向债权人送达债权审查结果通知书及债权人异议表。

四 管理人出具债权审查复核结果通知书

这里的债权审查复核结果通知书与管理人向债务人出具的基本一致，下附示范文本：

债权审查复核结果通知书

××（编号：×××××）：

您在异议期内向×××有限公司管理人（以下简称"管理人"）提交的书面异议表已收悉。管理人对您的异议进行了审查，对债权审查结果进行了复核，现将复核结果告知如下：

经管理人审查，根据您的陈述，×××有限公司向您借款×××万元，为保障×××有限公司履行还款义务，您从其他股东处受让其持有×××有限公司××%的股权只是作为担保，实际您对×××有限公司仍享有债权，但您并未提交书面的担保合同予以证明。

现有证据证实：自××××年×月×日起，您已接管该公司营业执照、公章、财务章、合同专用章、土地使用证等，且该公司对外签订的合同或者需要加盖印章的文件由您审批，您已实际行使股东权利，您与其他股东达成了以股抵债的合意且实际履行，并办理了工商变更登记，您的债权已经消灭，为避免"双重受偿"，故对您申报的债权不予确认。

故您的债权确认为：本金为【×××】元、利息为【×××】元、诉讼费为【×××】元、其他为【×××】元、债权总额为【×××】元、债权性质【不确认】、档案号为【×××】。

若您对上述复核结果仍有异议，可在债权人会议核查债权结束后十五日内向××市中级人民法院提起债权确认之诉，在破产申请受理前与债务人订立仲裁条款或仲裁协议的，应当向选定的仲裁机构申请确认债权债务关系，逾期不起诉或者申请仲裁的，管理人将按无争议债权处理，提请××市中级人民法院裁定确认。

特此通知

×××有限公司管理人

××××年×月×日

五　债权确认纠纷

根据《企业破产法司法解释（三）》第八条、第九条的有关规定，债权人对债权表记载的本人债权有异议的，应将债务人列为被告，其他程序性事项与债务人提起债权确认诉讼或者仲裁一致。

另一个在实践中颇有争议的问题是，债权人对债权表记载的债权有异议的，是否可以不经向管理人提出异议程序而直接向人民法院提起诉讼。一方面，上述法律已进一步明确"债务人、债权人对债权表记载的债权有异议的，应当说明理由和法律依据。经管理人解释或调整后，异议人仍然不服的，或者管理人不予解释或调整的，异议人向人民法院提起债权确认的诉讼"；另一方面，从节约成本、提高效率的角度考虑，债务人、债权人先行向管理人提出异议，经过管理人耐心解释债权审查结果的形成过程、法律及事实依据，并合理回复，绝大部分债权人是能够预测出提起诉讼的法律后果，以及提起诉讼所需支出的成本，一般都会选择接受现有结果。这样可以减少当事人、管理人、法院对破产债权的审查工作量，提高破产案件的审判工作效率。

笔者所办理的破产项目都采取了这种方式，管理人提前与管辖法院沟通，在登记立案时，人民法院会要求债权人、债务人出具管理人制作的债权审查复核结果通知书作为提起诉讼的证据材料，如果债务人、债权人在未取得债权审查复核结果通知书的情况下，即提起诉讼，则人民法院不予受理，并告知债权人、债务人先向管理人提出异议。

在原告孙某某与被告某房地产开发有限责任公司普通破产债权确认纠纷一案①中,贵州省安顺市中级人民法院认为,"孙某某对债权表记载债权的异议只有经管理人解释或调整后,其仍然不服或者管理人不予解释或调整的,孙某某才能提起普通破产债权确认之诉,现孙某某请求本院确认其对某公司享有14104800元金钱债权之前,并未就该金钱债权向某公司管理人申报,故本案不符合普通破产债权确认之诉的起诉条件,应予驳回起诉"。

破产债权确认之诉中,人民法院是按件收取诉讼费,还是按争议债权金额收取诉讼费,在司法实践中处理不一。

提起债权确认之诉要么是对债权金额有异议,要么是对债权性质有异议,无论是关于何种争议,笔者经检索中国裁判文书网发现,绝大部分人民法院均按照债权金额收取诉讼费,只有少部分人民法院按照"非财产案件"收取50元到100元不等的诉讼费。在上诉人佘某某与被上诉人某水力发电有限责任公司普通破产债权确认纠纷一案②中,陕西省岚皋县人民法院收取案件受理费100元;在原告某化工有限公司与被告某食品有限公司破产管理人普通破产债权确认纠纷一案③中,山东省沂水县人民法院收取案件受理费50元;在原告蒋某某与被告贵州省某水泥有限公司普通破产债权确认纠纷一案④中,贵州省桐梓县人民法院收取案件受理费30元。

关于破产债权确认之诉应按照何种标准收取诉讼费至今仍没有相应的法律规定。王欣新教授在其撰写的《破产债权争议诉讼的性质与收费标准》一文中指出,破产债权确认纠纷是确认之诉,应按件收取案件收费,其理由是:"对破产债权争议诉讼按照给付之诉收费(包括变通性的收费)是不妥的。第一,不符合法理,不符合诉讼的实际法律性质。第二,不能合理地适应实际情况。在破产程序中,破产债权通常是得不到足额清偿的,甚至可能得不到清偿。对破产债权争议诉讼以债权的名义债额为标准

---

① 贵州省安顺市中级人民法院民事裁定书,(2019)黔04民初139号。
② 陕西省安康市中级人民法院民事判决书,(2020)陕09民终152号。
③ 山东省沂水县人民法院民事判决书,(2018)鲁1323民初3860号。
④ 贵州省桐梓县人民法院民事判决书,(2019)黔0322民初63号。

按照给付之诉收费，会造成诉讼当事人过重的负担，甚至出现诉讼收费数额超过债权人可能得到的破产分配额的不合理现象，从而压抑当事人维护权利的行为，损害其诉权。虽然有些法院也认识到这一问题，采取诸如减半收费等变通性措施以减轻诉讼费用负担，但由于其基础仍是建立在给付之诉收费标准之上，故无法从根本上合理解决问题。第三，破产程序本就是一个对全体债权人的集体清偿给付程序，这一给付程序的进行已经依法向全体债权人收取了相应费用，即从用于对债权人清偿的破产财产中支付的破产费用。《企业破产法》第四十一条明确规定：'人民法院受理破产申请后发生的下列费用，为破产费用：（一）破产案件的诉讼费用；（二）管理、变价和分配债务人财产的费用；（三）管理人执行职务的费用、报酬和聘用工作人员的费用。'如对破产债权争议诉讼再按照给付之诉收费，就构成对同一给付行为重复收费了，显然是错误的。"①

《北京市高级人民法院企业破产案件审理规程》第一百七十五条规定："（异议债权确认诉讼的诉讼费）异议债权确认诉讼的案件受理费按照《诉讼费用交纳办法》规定的财产案件受理费标准收取。对债权数额无异议，但对债权的清偿顺序或者是否具有优先权有争议而提起的诉讼，应按照争议涉及的金额计算案件受理费。"《浙江省高级人民法院关于统一破产债权确认纠纷案件受理费标准相关事宜的通知》第一条规定："破产程序中破产债权确认纠纷案件，应当依照最高人民法院《关于适用〈中华人民共和国民事诉讼法〉的解释》第二百条规定，按照财产案件标准交纳诉讼费。劳动争议案件除外。"这其实也确定了按照债权金额收取案件受理费的标准。

笔者认为，破产案件一般涉及的债权人数量较多，他们情绪波动大，利益损失较重，如破产债权确认纠纷按件来收取诉讼费，可能会导致债权人滥用诉权，形成"赌气"式诉讼，一审结束后还要提起上诉（笔者办理的一起职工债权确认诉讼纠纷，历经一审、二审、再审，到最终结案耗时五年之久），致使破产债权始终处于不确定的状况，严重拖延管理人工作，浪费宝贵的司法资源，甚至影响战略投资人的招募等。如果债权确认诉讼

① 详见《人民法院报》2014 年 7 月 16 日，第 7 版。

案件按所涉及的债权金额收费，债权人考虑诉讼成本，则会倒逼其理性选择是否提起诉讼，绝大部分债权人在管理人的充分解释和说明的前提下，一般均会选择放弃诉讼，如管理人债权审查的结论确有争议，反而管理人应当建议债权人提起诉讼。

第三节　债权人会议核查

实践中，不乏债务人股东在通过与第三人串通虚构破产债权来达到"逃债"目的之后，重新接收重整后的公司，但是这种虚假债权单靠管理人在债权人申报时进行审查的方式往往很难监督到位。如果通过其他债权人提异议的方式进行监督，那么债权人为了自身利益会更加尽责，从某种角度来说这样的法律制度设置也是对虚假债权申报现象的一种遏止，而遏止虚假债权的结果就是破产债权变少，在资不抵债的情况下，真正的债权人就可以根据债务人的实际资产状况获得更高的清偿率，这也体现了对债权人权益的保护。

《企业破产法》第六十一条第（一）项规定赋予债权人会议行使核查债权的权利。另根据《企业破产法》第五十七条、第五十八条之规定，管理人编制的债权表应当提交第一次债权人会议核查。如果说前面两节解决的是债权人、债务人核查债权的话，那么本节要解决的就是其他债权人核查债权的问题。

因此，在第一次债权人会议召开前，管理人即应完成债权审查，并编制供债权人会议核查的债权表，因特殊情况未完成债权审查和债权表编制的，应当向债权人会议作出书面说明。

一　债权人会议核查债权表的编制

管理人应当根据经债权人、债务人异议之后的债权审查结果来编制供债权人会议核查的债权表，该债权表应当记载以下各项。

（1）序号

（2）债权人编号

（3）债权人名称

（4）档案号

（5）申报债权性质、申报本金、申报利息、申报诉讼费、申报其他、申报债权总额

（6）确认债权性质、确认本金、确认利息、确认诉讼费、确认其他、确认债权总额

附示范文本：

×××有限公司破产清算案债权表

单位：元

序号	债权人编号	债权人名称	档案号	申报债权性质	申报本金	申报利息	申报诉讼费	申报其他
1	××××	×××	0001	税款债权	×××	×××	×××	×××
2	××××	×××	0002	普通债权	×××	×××	×××	×××
3	××××	×××	0003	担保债权	×××	×××	×××	×××

申报债权总额	确认债权性质	确认本金	确认利息	确认诉讼费	确认其他	确认债权总额
×××	税款债权	×××	×××	×××	×××	×××
×××	普通债权	×××	×××	×××	×××	×××
×××	担保债权	×××	×××	×××	×××	×××

需要注意的是暂缓认定的债权和不予认定的债权也应当编制入债权表，一并提交债权人会议，这样可以保证债权表的完整性，保障其他债权人的知情权，也是管理人在削减债务方面工作成果的集中体现。

如条件允许的话，应该在上述债权表中增设"审查意见"列，正如前文所述，其他债权人拿到债权表后，根本无从知晓债权审核结果是如何得出的，无从提出异议，其他债权人的异议权得不到有效保障。笔者所办理的破产案件笔数均较多，部分债权审查意见篇幅很长，如全部打印装订出来，页数将长达上万页，显然不具有可操作性，因此，没有加入"审查意见"列。

二　其他债权人核查债权的程序

（一）管理人关于破产债权的工作报告

债权人会议是破产案件信息披露最重要的平台，管理人在债权人会议上作执行职务工作报告，一方面，可以展示管理人的工作成果，突出管理人工作的严谨性、准确性，获得债权人对管理人工作的认可；另一方面，可以让债权人知晓债务人资产负债状况、破产程序推进情况，知道权利行使的途径和方式。具体到破产债权这一内容，管理人在作执行职务工作报告时，应当向债权人详细告知破产债权申报、确认、异议的过程与结果、权利救济途径等。

附示范文本：

×××有限公司管理人

执行职务的工作报告（债权篇）

（××××）××破管字第×号

1. 债权申报的期间

自××××年×月×日起，×××有限公司管理人（以下简称"管理人"）即在××省××市×××区×××街×号，××集团××办公楼×层××室设立债权申报登记室，开始接收债权人的债权申报材料。同时，管理人前往×××区人民法院、××市人民法院、××市中级人民法院等调阅与债务人有关的卷宗档案，并结合债务人的账面记载及其提供的债权人联系方式，向已知债权人寄送了《债权申报通知书》《债权申报指引》《××市×××有限公司破产清算案债权申报登记表》及其附件等，同步进行电话通知，多种方式通知已知债权人向管理人申报债权。截至××××年×月×日（××市中级人民法院确定的债权申报截止日）。

2. 登记的各类债权户数和总额

（1）管理人接收债权总体情况

共有×××户债权人向管理人申报×××笔债权（含职工债权人），其中：申报本金共计×××元（不含职工工资）、申报利息共计×××元、申报诉讼费共计×××元、申报其他共计×××元、申报债权总额共计×××元；初步确认本金共计×××元（不含职工工资、不含暂缓确认金额）、确认利息共计×××元（不含暂缓确认金额）、确认诉讼费共计×××元（不含暂缓确认金额）、确认其他共计×××元（不含暂缓确认金额）、确认债权总额共计×××元（不含暂缓确认金额），申报与确认差额×××元（不含暂缓确认金额）；另有×笔债权因需进行专项审计和评估、待债权人补充证据、由债务人进行自查等，暂缓认定部分债权人的债权，暂缓认定本金×××元、利息×××元、诉讼费×××元、其他×××元、债权总额×××元。

（2）按照债权性质分类统计情况

一是普通债权。共有×××户债权人向管理人申报×××笔债权（含职工债权人申报的迟延履行金及诉讼费、不含职工工资），债权类别分为采暖×笔、代偿款×笔、工程款×笔、购销×笔、广告制作费×笔、借贷××笔、商铺保证金×笔、设计费×笔、征地补偿款×笔、租金×笔、迟延履行金及诉讼费××笔；申报本金共计×××元、申报利息共计×××元、申报诉讼费共计×××元、申报其他共计×××元、申报债权总额共计×××元；初步确认本金共计×××元、确认利息共计×××元、确认诉讼费共计×××元、确认其他共计×××元、确认债权总额共计×××元，申报与确认差额×××元（不含因需进一步核查债权而暂缓确认的××笔债权，申报金额共计×××元）。

二是担保债权。共有×户债权人向管理人申报×笔债权，债权类别为借贷。申报本金共计×××元、申报利息共计×××元、申报诉讼费共计×××元、申报其他共计×××元、申报债权总额共计×××元。债权人提供房屋他项权证书（原房他证××××字第×××号）一份，显示：债务人以坐落于××市×××街×侧××幢×幢（房产所有权证号×××、×××）作为抵押，担保债务的履行。因担保金额应当以担保物的实际价值为限，故需对两幢房屋进行评估，评估尚未出具评估报告书，故对该笔债权暂缓确认。

三是税款债权。共有×户债权人向管理人申报×笔债权，债权类别为税款。申报本金共计×××元、申报利息共计×××元、申报诉讼费共计×××元、申报其他共计×××元、申报债权总额共计×××元；初步确认本金共计×××元、确认利息共计×××元、确认诉讼费共计×××元、确认其他共计×××元、确认债权总额共计×××元，申报与确认差额×××元。

（3）涉诉债权比例情况

目前经管理人初步统计，现申报债权×××笔，债权总额为×××元，涉及诉讼的债权共×××笔，金额为×××元，占债权总额的××%，其中，已经进入执行阶段的债权金额为×××元，占债权总额的××%；未涉及诉讼的债权共××笔，金额为××元，占债权总额的××%。

3. 债权审查文书送达情况

（1）管理人制作×××份《债权审查结果通知书》和《第一次债权人会议通知书》及其附件，××××年×月×日上午，管理人交由邮政快递公司，以特快专递方式向全体债权人送达，由债权人核对自己的债权金额及债权性质。

（2）××××年×月×日下午，管理人向×××有限公司财务×××送达《×××公司破产清算案债权表》，由其根据财务账面记载情况，核对已确认的债权；××××年×月×日上午，管理人向×××有限公司法定代表人×××送达《××市×××有限公司破产清算案债权表》。

（3）××××年×月×日，上述信息已在全国企业破产重整案件信息网上进行发布。

（二）人民法院主持词

根据《企业破产法司法解释（三）》第八条、第九条之规定，债权人对债权表记载的他人债权有异议的，应当在债权人会议核查结束后十五日内向人民法院提起债权确认的诉讼，全体债权人通过债权人会议才能正式得到债权表，对债权表中记载的他人债权提出异议只能在债权人会议结束后十五日内进行，因此，其他债权人核查债权的程序性事项只能作为债权人会议的一项议题告知，人民法院关于该部分事项的主持词示范文本如下：

本次债权人会议第×项议题为：核查债权。

债权人、债务人对《×××有限公司破产清算案债权表》记载的债权进行核查，如对该债权表记载的金额、性质等有异议，请债权人、债务人在会后到债权人异议处递交书面的异议材料，或在本次会议结束后七日内即××××年×月×日之前向管理人办公室（××市××区××街×××综合办公楼×××室，联系人：张××，联系电话：×××××××××××）提交书面的异议材料，管理人将据此进行复核，并向债权人发送复核结果通知书，如债权人对复核结果不服，可在持复核结果通知书及与债权确认有关的诉讼文书于××××年×月×日之前向本院提起诉讼，如债权人、债务人在异议期内未向管理人提出书面异议，或者未于××××年×月×日之前向本院提起诉讼，管理人将制作无争议债权表报送本院裁定。

实践中有以表决方式核查债权的做法，即债权人会议对债权表进行表决，按照债权人会议决议的法定通过标准，来判断债权表是否核查通过。由于债权人以投票形式表达意见，其对债权表中任何一笔债权的异议，都可能导致对整张债权表投出反对票。于是在核查结果上，要么整张债权表获得通过，要么整张通不过。正因为如此，管理人常常需在债权表递交表决前，做大量沟通工作，以提高债权表的通过概率，如最终未能通过，还需在做通异议债权人工作后，重新召开债权人会议进行表决。其间耗费的人力物力财力不说，该种操作模式的法律依据也不充分，因为根据《企业破产法》第六十一条、第六十五条、第八十四条、第九十七条等之规定，债权表并不需要以债权人会议决议的形式进行表决通过，管理人根本没必要为了保险起见，徒增巨大的工作量。

需要注意的是债权人对债权表记载的他人债权有异议的，应将被异议债权人列为被告，同一笔债权有多个异议人，其他异议人申请参加诉讼的，应当列为共同原告。

此处存在一个颇有争议的话题，如果仅将被异议债权人列为被告，如人民法院需要查明被异议债权人与债务人之间的法律关系，债务人不到庭说明情况，人民法院就无法查明本案事实。因此，在债权确认纠纷中债务人应当作为诉讼参与人参加诉讼，那么债务人的诉讼地位又如何列明呢？

最高人民法院制作的《人民法院破产程序法律文书样式（试行）》关于破产债权确认诉讼一审用的民事判决书（文书样式97）的说明中规定："原告也可能是其他债权人，此时的被告为债务人和相关债权人。"因此，该文书的起草者认为债权人对债权表记载的他人对债务人享有的债权有异议，债务人作为该债权债务关系的一方当事人，应当作为被告参加诉讼。笔者不赞同此观点，笔者认为债务人应当作为无独立请求权的第三人参加诉讼，债务人的角色与地位与无独立请求权的第三人等同。我国《民事诉讼法》第五十六条第二款规定："对当事人双方的诉讼标的，第三人虽然没有独立请求权，但案件处理结果同他有法律上的利害关系的，可以申请参加诉讼，或者由人民法院通知他参加诉讼。人民法院判决承担民事责任的第三人，有当事人的诉讼权利义务。"首先，需要明确的是，这里的债务人应当由管理人作为诉讼代表人出庭应诉，虽然是债务人作为当事人参加诉讼，但实质上是管理人出庭说明债权审查认定的标准及依据。其次，无独立请求权的第三人对原、被告双方争议的诉讼标的没有独立的请求权，债权人对他人的债权提出异议，债权确认纠纷法律关系存在于债权人与其他债权人之间，而该他人债权系由管理人审查认定，债务人对于双方讼争的债权无任何请求权。再次，在该债权确认诉讼中，债权人对他人的债权异议成立与否与债务人有着直接的利害关系，如果人民法院支持债权人的诉讼请求，则说明管理人的债权审查结果错误，管理人应当予以核减债权表上记载的该笔债权，对于债务人来说，负债金额的减少及债权性质的变更（优先债权变更为普通债权）对债务人提高偿债能力可以起到帮助作用。最后，必要共同被告争议的诉讼标的是共同的，显然在此类债权确认纠纷诉讼中，债务人对争议的诉讼标的是没有任何权利的，更谈不上共同或者相同。在原告陈某某与被告某银行股份有限公司某支行破产债权确认纠纷一案①中，浙江省淳安县人民法院即将债务人的诉讼地位列为第三人。

---

① 浙江省淳安县人民法院民事判决书，（2019）浙 0127 民初 5913 号。

三　债权人会议召开后核查债权的途径

实践中经常遇到一种现象，即债权人会议召开后，债权人又申报破产债权并得到管理人确认，或者暂缓确认的债权得到确认，抑或者不予确认的债权经债权人、债务人异议后转为确认债权。如还会再召开债权人会议，则提交债权人会议对该部分债权进行二次核查即可。但如果该破产案件已不再召开债权人会议，则债权人会议核查债权的程序将无法进行。实践中，有的管理人选取了一种折中的办法，值得肯定，即管理人制作×××公司破产案新确认债权表向每一位债权人送达，即以非现场"开会"的方式由债权人行使核查的权利，并告知其对他人的债权提出异议的途径，这样同样可以保障其他债权人的异议权。

部分管理人认为如果不具备召开债权人会议的条件，管理人可以将债权表通过现场张贴、上传网络等方式进行公示，由债权人主动了解并向管理人提出异议。笔者认为此种方式不妥，其并非《企业破产法》上的债权人会议核查程序。在原告许某与被告胡某、某房地产开发投资有限公司等破产债权确认纠纷一案①中，四川省遂宁市中级人民法院认为："管理人编制债权表并提交债权人会议核查是《中华人民共和国企业破产法》规定的法定程序，该法定程序是债权人提起破产债权确认之诉的必要前置条件。本案中，某公司管理人未将编制的债权表提交第一次债权人会议核查，而是在债权人会议召开之后通过公示的方式核查债权，其行为未经债权人会议表决通过，违反了法定程序。因此，某公司管理人应当依照《中华人民共和国企业破产法》的规定依法将编制的债权表提交债权人会议核查。"

四　债权人会议核查债权的思考

债权人会议对债权表进行核查系法定的债权审查的必经程序，在实践中，囿于种种原因，债权人会议核查债权的职权往往流于形式。比如说，其一，根据《企业破产法》的有关规定，被管理人、人民法院普遍认可的

---

① 四川省遂宁市中级人民法院民事裁定书，（2018）川 09 民初 73 号。

观点是债权核查的结果无须通过表决或决议的形式作出，这使"会议"本身就失去了意义，很多债权人会议往往成为破产债权通报会，无法真正发挥核查的作用；其二，很多债权人在会议当天才了解债权审查的结果，在会议这种特殊场合下，债权人既无法查阅申报资料，又无法彼此交流，实际上也难以履行核查的职能；其三，如果债权人数量众多、申报材料复杂，想要非专业的债权人来审查每一笔债权无疑也是非常困难的，对他人债权的核查或许既无心也无力。一方面法律规定了债权人会议的核查权，另一方面这种核查权又难以实现。这是立法上的疏漏所导致的，《破产法司法解释（三）》也没能妥善地解决这一问题，这有待于法律的进一步修改和完善。

在现有法律框架下，如要充分发挥其他债权人核查债权的作用，管理人应该在召开债权人会议前（至少提前五日）将编制好的债权表以及审查意见送达给各债权人，使各位债权人有充足的时间了解他人债权审查的结果和依据，若有异议也可以提前与管理人沟通，听取管理人的解释，向管理人提出异议，管理人可以先行予以处理。

第六章 无争议债权表的制作、报送及救济

根据《企业破产法》第五十七条、第五十八条的有关规定，经债权人、债务人、债权人会议核查无异议之后的债权表，由人民法院裁定确认。因此，管理人应当根据案件推进情况，及时制作无争议债权表，向管辖法院提请裁定确认。破产程序中人民法院的债权确认裁定是立即生效的裁定，同时也是对管理人审查债权行为的肯定、审查结果的认同，人民法院作出的裁定书是最终确定破产债权的法定形式。

管理人向人民法院申请裁定确认无争议债权表，时间更为适当，因为无论是清算、和解程序，还是重整程序，在制作财产分配方案或者债权调整方案时，则意味着债务人的资产负债已较为明晰，变动可能性较小。如果管理人较早申请人民法院裁定确认债权表，如债权表发生调整事项，则管理人不得不重新申请人民法院裁定确认或者出具补正裁定，难免会给债权人造成"朝令夕改"的印象，折损司法公信力。

关于提请法院裁定确认无争议债权的范围，实践中有一种观点：破产案件受理前人民法院已经受理，管理人直接参加诉讼后，经过人民法院审判程序作出的裁判文书确认的债权，无须再提请人民法院裁定确认其债权。笔者认为凡是债务人的破产债权均应当编入债权表提请人民法院裁定确认，因为企业破产程序属于集体清偿程序，只有经人民法院裁定确认的债权才能按照破产财产分配方案或者重整计划或者和解协议进行清偿，如该部分债权不提交人民法院裁定确认，自然不受前述方案的约束，债权人的债权又如何能够获得清偿呢？另外，如债权人的债权不经人民法院裁定确认，债权人亦对债权是否已经获得管理人审查认定持怀疑态度，管理人

作上述解释也无依据可循，反而给自己增加了负担。因此，笔者认为，无论破产债权是经何种程序最终形成的，只要经管理人确定为债务人的破产债权，均应当提交人民法院裁定确认。

人民法院在对破产债权进行审查确认时是否需要进行实质审查，在理论界存在不同的观点。通说认为，当债务人、债权人对债权表记载的事项无异议时，可由人民法院根据现有的证明材料予以裁定确认，无须再进行实质审查。但个别观点认为，人民法院在裁定确认前应当对无异议的债权是否存在危害他方利益，是否存在虚假破产债权，是否存在意思表示不自由等情形进行适当审查。事实上，该问题是与管理人的破产债权审查权密不可分的。

《企业破产法》第五十七条第一款将破产债权的审查权赋予了管理人，形成了"管理人审查—债务人异议—债权人异议—债权人会议核查—债权确认之诉"的破产债权确认模式。管理人在破产债权的审查、确认程序中承担了主要的实际工作，处于破产债权审查的第一道防线上，管理人在编制债权表时需要对债权是否确认、确认的数额、债权的性质和有无担保等实质性内容进行分析、判断，故管理人对破产债权的审查应当是实质审查。

鉴于管理人在审核确认债权时已对申报债权进行了实质审查，《企业破产法》也赋予了债权人、债务人异议权。加之，破产程序中债权人数量众多，尤其是一些大型破产案件甚至有成百上千的债权人，要求法院对每一份债权进行实质审查必然会使整个破产程序的周期拉长，无法体现管理人的工作成果，造成诉讼效率的降低和司法资源的浪费。故对债权表记载的债权人、债务人无异议的债权，人民法院在裁定确认时无须再进行实质审查，可根据管理人的申请径行作出裁定。

第一节　管理人制作提请确认债权表的申请书及其附件

一　申请书应记载的事项

人民法院并不参与破产债权的审查认定，但人民法院需要对确定破产债权的性质、金额、数量等数据准确掌握，方便合议庭在作出裁定前内部汇报、合议时使用，在作出裁定后，予以监督债务人的偿债情况与管理人的履职情况。因此，管理人在提请人民法院裁定确认无争议债权的申请书中应当全面反映债权的申报、确认、异议情况，从不同的角度作出数据统计，达到"一应俱全"的效果。以下是笔者以办理的某集团关联公司合并重整案为例，说明该申请书中应记载的主要事项。

（1）案件基本情况

（2）债权申报笔数、金额、性质

（3）确认与不确认笔数、金额

（4）暂缓确认笔数、金额、原因等

（5）按债权性质不同分类统计

（6）债权人、债务人、债权人会议核查情况

（7）特殊需要说明的情况

（8）申请法院裁定确认的债权

附示范文本：

关于提请人民法院裁定确认×××有限公司等×家公司
重整无争议债权的申请

××市中级人民法院：

××××年×月×日、××××年×月×日、××××年×月×日及××××年×月×日，贵院裁定受理×××有限公司等×家公司（下称"某集团"）重整一案，并同时指定了×家公司管理人。××××年×月×日，贵院裁定某集团合并重整，并指定×××有限公司管理人（以下简称"管理人"）为某集团合并重整管理人。

截至××××年×月×日，管理人接收债权申报××××笔，涉及债权人×××户（不含职工债权），金额×××元，麻油×××桶、月饼×××个、水果×××箱、煤×××吨，其中：×××笔系×家公司内部关联债权不予确认、××笔系×家公司共益债务、×××笔系职工债权依法另行处理，××笔系撤回申报债权，贵院已裁定确认的第一批无争议债权涉及债权×××笔，

第二批无争议债权涉及债权×××笔，第三批无争议债权涉及债权××笔，第四批无争议债权涉及债权××笔，本次作为第五批无争议新确认债权申请××笔，其余××笔债权因涉诉未决，管理人正在进一步核查，涉及金额×××元。

本申请涉及×户债权人的××笔债权，申报本金×××元，申报利息×××元，申报诉讼费等其他×××元，申报金额合计×××元。

管理人经过初步审查，上述申报的××笔债权中：确认债权××笔，确认本金×××元，确认利息×××元，确认诉讼费等其他×××元，确认金额合计×××元。不确认债权×笔，不确认金额合计×××元。

上述确认债权中：（1）被认定为有财产担保的债权××笔，金额××元；（2）税款债权××笔，金额××元；（3）普通债权××笔，金额×××元。

管理人已向上述××笔债权的债权人发出《债权审查结果通知书》，向债务人送达新确认债权表，债权人、债务人在异议期内未向管理人提出债权审查异议，也未向贵院提起债权确认之诉。因此，管理人认为债权人、债务人对该××笔债权均无异议。

为便于债权人明确债权总额，提高债权清偿效率，管理人对本次审查完毕的债权人的债权与历次裁定确认的该债权人的债权予以合并，该债权人共计×户（债权人编号为×××、×××、×××、×××），剩余×户为新确认的债权人（债权人编号为×××、×××、×××），上述债权人的债权总额以本次债权表为准。

《中华人民共和国企业破产法》第五十八条第二款规定："债务人、债权人对债权表记载的债权无异议的，由人民法院裁定确认。"因此，管理人申请贵院裁定确认上述×户债权人的××笔债权为无争议债权。

特此申请

×××有限公司管理人

××××年×月×日

二　管理人制作的其他文书

（1）为便于人民法院直观看到本批次债权的整体情况，笔者还向人民法院提交了新审查完毕债权统计表。

附示范文本：

×××公司重整无争议债权表（截至××××年×月×日）
新审查完毕债权统计表

金额单位：元

序号	债权种类	无争议债权表				备注
		确认笔数	确认金额	不确认笔数	不确认金额	
1	购销	××	×××	×	×××	
2	工程款	××	×××	×	×××	
合计：		××	×××	×	×××	

确认债权的概况

金额单位：元

序号	确认债权性质	笔数	金额	备注
1	有财产担保债权	××	×××	
2	税款债权	××	×××	
3	普通债权	××	×××	
合计：		××	×××	

×××有限公司管理人

××××年×月×日

（2）提交上述申请书及附件时需由管理人出具负责人身份证明书、授权委托书、债权人联系地址及联系方式。

附示范文本：

负责人身份证明书

依据×××市中级人民法院于××××年×月×日作出的（××××）×破（预）字第×××号民事裁定书、（××××）×破字第×××号决定书、（××××）××破（预）字第6-1号民事裁定书、（××××）×破字第×××号决定书及××××年×月×日作出的（××××）×破字第×××、×××号民事裁定书和（××××）×破字第×××、×××号决定书，×××担任×××有限公司等×家公司管理人的负责人。

特此证明

×××有限公司管理人

年　月　日

授权委托书

委托人：×××有限公司管理人

负责人：×××

受托人：×××，××××律师事务所律师，联系地址：××省××市×××区×××街××××座×××，联系电话：×××××××××××。

受托人：×××，××××律师，联系地址：××省××市×××区×××街×××××××××，联系电话：×××××××××××。

现委托×××律师、×××律师作为代理人处理×××有限公司等×家公司重整债权申报登记、审核、通知等事宜，代理权限包括但不限于：

向××市中级人民法院提交无争议债权表、接收和处理债务人及债权人异议、征求债权人委员会关于债权表的意见、参加相关听证会、签收相关法律文书等。

除委托人书面撤销外，代理期限自本授权委托书签署之日起至×××有限公司等×家公司重整程序终结时。

委托人：×××有限公司管理人

年　月　日

第×批无争议债权表债权人联系方式及联系地址

序号	债权人编号	债权人名称	联系人	联系方式	联系地址	备注
1	××××	×××	×××	××××××××××	××××	
2	××××	×××	×××	××××××××××	××××	
3	××××	×××	×××	××××××××××	××××	

第二节　人民法院制作的裁定书

管理人将提请确认债权表的申请书及其附件交付给人民法院后，人民法院只对程序性事项进行逐步审查（如是否通知债权人、是否给予债权人异议及提起债权确认诉讼的权利等）。人民法院在履行内部审批程序后，即应及时出具民事裁定书，裁定确认管理人申请确认的债权为无争议债权。

无争议债权人表应记载如下事项：

（1）案件基本情况；

（2）确认与不确认笔数、金额；

（3）按债权性质不同分类统计；

（4）债权人、债务人、债权人会议核查情况；

（5）特殊需要说明的情况；

（6）确认债权人的债权；

（7）债权表编制说明。

附示范文本：

××省××市中级人民法院民事裁定书

（××××）×破字第×号之×

××××年×月×日、××××年×月×日、××××年×月×日及××××年×月×日，本院裁定受理×××有限公司等×家公司（以下简称"某集团"）

重整一案，并同时指定了×家公司管理人。××××年×月×日，本院裁定某集团合并重整，并指定×××有限公司管理人（以下简称"管理人"）为某集团合并重整管理人。

本院查明：××××年×月×日、××××年×月×日、××××年×月×日、××××年×月×日，本院分别以（××××）×破字第×号之×、（××××）×破字第×号之×、（××××）×破字第×号之×、（××××）×破字第×号之×民事裁定书对部分债权人的债权予以确认，对暂缓确认的债权和补充申报的债权，管理人继续进行登记、造册、审查。

经管理人审查，又确认普通债权××笔，确认金额合计×××元；不确认债权×笔，不确认金额合计×××元，上述债权共涉及债权人×位，经核查，债权人、债务人对上述×位债权人的××笔债权审查结果均无异议。另本着便于债权人明确债权总额、提高债权清偿效率，管理人对本次审查完毕的债权人的债权与历次裁定确认的该债权人的债权予以合并，该债权人共计×户（债权人编号为×××、×××、×××、×××），该部分债权人的债权总额以本次债权表为准。××××年×月×日，管理人提请本院对上述××位债权人的××笔无争议债权进行确认，本院认为管理人的申请符合法律规定，依照《中华人民共和国企业破产法》第五十八条第二款之规定，裁定如下：

确认×××有限公司等××位债权人的债权〔详见×××有限公司等×家公司重整无争议债权表〕。

本裁定自即日起生效。

审判长　×××

审判员　×××

审判员　×××

××××年×月×日

书记员　×××

附示范文本：

×××有限公司等×家公司重整
无争议债权表

×××有限公司管理人

××××年×月

关于×××有限公司等×家公司重整
债权表的编制说明

一、债权人向×××有限公司等×家公司（以下简称"某集团"）其中一家公司申报债权的，则按照时间先后顺序对每笔债权档案进行编号，样式为"00000"，如申报时间较晚，则编号样式为"补00000"；债权人向某集团申报多笔债权的，按照债权人名称进行合并编制。

二、根据债权人提交的申报材料的内容，管理人将申报债权性质分为担保债权（以某集团财产提供担保的债权）、税款债权、普通债权，管理人结合债权人及债务人提交的证据资料，对申报的债权进行初审、复审，最终将债权性质确认为担保债权、税款债权、普通债权等。

三、债权表依次按照担保债权（如同一债权人申报的债权含其他性质亦在此处编排）、税款债权、普通债权等进行编制，每一类债权内部按照债权人名称拼音首字母进行排序，并进行编号。

四、主债务人借款，担保人（主债务人、担保人均为合并重整的×家公司）以物提供担保，债权人同时向主债务人及担保人申报债权，因某集团合并重整，管理人根据证据材料，统一将该类债权在主债务人处确认，债权性质确认为担保债权，同时，在担保人处申报的债权不予确认。

五、申报债权总额为债权人的申报金额，确认债权总额为管理人审核后最终确认的债权金额。

六、为便于债权人明确债权总额，提高债权清偿效率，管理人对本次审查完毕的债权人的债权与历次裁定确认的该债权人的债权予以合并，该债权人共计×户（债权人编号为××××、××××、××××、××××），剩余×户为新确认的债权人（债权人编号为××××、××××、×××××），上述债权人的债权总额以本次债权表为准。

×××有限公司等×家公司重整无争议债权表

单位：元

序号	债权人编号	债权人名称	债务人名称	档案号	申报债权性质	申报债权总额	确认债权性质	确认债权总额
0001	××××	××××	××××	补××××	普通债权	×××	普通债权	×××
0002	××××	××××	××××	补××××	普通债权	×××	普通债权	×××
0003	××××	××××	××××	××××	普通债权	×××	普通债权	×××
			××××	××××	普通债权	×××	普通债权	×××
			××××	补××××	普通债权	×××	不确认	××
			××××	××××	普通债权	××	普通债权	××
			××××	补××××	普通债权	××	普通债权	××

第三节　债权表已经裁定的救济途径

如债权表已经人民法院裁定确认，债权人能否再提出异议，并提起债权确认诉讼（含仲裁），在司法实践中争议很大。

一　实践做法

法院裁定确认债权后，债权人、债务人能否再提出异议以及债权确认诉讼，在司法实践中，处理不一，主要有以下几种做法。

（一）以未超期为由，受理异议以及债权确认诉讼

如前文所述，债权人与债务人的债权异议期是由管理人根据债务人的负债情况而设定的，债权人会议核查结束后十五日为"与企业破产法债权申报期限相同性质的附不利后果承担的引导性规定"，两类期间都不能产

生与诉讼时效或者除斥期间效果等同的法律后果，因此无论管理人抑或人民法院，只要债权人、债务人发现债权表上记载的债权有错误，在破产程序终结前，都可以向管理人提出异议，向人民法院提起债权确认诉讼，并进行实体审理。

（二）以违反"一事不再理"原则为由驳回起诉

在笔者办理的原告某农村信用合作联社与被告某焦化有限责任公司、某煤化有限公司保证合同纠纷一案①中，山西省吕梁市中级人民法院认为，"原告就本案诉请的债权已于×××有限公司等×家公司重整案中得到处理，本案民事实体法律关系已在另案中作出认定，原告某信用社不应再就同一法律关系提出相同的诉讼请求，故原告的起诉应予驳回"。另在中国裁判文书网上检索后发现，持此种观点的法院不在少数，其中在上诉人某银行股份有限公司某分行与被上诉人某股份有限公司、某资产管理公司某办事处破产债权确认纠纷一案②中，广东省高级人民法院认为："当事人的起诉，除应符合《中华人民共和国民事诉讼法》第一百一十九条规定的起诉条件外，亦不能违反'一事不再理'的民事诉讼基本原则。发生法律效力的判决、裁定、调解书，当事人应当履行，不得以同一诉讼标的、同一事实理由再次提起诉讼，否则即违反了'一事不再理'的民事诉讼原则。本案的争议焦点是，某某分行的起诉是否符合民事诉讼法关于起诉条件的规定……根据破产法的相关规定，对于管理人确认的债权表，债权人有权向管理人提出异议，在债权人异议不被管理人认可的情况下，其可以就异议债权向法院提起诉讼，请求法院依法确认。由此可见，破产法对于异议债权人债权的保护，在程序上和实体上都有明确的规范。对于管理人确认的债权表有异议的债权人，应按照破产法的相关规定，积极行使权利。而对于债权表中各债权人均无异议的债权，须经人民法院以裁定的形式予以确认，该裁定在法律上赋予债权表以实体确定效力和程序强制效力。同时，

---

① 山西省吕梁市中级人民法院民事裁定书，（2016）晋11民初137号。
② 广东省高级人民法院民事裁定书，（2013）粤高法民二破终字第11号。

该裁定亦为法院对各方当事人无异议的实体性权利的确认，具有与生效之判决等同的既判效力。破产法及相关的民事诉讼法律并没有规定当事人对法院作出的债权确认裁定不服时可以提出上诉，所以，法院一旦作出裁定确认即发生法律效力，即终审裁定效力。因此，对于债权表记载的债权如有异议，异议人应当在法院作出确认裁定前提起诉讼。如果允许债权人或债务人在法院的确认裁定作出后还可提出异议并起诉，实际上是对法院已发生法律效力的裁判所认定的法律事实、法律关系又提起诉讼，有违民事诉讼法'一事不再理'的民事诉讼基本原则。本案某股份有限公司某分行对于某股份有限公司管理人确认的债权表中列明的各笔债权，均未在人民法院作出债权表确认裁定之前提出异议，更未提起诉讼，应视为其对债权表记载的债权数额和性质均予认可。原审法院作出的债权表确认裁定，系对当事人认可的法律事实、法律关系及权利义务作出的确认，具有确定力和既判力，且已生效。某某分行对已发生法律效力的裁定认可的事实再次起诉，违反'一事不再理'的民事诉讼的基本原则，某股份有限公司某分行对于某资产管理公司某办事处对某股份有限公司有财产担保债权金额的起诉，依法应予驳回。"

（三）回避债权已经裁定的事实，直接进行审理

在上诉人郑某某与被上诉人某汽配有限公司破产债权确认纠纷一案[1]中，郑某某在法院裁定其债权为0元后，向法院提起破产债权确认之诉，某汽配有限公司管理人认为，郑某某的债权已经法院裁定确认为0元，应予驳回起诉。但一、二审法院均未对该答辩意见予以评述，而是直接对案件实体进行了审理。在上诉人韩某与被上诉人某汽车城有限公司破产管理人破产债权确认纠纷一案[2]中，管理人辩称安徽省芜湖市南陵县人民法院已依法裁定确认原告所享有的债权数额为0元，原告依法提起普通民事诉讼程序违法，原告可以申请再审。法院审理后认为韩某有权提起确认之

① 浙江省湖州市中级人民法院民事判决书，（2014）浙湖商终字第467号。
② 安徽省芜湖市中级人民法院民事判决书，（2015）芜中民二终字第00335号。

诉，但未阐述理由。

二 应允许债权人、债务人异议并提起诉讼

笔者认为法院作出债权确认裁定后，债权人仍可提起破产债权确认之诉，法院应进行实体审理，理由主要有以下几点。

首先，现行法律未禁止债权人在债权确认后提起异议之诉。当事人的诉权属"民事诉讼基本权利"，只有法律明确禁止性规定才能限制。

其次，各债权人之间信息不对称，通常无法第一时间判断其他债权人的债权是否有误，若不允许债权人事后起诉，有失公允。另外，债权确认后提起异议之诉并不违反"一事不再理"的民事诉讼基本原则。"一事不再理"的民事诉讼基本原则包含两方面：一是禁止重复起诉；二是判决既判力的效果。《民事诉讼法司法解释》第二百四十七条第一款已对重复诉讼作了规定，因确认债权不是诉讼的结果，毫无疑问不构成重复诉讼；至于既判力，应探讨的是民事裁定是否具有既判力。民事裁定主要用于解决程序问题，个别情况下可用于实体问题的处理。一方面，我国未明确规定既判力制度，更未确定裁定的既判力，学理上亦认为裁定不具有既判力；另一方面，确定债权的裁定关乎实体权利，在诉讼法理上，关乎当事人对实体权利的判断，需要当事人双方充分地辩论，否则会被认为是对当事人的突然袭击。故在我国未设置完备的债权审核程序和债权确认程序的情况下，不宜承认确定债权裁定的既判力。

最后，法院确认债权表的裁定是程序性裁定，非实体性判决，不具有确认其中每项债权真实、合法的实体性法律效力，即不具有对债权人的实体权利作出诉讼判决确认的法律效力，所以立法仍允许对债权表上确认的债权或（暂）不确认的债权提出异议，并通过提起债权确认诉讼解决。从程序效力的角度讲，法院出具确认债权表裁定的主要目的，是解决债权人破产程序的参与权问题，如确定债权人会议的参加权、表决权等权利的行使人资格与权限范围，同时确定对债权表有异议者谁当原告谁当被告的法律地位等问题。确认债权表裁定的既判力体现为，在法院裁定确认前，债权表是没有法律效力的，即并不能表明在破产程序中哪些债权得到确认，

哪些债权人有权参加债权人会议；法院出具债权表确认裁定后，债权得到初步确认，对表内确认的债权有异议，由异议者起诉，表示有异议但不起诉者视为无异议，表内的债权无人起诉就享有破产债权的全部权利；债权人对未被列入债权表、确认债权数额等有异议，由其起诉，不起诉者视为无异议，不再享有相应权利包括财产分配权，如起诉则在生效判决作出前按照诉讼争议标的在破产分配时予以预留。

综上所述，笔者认为，应允许债权人在债权裁定确认后通过提起异议之诉获得救济。

另外一种观点认为，法院应根据异议之诉的审理情况作出相应判决，异议之诉成立导致判决内容与原债权确认结果不一致的，管理人应根据判决书内容重新编制债权表，提交债权人会议核查，并申请法院作出新裁定变更原裁定。第二种观点认为，债权异议之诉经审理后，若异议之诉成立导致判决内容与原债权确认结果不一致，法院应通过判决直接撤销或变更原裁定。

上述做法各有利弊，笔者更倾向第二种观点。第一种观点主要是依据《民事诉讼法司法解释》第三百七十四条。新的判决与原债权裁定不一致，说明原裁定属于《民事诉讼法司法解释》第三百七十四条规定的"裁定有错误"，人民法院作出新判决说明"异议成立"，而由管理人提交债权人会议进行核查和说明，能够保证全体债权人的知情权和核查权。但是，在人民法院已作出判决后，再重新提交债权人会议核查，核查完再由人民法院作出裁定，程序显得过于烦琐复杂，亦会给法院增加很多工作量。况且在法院已作出判决的情况下，债权人、债务人、债权人会议的核查也只是形式，债权人的异议无法阻止人民法院的判决，并不能起到保障核查权的作用。第二种做法虽看似有违民事诉讼惯例，其实不然。一方面，我国对实体权利的权威性判定原则使用判决，个别才使用裁定，而债权人异议之诉的审理涉及当事人的实体权利，以判决改变涉及当事人实体权利的裁定，在诉讼法理上不存在障碍；另一方面，在第三人撤销之诉制度出台后，已大量出现以判决形式撤销裁定的做法，有司法实践依据。

图书在版编目（CIP）数据

企业破产债权审查操作指南：一线资深律师的淬炼
、总结与分享 / 张亮亮等著. -- 北京：社会科学文献
出版社，2022.1（2023.2 重印）
ISBN 978-7-5201-9154-8

Ⅰ.①企… Ⅱ.①张… Ⅲ.①企业-破产清算-债权
-中国-指南 Ⅳ.①D922.291.92-62

中国版本图书馆 CIP 数据核字（2021）第 198064 号

企业破产债权审查操作指南：一线资深律师的淬炼、总结与分享

著　　者 / 张亮亮　王　帅　樊晓慧　等

出 版 人 / 王利民
责任编辑 / 芮素平
责任印制 / 王京美

出　　版 / 社会科学文献出版社·联合出版中心（010）59367281
　　　　　　地址：北京市北三环中路甲 29 号院华龙大厦　邮编：100029
　　　　　　网址：www. ssap. com. cn
发　　行 / 社会科学文献出版社（010）59367028
印　　装 / 唐山玺诚印务有限公司

规　　格 / 开本：787mm × 1092mm　1/16
　　　　　　印张：23　字数：352 千字
版　　次 / 2022 年 1 月第 1 版　2023 年 2 月第 3 次印刷
书　　号 / ISBN 978-7-5201-9154-8
定　　价 / 98.00 元

读者服务电话：4008918866